The Michelin Tourist Service... ...dition of the ***PLAN DE PARIS no 11*** *which is int... the capital.*

Information in this section is... to press ; improvements and... crepancies, we hope our rea...

KEY TO THE GUIDE

Die Touristikabteilung der Michelin-Reifenwerke stellt Ihnen ihre Veröffentlichung ***PLAN DE PARIS nº 11*** *vor, die eine praktische Hilfe für Ihren Parisaufenthalt sein soll.*

Die Ausgabe entspricht dem Stand zur Zeit der Drucklegung. Durch die Entwicklung der sich stetig wandelnden Hauptstadt können einige Angaben inzwischen veraltet sein. Wir bitten unsere Leser dafür um Verständnis.

ÜBERSICHT

Los Servicios de Turismo del Neumático Michelin le presentan su ***PLAN DE PARIS nº 11*** *obra especialmente concebida para desenvolverse fácilmente en París.*

Esta edición corresponde a la situación actual, pero la evolución de la actividad de la capital puede hacer que determinadas informaciones caduquen. Esperamos que nuestros lectores lo comprendan.

LA CLAVE DE LA GUÍA

Tableau d'assemblage

Layout diagram

Grands axes de circulation

Main traffic artery

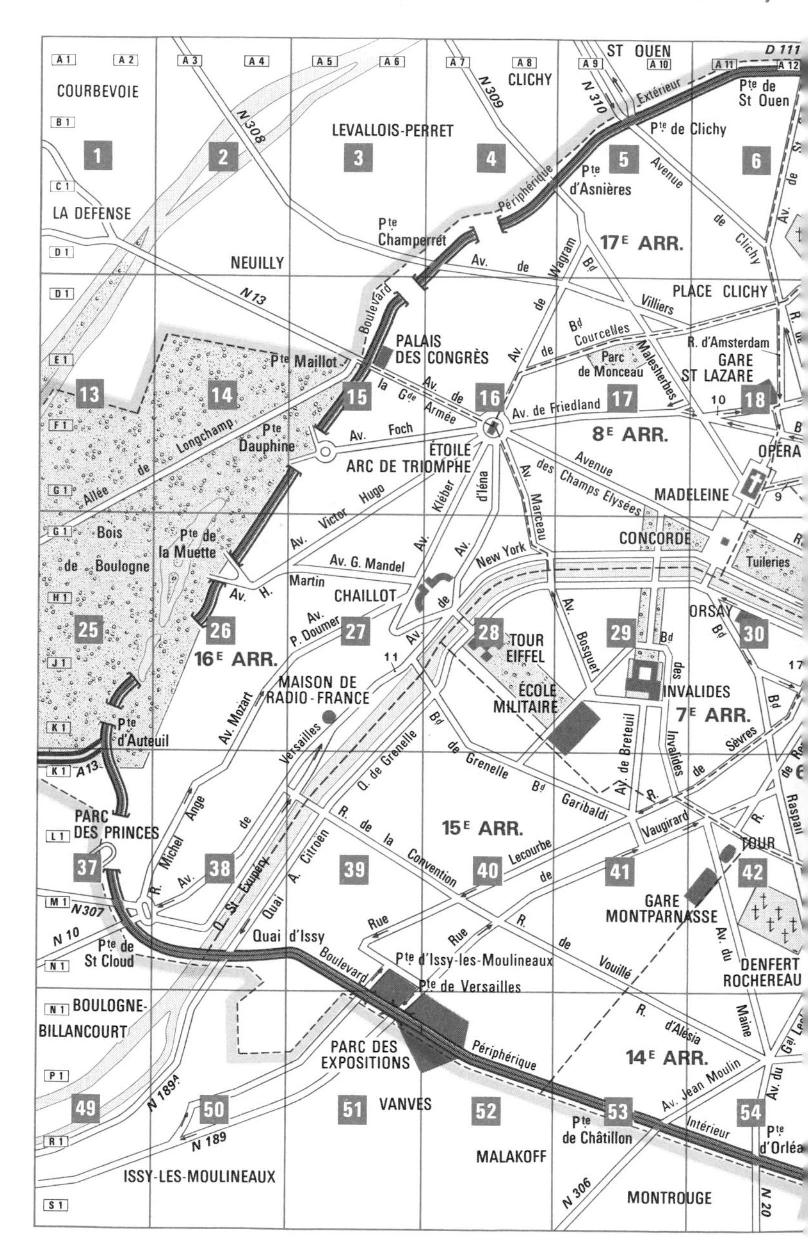

Seiteneinteilung des Plans

Plano general

Hauptverkehrsstraβen

Grandes vías de circulación

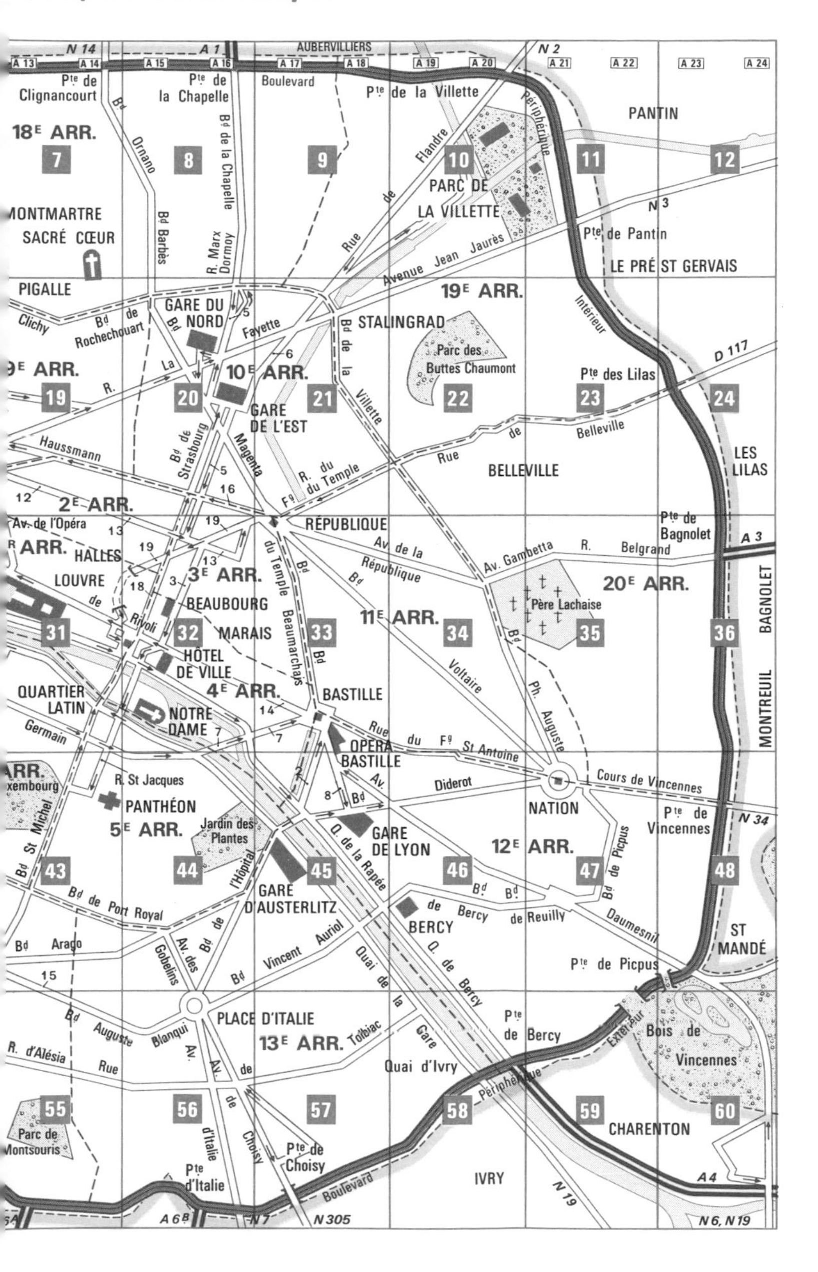

Président-Kennedy av. du	11	St-Antoine r.	14	Sts-Pères r. des	17
Quatre-Septembre r. du	12	St-Jacques bd	15	Sébastopol bd de	18
Réaumur r.	13	St-Martin bd	16	Turbigo r. de	19

Les rues de Paris

Streets of Paris

Straßen von Paris

Calles de París

Index alphabétique des rues de Paris

Les deux premières colonnes indiquent le nom de la rue ainsi que le ou les arrondissements dont elle dépend. Les colonnes suivantes renvoient à la page et au carroyage qui permettent de localiser la rue sur le plan (découpage cartographique, p. 4 et 5). Dans certains cas, les lettres *N* (Nord) ou *S* (Sud) apportent une précision supplémentaire.

L'Association Valentin Haüy, 5 rue Duroc, 75007 Paris, diffuse **(prix 178 F)** ***la liste alphabétique des rues de Paris, transcrite en écriture braille.***

Index to the streets of Paris

The first two columns give the street's name and its arrondissement, or two if the street overlaps into a second. The following columns giving the page and grid reference enable you to locate a street on the plan (key map pp 4 and 5). In some cases the letters *N* (North) or *S* (South) indicate the position of the street more precisely.

Alphabetisches Straßenverzeichnis

Die beiden ersten Spalten enthalten den Straßennamen und das bzw. die Arrondissements in dem/denen die Straße verläuft. Die nächsten Spalten verweisen auf Seite und Gitter des Plans, wo die Straße genau verzeichnet ist *(Seiteneinteilung s. S. 4 und 5).* Manchmal wurde zur präziseren Lagebestimmung ein *N* (Norden) oder *S* (Süden) hinzugefügt.

Índice alfabético de las calles de París

Las dos primeras columnas indican el nombre de la calle y el (o los) distritos de los que depende. Las columnas siguientes remiten a la página del plano y a las coordenas de la cuadrícula que permiten localizar con exactitud la calle en el plano (división cartográfica págs. 4 y 5). En algunos casos las letras *N* (Norte) o *S* (Sur) proporcionan una precisión suplementaria.

a

Nom	Arrondissement	Plan n°	Repère
Abbaye r. de l'	6	31	J13
Abbé-Basset pl. de l'	5	43-44	L14-L-15
Abbé-Carton r. de l'	14	53-54	P10-P11
Abbé-de-l'Epée r. de l'	5	43	L14-L13
Abbé-Georges-Henocque pl. de l'	13	56	R15
Abbé-Gillet r. de l'	16	27	J6 *N*
Abbé-Grégoire r. de l'	6	42	K11-L12
Abbé-Groult r. de l'	15	40	L7-N8
Abbé-Jean-Lebeuf pl. de l'	14	42	N11
Abbé-Migne r. de l'	4	32	H16-J16
Abbé-Patureau r. de l'	18	7	C14
Abbé-Roger-Derry r. de l'	15	28	K8
Abbé-Roussel av. de l'	16	26-27	K4-K5
Abbé-Rousselot r. de l'	17	4	C8
Abbé-Soulange-Bodin pl. et r. de l'	14	42	N11
Abbesses pass. des	18	19	D13
Abbesses pl. des	18	19	D13
Abbesses r. des	18	7-19	D13
Abbeville r. d' nos 1-17, 2-16	10	20	E15
nos 19-fin, 18-fin	9		
Abel r.	12	45	L18-K18
Abel-Ferry r.	16	38	N3 *N*
Abel-Hovelacque r.	13	44-56	N15 *S*
Abel-Leblanc pass.	12	46	L19
Abel-Rabaud r.	11	21	G18 *N*
Abel-Truchet r.	17	18	D11
Aboukir r. d'	2	31-20	G14-G15
Abreuvoir r. de l'	18	7	C13 *S*
Acacias pass. des	17	16	E7
Acacias r. des	17	16	E7 *S*
Acadie pl. d'	6	31	K13 *N*
Achille r.	20	35	H21
Achille-Luchaire r.	14	54	R11
Achille-Martinet r.	18	7	C13-B13
Adanson sq.	5	44	M15
Adjudant-Réau r. de l'	20	23-35	G22
Adjudant-Vincenot pl.	20	24	F23 *S*
Adolphe-Adam r.	4	32	J15
Adolphe-Chérioux pl.	15	40	M8
Adolphe-Focillon r.	14	54	P12 *S*
Adolphe-Jullien r.	1	31	H14 *N*
Adolphe-Max pl.	9	18	D12
Adolphe-Mille r.	19	10	C20
Adolphe-Pinard bd	14	53	R9-R10
Adolphe-Yvon r.	16	26	H4-G4
Adour villa de l'	19	22	F20 *N*
Adrien-Hébrard av.	16	26	J4 *S*
Adrienne cité	20	35	J22 *N*
Adrienne villa	14	54	N12 *S*
Adrienne-Lecouvreur allée	7	28-29	J8-J9
Adrienne-Simon villa	14	42	N12 *N*
Adrien-Oudin pl.	9	19	F13
Affre r.	18	8	D16-C16
Agar r.	16	27	K5
Agent-Bailly r. de l'	9	19	E14
Agrippa-d'Aubigné r.	4	32-33	K16-K17
d'Aguesseau r.	8	18	G11-F11
Aide-Sociale sq. de l'	14	42	N11
Aimé-Lavy r.	18	7	B14 *S*
Aimé-Maillart pl.	17	16	D8 *S*
Aimé-Morot r.	13	56	R15-S15
Aisne r. de l'	19	10	C19 *N*
Aix r. d'	10	21	G18-F17
Alain r.	14	41	M10-N10
Alain-Chartier r.	15	40	M8 *S*
Alain-Fournier sq.	14	53	P9
Alasseur r.	15	28	K8
Albéric-Magnard r.	16	27-26	H5-H4
Albert r.	13	57	R18-P18
Albert-Bartholomé av.	15	52	P7-P8
Albert-Bartholomé sq.	15	52	P7
Albert-Bayet r.	13	56	P16-N16
Albert-Camus r.	10	21	E17
Albert-de-Lapparent r.	7	41	K9
Albert-de-Mun av.	16	28	H7 *N*
Albert-Kahn pl.	18	7	B14
Albert-Londres pl.	13	57	R17
Albert-Malet r.	12	48	M23 *N*
Albert-Marquet r.	20	35	J22
Albert-1er cours	8	29	G9 *S*
Albert-Ier-de-Monaco av.	16	28	H7
Albert-Robida villa	19	22	E20
Albert-Samain r.	17	4	D7-C7
Albert-Sorel r.	14	54	R11
Albert-Thomas r.	10	21-20	G17-F16
Albert-Willemetz r.	20	48	L24-K24
Albin-Cachot sq.	13	43	N14 *S*
Albin-Haller r.	13	56	R15
Alboni r. de l'	16	27	J6 *N*
Alboni sq.	16	27	J6 *N*
d'Alembert r.	14	55	P13 *N*
Alençon r. d'	15	42	L11
Alésia r. d'	14	55-53	P14-N10
Alésia villa d'	14	54	P11
Alexander-Fleming r.	19	23	D22-E22
Alexandre pass.	15	41	M10
Alexandre-Cabanel r.	15	40-41	K8-K9
Alexandre-Charpentier r.	17	16	D7
Alexandre-Dumas r.		34-35	K20-J21
nos 1-59, 2-72	11		
nos 61 fin, 74-fin	20		
Alexandre-Lécuyer imp.	18	7	B14 *N*
Alexandre-Parodi r.	10	21	E17 *N*
Alexandre-Ribot villa	19	23	D21 *S*
Alexandre III pont	8-7	29	H10 *N*
Alexandrie r. d'	2	20	G15 *N*
Alexandrine pass.	11	34	J20
Alexis-Carrel r.	15	28	J8 *S*
Alfred-Bruneau r.	16	27	J5
Alfred-Capus sq.	16	26	K3
Alfred-Dehodencq r.	16	26	H4
Alfred-Dehodencq sq.	16	26	H4
Alfred-de-Vigny r.		17	E9
nos 1-9, 2-16	8		
nos 11-fin, 18-fin	17		
Alfred-Durand-Claye r.	14	53	P9 *N*
Alfred-Fouillée r.	13	57	S17 *N*
Alfred-Roll r.	17	4	C8 *S*
Alfred-Stevens pass.	9	19	D13 *S*
Alfred-Stevens r.	9	19	D13 *S*
Alger cour d'	12	45	L17 *N*
Alger r. d'	1	30	G12 *S*
Algérie bd d'	19	23	E22-D21
Alibert r.	10	21	F17
Alice sq.	14	53	P10 *S*
d'Aligre pl.	12	46	K19 *S*

Nom	Arrondissement	Plan nº	Repère
d'Aligre r.	12	46	K19 *S*
Aliscamps sq. des	16	26	K3 *N*
Allard r. nºs 29-fin, 30-fin	12	48	M23
autres nºs	Saint-Mandé		
Allent r.	7	30	J12 *N*
Alleray hameau d'	15	40-41	M8-M9
Alleray pl. d'	15	41	N9 *N*
Alleray r. d'	15	40-41	M8-N9
Allier quai de l'	19	10	A19
Alma cité de l'	7	28	H8 *S*
Alma pl. de l' nºs 1 et 1 bis	16	28	G8 *S*
nºs 2, 3 fin	8		
Alma pont de l'	16-8-7	28	H8
Alombert pass.	3	32	H16-G16
Alouettes r. des	19	22	E20
Alpes pl. des	13	56	N16 *S*
Alphand av.	16	15	F6 *N*
Alphand r.	13	56	P15
Alphonse-Aulard r.	19	23	E21 *N*
Alphonse-Baudin r.	11	33	H18
Alphonse-Bertillon r.	15	41	N10
Alphonse-Daudet r.	14	54	P12 *S*
Alphonse-de-Neuville r.	17	5-4	D9 *N*
Alphonse-Deville pl.	6	30	K12
Alphonse-Humbert pl.	15	39	L6 *N*
Alphonse-Karr r.	19	10	B19
Alphonse-Laveran pl.	5	43	M14 *N*
Alphonse-Penaud r.	20	24-23	G23-G22
Alphonse-XIII av.	16	27	J6
Alsace r. d'	10	20	E16
Alsace villa d'	19	23	E21 *N*
Alsace-Lorraine cour d'	12	46	L20
Alsace-Lorraine r. d'	19	23-22	D21-D20
Amalia villa	19	22-23	D20-E21
Amandiers r. des	20	22-34	H20-G20
Amboise r. d'	2	19	F13
Ambroise-Paré r.	10	20	D15 *S*
Ambroise-Rendu av.	19	11-23	D21
Ambroise-Thomas r.	9	20	F15 *N*
Amélie r.	7	29	H9-J9
Amélie villa	20	23	F22
Amelot r.	11	33	J17-G17
Ameublement cité de l'	11	34	K20
Amiens sq d'	20	36	H23 *S*
Amiral-Bruix bd de l'	16	15	F5-E6
Amiral-Cloué r. de l'	16	39	L5 *N*
Amiral-Courbet r. de l'	16	15	G6 *N*
Amiral-de-Coligny r. de l'	1	31	H14 *S*
Amiral-de-Grasse pl.	16	28	G8
Amiral-d'Estaing r. de l'	16	28-16	G7
Amiral-La-Roncière-Le-Noury r. de l'	12	48	N23 *N*
Amiral-Mouchez r. de l'		55	P14-R14
nºs impairs 13ᵉ - nºs pairs	14		
Amiral-Roussin r. de l'	15	40	L8-M8
Amiraux r. des	18	8	B15
Ampère r.	17	5-4	D9-D8
Amphithéâtre pl. de l'	14	41-42	M10-M11
Amsterdam cour d'	8	18	E12
Amsterdam imp. d'	8	18	E12
Amsterdam r. d' nºs impairs	8	18	E12-D12
nºs pairs	9		
Amyot r.	5	44-43	L15-L14
Anatole-de-la-Forge r.	17	16	F7-E7
Anatole-France av.	7	28	J8
Anatole-France quai	7	30	H12-H11
Ancienne-Comédie r. de l'	6	31	J13-K13
Ancre pass. de l'	3	32	H15-G15

Nom	Arrondissement	Plan nº	Repère
Andigné r. d'	16	27-26	J5-H4
André-Antoine r.	18	19	D13
André-Barsacq r.	18	7-19	D14
André-Bréchet r.	17	6	A12-A11
André-Breton allée	1	31	H14
André-Citroën quai	15	39-38	K6-M4
André-Colledebœuf r.	16	26	K4 *N*
André-del-Sarte r.	18	7	D14 *N*
André-Derain r.	12	47-48	M22-M23
André Dreyer sq.	13	55	P14 *S*
André-Dubois r.	19	22	D19
André-Gide r.	15	41	M10-N10
André-Gill r.	18	19	D14
André-Honnorat pl.	6	43	L13
André-Lichtenberger sq.	14	53	P10
André-Malraux pl.	1	31	H13 *N*
André-Maurois bd	16	15	E5
André-Messager r.	18	7	B14
André-Pascal r.	16	26	H4
André-Rivoire av.	14	55	S13 *N*
André-Tardieu pl.	7	29	K10
André-Theuriet r.	15	52	P8
Andrezieux allée d'	18	8	B15 *S*
Andrieux r.	8	18	E11-D11
Androuet r.	18	7	D13 *N*
Angélique-Compoint r.	18	7	B13 *N*
Angers imp. d'	18	7	B13 *N*
Anglais imp. des	19	9	C18
Anglais r. des	5	32	K15
Angoulème cité d'	11	33	G18
Anjou quai d'	4	32	K16
Anjou r. d'	8	18	G11-F11
Ankara r. d'	16	27	J6 *S*
Annam r. d'	20	23-35	G21
Anne-de-Beaujeu allée	19	21	E18
Annelets r. des	19	22	E20
Annibal cité	14	55	P13 *S*
Annonciation r. de l'	16	27	J6-J5
Anselme-Payen r.	15	41	M10
Antilles pl. des	11	47	K21
d'Antin cité	9	19	F13 *N*
d'Antin imp.	8	29	G10-G9
d'Antin r.	2	19	G13 *N*
Antoine-Arnauld r.	16	27-26	J5-J4
Antoine-Arnauld sq.	16	27-26	J5-J4
Antoine-Bourdelle r.	15	42-41	L11-L10
Antoine-Carême pass.	1	31	H14
Antoine-Chantin r.	14	54	P11 *S*
Antoine-Dubois r.	6	31	K14-K13
Antoine-Hajje r.	15	39	L6 *N*
Antoine-Loubeyre cité	20	22	F20 *S*
Antoine-Roucher r.	16	38	L4 *N*
Antoine-Vollon r.	12	33	K18
Antonin-Mercié r.	15	52	P8
Anvers pl. d'	9	19	D14 *S*
Apennins r. des	17	6	C11 *N*
Appert r.	11	33	H18
Aqueduc r. de l'	10	20-21	E16-D17
Aquitaine sq. d'	19	11	D21-C21
Arago bd nºs 1-73, 2-82	13	44-43	N15-N13
nºs 75-fin, 84-fin	14		
Arago sq.	13	43	N14 *N*
Arbalète r. de l'	5	44-43	M15-14
Arbre-Sec r. de l'	1	31	H14 *S*
Arbustes r. des	14	53	P9
Arcade r. de l'	8	18	F11
Arc-de-Triomphe r. de l'	17	16	E7 *S*

Nom	Arrondissement	Plan n°	Repère
Archereau r.	19	9	C18-B18
Archevêché pont de l'	4-5	32	K15
Archevêché quai de l'	4	32	K15 *N*
Archives r. des nos 1-41, 2-56	4	32	J15-H16
nos 43-fin, 58-fin	3		
Arcole pont d'	4	32	J15
Arcole r. d'	4	32	J15 *S*
Arcueil porte d'	14	55	R13
Arcueil r. d'	14	55	R14-S14
Ardennes r. des	19	10	C20
Arènes r. des	5	44	L15
Argenson r. d'	8	17	F10 *N*
Argenteuil r. d'	1	31	H13-G13
Argentine cité de l'	16	15	G6 *N*
Argentine r. d'	16	16	F7 *N*
Argonne pl. de l'	19	10	B19
Argonne r. de l'	19	10	B20-B19
Argout r. d'	2	31	G14 *S*
Arioste r. de l'	16	37	M2 *N*
Aristide-Briand r.	7	30	H11
Aristide-Bruand r.	18	7-19	D13 *N*
Aristide-Maillol r.	15	41	M10
Armaillé r. d'	17	16	E7
Armand villa	18	6	B12 *S*
Armand-Carrel pl.	19	22	D19 *S*
Armand-Carrel r.	19	22-21	D19-D18
Armand-Fallières villa	19	22	E20 *N*
Armand-Gauthier r.	18	7	C13
Armand-Moisant r.	15	41-42	L10-M11
Armand-Rousseau av.	12	48	N23-M23
Armée-d'Orient r. de l'	18	7	C13 *S*
Armenonville r. d'		15	D6-D5
nos 1-11 bis, 2-10	17		
nos 13-fin, 12-fin	Neuilly		
Armorique r. de l'	15	41	M10
Arnault-Tzanck pl.	17	6	A11 *S*
Arquebusiers r. des	3	33	H17 *S*
Arras r. d'	5	44	L15 *N*
Arrivée r. de l'	15	42	L11 *S*
Arsenal r. de l'	4	33-45	K17
Arsène-Houssaye r.	8	16	F8
d'Arsonval r.	15	41	M10
d'Artagnan r.	12	46	L20
Arthur-Brière r.	17	6	B12
Arthur-Groussier r.	10	21	F18
Arthur-Ranc r.	18	7	A13 *S*
Arthur-Rozier r.	19	22	E20
Artistes r. des	14	55	P13 *S*
Artois r. d'	8	17	F9
Arts av. des	17	15	D6 *S*
Arts imp. des	12	47	L21 *N*
Arts pass. des	14	42	N11 *N*
Arts pont des	1-6	31	H13-J13
Arts villa des	18	6	C12 *S*
Asile pass. de l'	11	33	H18 *S*
Asile-Popincourt r. de l'	11	33	H18 *S*
Asnières porte d'	17	4	B8-C8
Assas r. d'	6	42-43	K12-M13
Asseline r.	14	42	N11
Assomption r. de l'	16	27-26	K5-J4
d'Astorg r.	8	18	F11
Astrolabe imp. de l'	15	42	L11
Athènes r. d'	9	18	E12
Atlas pass. de l'	19	21	F18 *N*
Atlas r. de l'	19	21	F18-E18
Auber r.	9	18	F12
Aubervilliers imp. d'	19	9	C17-D17
Aubervilliers porte d'	19	9	A18
Aubervilliers r. d'		9	D17-A18
nos impairs 18e - nos pairs	19		
Aublet villa	17	16	D7-D8
Aubriot r.	4	32	J16 *N*
Aubry cité	20	35	J21 *N*
Aubry-le-Boucher r.	4	32	H15 *S*
Aude r. de l'	14	55	P13 *S*
Audran r.	18	7-19	D13 *N*
Auger r.	20	35	K21
Augereau r.	7	28-29	J8-J9
Auguste-Barbier r.	11	21	G18
Auguste-Baron pl.	19	10	A20
Auguste-Bartholdi r.	15	28	K7-K8
Auguste-Blanqui bd	13	56-55	P15-N14
Auguste-Blanqui villa	13	57	P17 *N*
Auguste-Cain r.	14	54	P11 *S*
Auguste-Chabrières cité	15	40	N7
Auguste-Chabrières r.	15	40	N7
Auguste-Chapuis r.	20	36	J23
Auguste-Comte r.	6	43	L13
Auguste-Dorchain r.	15	40	L8
Auguste-Lançon r.	13	55	R14
Auguste-Laurent r.	11	34	J19 *N*
Auguste-Maquet r.	16	38	M4
Auguste-Métivier pl.	20	34	H20
Auguste-Mie r.	14	42	M11 *S*
Auguste-Perret r.	13	56	R16 *N*
Auguste-Renoir sq.	14	53	P9
Auguste-Vacquerie r.	16	16	F8-G7
Auguste-Vitu r.	15	39	L5
Augustin-Thierry r.	19	23	E21 *S*
Aumale r. d'	9	19	E13
Aumont r.	13	56	P16 *S*
Aumont-Thiéville r.	17	16	D7
Aunay imp. d'	11	34	H20 *S*
d'Aurelle-de-Paladines bd	17	15	D6 *S*
Austerlitz cité d'	5	45-44	M17 *S*
Austerlitz pont d'	12-5-13	45	L17
Austerlitz port d'	13	45	M18-L17
Austerlitz quai d'	13	45	M18-L17
Austerlitz r. d'	12	45	L18 *N*
Auteuil bd d' nos 1-7 et 4	16	37	L2-L1
autres nos	Boulogne		
Auteuil pl. d'	16	38	L4 *N*
Auteuil port d'	16	39-38	K5-M4
Auteuil porte d'	16	37	K2
Auteuil r. d'	16	38	L4-K3
Ave Maria r. de l'	4	32	K16 *N*
Avenir cité de l'	11	34	G19 *S*
Avenir r. de l'	20	23	F21 *S*
Avenue-du-Bois sq. de l'	16	16-15	F7-F6
Avenue-Foch sq. de l'	16	15	F5
Aveyron sq. de l'	17	4	C8
Avre r. de l'	15	40	K8 *S*
Avron r. d'	20	35-36	K21-J23
Azaïs r.	18	7	D14 *N*

b

Nom	Arrondissement	Plan n°	Repère
Babylone r. de	7	30-29	K12-K10
Bac r. du	7	30	H12-K11
Bachaumont r.	2	31	G14 *S*
Bachelet r.	18	7	C14
Bagnolet porte de	20	36	G23
Bagnolet r. de	20	35-36	J21-H23
Baigneur r. du	18	7	C14
Baillet r.	1	31	H14 *S*
Bailleul r.	1	31	H14
Baillou r.	14	54	P11
Bailly r.	3	32	G16 *S*
Balard pl.	15	39	M5 *S*
Balard r.	15	39	L5-M5
Baleine imp. de la	11	22-34	G19
Balkans r. des	20	35	H22
Ballu r.	9	18	D12 *S*
Ballu villa	9	18	D12 *S*
Balny-d'Avricourt r.	17	16	D8
Baltard r.	1	31	H14
Balzac r.	8	16-17	F8-E9
Banque r. de la	2	19-31	G14
Banquier r. du	13	44	N16-N15
Baptiste-Renard r.	13	57	P17
Barbanègre r.	19	10	C19-B19
Barbès bd	18	20-8	D15-C15
Barbet-de-Jouy r.	7	30	J11-K11
Barbette r.	3	32	J16-H16
Barbey-d'Aurevilly av.	7	28	J8
Barcelone pl. de	16	39	K5-L5
Bardinet r.	14	53	P10 *N*
Bargue r.	15	41	M9-M10
Baron r.	17	6	B11
Barrault pass.	13	56	P15
Barrault r.	13	56-55	P15-R14
Barrelet-de-Ricou r.	19	22	E19 *S*
Barres r. des	4	32	J16
Barrier imp.	12	46	K19 *S*
Barrois pass.	3	32	H16-G16
Barthélemy pass.	10	21	D17
Barthélemy r.	15	41	L10
Barye r.	17	17	D9 *S*
Basfour pass.	2	32	G15 *S*
Basfroi pass.	11	34	J19
Basfroi r.	11	34	J19
Basilide-Fossard imp.	20	23	F22-G22
Bassano r. de		16	G8-F8
nos 1-21, 2-32	16		
nos 23-fin, 34-fin	8		
Basse-des-Carmes r.	5	44	K15 *S*
Bassompierre r.	4	33	K17
Baste r.	19	21	E18-D18
Bastien-Lepage r.	16	38	K4 *S*
Bastille bd de la	12	45-33	L17-K17
Bastille pl. de la nos impairs	4	33	J17-K17
nos 2, 4, 6	12		
nos 8-14	11		
Bastille r. de la	4	33	J17
Bataillon-du-Pacifique pl. du	12	46	M19
Bataillon-Français-de-l'O.N.U.-en-Corée pl. du	4	32	J16 *S*
Batignolles bd des		18	D12-D11
nos impairs 8 - nos pairs	17		
Batignolles r. des	17	6-18	D11

Nom	Arrondissement	Plan n°	Repère
Bauches r. des	16	27	J5
Baudelique r.	18	8	B15 *S*
Baudoin r.	13	57	N17 *S*
Baudoyer pl.	4	32	J16
Baudran imp.	13	56	R16 *N*
Baudricourt imp.	13	57-56	R17-P16
Baudricourt r.	13	57-56	P17-R16
Bauer cité	14	54	N11 *S*
Baulant r.	12	46	M20 *N*
Baumann villa	20	23	G22 *N*
Bausset r.	15	40	M8
Bayard r.	8	29	G9
Bayen r.	17	16	E8-D7
Bazeilles r. de	5	44	M15
Béarn r. de	3	33	J17
Béatrix-Dussane r.	15	28-40	K7
Beaubourg imp.	3	32	H15
Beaubourg r.		32	H15-G16
nos 1-19 et 2-20	4		
nos 21-fin et 22-fin	3		
Beauce r. de	3	32	H16 *N*
Beaucour av.	8	16-17	E8-E9
Beaufils pass.	20	35	K22 *N*
Beaugrenelle r.	15	39	K6-L6
Beauharnais cité	11	34	J20 *S*
Beaujolais galerie de	1	31	G13 *S*
Beaujolais pass. de	1	31	G13
Beaujolais r. de	1	31	G13
Beaujon r.	8	16	F8 *N*
Beaujon sq.	8	17	F10-E10
Beaumarchais bd nos 1-31	4	33	J17-H17
nos 33-fin	3		
nos pairs	11		
Beaune r. de	7	30	H12-J12
Beaunier r.	14	54	R12 *N*
Beauregard r.	2	20	G15 *N*
Beaurepaire cité	2	32	G15 *S*
Beaurepaire r.	10	21	G17-F17
Beauséjour bd de	16	26	J4 *N*
Beauséjour villa de	16	26	J4 *N*
Beautreillis r.	4	33	K17-J17
Beauvau pl.	8	17	F10 *S*
Beaux-Arts r. des	6	31	J13
Beccaria r.	12	46	L19-K19
Becquerel r.	18	7	C14
Beethoven r.	16	28-27	J7-H6
Béla-Bartok sq.	15	27	K6
Bel-Air av. du	12	47	L21 *N*
Bel-Air cour du	12	33	K18
Bel-Air villa du	12	48	L23-M23
Belfort r. de	11	34	J19-J20
Belgrade r. de	7	29-28	J9-J8
Belgrand r.	20	35-36	G21-G23
Belhomme r.	18	20	D15
Belidor r.	17	15	E6 *N*
Bellart r.	15	41	L9 *N*
Bellechasse r. de	7	30	H12-J11
Bellefond r. de	9	20-19	E15-E14
Belles-Feuilles imp. des	16	15	G6 *N*
Belles-Feuilles r. des	16	27-15	G6-F5
Belleville bd de nos impairs	11	34-22	G19-F19
nos pairs	20		
Belleville r. de nos impairs	19	22-23	F19-E22
nos pairs	20		

Nom	Arrondissement	Plan n°	Repère
Bellevue r. de	19	23	E21
Bellevue villa de	19	23	E21 *N*
Belliard r.	18	8-6	A15-B12
Belliard villa	18	6	B12
Bellier-Dedouvre r.	13	56	R15 *N*
de Bellièvre r.	13	45	M18 *S*
Bellini r.	16	27	H6
Bellot r.	19	9	D17 *N*
de Belloy r.	16	16	G7 *N*
de Belzunce r.	10	20	E15
Ben-Aïad pass.	2	31	G14 *S*
Bénard r.	14	54	N11 *S*
Benjamin-Constant r.	19	10	B19
Benjamin-Franklin r.	16	27	H6
Benjamin-Godard r.	16	27	G5 *S*
Benouville r.	16	15	G5 *N*
Béranger hameau	16	27	K5 *N*
Béranger r.	3	33	G17 *S*
Bérard cour	4	33	J17 *S*
Berbier-du-Mets r.	13	44	N15 *N*
Bercy allée de	12	45-46	L18
Bercy bd de	12	45-46	M18-20
Bercy pont de	12-13	45	M18
Bercy port de	12	58-45	P20-M18
Bercy porte de	12	58-59	P20-P21
Bercy quai de	12	58-45	P20-M18
Bercy r. de	12	46-45	N20-K17
Bergame imp. de	20	35	J21-K21
Berger r.	1	32-31	H15-H14
Bergère cité	9	19	F14
Bergère r.	9	20-19	F15-F14
Bergers r. des	15	39	L6-M6
Bérite r. de	6	42	K11-L11
Berlioz r.	16	15	F6-E6
Bernard-de-Clairvaux r.	3	32	H15
Bernard-de-Ventadour r.	14	41	N10
Bernard-Halpern pl.	5	44	M15
Bernardins r. des	5	32-44	K15
Bernard-Lacache r.	12	48	L23-L24
Bernard-Palissy r.	6	31-30	K13-K12
Berne r. de	8	18	E11-D11
Bernouilli r.	8	18	E11 *N*
Berri r. de	8	17	F9
Berryer cité	8	18	G11 *N*
Berryer r.	8	17	F9-E9
Berthaud imp.	3	32	H15
Berthe r.	18	7	D14-D13
Berthie-Albrecht av.	8	16	F8-E8
Berthier bd	17	5-4	B10-D7
Berthier villa	17	4	D7 *N*
Berthollet r.	5	43	M14
Bertin-Poirée r.	1	31	J14-H14
Berton r.	16	27	J6
Bertrand cité	11	34	H19 *N*
Bervic r.	18	20	D15
Berzélius pass.	17	6	B11
Berzélius r.	17	6	C11-B11
Beslay pass.	11	33	H18 *N*
Bessières bd	17	6-5	B12-B10
Bessières r.	17	5	B10
Bessin r. du	15	53	N9-P9
Béthune quai de	4	32	K16
Beudant r.	17	18	D11 *S*
Bezout r.	14	55-54	P13-P12
Bichat r.	10	21	G17-F17
Bidassoa r. de la	20	35-22	G21-G20
Bidault ruelle	12	46	L19
Bienaimé cité	18	7	B13 *N*

Nom	Arrondissement	Plan n°	Repère
Bienfaisance r. de la	8	18-17	E11-E10
Bienvenüe pl.	15	42	L11 *S*
Bièvre r. de	5	32-44	K15
Bignon r.	12	46	M20
Bigorre r. de	14	54	P12
Binder pass.	19	22	D19
Biot r.	17	18	D12
Birague r. de	4	33	J17 *S*
Bir-Hakeim pont de	16-15	27-28	J6-J7
Biscornet r.	12	33-45	K18-K17
Bisson r.	20	22	F19 *S*
Bitche pl. de	19	10	C19
Bixio r.	7	29	K10 *N*
Bizerte r. de	17	6-18	D11 *N*
Blainville r.	5	44	L15
Blaise-Cendrars allée	1	31	H14
Blaise-Desgoffe r.	6	42	L12-L11
Blanchard r.	20	36	J23 *N*
Blanche cité	14	53	P9 *N*
Blanche pl.	9	19-18	D13-D12
Blanche r.	9	19-18	E13-D12
Blanche-Antoinette r.	19	22	D20 *S*
Blancs-Manteaux r. des	4	32	J16-H15
Bleue r.	9	20-19	E15-E14
Blomet r.	15	41-40	L9-M7
Blondel r.	3-2	20	G16-G15
Bluets r. des	11	34	H19-G19
Bobillot r.	13	56	P15-R15
Bocage r. du	15	53	P9 *N*
Boccador r. du	8	29-28	G9-G8
Bochart-de-Saron r.	9	19	E14-D14
Boërs villa des	19	22	E20-D20
Bœuf imp. du	4	32	H15 *S*
Bœufs imp. des	5	44	K15 *S*
Boïeldieu pl.	2	19	F13 *S*
Boileau hameau	16	38	L3
Boileau r.	16	38	L4-M3
Boileau villa	16	38	L3
Boinod r.	18	8	C15-B15
Bois r. des	19	23	E21-E22
Bois-de-Boulogne r. du	16	16-15	F7-F6
Bois-le-Prêtre bd du		6	A11
nos 1-51, 2-42	17		
nos 53-fin, 42 bis-fin	Clichy		
Bois-le-Vent r.	16	27	J5 *N*
Boissière r.	16	28-15	G7-G6
Boissière villa	16	28	G7 *S*
Boissieu r.	18	20	D15
Boissonade r.	14	43-42	M13-12
Boissy-d'Anglas r.	8	18	G11-F11
Boiton pass.	13	56	P15 *S*
Bolivar sq.	19	22	F19-E19
Bonaparte r.	6	31-43	J13-K13
Bonne r. de la	18	7	C14 *S*
Bonne-Graine pass. de la	11	33	K18 *N*
Bonne-Nouvelle bd de		20	G15-F15
nos impairs 2e - nos pairs	10		
Bonne-Nouvelle imp. de	10	20	F15 *S*
Bonnet r.	18	7	B13 *N*
Bon-Secours imp.	11	34	J19
Bons-Enfants r. des	1	31	H13 *N*
Borda r.	3	32	G16 *S*
Borrégo r. du	20	23	F21-F22
Borrégo villa du	20	23	F22
Borromée r.	15	41	M9 *N*
Bosio r.	16	38	K4 *S*
Bosquet av.	7	29	H9-J9

Nom	Arrondissement	Plan nº	Repère
Bosquet r.	7	29	J9
Bosquet villa	7	29	H9
Bossuet r.	10	20	E15
Botha r.	20	22	F20 *S*
Botzaris r.	19	22	E19-E20
Bouchardon r.	10	20	G16-F16
Boucher r.	1	31	H14 *S*
Bouchut r.	15	41	L9-L10
Boucicaut r.	15	39	L6 *S*
Boucry r.	18	9-8	B17-B16
Boudin pass.	20	23	G22 *N*
Boudon av.	16	26-38	K4 *S*
Boudreau r.	9	18	F12
Boufflers av. de	16	26-38	K3
Bougainville r.	7	29	J9
Bouilloux-Lafont r.	15	39	M6-M5
Boulainvilliers hameau	16	27	J5 *S*
Boulainvilliers r. de	16	27	K5-J5
Boulangers r. des	5	44	L15
Boulard r.	14	42-54	N12
Boulay pass.	17	6	B11
Boulay r.	17	5-6	B10-B11
Boule-Blanche pass.	12	33	K18 *N*
Boule-Rouge imp. de la	9	19	F14
Boule-Rouge r de la	9	19	F14
Boulets r. des	11	34-46	K20
Boulitte r.	14	53-54	P10-P11
Boulle r.	11	33	J18
Boulnois pl.	17	16	E8
Bouloi r. du	1	31	H14 *N*
Bouquet-de-Longchamp r.	16	28	G7 *S*
Bourbon quai de	4	32	K16-J15
Bourbon-le-Château r. de	6	31	J13 *S*
Bourdaloue r.	9	19	E13 *S*
Bourdin imp.	8	17-29	G9
Bourdon bd	4	33-45	K17
Bourdonnais imp. des	1	31	H14 *S*
Bourdonnais r. des	1	31	J14-H14
Bouret r.	19	21	E18-D18
Bourg-l'Abbé pass. du	2	32	G15 *S*
Bourg-l'Abbé r. du	3	32	H15 *N*
Bourgogne r. de	7	30-29	H11-J10
Bourgoin imp.	13	57	R17 *N*
Bourgoin pass.	13	57	R17 *N*
Bourgon r.	13	56	R16
Bourg-Tibourg r. du	4	32	J16
Boursault imp.	17	18	D11 *S*
Boursault r.	17	6-18	D11
Bourse pl. de la	2	19	G14 *N*
Bourse r. de la	2	19	G14-G13
Bourseul r.	15	41-40	M9-M8
Boussingault r.	13	55	R14-P14
Boutarel r.	4	32	K15 *N*
Boutebrie r.	5	31	K14
Boutin r.	13	55	P14
Boutron imp.	10	20-21	E16-E17
Boutroux av.	13	57	R18
Bouvart imp.	5	43	K14- *S*
Bouvier imp.	11	34	K20 *N*
Bouvines av. de	11	35-47	K21
Bouvines r. de	11	35-47	K21
Boyer r.	20	35-22	G21-G20
Boyer-Barret r.	14	42-54	N11 *S*
Boy-Zelenski r.	10	21	E17
Brady pass.	10	20	F16-F15
Brancion porte	15	52	P8
Brancion r.	15	41-52	N9-P8

Nom	Arrondissement	Plan nº	Repère
Brancion sq.	15	52	P8
Branly quai nos 1-17	7	28	H8-J7
nos 73-fin	15		
Brantôme pass.	3	32	H15
Brantôme r.	3	32	H15
Braque r. de	3	32	H16 *S*
Brazzaville pl. de	15	27	K6
Bréa r.	6	42	L12 *S*
Brêche-aux-Loups r.	12	47	N21-M21
Bréguet r.	11	33	J18
Brémontier r.	17	17	D9
Brésil pl. du	17	17	D9
Bresse sq. de la	16	38	M3 *S*
Bretagne r. de	3	33-32	H17-G16
Breteuil av. de		29-41	K10-L10
nos 1-69, 2-76	7		
nos 71-fin, 78-fin	15		
Breteuil pl. de		41	L10 *N*
nos 1-11, 2 seulement	7		
nos 13-fin, 4-fin	15		
Bretonneau r.	20	23-35	G22
Bretons cour des	10	21	F18 *S*
Bretonvilliers r. de	4	32	K16
Brey r.	17	16	E8 *S*
Brézin r.	14	54	P12-N12
Briare imp.	9	19	E14 *S*
Bridaine r.	17	6	D11 *N*
Brie pass. de la	19	21	E18 *N*
Briens sentier	12	47	L22
Brignole r.	16	28	G8 *S*
Brillat-Savarin r.	13	56-55	R15-R14
Briquet pass.	18	19	D14
Briquet r.	18	19	D14
Briqueterie r. de la	14	53	P9 *S*
Brisemiche r.	4	32	H15
Brissac r. de	4	45	K17 *S*
Brizeux sq.	20	23	F21-G21
Broca r.		44-43	M15-N14
nos 1-49,2-52	5		
nos 51-fin, 54-fin	13		
Brochant r.	17	5-6	C10-C11
Brongniart r.	2	19	G14 *N*
de Brosse r.	4	32	J15
Brouillards allée des	18	7	C13
Broussais r.	14	55	P13
Brown-Séquard r.	15	41	M10 *N*
Bruant r.	13	45	N17 *N*
Bruller r.	14	55	P13
Brulon pass.	12	34-46	K19
Brune bd	14	53-54	P9-R12
Brune villa	14	54	P11 *S*
Brunel r.	17	16	E7
Bruneseau r.	13	58	R20-R19
Brunet porte	19	23	D21
Brunetière av.	17	4	C8
Brunoy pass.	12	45-46	L18-L19
Bruxelles r. de	9	18	D12
Bucarest r. de	8	18	E12 *N*
Bûcherie r. de la	5	32-31	K15-K14
de Buci carr.	6	31	J13 *S*
de Buci r.	6	31	J13 *S*
Budapest pl. de	9	18	E12
Budapest r. de	9	18	E12 *S*
Budé r.	4	32	K16
Buenos Aires r. de	7	28	J7
Buffault r.	9	19	F14-E14
Buffon r.	5	45-44	L17-M16
Bugeaud av.	16	15	G6-F5

Nom	Arrondissement	Plan nº	Repère
Buis r. du	16	38	L4 *N*
Buisson-St-Louis pass.	10	21	F18
Buisson-St-Louis r. du	10	21	F18
Bullourde pass.	11	33-34	J18-J19
Buot r.	13	56	P15 *S*
Bureau imp. du	11	35	K21 *N*

Nom	Arrondissement	Plan nº	Repère
Bureau pass. du	11	35	J21 *S*
Burnouf r.	19	21	F18-E18
Burq r.	18	7	D13-C13
Butte-aux-Cailles r.	13	56	P15
Buzelin r.	18	9	C17
Buzenval r. de	20	47-35	K22-J21

Nom	Arrondissement	Plan nº	Repère
Cabanis r.	14	55	P14-P13
Cacheux r.	13	55	R14 *S*
Cadet r.	9	19	F14-E14
Cadix r. de	15	40	N7
Cadran imp. du	18	19	D14
Caffarelli r.	3	32-33	H16-H17
Caffieri av.	13	56	R15-S15
Cahors r. de	19	11	D21 *N*
Cail r.	10	20	D16
Caillard imp.	11	33	J18 *S*
Caillaux r.	13	56	R16
Cailletet r.	12	48	L23-M24
Caillié r.	18	9-21	D17 *N*
Caire galerie du	2	20	G15 *N*
Caire pass. du	2	20	G15
Caire pl. du	2	20	G15
Caire r. du	2	32-20	G15
Calais r. de	9	18	D12
Calmels imp.	18	7	B13
Calmels r.	18	7	B14-B13
Calmels prolongée r.	18	7	B13 *S*
Calvaire pl. du	18	7	D14 *N*
Calvaire r. du	18	7	D14
Cambacérès r.	8	18	F11
Cambo r. de	19	23	E21
Cambodge r. du	20	35	G21 *S*
Cambon r.	1	18-30	G12
Cambrai r. de	19	10	B19
Cambronne pl.	15	40	K8-L8
Cambronne r.	15	40-41	L8-M9
Camélias r. des	14	53	P9
Camille-Blaisot r.	17	6	A12
Camille-Desmoulins r.	11	34	J19-H19
Camille-Flammarion r.	18	7	A13-A14
Camille-Jullian pl.	6	43	M13 *N*
Camille-Tahan r.	18	6	D12
de Camoëns av.	16	27	H6 *S*
Campagne-Première r.	14	43-42	M13-M12
Campo-Formio r. de	13	44	N16
Camulogène r.	15	53	P9
Canada pl. du	8	29	G10
Canada r. du	18	9	C17
Canart imp.	12	48	L23
Candie r. de	11	34	K19
de Candolle r.	5	44	M15
Canettes r. des	6	31	K13 *N*
du Cange r.	14	41	N10
Canivet r. du	6	31-43	K13
Cannebière r.	12	47	M21 *S*
Cantagrel r.	13	57	P18 *S*
Cantal cour du	11	33	J18 *S*
Capitaine-Ferber r. du	20	35-36	G22-G23
Capitaine-Lagache r. du	17	6	C12-B12
Capitaine-Madon r. du	18	6	C12
Capitaine-Marchal r. du	20	23-35	G22
Capitaine-Ménard r. du	15	39	L6
Capitaine-Olchanski r. du	16	26-38	K4 *S*

Nom	Arrondissement	Plan nº	Repère
Capitaine-Scott r. du	15	28	J7 *S*
Capitaine-Tarron r. du	20	36	G23 *S*
Caplat r.	18	20	D15
Caporal-Peugeot r. du	17	4	C7 *S*
Capri r. de	12	47	N21 *N*
Capron r.	18	6	D12 *N*
Capucines bd des		19-18	F13-F12
nos impairs	2		
nos pairs	9		
Capucines r. des		18	G12 *N*
nos impairs	1		
nos pairs	2		
Carcel r.	15	40	M8
Cardan r.	17	6-5	B11-B10
Cardeurs sq. des	20	35-36	J22-J23
Cardinal-Amette pl. du	15	28	K8
Cardinal-Dubois r. du	18	7	D14 *N*
Cardinale r.	6	31	J13 *S*
Cardinal-Guibert r. du	18	7	D14-C14
Cardinal-Lavigerie pl. du	12	47	N22
Cardinal-Lemoine cité du	5	44	K15 *S*
Cardinal-Lemoine r. du	5	44	K15-L15
Cardinal-Mercier r. du	9	18	E12-D12
Cardinet pass.	17	5	D10
Cardinet r.	17	16-6	D8-C11
Carducci r.	19	22	E20
Carlo-Sarrabezolles r.	15	38	M4-N4
Carmes r. des	5	44-43	K15-K14
Carnot av.	17	16	F7-E7
Carnot bd	12	48	L23-M23
Caroline r.	17	18	D12-D11
Carolus-Duran r.	19	23	E22
Caron r.	4	33	J17
Carpeaux r.	18	6-7	C12-C13
Carrier-Belleuse r.	15	41-40	L9-L8
Carrière-Mainguet imp.	11	34	J20
Carrières imp. des	16	27	J6 *N*
Carrières-d'Amérique r.	19	11-23	D21
Carrousel pl. du	1	31	H13
Carrousel pont du	1-7	31	H13-J13
Cartellier av.	20	36	G23-H23
Casablanca r. de	15	40	M7
Cascades r. des	20	22	G20-F20
Casimir-Delavigne r.	6	31	K13
Casimir-Pèrier r.	7	30	H11-J11
Cassette r.	6	42	K12
Cassini r.	14	43	M13 *S*
Castagnary r.	15	41-53	N10-P9
Casteggio imp. de	20	35	J21 *S*
de Castellane r.	8	18	F12-F11
Castex r.	4	33	K17-J17
Castiglione r. de	1	30	G12 *S*
Catalogne pl. de	14	42	M11
Catinat r.	1	31	G14 *S*
Catulle-Mendès r.	17	4	D7-C7

Nom	Arrondissement	Plan nº	Repère
Cauchois r.	18	7-19	D13 *N*
Cauchy r.	15	39	L5-M6
Caulaincourt r.	18	6-7	D12-C14
Caulaincourt sq.	18	7	C13
de Caumartin r.	9	18	F12-E12
Cavalerie r. de la	15	28-40	K8
Cavallotti r.	18	6	D12 *N*
Cavé r.	18	8	C16-C15
Cavendish r.	19	22	D19
Cazotte r.	18	7-19	D14 *N*
Célestins port des	4	32	K16 *N*
Célestins quai des	4	32	K16 *N*
Cels imp.	14	42	N11 *N*
Cels r.	14	42	N12-M11
Cendriers r. des	20	34	G20
Censier r.	5	44	M16-M15
Cépré r.	15	41	L9 *N*
Cerisaie r. de la	4	33	K17
Cerisoles r. de	8	17	G9 *N*
Cernuschi r.	17	5	D9-C9
César-Caire av.	8	18	E11 *S*
César-Franck r.	15	41	L10-L9
Cesselin imp.	11	34	K19-K20
Cévennes r. des	15	39	L5-M6
Chabanais r.	2	31	G13
Chablis r. de	12	46	N19-N20
Chabrol cité de	10	20	E15 *S*
Chabrol r. de	10	20	E16-E15
du Chaffault r.	12	48	L23-L24
Chaillot r. de	16	16-28	G8
Chaillot sq. de	16	16	G8
Chaise r. de la	7	30	J12-K12
Chalabre imp.	17	5	B10-C10
Chalet r. du	10	21	F18
Chalets av. des	16	26	J4
Chalgrin r.	16	19	F7 *N*
Chaligny r.	12	46	L19-K19
Chalon cour de	12	45	L18
Chalon r. de	12	46-45	L19-L18
Chambertin r. de	12	46	M19
Chambéry r. de	15	53	N9-P9
Chambiges r.	8	29	G9
Chamfort r.	16	26	K4
Champagne cité	20	35	J22 *S*
Champagny r. de	7	30	J11 *N*
Champaubert av. de	15	28	K8
Champ-de-l'Alouette r. du	13	55	N14 *S*
Champ-de-Mars r. du	7	29	J9
Champerret porte de	17	4	D7
Champfleury r.	7	28	J8 *S*
Championnet pass.	18	7-8	B14-B15
Championnet r.	18	8-6	B15-B12
Championnet villa	18	6	B12
Champ-Marie pass. du	18	7	B13 *N*
Champollion r.	5	31-43	K14 *S*
Champs galerie des	8	17	F9 *S*
Champs-Elysées av. des	8	30-16	G11-F8
Champs-Elysées port des	8	29	H10 *N*
Champs-Elysées rd-pt des	8	17	G10-G9
de Chanaleilles r.	7	30	K11 *N*
Chancelier-Adenauer pl. du	16	15	F5 *S*
Chandon imp.	15	40	M7
Chanez r.	16	38	L3 *N*
Chanez villa	16	38	L3 *N*
Changarnier r.	12	48	L23
Change pont au	1-4	31	J14

Nom	Arrondissement	Plan nº	Repère
Chanoinesse r.	4	32	K15-J15
Chantemesse av.	16	26	G4
Chantier pass. du	12	33	K18
Chantiers r. des	5	44	K16-K15
Chantilly r. de	9	19	E14
Chantres r. des	4	32	J15 *S*
Chanvin pass.	13	57	N18-P17
Chanzy r.	11	34	K19-K20
Chapelle av. de la	17	15	E6-D6
Chapelle bd de la	nos impairs 10 - nos pairs 18	21-20	D17-D15
Chapelle cité de la	18	8	C16 *S*
Chapelle hameau de la	18	8	C16 *N*
Chapelle imp. de la	18	8	B16 *S*
Chapelle pl. de la	18	20	D16
Chapelle porte de la	18	8	A16
Chapelle r. de la	18	8	C16-A16
Chapon r.	3	32	H16-H15
Chappe r.	18	19-7	D14
Chaptal cité	9	19	E13-D13
Chaptal r.	9	19-18	E13-D12
Chapu r.	16	38	M4 *N*
Charbonnel r.	13	55	R14
Charbonnière r. de la	18	20	D16-D15
Charbonniers pass. des	15	41	L9-L10
Charcot r.	13	57	N18-P17
Chardin r.	16	28	H7-J7
Chardon-Lagache r.	16	38	L4-M3
Charente quai de la	19	10	B20-A19
Charenton porte de	12	59	P22
Charenton r. de	12	33-47	K18-N21
Charlemagne pass.	4	32	J16 *S*
Charlemagne r.	4	32	J16 *S*
Charles-Albert pass.	18	6	B12 *N*
Charles-Baudelaire r.	12	45-34	K18-K19
Charles-Bénard villa	12	47	L22
Charles-Bernard pl.	18	7	B14 *S*
Charles-Bertheau r.	13	57	R17
Charles-Bossut r.	12	46	L19 *S*
Charles-V r.	4	33-32	K17-J16
Charles-Cros r.	20	24	E23 *S*
Charles-Dallery pass.	11	34-33	J19-J18
Charles-de-Foucauld av.	12	47	N22
Charles-de-Gaulle pl.	8-16-17	16	F7-F8
Charles-Delescluze r.	11	34	K19 *N*
Charles-Dickens r.	16	27	J6
Charles-Dickens sq.	16	27	J6 *N*
Charles-Divry r.	14	42	N12
Charles-Dullin pl.	18	19	D14
Charles-et-Robert r.	20	36	K23-J23
Charles-Fillion pl.	17	5-6	C10-C11
Charles-Floquet av.	7	28	J7-K8
Charles-Fourier r.	13	56	R15-P15
Charles-Friedel r.	20	23	F21
Charles-Garnier pl.	9	18	F12 *S*
Charles-Gerhardt r.	17	5	D9 *N*
Charles-Girault av.	8	29	G10
Charles-Godon cité	9	19	E14
Charles-Hermite r.	18	9	A17
Charles-Lamoureux r.	16	15	G5 *N*
Charles-Laurent sq.	15	41	L9 *S*
Charles-Lauth r.	18	9	A17
Charles-Lecocq r.	15	40	M7-M8
Charles-Le-Goffic r.	14	54	R11
Charles-Luizet r.	11	33	H17
Charles-Marie-Widor r.	16	38	M3 *N*
Charles-Michels pl.	15	39	L6 *N*
Charles-Monselet r.	19	23	E22

Nom	Arrondissement	Plan nº	Repère
Charles-Moureu r.	13	57-56	P17-P16
Charles-Nicolle r.	12	46	L20
Charles-Nodier r.	18	19-7	D14 *N*
Charles-Petit imp.	11	34	K19-K20
Charles-Renouvier r.	20	35	H21-H22
Charles-Risler av.	7	28	J8
Charles-Robin r.	10	21	E18 *S*
Charles-Tellier r.	16	38	M3
Charles-Tournemire r.	17	3	D6
Charles-Vallin pl.	15	41	N9 *N*
Charles-Weiss r.	15	41	N9
Charlot r.	3	32-33	H16-G17
Charmilles villa des	15	41-53	N9
Charolais pass. du	12	46	M20
Charolais r. du	12	46	M20-L19
Charonne bd de		47-34	K21-J20
nºˢ impairs	11		
nºˢ pairs	20		
Charonne r. de	11	33-35	K18-J21
Charras r.	9	18	F12
Charrières imp.	11	34	J19-K19
Chartière imp.	5	43	K14 *S*
Chartres r. de	18	20	D16-D15
Chartreux r. des	6	43	M13 *N*
Chassaigne-Goyon pl.	8	17	F10
Chasseloup-Laubat r.	15	41	K9-L9
Chasseurs av. des	17	5	C9 *S*
Château r. du	14	42	M11-N11
Chateaubriand r.	8	17-16	F9-F8
Château-d'Eau r. du	10	20	G16-F16
Château-des-Rentiers r.	13	57-56	R18-N16
Châteaudun r. de	9	19	E14-E13
Château-Landon r. du	10	21	E17-D17
Château-Rouge pl. du	18	8	C15 *S*
Châtelet pass.	17	6	B11-B12
Châtelet pl. du nºˢ impairs	1	32-31	J15-J14
nºˢ pairs	4		
Châtillon porte de	14	53	R10
Châtillon r. de	14	54	P11
Châtillon sq. de	14	54	P11 *S*
Chat-qui-Pêche r. du	5	31	K14 *N*
Chauchat r.	9	19	F13-F14
Chaudron r.	10	21	D17
Chaufourniers r. des	19	21	E18
Chaumont porte	19	11	D21 *N*
Chaumont r. de	19	21	D18 *S*
Chauré sq.	20	23-35	G22
Chaussée-d'Antin r. de la	9	19-18	F13-E12
Chaussin pass.	12	47	M22
Chausson imp.	10	21	F17-E17
Chauveau-Lagarde r.	8	18	F11 *S*
Chauvelot r.	15	52-53	P8-P9
Chazelles r. de	17	17	E9 *N*
Chemin-de-Fer r. du		10-11	A20-A21
nºˢ 1-13, 2-12 bis	19		
nºˢ 15-fin, 14-fin	Pantin		
Cheminets r. des	19	11	C21 *S*
Chemin-Vert pass. du	11	33	H18 *S*
Chemin-Vert r. du	11	33-34	J17-H20
Chêne-Vert cour du	12	33-45	K18
Chénier r.	2	20	G15 *N*
Cher r. du	20	35	H22-G21
Cherbourg r. de	15	53	N9-P9
Cherche Midi r. du		30-42	K12-L11
nºˢ 1-121, 2-130	6		
nºˢ 123-fin, 132-fin	15		
Chéreau r.	13	56	P15 *S*
Chernoviz r.	16	27	J6 *N*

Nom	Arrondissement	Plan nº	Repère
Chéroy r. de	17	18	D11 *S*
Chérubini r.	2	19-31	G13
Cheval-Blanc pass. du	11	33	J18-K18
Chevaleret r. du	13	58-45	R19-N17
Chevalier-de-la-Barre r. du	18	7	C14 *S*
Chevaliers imp. des	20	23	F21
Chevert r.	7	29	J9
de Cheverus r.	9	18	E12 *S*
Chevet r. du	11	21	G18 *N*
Chevreul r.	11	34-46	K20
Chevreuse r. de	6	42	M12 *N*
Cheysson villa	16	38	M3 *N*
Chine r. de la	20	35-23	G22-G21
Choiseul pass.	2	19	G13
de Choiseul r.	2	19	G13-F13
Choisy av. de	13	57-56	R17-P16
Choisy porte de	13	57	R17 *S*
Chomel r.	7	30	K12 *N*
Chopin pl.	16	27	J5
Choron r.	9	19	E14
Chrétien-de-Troyes r.	12	46	L19
Christi imp.	17	6	B12
Christian-Dewet r.	12	47	L21 *N*
Christiani r.	18	8	D15 *N*
Christine r.	6	31	J14-J13
Christine de Pisan r.	17	5	C9
Christophe-Colomb r.	8	16	F8-G8
Cicé r. de	6	42	L12 *S*
Cimarosa r.	16	16	G7
Cimetière r. du		5	B9
nº 2 seulement	17		
nºˢ 4-fin, nºˢ impairs	Clichy		
Cim.-des-Batignolles av. du	17	5	B10
Cimetière-St-Benoît r. du	5	43	K14 *S*
Cino-Del-Duca r.	17	3-15	D6
Cinq-Diamants r. des	13	56	P15
Cinq-Martyrs-du-Lycée-Buffon pont des	15-14	41-42	M10-M11
Cirque r. du	8	17	G10-F10
Ciseaux r. des	6	31	K13 *N*
Cité r. de la	4	32-31	J15-J14
Cîteaux r. de	12	46	L19-K19
Cité Florale	13	55	R14
Cité Industrielle	11	34	J19-H19
Cité-Universitaire r. de la	14	55	R14 *S*
Civiale r.	10	21	F18
Civry r. de	16	38	L3 *S*
Clairaut r.	17	6	C11
Clapeyron r.	8	18	D11 *S*
Claridge galerie du	8	17	F9
Claude-Bernard r.	5	44-43	M15-M14
Claude-Chahu r.	16	27	J6-H6
Claude-Dobussy r.	17	16-4	D7 *N*
Claude-Debussy sq.	17	17	D10
Claude-Decaen r.	12	47	N22-M21
Claude-Farrère r.	16	37	L2 *S*
Claude-Garamond r.	15	52	P8 *S*
Claude-Lorrain r.	16	38	M3 *N*
Claude-Lorrain villa	16	38	M3 *N*
Claude-Monet villa	19	22	D20 *S*
Claude-Pouillet r.	17	17	D10
Claude-Regaud av.	13	57	R18 *S*
Claude-Terrasse r.	16	38	M3 *S*
Claude-Tillier r.	12	46	L20-K20
Claude-Vellefaux av.	10	21	F17-E18
Clauzel r.	9	19	E13
Clavel r.	19	22	F20-E19

Nom	Arrondissement	Plan nº	Repère
Clef r. de la	5	44	M15-L15
Clemenceau pl.	8	17-29	G10
Clémence-Royer r.	1	31	H14 *N*
Clément r.	6	31	K13 *N*
Clément-Ader pl.	16	27	K5
Clément-Marot r.	8	17-29	G9
Clément-Myionnet r.	15	39	L5
Cler r.	7	29	H9-J9
Cléry pass. de	2	20	G15 *N*
Cléry r. de	2	19-20	G14-G15
Clichy av. de nos 1-fin, 86-fin	17	18-5	D12-B10
nos 2-64	18		
Clichy bd de nos impairs	9	19-18	D13-D12
nos pairs	18		
Clichy pass. de	18	18	D12
Clichy pl. de		18	D12
nos 1 seulement, 2-10bis	9		
nº 3 seulement	8		
nos 5-fin (impairs)	17		
nos 12-fin (pairs)	18		
Clichy porte de	17	5	B10
Clichy r. de	9	18	E12-D12
Clignancourt porte de	18	7	A14
Clignancourt r. de	18	19-8	D14-B15
Clignancourt sq. de	18	7	B14 *S*
Clisson imp.	13	57	N17 *S*
Clisson r.	13	45-57	N17-P17
Cloche r. de la	20	35	G21 *S*
Cloche-Perce r.	4	32	J16
Clodion r.	15	28	K7 *N*
Cloître-Notre-Dame r. du	4	32	K15-J15
Cloître-St-Merri r. du	4	32	J15-H15
Clos r. du	20	35	J22
Clos-Bruneau pass. du	5	44	K15 *S*
Clos-Feuquières r. du	15	40	M7-N7
Clotaire r.	5	43	L14
Clotilde r.	5	43	L14
Clotilde-de-Vaux r.	11	33	J17
Clôture r. de la	19	11	B21 *N*
Clouet r.	15	41	L9 *N*
Clovis r.	5	44	L15
Clovis-Hugues r.	19	21	D18 *S*
Cloÿs imp. des	18	7	B13-C13
Cloÿs pass. des	18	7	C13-B13
Cloÿs r. des	18	7	B14-B13
Cluny r. de	5	31-43	K14
Cochin r.	5	32-44	K15
Coëtlogon r.	6	30-42	K12
Cœur-de-Vey villa	14	54	P12 *N*
Cognacq-Jay r.	7	29	H9
Colbert galerie	2	31	G13
Colbert r.	2	19	G13
Colette pl.	1	31	H13 *N*
Colisée r. du	8	17	F9-F10
Collégiale r. de la	5	44	M15 *S*
Collet villa	14	53	P10 *S*
Collette r.	17	6	B12 *S*
Collin pass.	9	19	D13 *S*
Colmar r. de	19	10	C19 *S*
Colombe r. de la	4	32	J15 *S*
Colombie pl. de	16	26	H4
Colonel-Bonnet av. du	16	27	J5
Colonel-Bourgoin pl. du	12	46	L19
Colonel-Colonna d'Ornano r.	15	41	L9
Colonel-Combes r. du	7	29	H9
Colonel-Domine r. du	13	56	R16-S16
Colonel-Driant r. du	1	31	H14-H13
Colonel-Fabien pl. du		21	E18-E17
nos impairs 10 - nos pairs	19		
Colonel-Moll r. du	17	16	E7
Colonel-Monteil r. du	14	53	P9 *S*
Colonel-Oudot r. du	12	47-48	N22-M23
Colonel-Pierre Avia r. du	15	51	N5-P5
Colonel-Rozanoff r. du	12	46	L20
Colonels-Renard r. des	17	16	E7
Colonie r. de la	13	55-56	R14-R15
Colonnes r. des	2	19	G13 *N*
Colonnes-du-Trône r. des	12	47	L21
Combattants-en-Afrique-du-Nord pl. des	12	45	L18
Comète r. de la	7	29	H9-J9
Commaille r. de	7	30	K12-K11
Cdt-Charles-Martel pass.	17	18	D11
Cdt-Guilbaud r. du	16	37	M2
Cdt-Lamy r. du	11	33	J18
Cdt-Léandri r. du	15	40	M7
Cdt-L'Herminier r. du	20	48	L24-K24
Cdt-Marchand r. du	16	15	E6 *S*
Cdt-Mortenol r. du	10	21	E17
Cdt-René-Mouchotte r. du		42	M11
nos impairs 14e - nos pairs	15		
Cdt-Rivière r. du	8	17	F10-F9
Cdt-Schlœsing r. du	16	27	H6
Commanderie bd de la	19	10	A20
Commandeur r. du	14	54	P12
Commerce imp. du	15	40	L7
Commerce pl. du	15	40	L7
Commerce r. du	15	40	K8-L7
Commerce St-André cour	6	31	J13-K13
Commerce-St-Martin pass.	3	32	H15
Commines r.	3	33	H17
Compans r.	19	23-22	E21-D20
Compiègne r. de	10	20	E15 *N*
Compoint imp.	17	6	C11 *N*
Comtesse-de-Ségur allée	8	17	E9-E10
Concorde pl. de la	8	30	G11 *S*
Concorde pont de la	8-7	30	H11 *N*
Concorde port de la	8	30	H11 *N*
de Condé r.	6	31-43	K13
Condillac r.	11	34	H19 *N*
Condorcet cité	9	19	E14 *N*
Condorcet r.	9	20-19	E15-E14
Conférence port de la	8	29	H9 *N*
Confiance imp. de la	20	35	J21-J22
Congo r. du	12	46	M20 *N*
Conseiller-Collignon r. du	16	27	H5 *S*
Conservatoire r. du	9	19	F14
Constance r.	18	7	D13 *N*
Constant-Berthaut r.	20	22	F20 *N*
Constant-Coquelin av.	7	41-42	K10-K11
Constantin-Brancusi pl.	14	42	M11 *S*
Constantine r. de	7	29	H10-J10
Constantinople r. de	8	18-17	E11-D10
Constantin-Pecqueur pl.	18	7	C13
Conté r.	3	32	G16 *S*
de Conti imp.	6	31	J13
de Conti quai	6	31	J14-J13
Contrescarpe pl. de la	5	44	L15
Convention r. de la	15	39-40	L5-N8
Conventionnel-Chiappe r.	13	57	S17 *N*
Copenhague r. de	8	18	E11 *N*
Copernic r.	16	16-15	G7-G6
Copernic villa	16	16	F7-G7
Copreaux r.	15	41	L9-M9
Coq av. du	9	18	E12-F12

Nom	Arrondissement	Plan nº	Repère
Coq cour du	11	33	H17 *S*
Coq-Héron r.	1	31	H14-G14
Coquillière r.	1	31	H14-G14
Corbera av. de	12	46	L19
Corbineau r.	12	46	M19
Corbon r.	15	41	N9 *N*
Cordelières r. des	13	44	N15
Corderie r. de la	3	33	G17 *S*
Cordon-Boussard imp.	20	35	G21 *S*
Corentin-Cariou av.	19	10	B19-B20
Coriolis r.	12	46	N20-M20
Corneille imp.	16	38	L3
Corneille r.	6	43	K13 *S*
Corot r.	16	38	L4 *N*
Corot villa	14	55	R14 *S*
Corrèze r. de la	19	23	D21
Corse quai de la	4	32-31	J15-J14
Cortambert r.	16	27	H6-H5
Cortot r.	18	7	C14 *S*
Corvetto r.	8	17	E10
Corvisart r.	13	43-56	N14-P15
Cossonnerie r. de la	1	32	H15
Costa-Rica pl. de	16	27	J6 *N*
Cotentin r. du	15	41	M10
Cothenet r.	16	15	G5-F5
Cottages r. des	18	7	C13 *N*
de Cotte r.	12	45-34	K18-K19
Cottin pass.	18	7	C14 *S*
Couche r.	14	54	P12 *S*
du Couédic r.	14	55-54	P13-P12
Coulmiers r. de	14	54	R12-R11
Courat r.	20	35	J22
Courcelles bd de nos impairs	8	17-16	D10-E8
nos pairs	17		
Courcelles porte de	17	4	C7-C8
Courcelles r. de		17-4	F10-C7
nos 1-11, 2-94	8		
nos 79-fin, 96-fin	17		
Cour-des-Noues r. de la	20	35	H22-H21
Cournot r.	15	40	M7
Couronnes r. des	20	22	G19-F20
Courtalon r.	1	32	H15 *S*
Courteline av.	12	48	L23-L24
Courtois pass.	11	34	J20 *N*
Courty r. de	7	30	H11
Coustou r.	18	19	D13

Nom	Arrondissement	Plan nº	Repère
Coutellerie r. de la	4	32	J15 *N*
Coutures-St-Gervais r. des	3	33-32	H17-H16
Couvent cité du	11	34	J19 *S*
Coypel r.	13	44	N16 *S*
Coysevox r.	18	6	C12 *N*
Crébillon r.	6	31-43	K13
Crèche r. de la	17	5	C9
Crédit-Lyonnais imp. du	13	55	R14 *S*
Crémieux r.	12	45	L18N
Crespin-du-Gast r.	11	34	G19 *S*
Cretet r.	9	19	D14 *S*
Crevaux r.	16	15	F6 *S*
Crillon r.	4	45-33	K17 *S*
Crimée pass. de	19	9	B18 *S*
Crimée r. de	19	22-9	E20-B18
Crins imp. des	20	35	J21 *S*
Cristino-Garcia r.	20	36-48	K23
Crocé-Spinelli r.	14	41	N10 *N*
Croisic sq. du	15	42	L11
Croissant r. du	2	19	G14 *N*
Croix-des-Petits-Champs r.	1	31	H13-G14
Croix-Faubin r. de la	11	34	J20 *N*
Croix-Jarry r. de la	13	58	P19
Croix-Nivert r. de la	15	40	L8-N7
Croix-Nivert villa	15	40	L8
Croix-Rouge carr. de la	6	30	K12 *N*
Croix-St-Simon r. de la	20	35-36	J22-23
Cronstadt r. de	15	41-40	N9-N8
Cronstadt villa de	19	22	E20-D20
Croulebarbe r. de	13	44-56	N15
Crozatier imp.	12	46	K19 *S*
Crozatier r.	12	46	L19-K19
Crussol cité de	11	33	H17 *N*
Crussol r. de	11	33	H17-G18
Cugnot r.	18	9	C17-B17
Cujas r.	5	43	L14-K14
Cunin-Gridaine r.	3	32	G15 *S*
Cure r. de la	16	26	J4-K4
Curé imp. du	18	8	C16 *N*
Curial r.	19	9-10	C18-B19
Curnonsky r.	17	4	C8
Custine r.	18	8-7	C15-C14
Cuvier r.	5	44	L16
Cygne r. du	1	32	H15 *N*
Cygnes allée des	15	27	K6-J6
Cyrano-de-Bergerac r.	18	7	C14

d

Nom	Arrondissement	Plan nº	Repère
Dagorno pass.	20	35	J22
Dagorno r.	12	47	L21-L22
Daguerre r.	14	42	N12-N11
Dahomey r. du	11	34	K19
Dalayrac r.	2	19-31	G13
Dalloz r.	13	57	R18 *S*
Dalou r.	15	41	L10 *S*
Dames r. des	17	6-17	D12-D10
Damesme imp.	13	56	R16
Damesme r.	13	56	P16-R16
Damiette r. de	2	20-32	G15
Damoye cour	11	33	J18 *S*
Dampierre r.	19	10	B19
Damrémont r.	18	7	C13-B13
Damrémont villa	18	7	B13
Dancourt r.	18	19	D14
Dancourt villa	18	19	D14

Nom	Arrondissement	Plan nº	Repère
Dangeau r.	16	26	K4 *N*
Danielle-Casanova r.		19-18	G13-G12
nos impairs 1 - nos pairs	2		
Daniel-Lesueur av.	7	41-42	L10-K11
Daniel-Stern r.	15	28	K8-K7
Daniel-Templier parvis	14	42	M11
Danjon r.	19	10	D19
Dante r.	5	31	K14
Danton r.	6	31	K14 *N*
Dantzig pass. de	15	52	N8 *S*
Dantzig r. de	15	40-52	N8-P8
Danube hameau du	19	23	D21 *S*
Danube villa du	19	23	D21 *S*
Danville r.	14	42	N12
Dany imp.	8	18	E11
Darboy r.	11	21	G18 *N*
Darcet r.	17	18	D12-D11

Nom	Arrondissement	Plan n°	Repère
Darcy r.	20	23	G22-F22
Dardanelles r. des	17	15	D6
Dareau pass.	14	55	P13 *N*
Dareau r.	14	55	N13-P13
Darmesteter r.	13	57	R18
Daru r.	8	16-17	E8-E9
Darwin r.	18	7	C14-C13
Daubenton r.	5	44	M16-M15
Daubigny r.	17	5-17	D9 *N*
Daumesnil av.	12	45-48	K18-N24
Daumesnil villa	12	47	M22 *S*
Daumier r.	16	38	M3
Daunay pass.	18	6	B12
Daunou r.	2	19-18	G13-F12
Dauphine pass.	6	31	J13 *S*
Dauphine pl.	1	31	J14
Dauphine porte	16	15	F5
Dauphine r.	6	31	J14-J13
Dautancourt r.	17	6	C11-C12
Daval r.	11	33	J18 *S*
David-d'Angers r.	19	22-23	D20-D21
David-Weill av.	14	55	R13 *S*
Daviel r.	13	55	P14
Daviel villa	13	55	P14S
Davioud r.	16	26	J4
Davout bd	20	48-36	L23-H23
Davy r.	17	6	C12-C11
Débarcadère r. du	17	16-15	E7-E6
Debelleyme r.	3	33	H17
Debergue cité	12	47	L22
Debidour av.	19	23	D21 *S*
Debille cour	11	34	J19
Debilly passerelle	16-7	28	H8
Debilly port	16	28	H8-H7
Debrousse r.	16	28	H8-G8
Decamps r.	16	27	G6-H5
Déchargeurs r. des	1	31	H14 *S*
Decrès r.	14	41	N10 *S*
Défense imp. de la	18	6	D12 *N*
Degas r.	16	39	K5 *S*
Degrés r. des	2	20	G15 *N*
Deguerry r.	11	21	G18
Dejean r.	18	8	C15 *S*
Delaitre r.	20	22-34	G20
Delaizement r.	17	15	D6
Delambre r.	14	42	M12 *N*
Delambre sq.	14	42	M12 *N*
Delanos pass.	10	20	E16
Delaunay cité	11	35	J21
Delaunay imp.	11	34	J20
Delbet r.	14	54	P11 *N*
Delcassé av.	8	17	F10
Delecourt av.	15	40	L7 *N*
Delépine cour	11	33	J18 *S*
Delépine imp.	11	34	K20-J20
Delessert bd	16	28-27	H7-J6
Delessert pass.	10	21	E17
Delesseux r.	19	10	C20
Deligny imp.	17	6	B11 *N*
Deloder villa	13	56	R16
Delouvain r.	19	22	E20 *S*
Delta r. du	9	20	D15 *S*
Demarquay r.	10	20	E16-D16
Denain bd de	10	20	E15
Denfert-Rochereau av.	14	43	M13-N13
Denfert-Rochereau pl.	14	42-43	N12-N13
Denis-Poisson r.	17	16	E7 *S*

Nom	Arrondissement	Plan n°	Repère
Dénoyez r.	20	22	F19
Denys-Cochin pl.	7	29	J9-J10
Déodat-de-Séverac r.	17	5	D10 *N*
Depaquit pass.	18	7	C13 *S*
Deparcieux r.	14	42	N12 *N*
Départ r. du		42	L11-M11
nos impairs	14		
nos pairs	15		
Département r. du		9-8	D17-C16
nos 1-19 ter, 2-18	19		
nos 21-fin, 20 fin	18		
De Roubaix pl.	10	20	E15
Desaix r.	15	28	J8-K7
Desaix sq.	15	28	K7 *N*
Desargues r.	11	21	G18 *N*
Désaugiers r.	16	38	L4 *N*
Desbordes-Valmore r.	16	27	H5
Descartes r.	5	44	L15
Descombes r.	17	16	D7 *N*
Descos r.	12	46	M20 *N*
Desgenettes r.	7	29	H9-H10
Desgrais pass.	19	9	C18 *N*
Deshayes villa	14	53	P10 *S*
Désir pass. du	10	20	F16
Désirée r.	20	34	H20-G20
Désiré-Ruggieri r.	18	7	B13
Desnouettes r.	15	40-39	N7-N6
Desnouettes sq.	15	39	N6
Despréaux av.	16	38	L3
Desprez r.	14	41	N10
Dessous-de-l'Esplanade r. du	7	29	H10
Dessous-des-Berges r. du	13	57	R18-P18
Deux-Anges imp. des	6	31	J13
Deux-Avenues r. des	13	56	P16
Deux-Boules r. des	1	31	H14 *S*
Deux-Cousins imp. des	17	16	D7 *N*
Deux-Ecus pl. des	1	31	H14 *N*
Deux-Gares r. des	10	20	E16
Deux-Nèthes imp. des	18	6	D12 *N*
Deux-Pavillons pass. des	1	31	G13 *S*
Deux-Ponts r. des	4	32	K16
Deux-Sœurs pass. des	9	19	F14 *N*
Devéria r.	20	23	F21
Dhuys r. de la	20	23-35	G22
Diaghilev pl.	9	18	F12
Diane-de-Poitiers allée	19	22	F19
Diard r.	18	7	C14 *N*
Diderot bd	12	45-47	L17-K21
Diderot cour	12	45	L18
Didot porte	14	53	P10
Didot r.	14	42-53	N11-P10
Dietz-Monnin villa	16	38	M3
Dieu pass.	20	35	J22
Dieu r.	10	21	F17 *S*
Dieudonné-Costes r.	13	57	R18-R17
Dieulafoy r.	13	56	R16-R15
Dijon r. de	12	46	N19-N20
Disque r. du	13	57	R17
18-Juin-1940 pl. du	6	42	L11
Dixmude bd de	17	15	D6
Dobropol r. du	17	15	D6
Dr-Alfred-Fournier pl. du	10	21	F17
Dr-Antoine-Béclère pl.	12	34-46	K19
Dr-Arnold-Netter av. du	12	47	M22-L22
Dr-Babinski r. du	18	7-6	A13-A12
Dr-Blanche r. du	16	26	J4-K3
Dr-Blanche sq. du	16	26	K4 *N*

Nom	Arrondissement	Plan nº	Repère
Dr-Bourneville r. du	13	56	S16
Dr-Brouardel av. du	7	28	J8
Dr-Charles-Richet r. du	13	57	N17 *S*
Dr-Félix-Lobligeois pl. du	17	6	C11 *S*
Dr-Finlay r. du	15	27-28	K6-K7
Dr-Germain-Sée r. du	16	27	K6-J5
Dr-Gley av. du	20	24	E23
Dr-Goujon r. du	12	47	M21
Dr-Hayem pl. du	16	27	K5 *N*
Dr-Heulin r. du	17	6	C11
Dr-Jacquemaire-Clemenceau r. du	15	40	L8-M8
Dr-Jacques-Bertillon imp. du	8	28-16	G8
Dr-Labbé r. du	20	24	G23 *N*
Dr-Lamaze r. du	19	9	C18
Dr-Lancereaux r. du	8	17	E10-F9
Dr-Landouzy r. du	13	56	R15
Dr-Lannelongue av. du	14	54	S12 *N*
Dr-Laurent r. du	13	56	R16 *N*
Dr-Lecène r. du	13	56	R15
Dr-Leray r. du	13	56	R16-R15
Dr-Lucas-Championniere r. du	13	56	R15-R16
Dr-Magnan r. du	13	56	P16 *S*
Dr-Navarre pl. du	13	57	P17
Dr-Paquelin r. du	20	23	G22 *N*
Dr-Paul-Brousse r. du	17	6	B11
Dr-Paul-Michaux pl. du	16	37	M2
Dr-Potain r. du	19	23	E21 *S*
Dr-Roux r. du	15	41	M10
Drs-Déjerine r. des	20	36	J23
Dr-Tuffier r. du	13	56	R16-R15
Dr-Victor-Hutinel r. du	13	57	N17 *S*
Dr-Yersin pl. du	13	57	R18 *S*
Dode-de-la-Brunerie av.	16	38	N3 *N*
Doisy pass.	17	16	E7
Dolomieu r.	5	44	L15 *S*
Domat r.	5	32-31	K15-K14
Dombasle imp	15	40	N8
Dombasle pass.	15	40	N8 *N*
Dombasle r.	15	40	M8-N8
Dome r. du	16	16	F7 *S*
Domrémy r. de	13	57	P18-P17
Donizetti r.	16	38	K4 *S*
Dordogne sq. de la	17	4	C8
Dorée porte (porte de Picpus)	12	48	N23
Dorées sente des	19	11	C21 *S*
Dorian av.	12	47	L21 *N*
Dorian r.	12	47	L21 *N*
Dosnes r.	16	15	G6-F6
Douai r. de	9	19-18	D13-D12
Douanier-Rousseau r. du	14	54	P12 *S*
Douaumont bd de	17	5	B9
Double pont au	4-5	32	K15 *N*
Doudeauville r.	18	8	C16-C15
Dragon r. du	6	30	J12-K12
Dranem r.	11	34	G19 *S*
Dreux r. de	17	15	E6
Drevet r.	18	7-19	D14 *N*
Driancourt pass.	12	46	K19 *S*
Drouot r.	9	19	F14
Druinot imp.	12	34-46	K19
Dubail pass.	10	20	F16

Nom	Arrondissement	Plan nº	Repère
Duban r.	16	27	J5 *N*
Dublin pl. de	8	18	E11-E12
Dubois pass.	19	22	D19
Dubourg cité	20	35	H22
Dubrunfaut r.	12	46	M20
Duc r.	18	7	C14-B14
Duchefdelaville imp.	13	57	N17 *S*
Duchefdelaville r.	13	57	N18-N17
Dudouy pass.	11	34	H19
Duée pass. de la	20	23	F21 *S*
Duée r. de la	20	23	F21 *S*
Dufrénoy r.	16	27	G5 *S*
Dufresne villa	16	38	M3 *S*
Dugommier r.	12	46	M20
Duguay-Trouin r.	6	42	L12 *N*
Duhesme pass.	18	7-8	B14-B15
Duhesme r.	18	7	C13-B14
Dulac r.	15	41	L10 *S*
Dulaure r.	20	36	G23
Dulong r.	17	18-5	D11-C10
Dumas pass.	11	34-35	K20-K21
Duméril r.	13	44	M16-N16
Dumont-d'Urville r.	16	16	G7-F8
Dunes r. des	19	22	F19-E19
Dunkerque r. de		20-19	E16-D14
nºs 1-47, 2-36 bis	10		
nºs 49-fin, 38-fin	9		
Dunois r.	13	57-45	P18-N17
Dunois sq.	13	45	N17
Duperré r.	9	19	D13 *S*
Dupetit-Thouars cité	3	32-33	G16-G17
Dupetit-Thouars r.	3	33-32	G17-G16
Duphot r.		18	G12
nºs 1-21, 2-26	1		
nºs 23-fin, 28-fin	8		
Dupin r.	6	42	K12
Duplan cité	16	15	E6 *S*
Dupleix pl.	15	28	K8
Dupleix r.	15	28-40	K8
Dupont cité	11	34	H19
Dupont villa	16	15	F6 *N*
Dupont-de-l'Eure r.	20	23-35	G22-G21
Dupont-des-Loges r.	7	28-29	H8-H9
Dupuis r.	3	33	G17 *S*
Dupuy imp.	18	8	C16
Dupuy-de-Lôme r.	13	57	R18
Dupuytren r.	6	31	K13
Duquesne av.	7	29-41	J9-K10
Durance r. de la	12	47	M21
Duranti r.	11	34	H19-H20
Durantin r.	18	7	D13-C13
Duranton r.	15	39-40	M6-M7
Duras r. de	8	18	F11 *S*
Durel cité	18	7	B13 *N*
Duret r.	16	15	F6-E6
Duris passage	20	34	G20-H20
Duris r.	20	34	G20
Durmar cité	11	34	G19
Duroc r.	7	41	K10-L10
Durouchoux r.	14	42-54	N12 *S*
Dury-Vasselon villa	20	23	E22 *S*
Dussoubs r.	2	32	G15
Duthy villa	14	53	P10
Dutot r.	15	41	M9
Dutuit av.	8	29	G10
Duvergier r.	19	10-9	C19-C18
Duvivier r.	7	29	J9

e

Nom	Arrondissement	Plan nº	Repère
Eaux pass. des	16	27	J6
Eaux r. des	16	27	J6
Eaux-Vives pass. des	11	33	H18
Ebelmen r.	12	46	L20
Eblé r.	7	41	K10 *S*
Echaudé r. de l'	6	31	J13 *S*
Echelle r. de l'	1	31	H13 *N*
Echiquier r. de l'	10	20	F15
Ecluses-St-Martin r. des	10	21	E17 *S*
Ecole imp. de l'	9	19	E14
Ecole pl. de l'	1	31	J14 *N*
Ecole-de-Médecine r. de l'	6	31	K14
Ecole-Militaire pl. de l'	7	29	J9 *S*
Ecole Polytechnique r. de l'	5	44	L15-K15
Ecoles cité des	20	35	G21 *S*
Ecoles r. des	5	44-43	L15-K14
Ecoliers pass. des	15	40	L7
Ecosse r. d'	5	43	K14 *S*
Ecouffes r. des	4	32	J16
Ecrivains-Combattants-Morts-pour-la-France sq.	16	26	H4 *S*
Ecuyers sentier des	20	35	J22 *S*
Edgar-Poë r.	19	22-21	E19-E18
Edgar-Quinet bd	14	42	M12-M11
Edgar-Varèse r.	19	10	C20
Edimbourg r. d'	8	18	E11
Edison av.	13	57-56	P17-P16
Edith-Piaf pl.	20	35	G22 *S*
Edmond-About r.	16	27	H5
Edmond-Flamand r.	13	45	M18 *S*
Edmond-Gondinet r.	13	56	P15 *N*
Edmond-Guillout r.	15	41	L10 *S*
Edmond-Michelet pl.	4	32	H15
Edmond-Roger r.	15	40	L7
Edmond-Rostand pl.	6	43	L14 *N*
Edmond-Rousse r.	14	54	R11
Edmond-Valentin r.	7	29-28	H9-H8
Edouard-Colonne r.	1	31	J14 *N*
Edouard-Detaille r.	17	17	D9
Edouard-Fournier r.	16	27-26	H5-H4
Edouard-Jacques r.	14	42	N11 *N*
Edouard-Lartet r.	12	48	M23
Edouard-Lockroy r.	11	33	G18 *S*
Edouard-Manet r.	13	44	N16 *S*
Edouard-Pailleron r.	19	21-22	E18-D19
Edouard-Quénu r.	5	44	M15
Edouard-Renard pl.	12	48	N23
Edouard-Robert r.	12	47	N22-M21
Edouard-VII pl.	9	18	F12 *S*
Edouard-VII r.	9	18	F12 *S*
Edouard-Vaillant av.		37	M2-N1
sans nºs	16		
nºs 23 fin, 18-fin	Boulogne		
Edward-Tuck av.	8	30-29	G11-G10
Egalité r. de l'	19	23	D21-E21
Eginhard r.	4	32	J16 *S*
Eglise imp. de l'	15	40	L7 *S*
Eglise r. de l'	15	39-40	L6-L7
Eglise-de-l'Assomption pl. de l'	16	26	J4
Elie-Faure r.	12	48	L24
Elisa-Borey r.	20	34	G20
Elisa-Lemonnier r.	12	46	M20

Nom	Arrondissement	Plan nº	Repère
Elisée-Reclus av.	7	28	J8 *N*
El-Salvador pl.	7	29	K10
Elysée r. de l'	8	17-18	G10-F11
Elysée-Ménilmontant r.	20	22	G20 *N*
Elysées-La Boétie galerie	8	17	F9 *S*
Elysées-Rond-Point galerie	8	17	F9-G9
Elysées 26 galerie	8	17	F9
Elzévir r.	3	32	J16 *N*
Emélie imp.	19	10	C19
Emeriau r.	15	28-39	K7-K6
Emile-Acollas av.	7	28	K8 *N*
Emile-Allez r.	17	16	D7
Emile-Augier bd	16	27	J5-H5
Emile-Bergerat av.	16	27-26	K5-K4
Emile-Bertin r.	18	9	A17
Emile-Blémont r.	18	7	B14
Emile-Borel r.	17	6	A11
Emile-Chaîne r.	18	8	B15 *S*
Emile-Deschanel av.	7	28-29	J8-J9
Emile-Deslandres r.	13	44	N15 *N*
Emile-Desvaux r.	19	23	E21
Emile-Deutsch-de-la Meurthe r.	14	55	R13
Emile-Dubois r.	14	55	N13 *S*
Emile-Duclaux r.	15	41	L9-M9
Emile-Duployé r.	18	8	C16
Emile-et-Armand-Massar av.	17	4	C8 *S*
Emile-Faguet r.	14	54	R12 *S*
Emile-Gilbert r.	12	45	L18 *N*
Emile-Goudeau pl.	18	7	D13 *N*
Emile-Landrin pl.	20	35	H22 *N*
Emile-Landrin r.	20	35	H21 *N*
Emile-Laurent av.	12	48	M23
Emile-Lepeu r.	11	34	J20
Emile-Levassor r.	13	57	R17 *S*
Emile-Level r.	17	6	B11
Emile-Loubet villa	19	23	E21 *N*
Emile-Mâle pl.	5	44	L15
Emile-Ménier r.	16	15	G5 *N*
Emile-Meyer villa	16	38	M3
Emile-Pierre-Casel r.	20	35	G22 *S*
Emile-Pouvillon av.	7	28	J8 *N*
Emile-Reynaud r.		10	A20
nºs impairs	19		
nºs pairs	Aubervilliers		
Emile-Richard r.	14	42	M12-N12
Emile-Zola av.	15	39-40	L5-L8
Emile-Zola sq.	15	40	L7 *N*
Emilio-Castelar r.	12	45	K18 *S*
Emmanuel-Chabrier sq.	17	5-17	D10
Emmanuel-Chauvière r.	15	39	L5-L6
Emmery r.	20	22-23	F20-F21
Encheval r. de l'	19	22	E20
Enfant-Jésus imp. de l'	15	41	L10
Enfer pass. d'	14	42	M12
Enghien r. d'	10	20	F15
Entrepreneurs pass. des	15	40	L7
Entrepreneurs r. des	15	39-40	L6-L7
Entrepreneurs villa des	15	39	L6 *N*
Envierges r. des	20	22	F20
Epée-de-Bois r. de l'	5	44	M15 *N*
Eperon r. de l'	6	31	K14 *N*

Nom	Arrondissement	Plan n°	Repère
Epinettes imp. des	17	6	B11-B12
Epinettes pass. des	14	42	L12 *S*
Epinettes pass. des	17	6	B11
Epinettes r. des	17	6	B11
Equerre r. de l'	19	22	F19 *N*
Erard imp.	12	46	L19
Erard r.	12	46	L19-L20
Erasme r.	5	43	L14 *S*
Erckmann-Chatrian r.	18	8	D15 *N*
Erlanger av.	16	38	L3 *N*
Erlanger r.	16	38	L3
Erlanger villa	16	38	L3 *N*
Ermitage av. de l'	16	38	L4 *S*
Ermitage r. de l'	20	22-23	G20-F21
Ermitage villa de l'	20	22-23	F20-F21
Ernest-Cresson r.	14	42-54	N12 *S*
Ernest-Denis pl.	6	43	M13 *N*
Ernest et H.-Rousselle r.	13	56	R16-R15
Ernest-Goüin r.	17	6	B11
Ernest-Hébert r.	16	26	H4
Ernestine r.	18	8	C15
Ernest-Lacoste r.	12	47	N22
Ernest-Lavisse r.	12	48	M23 *N*
Ernest-Lefébure r.	12	48	M23 *S*
Ernest-Lefèvre r.	20	23	G22 *N*
Ernest-Psichari r.	7	29	J9
Ernest-Renan av.	15	52-51	N7-P6
Ernest-Renan r.	15	41	L9-L10
Ernest-Reyer av.	14	54	R11
Ernest-Roche r.	17	6	B11
Escaut r. de l'	19	9	B18 *S*
Esclangon r.	18	7	B14 *N*
Escoffier r.	12	59	P21 *S*
Espérance r. de l'	13	56-55	P15-R14
Esquirol r.	13	44	N16
Essai r. de l'	5	44	M16
Est r. de l'	20	23	F21 *S*
Este villa d'	13	57	R17
Esterel sq. de l'	20	48	K23 *S*
d'Estienne-d'Orves pl.	9	18	E12 *S*
Estrapade pl. de l'	5	43	L14
Estrapade r. de l'	5	44-43	L15-L14
d'Estrées r.	7	29	K10-K9
Etats-Unis pl. des	16	16	G7-G8
Etex r.	18	6	C12
Etex villa	18	6	C12
Etienne-Delaunay pass.	11	35	J21

Nom	Arrondissement	Plan n°	Repère
Etienne-Dolet r.	20	22-34	G19-G20
Etienne-Jodelle r.	18	6	C12 *S*
Etienne-Marcel r.		32-31	H15-G14
n^{os} impairs	1		
n^{os} pairs	2		
Etienne-Marey r.	20	23-35	G22
Etienne-Marey villa	20	23-35	G22
Etienne-Pernet pl.	15	40	L7 *S*
Etoile r. de l'	17	16	E8 *S*
Etoile-d'Or cour de l'	11	33	K18 *N*
Eugène Atget r.	13	56	P15
Eugène-Beaudoin pass.	16	26	J4
Eugène-Carrière r.	18	6-7	C12-B13
Eugène-Delacroix r.	16	27	H5 *N*
Eugène-Flachat r.	17	4	C8 *S*
Eugène-Fournière r.	18	7	A14 *S*
Eugène-Gibez r.	15	40	N7-N8
Eugène-Jumin r.	19	11-10	D21-C20
Eugène-Labiche r.	16	26	H4
Eugène-Leblanc villa	19	23	E21 *N*
Eugène-Manuel r.	16	27	H6 *S*
Eugène-Manuel villa	16	27	H6 *S*
Eugène-Millon r.	15	40	M7 *S*
Eugène-Oudiné r.	13	57	P18-R18
Eugène-Pelletan r.	14	42	N12 *N*
Eugène-Poubelle r.	16	27	K5
Eugène-Reisz r.	20	36	J23
Eugène-Spuller r.	3	32-33	H16-G17
Eugène-Sue r.	18	7-8	C14-C15
Eugène-Varlin r.	10	21	E17
Eugénie-Cotton r.	19	23	E21
Eugénie-Eboué r.	12	46	L20
Eugénie-Legrand r.	20	35	H21
Euler r.	8	16	F8 *S*
Eupatoria r. d'	20	22	G20 *N*
Eure r. de l'	14	42-54	N11 *S*
Europe pl. de l'	8	18	E11
Euryale-Dehaynin r.	19	10	D19 *N*
Evangile r. de l'	18	8-9	C16-B18
Evariste-Galois r.	20	24	F23
Eveillard imp.	20	35	G22 *S*
Evette r.	19	10	C19
Exelmans bd	16	38	M4-L3
Exelmans hameau	16	38	L3 *S*
Exposition r. de l'	7	29	J9 *N*
Eylau av. d'	16	27	H6-G6
Eylau villa d'	16	16	F7 *S*

f

Nom	Arrondissement	Plan n°	Repère
Fabert r.	7	29	H10-J10
Fabre-d'Eglantine r.	12	47	L21 *N*
Fabriques cour des	11	33	G18
Fagon r.	13	44-56	N16 *S*
Faidherbe r.	11	34	K19-J19
Faisanderie r. de la	16	15-27	F5-G5
Falaise cité	18	7	B13 *N*
Falaises villa des	20	35	G22
Falconet r.	18	7	C14 *S*
Falguière cité	15	41	M10 *N*
Falguière pl.	15	41	N10 *N*
Falguière r.	15	42-41	L11-M10
Fallempin r.	15	40	K7 *S*
Fantin-Latour r.	16	38	M4
Faraday r.	17	16	D7 *S*

Nom	Arrondissement	Plan n°	Repère
Faubourg-du-Temple r. du		21	G17-F18
n^{os} impairs	10		
n^{os} pairs	11		
Faubg-Montmartre r. du	9	19	F14-E13
Faubg-Poissonnière r. du		20	F15-D15
n^{os} impairs 9e - n^{os} pairs	10		
Faubourg-St-Antoine r. du		33-47	K18-K21
n^{os} impairs	11		
n^{os} pairs	12		
Faubourg-St-Denis r. du	10	20	F15-D16
Faubourg-St-Honoré r. du	8	18-16	G11-E8
Faubourg-St-Jacques r. du	14	43	M13-N13
Faubourg-St-Martin r. du	10	20-21	G16-D17
Faucheur villa	20	22	F20
Fauconnier r. du	4	32	K16-J16

Nom	Arrondissement	Plan n°	Repère
Faustin-Hélie r.	16	27	H5 *S*
Fauvet r.	18	6	C12
Favart r.	2	19	F13 *S*
Favorites r. des	15	41	M9
Fécamp r. de	12	47	N21-M22
Fédération r. de la	15	28	J7-K8
Federico-Garcia-Lorca allée	1	31	H14
Félibien r.	6	31	K13 *N*
Félicien-David r.	16	27-39	K5 *S*
Félicien-Rops av.	13	56	S15 *N*
Félicité r. de la	17	5	D9-C10
Félix d'Hérelle av.	16	37	N2 *N*
Félix-Eboué pl.	12	47	M21
Félix-Faure av.	15	40-39	L7-M5
Félix-Faure r.	15	39	M6
Félix-Faure villa	19	23	E21 *N*
Félix-Huguenet r.	20	47	K22 *S*
Félix-Pécaut r.	17	6	B12
Félix-Terrier r.	20	36	J23 *N*
Félix-Voisin r.	11	34	J20 *N*
Félix-Ziem r.	18	7	C13
Fénélon cité	9	19	E14
Fénelon r.	10	20	E15
Fenoux r.	15	40	M8
Fer-à-Moulin r. du	5	44	M16-M15
Ferdinand-Brunot pl.	14	42-54	N12 *S*
Ferdinand-Buisson av.	16	37	N2-M2
Ferdinand-de-Béhagle r.	12	59	N21 *S*
Ferdinand-Duval r.	4	32	J16
Ferdinand-Fabre r.	15	40	M8
Ferdinand-Flocon r.	18	7	C14 *N*
Ferdinand-Gambon r.	20	35	K22-J22
Ferdousi av.	8	17	E9
Férembach cité	17	16	E7
Fermat pass.	14	42	N12-M11
Fermat r.	14	42	N12 *N*
Ferme-St-Lazare cour	10	20	E16-E15
Ferme-St-Lazare pass.	10	20	E16 *S*
Fermes cour des	1	31	H14 *N*
Fermiers r. des	17	5	C10 *S*
Fernand-Cormon r.	17	5-4	C9-C8
Fernand-de-la-Tombelle sq.	17	5-17	D10
Fernand-Forest pl.	15	39	K6
Fernand-Foureau r.	12	48	L23 *N*
Fernand-Holweck r.	14	41	N10
Fernand-Labori r.	18	7	A14 *S*
Fernand-Léger r.	20	34	H20 *N*
Fernand-Pelloutier r.	17	6	A11 *S*
Fernand-Widal r.	13	56	S16 *N*
Férou r.	6	43	K13
Ferronnerie r. de la	1	32-31	H15-H14
Ferrus r.	14	55	N14-P14
Fessart r.	19	22	E20-E19
Fêtes pl. des	19	23	E21 *S*
Fêtes r. des	19	22	E20
Feuillantines r. des	5	43	M14-L14
Feutrier r.	18	7	D14-C14
Feydeau galerie	2	19	F14 *S*
Feydeau r.	2	19	F14-G13
Fidélité r. de la	10	20	F16 *N*
Figuier r. du	4	32	J16 *S*
Filles-du-Calvaire bd des		33	H17
n^{os} impairs 3e - n^{os} pairs	11		
Filles-du-Calvaire r. des	3	33	H17
Filles-St-Thomas r. des	2	19	G13 *N*
Fillettes imp. des	18	9	A17

Nom	Arrondissement	Plan n°	Repère
Fillettes r. des	18	9	B17
Finlande pl. de	7	29	H10
Firmin-Gémier r.	18	6	B12
Firmin-Gillot r.	15	40-52	N7 *S*
Fizeau r.	15	53	N9-P9
Flandre pass. de	19	9	C18 *S*
Flandre r. de	19	9-10	D17-B19
Flandrin bd	16	27-15	G5-F5
Flatters r.	5	43	M14 *S*
Fléchier r.	9	19	E13 *S*
Fleurs cité des	17	6	C11-B11
Fleurs quai aux	4	32	K15-J15
Fleurus r. de	6	42	L12 *N*
Fleury r.	18	20	D15
Florale cité	13	55	R14
Flore villa	16	26-38	K4
Floréal r.	17	6	A11
Florence r. de	8	18	D12 *S*
Florence-Blumenthal r.	16	27-39	K5
Florentine cité	19	22	E20
Florentine-Estrade cité	16	38	L4 *N*
Florian r.	20	35	J22-H22
Florimont imp.	14	53	N10 *S*
Flourens pass.	17	6	B12 *N*
Foch av.	16	16-15	F7-F5
Foin r. du	3	33	J17
Folie-Méricourt r. de la	11	33-21	H18-G17
Folie-Regnault pass.	11	34	H20
Folie-Regnault r. de la	11	34	J20-H20
Fondary r.	15	40	K7-L8
Fondary villa	15	40	L8 *N*
Fonderie pass. de la	11	33	G18
Fonds-Verts r. des	12	46	M20 *S*
Fontaine r.	9	19	E13-D13
Fontaine-à-Mulard r. de la	13	56	R15
Fontaine-au-Roi r. de la	11	21-22	G17-G19
Fontaine-aux-Lions pl. de la	19	10-11	C20-C21
Fontainebleau allée de	19	10-11	D20
Fontaine-du-But r. de la	18	7	C13
Fontaines-du-Temple r. des	3	32	G16 *S*
Fontarabie r. de	20	35	J22 *N*
Fontenay villa de	19	22	E20 *N*
Fontenoy pl. de	7	29	K9
Forceval r.	19	10	A20
Forest r.	18	6	D12 *N*
Forez r. du	3	33	H17 *N*
Forge-Royale r. de la	11	34	K19
Forges r. des	2	20-32	G15
Fort-de-Vaux bd du	17	5-4	B9-B8
Fortin imp.	8	17	F9
Fortuny r.	17	17	D9 *S*
Forum-des-Halles	1	31	H14
Arc-en-Ciel r. de l'			
Basse pl.			
Basse r.			
Berger porte			
Bons-Vivants r. des			
Boucle r. de la			
Boule r. de la			
Brève r.			
Equerre-d'Argent r. de l'			
Grand-Balcon			
Lescot porte			
Oculus r. de l'			
Orient-Express r. de l'			
Pirouette r.			

Nom	Arrondissement	Plan nº	Repère
Pont-Neuf porte			
Poquelin r.			
Rambuteau porte			
Réale pass. de la			
St-Eustache balcon			
Verrières pass. des			
Fossés-St-Bernard r. des	5	44	K16-L15
Fossés-St-Jacques r. des	5	43	L14
Fossés-St-Marcel r. des	5	44	M16
Fouarre r. du	5	32	K15
Foubert pass.	13	56	R15-P15
Foucault r.	16	28	H8 *N*
Fougères r. des	20	24	F23
Four r. du	6	31-30	K13-K12
Fourcade r.	15	40	M8 *S*
Fourcroy r.	17	16	E8-D8
Fourcy r. de	4	32	J16 *S*
Fourneyron r.	17	6	C11
Fours-à-Chaux pass. des	19	21	E18
Foyatier r.	18	19	D14
Fragonard r.	17	5	B10
Française r. nos 1-5, 2-6	1	32	H15-G15
nos 7 fin, 8-fin	2		
Franche-Comté r. de	3	33	G17 *S*
Franchemont imp.	11	34	J19 *S*
Francis-Carco r.	18	8	C16
Francis-de-Croisset r.	18	7	A14
Francis-de-Miomandre r.	13	56	S15
Francis-de-Pressensé r.	14	41	N10
Francis-Garnier r.	17	6	A12 *S*
Francis-Jammes r.	10	21	E17
Francis-Picabia r.	20	22	F19-G19
Francis-Poulenc sq.	6	43	K13 *S*
Francisque-Gay r.	6	31	K14 *N*
Francisque-Sarcey r.	16	27	H6 *S*
Franc-Nohain r.	13	57	R18 *S*
Francœur r.	18	7	C14
François-Bonvin r.	15	41	L9
François-Coppée r.	15	40	M7
François-de-Neufchâteau r.	11	34	J19
François-Gérard r.	16	38	K4 *S*
François-Millet r.	16	27	K5
François-Miron r.	4	32	J15-J16
François-Mouthon r.	15	40	M7
François-Pinton r.	19	22	D20 *S*
François-Ponsard r.	16	27	J5-H5
François-1er pl.	8	29	G9 *S*
François-1er r.	8	29-16	G9-F8
François-Villon r.	15	40	M8 *S*
Franco-Russe av.	7	28	H8
Francs-Bourgeois r. des		33-32	J17-H16
nos impairs	4		
nos pairs	3		
Franklin-D.-Roosevelt av	8	29-17	G10-F10
Franquet r.	15	41	N9
Franqueville r. de	16	27-26	H5-H4
Franz-Liszt pl.	10	20	E15
Fraternité r. de la	19	23	D21 *S*
Frédéric-Bastiat r.	8	17	F9
Frédéric Brunet r.	17	6	A12 *S*
Frédérick-Lemaître r.	20	22-23	F20-F21
Frédéric-Le-Play av.	7	29	J9 *S*
Frédéric-Loliée r.	20	47	K22 *S*
Frédéric-Magisson r.	15	40	L7-M7
Frédéric-Mistral r.	15	39	M6
Frédéric-Mourlon r.	19	23	E21-E22
Frédéric-Sauton r.	5	32	K15
Frédéric-Schneider r.	18	7	A13 *S*
Frédéric-Vallois sq.	15	41	N9 *N*
Frémicourt r.	15	40	L8-K8
Frémiet av.	16	27	J6 *N*
Fréquel pass.	20	35	J22
Frères-d'Astier-de-la Vigerie r. des	13	57	R17
Frères-Flavien r. des	20	24	F23-E23
Frères-Morane r. des	15	40	L7-M7
Frères-Périer r. des	16	28	H8-G8
Frères-Voisin allée des	15	50-51	P4-P5
Frères-Voisin bd des	15	50-51	P4-P5
Fresnel r.	16	28	H8-H7
Freycinet r.	16	28	G8 *S*
Friant r.	14	54	P12-R11
Friedland av. de	8	17-16	F9-F8
Frochot av.	9	19	E13-D13
Frochot r.	9	19	E13-D13
Froidevaux r.	14	42	N12-M11
Froissart r.	3	33	H17
Froment r.	11	33	J18 *N*
Fromentin r.	9	19	D13 *S*
Fructidor r.	17	6	A12
Fulton r.	13	45	M18 *S*
de Furstemberg r.	6	31	J13 *S*
Furtado-Heine r.	14	54	P11 *N*
Fustel-de-Coulanges r.	5	43	M13-M14

g

Nom	Arrondissement	Plan nº	Repère
Gabon r. du	12	48	L23
Gabriel av.	8	30-17	G11-G10
Gabriel-Fauré sq.	17	17-5	D10
Gabriel-Lamé r.	12	46	N20 *N*
Gabriel-Laumain r.	10	20	F15
Gabrielle r.	18	7	D14-D13
Gabrielle villa	15	42	L11 *S*
Gabrielle-d'Estrées allée	19	22	F19
Gabriel-Péri pl.	8	18	F11 *N*
Gabriel-Vicaire r.	3	32	G16 *S*
Gager-Gabillot r.	15	41	M9 *S*
Gagliardini villa	20	23	F22-E22
Gaillon pl.	2	19	G13 *N*
Gaillon r.	2	19	G13 *N*
Gaîté imp. de la	14	42	M11-M12
Gaîté r. de la	14	42	M11
Galande r.	5	32-31	K15-K14
Galilée r. nos 1-53 - 2-50	16	16	G7-F8
nos 55-fin - 52-fin	8		
Galleron r.	20	35	J22-H22
Galliera r. de	16	28	G8 *S*
Galvani r.	17	16	D7
Gambetta av.	20	34-23	H20-E22
Gambetta pass.	20	23	F22
Gambetta petite-imp.	20	23	F22
Gambetta pl.	20	35	G21 *S*

Nom	Arrondissement	Plan n°	Repère
Gambey r.	11	33	G18 *S*
Gandon r.	13	56	R16-S16
Ganneron r.	18	6	D12-C12
Garancière r.	6	31-43	K13
Gardes r. des	18	8	D15-C15
Gare port de la	13	46-45	N19-M18
Gare porte de la	13	58	P19-20
Gare quai de la	13	58-45	P19-M18
Gare r. de la	19	9	A18
Gare-de-Reuilly r. de la	12	47	M21-L21
Garibaldi bd	15	41	L9
Garigliano pont du	16-15	38	M4
Garnier villa	15	42	L11
Garreau r.	18	7	D13 *N*
Gascogne sq. de la	20	36	J23 *S*
Gasnier-Guy r.	20	35	G21 *S*
Gassendi r.	14	42	N12
Gaston-Bachelard allée	14	53	P10
Gaston-Bertandeau sq.	17	16	E7
Gaston-Boissier r.	15	52	P8-P7
Gaston-Couté r.	18	7	C14
Gaston-Darboux r.	18	9	A18-A17
Gaston-de-Caillavet r.	15	39	K6
Gaston-de-St-Paul r.	16	28	H8-G8
Gaston-Pinot r.	19	22	D20
Gaston-Tessier r.	19	9	B18
Gaston-Tissandier r.	18	9	A17
Gatbois pass.	12	46	L19
Gâtines r. des	20	35	G21 *S*
Gaudelet imp.	11	34	G19 *S*
Gauguet r.	14	55	P13 *S*
Gauguin r.	17	4	C8
Gauthey r.	17	6	C11-B11
Gauthier pass.	19	22	F19-E19
Gavarni r.	16	27	J6-H6
Gay-Lussac r.	5	43	L14-M14
Gazan r.	14	55	R14
Geffroy-Didelot pass.	17	17	D10-D11
Général-Anselin r. du	16	15	E5-F5
Général-Appert r. du	16	15	G5 *N*
Général-Archinard r. du	12	48	M23
Général-Aubé r. du	16	27	J5
Général-Balfourier av. du	16	38	L3
Général-Baratier r. du	15	28	K8
Général-Bertrand r. du	7	41	K10-L10
Général-Beuret pl. du	15	41	M9 *N*
Général-Beuret r. du	15	41-40	M9-M8
Général-Blaise r. du	11	34	H19
Général-Brocard pl. du	8	17	E9
Général-Brunet r. du	19	22-23	E20-D21
Général-Camou r. du	7	28	H8 *S*
Général-Catroux pl. du	17	17	D10-D9
Général-Clavery av. du	16	38	N3 *N*
Général-Clergerie r. du	16	15	G6-F6
Général-Cochet pl. du	19	11	D21 *N*
Général-de-Castelnau r. du	15	28-40	K8
Gén.-de-Langle-de-Cary r. du	12	59-58	P21-P20
Général-de-Larminat r. du	15	28	K8
Général-Delestraint r. du	16	38-37	L3-M2
Général-de-Maud'huy r. du	14	53	R10 *N*
Général-Détrie av. du	7	28	J8-K8
Général-Dodds av. du	12	47	N22
Général-Dubail av. du	16	26	J4 *S*
Général-Eisenhower av. du	8	29	G10
Général-Estienne r. du	15	39	L6
Général-Ferrié av. du	7	28	J8
Général-Foy r. du	8	18-17	E11-E10
Général-Gouraud pl. du	7	28	J8 *N*
Général-Grossetti r. du	16	38	M3 *S*
Général-Guilhem r. du	11	34	H19
Général-Guillaumat r. du	15	52	P7
Général-Henrys r. du	17	6	B12 *N*
Général-Humbert r. du	14	53	P9 *S*
Général-Ingold pl. du	19	21	F18-F19
Général-Koenig pl. du	17	15	D6-E6
Général-Lambert r. du	7	28	J8-J7
Général-Langlois r. du	16	27	H5 *N*
Général-Lanrezac r. du	17	16	E7 *S*
Général-Laperrine av. du	12	47-48	N22-N23
Général-Largeau r. du	16	38	K4 *S*
Général-Lasalle r. du	19	22	F19 *N*
Général-Leclerc av. du	14	42-54	N12-R12
Général-Lemonnier av. du	1	30	H12
Général-Lucotte r. du	15	38-39	M4-N5
Général-Maistre av. du	14	53	R10 *N*
Général-Malleterre r. du	16	38	M3-N3
Général-Mangin av. du	16	27	J6 *S*
Général-Margueritte av du	7	28	J8
Général-Martial-Valin bd du	15	38-39	M4-N5
Général-Messimy av. du	12	48	M23 *S*
Général-Michel-Bizot av.	12	47	N21-M22
Général-Monclar pl. du	15	41	N9
Général-Négrier cité du	7	29	J9 *N*
Général-Niessel r. du	20	48	L23-K23
Général-Niox r. du	16	38	M3 *S*
Général-Patton pl. du	16	15-16	E6-E7
Général-Renault r. du	11	34	H19
Général-Roques r. du	16	37	M2
Général-San-Martin av. du	19	22	E19
Général-Sarrail av. du	16	37	L2
Gén.-Séré-de-Rivières r.	14	53	P10 *S*
Général-Stéfanik pl. du	16	37	M2
Gén.-Tessier-de-Marguerittes pl. du	20	36	K23
Général-Tripier av. du	7	28	J8 *S*
Général-Zarapoff sq. du	19	24	E23
Gènes cité de	20	22	F19
Génie pass. du	12	46	K20 *S*
Gentilly porte de	13	55	S14
Géo-Chavez r.	20	36-35	G23-G22
Geoffroy-l'Angevin r.	4	32	H15
Geoffroy-l'Asnier r.	4	32	J16 *S*
Geoffroy-Marie r.	9	19	F14
Geoffroy-St-Hilaire r.	5	44	M16-L16
George-V av.	8	28-16	G8-F8
George-Eastman r.	13	56	P16
Georges-Ambroise-Boisselat-et-Blanche cité	20	36	J23 *S*
George-Sand r.	16	26-38	K4 *S*
George-Sand villa	16	26-38	K4
Georges-Berger r.	17	17	E10-D10
Georges-Bernanos av.	5	43	M13
Georges-Berry pl.	9	18	F12 *N*
Georges-Bizet r.	16	16-28	G8
Georges-Braque r.	14	55	R13
Georges-Citerne r.	15	40	K7 *S*
Georges-Contenot sq.	12	47	M21-N21
Georges-de-Porto-Riche r.	14	54	R12 *S*
Georges-Desplas r.	5	44	M15 *N*
Georges-Guillaumin pl.	8	16-17	F8-F9
Georges-Lafenestre av.	14	53	P10-R9
Georges-Lafont av.	16	37	M2-N2
Georges-Lardennois r.	19	21-22	E18-E19
Georges-Leclanche r.	15	41	M10
Georges-Lesage sq.	12	45	L17 *N*
Georges-Leygues r.	16	26	H4

Nom	Arrondissement	Plan n°	Repère
Georges-Mandel av.	16	27	H6-H5
Georges-Mulot pl.	15	41	L10 *N*
Georges-Pitard r.	15	41	N10
Georges-Pompidou pl.	4	32	H15
Georges-Pompidou voie	16	38-58	M4-J7
Georges-Pompidou voie	1	30-31	H2-J14
Georges-Pompidou voie	4	32	J15-K16
Georges-Récipon allée	19	21	E18
Georges-Risler av.	16	38	M3
Georges-Rouault allée	20	22	G19 *N*
Georges-Saché r.	14	54	N11 *S*
Georges-Ville r.	16	16	F7 *S*
Georgette-Agutte r.	18	7	B13
Georg-Friedrich-Haendel r.	10	21	E17
Georgina villa	20	23	F21
Gérando r.	9	19	D14 *S*
Gérard pass.	13	56	P15 *N*
Gérard-de-Nerval r.	18	7	A13
Gérard-Philipe r.	16	26	G4
Gerbert r.	15	40	M8
Gerbier r.	11	34	J20 *N*
Gergovie pass. de	14	41	N10
Gergovie r. de	14	41-54	N10-P11
Géricault r.	16	38	K3 *S*
Germain-Pilon cité	18	19	D13
Germain-Pilon r.	18	19	D13
Gervex r.	17	4	C8 *S*
Gesvres quai de	4	32	J15
Giffard r.	13	45	M18 *S*
Ginette-Neveu r.	18	7	A14
Ginoux r.	15	39-40	K6-L7
Giordano-Bruno r.	14	54	P11 *S*
Girardon imp.	18	7	C13 *S*
Girardon r.	18	7	C13
Girodet r.	16	38	K3 *S*
Gironde quai de la	19	10	B20-A19
Gît-le-Cœur r.	6	31	J14 *S*
Glacière r. de la	13	43-55	M14-P14
Glaïeuls r. des	20	24	E23
Gluck r.	9	19-18	F13-F12
Glycines r. des	13	55	R14
Gobelins av. des		44-56	M15-N16
n°s 1-23 - 2-22	5		
n°s 25-fin - 24-fin	13		
Gobelins cité des	13	44	N16-N15
Gobelins r. des	13	44	N15 *N*
Gobelins villa des	13	44	N15
Gobert r.	11	34	J19
Godefroy r.	13	56	N16 *S*
Godefroy-Cavaignac r.	11	34	J19
Godin villa	20	35	J22-H22
Godot-de-Mauroy r.	9	18	F12 *S*
Gœthe r.	16	28	G8 *S*
Goix pass.	19	9-21	D17 *N*
Gomboust imp.	1	18	G12
Gomboust r.	1	19-31	G13
Goncourt r. des	11	21	G18 *N*
Gonnet r.	11	34-46	K20
Gordon-Bennett av.	16	37	L2 *N*
Gossec r.	12	47	M22
Got sq.	20	47	K22 *S*
Goubet r.	19	10-22	D20
Gounod r.	17	16	D8
Gourgaud av.	17	4	D8-C8
Gouthière r.	13	56	R15 *S*
Goutte-d'Or r. de la	18	8-20	D15
Gouvion-St-Cyr bd	17	4-15	D7-E6
Gouvion-St-Cyr sq.	17	15-16	D6-D7

Nom	Arrondissement	Plan n°	Repère
Gozlin r.	6	31	J13 *S*
Grâce-de-Dieu cour de la	10	21	F18
Gracieuse r.	5	44	M15-L15
Graisivaudan sq. du	17	16-15	D7-D6
Gramme r.	15	40	L8
de Gramont r.	2	19	G13-F13
de Grancey r.	14	42	N12
Grand-Cerf pass. du	2	32	G15 *S*
Grande-Allée	15	28	K8
Grande-Armée av. de la		16-15	F7-E6
n^{os} impairs 16e - n^{os} pairs	17		
Grande-Armée villa de la	17	16	E7 *S*
Grande-Chaumière r. de la	6	42	L12-M12
Grande-Truanderie r. de la	1	32	H15 *N*
Grand Place	15	28	K8
Grand-Prieuré r. du	11	33	G17 *S*
Grands-Augustins quai des	6	31	J14
Grands-Augustins r. des	6	31	J14 *S*
Grands-Champs r. des	20	35-36	K21-K23
Grands-Degrés r. des	5	32	K15
Grand-Veneur r. du	3	33	H17-J17
Grangé sq.	13	43	N14 *N*
Grange-aux-Belles r. de la	10	21	F17-E18
Grange-Batelière r. de la	9	19	F14
Gravelle r. de	12	47	N21 *N*
Gravilliers pass. des	3	32	H16 *N*
Gravilliers r. des	3	32	H16-G15
Greffulhe r.	8	18	F12
Grégoire-de-Tours r.	6	31	J13-K13
Grenade r. de la	19	11	C21
Grenelle bd de	15	28-40	J7-K8
Grenelle pont de	16-15	27-39	K5-K6
Grenelle port de	15	28-27	J7-K6
Grenelle quai de	15	28-27	J7-K6
Grenelle r. de n°s 1-7 - 2-10	6	30-29	K12-J9
n°s 9-fin - 12-fin	7		
Grenelle villa de	15	40	K7 *S*
Greneta cour	2	32	G15 *S*
Greneta r. n°s 1-15 - 2-10	3	32	G15 *S*
n°s 17-fin - 12-fin	2		
Grenier-St-Lazare r. du	3	32	H15 *N*
Grenier-sur-l'Eau r. du	4	32	J16 *S*
Grés pl. des	20	35	H22 *S*
Gresset r.	19	10	C19 *N*
Grétry r.	2	19	F13 *S*
Greuze r.	16	27	H6-G6
Gribeauval r. de	7	30	J12
Gril r. du	5	44	M16-M15
Grimaud imp.	19	22	D20 *S*
Grisel imp.	15	41	K9 *S*
Griset cité	11	34	G19
Gros imp.	20	35	J22
Gros r.	16	27	K5
Gros-Caillou port du	7	29	H9 *N*
Gros-Caillou r. du	7	29	J9 *N*
Grosse-Bouteille imp.	18	7	B14-B13
Groupe-Manouchian r. du	20	23	G22-F22
Guadeloupe r. de la	18	9-8	C17-C16
Guatemala pl. du	8	18	E11 *S*
Gudin r.	16	38	M3 *S*
Gué imp. du	18	8	B16 *N*
de Guébriant r.	20	24	F23
Guelma imp. de	18	19	D13
Guéménée imp.	4	33	J17 *S*
Guénégaud r.	6	31	J13
Guénot pass.	11	34	K20
Guénot r.	11	35-34	K21-K20

Nom	Arrondissement	Plan nº	Repère
Guérin-Boisseau r.	2	32	G15
Guersant r.	17	16	E7-D7
du Guesclin pass.	15	28	K8 *N*
du Guesclin r.	15	28	K8 *N*
Guibert villa	16	27	H5
Guichard r.	16	27	J5-H5
Guignier pl. du	20	23	F21 *S*
Guignier r. du	20	23	F21 *S*
Guilhem pass.	11	34	H19
Guillaume-Apollinaire r.	6	31	J13 *S*
Guillaume-Bertrand r.	11	34	H19 *N*
Guillaume-Tell r.	17	16	D7-D8
Guillaumot r.	12	46-45	L19-L18
Guilleminot r.	14	42-41	N11-N10
Guillemites r. des	4	32	J16 *N*
Guisarde r.	6	31	K13 *N*
Guizot villa	17	16	E7
Gustave-Charpentier r.	17	15	D6-E6
Gustave-V-de-Suède av.	16	28	H7
Gustave-Courbet r.	16	27	G6
Gustave-Doré r.	17	5	D9-C9

Nom	Arrondissement	Plan nº	Repère
Gustave-Eiffel av.	7	28	J7-J8
Gustave-Flaubert r.	17	16	D8 *S*
Gustave-Geffroy r.	13	44	N15 *N*
Gustave-Goublier r.	10	20	F16 *S*
Gustave-Larroumet r.	15	40	L8 *S*
Gustave-Le Bon r.	14	54	R11
Gustave-Lepeu pass.	11	34	J20
Gustave-Nadaud r.	16	27	H5 *S*
Gustave-Rouanet r.	18	7	B14-B13
Gustave-Toudouze pl.	9	19	E13
Gustave-Zédé r.	16	27	J5
Gutenberg r.	15	39	L6-M5
Guttin r.	17	5	B10
Guyane bd de la	12	48	N23-M23
Guy-de-la-Brosse r.	5	44	L16
Guy-de-Maupassant r.	16	27	H5 *N*
Guyenne sq. de la	20	36	J23
Guy-Môquet r.	17	6	C11-B12
Guynemer r.	6	43	K13-L13
Guy-Patin r.	10	20	D15 *S*
Guyton-de-Morveau r.	13	56	R15 *N*

h

Nom	Arrondissement	Plan nº	Repère
Haie-Coq r. de la	19	9	A18
Haies pass. des	20	35	J22 *S*
Haies r. des	20	35	K21-J22
Hainaut r. du	19	10	D20-C20
Halévy r.	9	19	F13
Hallé r.	14	55-54	P13-P12
Hallé villa	14	54	P12-N12
Halles r. des	1	31	H14 *S*
Hameau r. du	15	40-39	N7-N6
Hamelin r.	16	16-28	G7
Hanovre r. de	2	19	F13 *S*
Hardy villa	20	35	H22
de Harlay r.	1	31	J14
Harmonie r. de l'	15	53	N9 *S*
Harpe r. de la	5	31	K14 *N*
Harpignies r.	20	36	J23 *N*
Hassard r.	19	22	E19
Haudriettes r. des	3	32	H16
Haussmann bd		19-17	F13-F9
nos 1-53 - 2-70	9		
nos 55-fin - 72-fin	8		
Hautefeuille imp.	6	31	K14 *N*
Hautefeuille r.	6	31	K14 *N*
Hauterive villa d'	19	22	D20 *S*
Hautes-Formes imp. des	13	57	P17
d'Hauteville cité	10	20	E15 *S*
d'Hauteville r.	10	20	F15-E15
Haut-Pavé r. du	5	32	K15
d'Hautpoul imp.	19	10	D20 *N*
d'Hautpoul r.	19	10-22	E20-C20
Havre cour du	8	18	E12 *S*
Havre pass. du	9	18	F12 *N*
Havre pl. du nos impairs	8	18	E12-F12
nos pairs	9		
Havre r. du nos impairs	8	18	F12 *N*
nos pairs	9		
Haxo imp.	20	23-24	G22-G23
Haxo r. nos 1-113, 2-110	20	23	G22-E22
nos 115-fin, 112-fin	19		
Hébert pl.	18	9	B17
Hébrard pass.	10	21	F18

Nom	Arrondissement	Plan nº	Repère
Hébrard ruelle des	12	46	L19 *S*
Hector-Guimard r.	19	22	F19
Hector-Malot r.	12	45	L18
Hégésippe-Moreau r.	18	6	C12 *S*
Helder r. du	9	19	F13
Hélène r.	17	6	D12-D11
Héliopolis r. d'	17	16-4	D7 *N*
Hennel pass.	12	46	L19
Henner r.	9	19	E13 *N*
Henri-Barboux r.	14	54	R12
Henri-Barbusse r.		43	L13-M13
nos 1-53, 2-60	5		
nos 55-fin, 62-fin	14		
Henri-Becque r.	13	55	R14 *N*
Henri-Bergson pl.	8	18	E11 *S*
Henri-Bocquillon r.	15	40	M7 *N*
Henri-Brisson r.	18	7	A13 *S*
Henri-Chevreau r.	20	22	G20-F20
Henri-de-Bornier r.	16	26	H4
Henri-Delormel sq.	14	54	N12 *S*
Henri-Dubouillon r.	20	23	F22
Henri-Duchêne r.	15	40	L7 *N*
Henri-Duparc sq.	17	5-17	D10
Henri-Duvernois r.	20	36	H23
Henri-Feulard r.	10	21	F18 *N*
Henri-Gaillard pass. souterrain	16	15	F5
Henri-Heine r.	16	26	K4 *N*
Henri-Huchard r.	18	7-6	A13-A12
Henri-Martin av.	16	27-26	H5-H4
Henri-Matisse pl.	20	34	G20
Henri-Moissan r.	7	29	H9
Henri-Mondor pl.	6	31	K13 *N*
Henri-Monnier r.	9	19	E13 *N*
Henri-Murger r.	19	21	E18
Henri-Pape r.	13	56	R16-R15
Henri-Poincaré r.	20	23	G22-F22
Henri-IV bd	4	32-33	K16-K17
Henri-IV port	4	45-32	L17-K16
Henri-IV quai	4	45-32	L17-K16
Henri-Queuille pl.	15	41	L10

Nom	Arrondissement	Plan nº	Repère
Henri-Ranvier r.	11	34	J20-H20
Henri-Regnault r.	14	54	R12 *N*
Henri-Ribière r.	19	23	E21
Henri-Robert r.	1	31	J14
Henri-Rochefort r.	17	17	D9 *S*
Henri-Rollet pl.	15	40	N7 *N*
Henri-Tomasi r.	20	36	K23
Henri-Turot r.	19	21	E18 *S*
Henry-Bataille sq.	16	26	J3
Henry-de-Bournazel r.	14	53	R10 *N*
Henry-de-Jouvenel r.	6	31	K13
Henry-de-La-Vaulx r.	16	38	N3
Henry-de-Montherlant pl.	7	30	H12
Henry-Dunant pl.	8	16	F8-G8
Henry-Paté sq.	16	38-39	K4-K5
Hérault-de-Séchelles r.	17	6	A11
Héricart r.	15	39	K6 *S*
Hermann-Lachapelle r.	18	8	B15
Hermel cité	18	7	C14 *N*
Hermel r.	18	7	C14-B14
Herold r.	1	31	G14 *S*
Héron cité	10	21	F17 *N*
Herran r.	16	27	G6 *S*
Herran villa	16	27	G5 *S*
Herschel r.	6	43	L13 *S*
Hersent villa	15	41	M9 *S*
Hesse r. de	3	33	H17 *S*
Hippolyte-Lebas r.	9	19	E14-E13
Hippolyte-Maindron r.	14	42-54	N11-P11
Hirondelle r. de l'	6	31	J14 *S*
Hittorff cité	10	20	F16 *S*
Hittorff r.	10	20	F16

Nom	Arrondissement	Plan nº	Repère
Hiver cité	19	21-22	E18-E19
Hoche av.	8	17-16	E9-F8
Honoré-Chevalier r.	6	43-42	K13-K12
Hôpital bd de l'		45-44	L17-N16
nos 1-fin, 44-fin	13		
nos 2-42	5		
Hôpital-St-Louis r. de l'	10	21	F17 *N*
Horloge quai de l'	1	31	J14
Horloge-à-Automates pass. de l'	3	32	H15
Hospitalières-St-Gervais r. des	4	32	J16 *N*
Hôtel-Colbert r. de l'	5	32	K15
Hôtel-d'Argenson imp. de l'	4	32	J16
Hôtel-de-Ville pl. de l'	4	32	J15
Hôtel-de-Ville port de l'	4	32	K16-J15
Hôtel-de-Ville quai de l'	4	32	J16-J15
Hôtel-de-Ville r. de l'	4	32	J16-J15
Hôtel-St-Paul r. de l'	4	33	J17 *S*
Houdart r.	20	34	H20 *N*
Houdart-de-Lamotte r.	15	40	M7
Houdon r.	18	19	D13
Hubert-Monmarché pl.	15	40	M8 *N*
Huchette r. de la	5	31	K14 *N*
Huit-Mai 1945 r. du	10	20	E16 *S*
Huit-Novembre 1942 pl. du	10	20	E15
Hulot pass.	1	31	G13 *S*
Humblot r.	15	28	K7
Huyghens r.	14	42	M12 *N*
Huysmans r.	6	42	L12 *N*

i

Nom	Arrondissement	Plan nº	Repère
Ibsen av.	20	36	G23
Iéna av. d'	16	28-16	H7-F8
Iéna pl. d'	16	28	G7
Iéna pont d'	16-7	28	H7
Igor-Stravinsky pl.	4	32	H15
Ile-de-France imp. de l'	20	35	J22-J21
Ile-de-la-Réunion pl. de l'	12	47	L21
Ile-de-Sein pl. de l'	14	43	N13
Immeubles-Industriels r. des	11	35-47	K21 *S*
Indochine bd d'	19	23-11	D21-C21
Indre r. de l'	20	35	H22
Industrie cité de l'	11	34	G19 *S*
Industrie cour de l'	11	34	K20
Industrie pass. de l'	10	20	F16-F15
Industrie r. de l'	13	56	R16
Industrielle cité	11	34	J19-H19
Ingénieur-Robert-Keller r. de l'	15	39	K6-L6
Ingres av.	16	26	J4 *N*
Innocents r. des	1	32-31	H15-H14
Inspecteur-Allès r. de l'	19	23	E21
Institut pl. de l'	6	31	J13 *N*
Insurgés-de-Varsovie pl. des	15	52	P7
Intérieure r.	8	18	E12 *S*
Interne-Loeb r. de l'	13	56	R15

Nom	Arrondissement	Plan nº	Repère
Invalides bd des	7	29-41	J10-L10
Invalides esplanade des	7	29	H10
Invalides pl. des	7	29	J10 *N*
Invalides pont des	8-7	29	H10 *N*
Irénée-Blanc r.	20	35-36	G22-G23
Iris r. des	13	55	R14
Iris villa des	19	23	E22
Irlandais r. des	5	43	L14
Isabey r.	16	38	K3 *S*
Islettes r. des	18	20	D15
Isly r. de l'	8	18	F12 *N*
Israël pl. d'	17	5	D9 *N*
Issy quai d'	15	38	N4
Issy-les-Moulineaux pte d'	15	39	N6
Issy-les-Moulineaux quai d'	15	38	M4-N4
Italie av. d'	13	56	P16-S16
Italie pl. d'	13	56	N16 *S*
Italie porte d'	13	56	S16
Italie r. d'	13	56	R16-R15
Italiens bd des		19	F13
nos impairs	2		
nos pairs	9		
Italiens r. des	9	19	F13
Ivry av. d'	13	57-56	R17-P16
Ivry porte d'	13	57	S18 *N*
Ivry quai d'	13	58	P20 *S*

j

Nom	Arrondissement	Plan nº	Repère
Jacob r.	6	31	J13
Jacquard r.	11	33	G18 *S*
Jacquemont r.	17	6	C11 *S*
Jacquemont villa	17	6	C11 *S*
Jacques-Bainville pl.	7	30	H11-J11
Jacques-Baudry r.	15	53	P9
Jacques-Bingen r.	17	17	D10
Jacques-Bonsergent pl.	10	20	F16 *S*
Jacques-Callot r.	6	31	J13
Jacques-Cartier r.	18	6	B12
Jacques-Cœur r.	4	33	K17 *N*
Jacques-Copeau pl.	6	31	K13-J13
Jacques-et-Thérèse-Trefouel r.	15	41	L10 *S*
Jacques-Froment pl.	18	6	C12 *N*
Jacques-Ibert r.	17	3-4	C6-C7
Jacques-Kablé r.	18	9-8	D17-D16
Jacques-Kellner r.	17	6	B12-B11
Jacques-Louvel-Tessier r.	10	21	F17-F18
Jacques-Mawas r.	15	40	M7 *S*
Jacques-Offenbach r.	16	27	J5
Jacques-Prévert r.	20	34	H20-G20
Jacques-Rouché pl.	9	19	F13
Jacques-Rueff pl.	7	28	J8
Jacques-Viguès cour	11	33	K18 *N*
Jacquier r.	14	54-53	P11-P10
Jadin r.	17	17	E9-D9
Jamot villa	14	53	P10
Jandelle cité	19	22	F19-E19
Janssen r.	19	23	E21
Japon r. du	20	35	G22-G21
Japy r.	11	34	J19
Jardinet r. du	6	31	K14-K13
Jardiniers imp. des	11	34	K20 *N*
Jardiniers r. des	12	47	N21
Jardins-St-Paul r. des	4	32	K16-J16
de Jarente r.	4	33	J17
Jarry r.	10	20	F16
Jasmin cour	16	26	K4 *N*
Jasmin r.	16	26	K4 *N*
Jasmin sq.	16	26	K4 *N*
Jaucourt r.	12	47	L21 *N*
Javel port de	15	39-38	K6-M4
Javel r. de	15	39-40	L5-M7
Javelot r. du	13	57	P17-R17
Jean-Aicard av.	11	34	G19 *S*
Jean-Antoine-de-Baïf r.	13	58	P19
Jean-Baptiste-Berlier r.	13	58	P20-P19
Jean-Baptiste-Clément pl.	18	7	C13 *S*
Jean-Baptiste-Dumas r.	17	16	D7
Jean-Baptiste-Dumay r.	20	22	F20 *N*
Jean-Baptiste-Semanaz r.	19	23	D22-D21
Jean-Bart r.	6	42	K12-L12
Jean-Beausire imp.	4	33	J17
Jean-Beausire pass.	4	33	J17 *S*
Jean-Beausire r.	4	33	J17 *S*
Jean-Bologne r.	16	27	J6
Jean-Bouton r.	12	45	L18
Jean-Calvin r.	5	44	M15 *N*
Jean-Carriès r.	7	28	K8 *N*
Jean-Cocteau r.	18	8	A15
Jean-Colly r.	13	57	P18-P17

Nom	Arrondissement	Plan nº	Repère
Jean-Cottin r.	18	8	B16-B17
Jean-Daudin r.	15	41	L9
Jean-de-Beauvais r.	5	44-43	K15-K14
Jean-Dolent r.	14	43	N14-N13
Jean-Dollfus r.	18	7	B13 *N*
Jean-du-Bellay r.	4	32	K15-J15
Jean-Dunand r.	13	57	R17
Jean-Falck sq.	10	21	E18-E17
Jean-Ferrandi r.	6	42	L11 *N*
Jean-Formigé r.	15	40	M8 *N*
Jean-François-Gerbillon r.	6	42	L12-L11
Jean-François Lépine r.	18	8	D16 *N*
Jean-Giraudoux r.	16	16	F7-G8
Jean-Godard villa	12	47	N22 *N*
Jean-Goujon r.	8	29	G9
Jean-Henri-Fabre r.	18	7	A14-A13
Jean-Hugues r.	16	15	G5 *N*
Jean-Jacques-Rousseau r.	1	31	H14-G14
Jean-Jaurès av.	19	21-11	D18-C21
Jean-Lantier r.	1	31	J14-H14
Jean-Leclaire r.	17	6	B12
Jean-Lorrain pl.	16	38	K3-K4
Jean-Louis-Forain r.	17	4	C8
Jean-Macé r.	11	34	K19 *N*
Jean-Maridor r.	15	39-40	M6-M7
Jean-Marie-Jégo r.	13	56	P15
Jean-Ménans r.	19	22	E19 *N*
Jean-Mermoz r.	8	17	G10-F10
Jean-Moinon r.	10	21	F18
Jean-Monnet pl.	16	15	G6
Jean-Moréas r.	17	4	C7 *S*
Jean-Moulin av.	14	54	P12-R11
Jeanne-d'Arc pl.	13	57	P17
Jeanne-d'Arc r.	13	57-44	P17-M16
Jeanne-Hachette r.	15	40	M8 *N*
Jean-Nicot pass.	7	29	H9-J9
Jean-Nicot r.	7	29	H9
Jean-Ostreicher r.	17	4	C7-D7
Jean-Paulhan allée	7	28	H8 *S*
Jean-Paul-Laurens sq.	16	26	J4 *S*
Jean-Pierre-Timbaud r.	11	33-22	G17-G19
Jean-Poulmarch r.	10	21	F17
Jean-Quarré r.	19	23	E21
Jean-Rey r.	15	28	J7
Jean-Richepin r.	16	27	H5
Jean-Robert r.	18	8	C16
Jean-Rostand pl.	19	21	F18
Jean-Sébastien-Bach r.	13	57	P17-N17
Jean-Sicard r.	15	52	P8
Jean-Thébaud sq.	15	40	L8 *N*
Jean-Tison r.	1	31	H14 *S*
Jean-Varenne r.	18	7	A13 *S*
Jean-Veber r.	20	36	H23
Jean-Zay r.	14	42	M11
Jemmapes quai de	10	21	G17-E17
Jenner r.	13	45-44	N17-N16
Jérôme-Bellat sq.	17	4	D7
de Jessaint r.	18	8-20	D16 *N*
Jeu-de-Boules pass. du	11	33	G17 *S*
Jeûneurs r. des	2	19	G14 *N*
Joachim-du-Bellay pl.	1	32	H15
Joanès pass.	14	53	P10
Joanès r.	14	54-53	P11-P10

Nom	Arrondissement	Plan n°	Repère
Jobbé-Duval r.	15	40	N8
Jocelyn villa	16	27	G5 *S*
Joffre pl.	7	29-28	J9-K8
Johann-Strauss pl.	10	20	G19
John-James-Audubon r.	17	5	C9
de Joinville imp.	19	10	C19 *N*
de Joinville pl.	19	10	C19
de Joinville r.	19	10	C19
Jolivet r.	14	42	M11 *N*
Joly cité	11	34	H19
Jomard r.	19	10	C19
Jonas r.	13	56	P15 *N*
Jongkind r.	15	39	M5-M6
Jonquilles r. des	14	53	P9 *N*
Jonquoy r.	14	53	P10
José-Maria-de-Heredia r.	7	41	K9-L9
José-Marti pl.	16	27	H6
Joseph-Bara r.	6	43	L13-M13
Joseph-Bédier av.	13	57	R18 *S*
Joseph-Bouvard av.	7	28	J8
Joseph-Chailley r.	12	47	N22
Joseph-de-Maistre r.	18	7-6	D13-B12
Joseph-Dijon r.	18	7	B14
Joseph-et-Marie-Hackin r.	16	15	E5
Joseph-Granier r.	7	29	J9 *S*
Joséphine r.	18	7	B13
Joseph-Liouville r.	15	40	L8
Joseph-Python r.	20	36	G23-H23
Joseph-Sansbœuf r.	8	18	F11-E11
Josseaume pass.	20	35	J22 *S*
Josset pass.	11	33	K18 *N*
Joubert r.	9	19-18	F13-F12
Joudrier imp.	11	35	J21 *S*
Jouffroy pass.	9	19	F14
Jouffroy r.	17	5-16	C10-D8
Jour r. du	1	31	H14 *N*
Jourdain r. du	20	22	F20 *N*
Jourdan bd	14	55-54	S14-R12
Jouvenet r.	16	38	M4-L3
Jouvenet sq.	16	38	L4 *S*
de Jouy r.	4	32	J16
Jouye-Rouve r.	20	22	F19
Joyeux cité	17	6	B11 *N*
Juge r.	15	28-40	K7
Juge villa	15	40	K7 *S*
Juges-Consuls r. des	4	32	J15-H15
Juillet r.	20	22-34	G20
Jules-Bourdais r.	17	4	C8 *S*
Jules-Breton r.	13	44	M16 *S*
Jules-César r.	12	45	K17-K18
Jules-Chaplain r.	6	42	L12 *S*
Jules-Chéret sq.	20	36	J23
Jules-Claretie r.	16	27	H5
Jules-Cloquet r.	18	6-7	B12-B13
Jules-Cousin r.	4	33	K17
Jules-Dumien r.	20	23	G22 *N*
Jules-Dupré r.	15	52	P8 *N*
Jules-Ferry bd	11	21-33	G17
Jules-Guesde r.	14	42	M11-N11
Jules-Hénaffe pl.	14	54	R12 *N*
Jules-Janin av.	16	27	H5 *S*
Jules-Joffrin pl.	18	7	B14 *S*
Jules-Jouy r.	18	7	C14 *N*
Jules-Lefebvre r	9	18	E12 *N*
Jules-Lemaître r.	12	48	L23 *S*
Jules-Pichard r.	12	47	N21
Jules-Renard pl.	17	16	D7
Jules-Romains r.	19	22	F19
Jules-Sandeau bd	16	27-26	H5-H4
Jules-Senard pl.	19	23	E22
Jules-Siegfried r.	20	35-36	G22-G23
Jules-Simon r.	15	40	M7 *N*
Jules-Supervielle allée	1	31	H14
Jules-Vallès r.	11	34	K20-J20
Jules-Verne r.	11	21	F18 *S*
Julia-Bartet r.	14	53	P9-R9
Julien-Lacroix r.	20	22	G20-F19
de Julienne r.	13	44-43	N15-N14
Juliette-Dodu r.	10	21	F18-E17
Juliette-Lamber r.	17	5	C9
Junot av.	18	7	C13
Jura r. du	13	44	M16 *S*
Jussienne r. de la	2	31	G14 *S*
Jussieu pl.	5	44	L16-L15
Jussieu r.	5	44	L16-L15
Juste-Métivier r.	18	7	C13
Justice r. de la	20	23-24	G22-G23

k

Nom	Arrondissement	Plan n°	Repère
Kabylie r. de	19	21	D17
Keller r.	11	33	J18
Kellermann bd	13	56-55	S16-S14
Kellermann villa	13	56	R16 *S*
Keppler r.	16	16	F8-G8
Keufer r.	13	56	R16 *S*
Kléber av.	16	16-28	F7-H7
Kléber imp.	16	16	G7
Kossuth pl.	9	19	E14 *S*
Kracher pass.	18	8	B15
Küss r.	13	56	R15

Echelle : 1 cm sur l'atlas représente 100 m sur le terrain.

Scale : 1 cm on the map represents 100 m on the ground (1 in. : 278 yards approx.)

Maßstab : 1 cm auf dem Atlas entspricht 100 m.

Escala : 1 cm sobre el atlas representa 100 m sobre el terreno.

Nom	Arrondissement	Plan nº	Repère

L

Nom	Arrondissement	Plan nº	Repère
Labat r.	18	8-7	C15-C14
La Baume r. de	8	17	F10 *N*
Labie r.	17	16	E7
La Boétie r.	8	18-17	F11-F9
Labois-Rouillon r.	19	9	B18 *S*
de Laborde r.	8	18-17	E11-F10
de La Bourdonnais av.	7	28-29	H8-J9
de La Bourdonnais port	7	28	H8-H7
Labrador imp. du	15	53	P9
Labrouste r.	15	41-53	N9
La Bruyère r.	9	19-18	E13-E12
La Bruyère sq.	9	19	E13
Labyrinthe cité du	20	34	G20
Lac allée du	14	55	R13-R14
Lacaille r.	17	6	B12 *S*
Lacaze r.	14	54	R12 *N*
Lacépède r.	5	44	L15 *S*
Lachambeaudie pl.	12	46	N20 *N*
Lacharrière r.	11	33-34	H18-H19
Lachelier r.	13	57	S17-R17
La Condamine r.	17	6-18	C11-D11
Lacordaire r.	15	39	L6-M6
Lacretelle r.	15	40	N7
Lacroix r.	17	6	C11
Lacuée r.	12	45	K17-K18
La Fayette r. nºs 1-91, 2-92	9	19-21	F13-D17
nºs 93-fin, 94-fin	10		
Laferrière r.	9	19	E13
La Feuillade r.		31	G14 *S*
nºs impairs 1er - nºs pairs	2		
Laffitte r.	9	19	F13-E13
La Fontaine hameau	16	27	K5 *N*
La Fontaine rd-pt	16	38	L3 *S*
La Fontaine r.	16	27-38	K5-K4
La Fontaine sq.	16	26-27	K4-K5
Laforgue villa	19	22	D20 *S*
La Frillière av. de	16	38	M3 *N*
Lagarde r.	5	44	M15 *N*
Lagarde sq.	5	44	M15 *N*
Laghouat r. de	18	8	C16-C15
Lagille r.	18	6	B12
Lagny pass. de	20	48	K23
Lagny r. de	20	47-48	K22-K24
Lagrange r.	5	32	K15
Lahire r.	13	57	P17 *N*
de La Jonquière imp.	17	5	B10
de La Jonquière r.	17	6-5	B12-B10
Lakanal r.	15	40	L7-L8
Lalande r.	14	42	N12
Lallier r.	9	19	D14 *S*
Lally-Tollendal r.	19	21	D18 *S*
Lalo r.	16	15	F6-F5
Lamandé r.	17	6	D11-C11
Lamarck r.	18	7-6	D14-C12
Lamarck sq.	18	7	C13 *N*
Lamartine r.	9	19	E13-E14
Lamartine sq.	16	27	G5 *S*
de Lamballe av.	16	27	J6 *S*
Lambert r.	18	7	C14
Lamblardie r.	12	47	M21
Lamennais r.	8	17	F9 *N*
de La Michodière r.	2	19	G13-F13
Lamier imp.	11	34	J20 *N*
Lamoricière av.	12	48	L23
de La Motte-Picquet av.		29-40	J10-K8
nºs 1-43, 2-46	7		
nºs 45-fin, 48-fin	15		
de La Motte-Picquet sq.	15	28	K8
Lancette r. de la	12	46-47	M20-M21
Lancret r.	16	38	M4 *N*
Lancry r. de	10	20-21	G16-F17
Landrieu pass.	7	29	H9 *S*
Langeac r. de	15	40	N7 *N*
de Lanneau r.	5	43	K14 *S*
Lannes bd	16	15-26	F5-H4
Lantiez r.	17	6	B11-B12
Lantiez villa	17	6	B11
Laonnais sq. du	19	23	E21 *N*
Laos r. du	15	28-40	K8
La Pérouse r.	16	16	G7-F8
Lapeyrère r.	18	7	C14-B14
Laplace r.	5	44-43	L15-L14
de La Planche r.	7	30	J12-K12
de Lappe r.	11	33	J18-K18
La Quintinie r.	15	41	M9
de La Reynie r.		32	H15 *S*
nºs 1-19, 2-22	4		
nºs 21-fin, 24-fin	1		
Largillière r.	16	27	J5 *N*
de La Rochefoucauld r.	9	19	E13
de La Rochefoucauld sq.	7	30	J11-K11
Larochelle r.	14	42	M11
Laromiguière r.	5	43	L14
Larrey r.	5	44	M15-L15
Larribe r.	8	18	E11 *N*
Las-Cases r.	7	30	J11-H11
de La Sourdière r.	1	30-31	G12-G13
Lasson r.	12	47	L22 *S*
Lassus r.	19	22	F20-E20
de Lasteyrie r.	16	15	F6
Lathuille pass.	18	6-18	D12
de La Tour-d'Auvergne imp.	9	19	E14 *N*
de La Tour-d'Auvergne r.	9	19	E14
de La-Tour-Maubourg bd	7	29	H10-J9
de La-Tour-Maubourg sq.	7	29	J9 *N*
Latran r. de	5	43	K14 *S*
de La Trémoille r.	8	28-17	G8-G9
Laugier r.	17	16	E8-D7
Laugier villa	17	16	D8 *S*
de Laumière av.	19	22	D19
Laurence-Savart r.	20	23	G21
Laurent-Pichat r.	16	15	F6
Laure-Surville r.	15	39	L5 *N*
Lauriston r.	16	16-27	F7-G6
Lauzin r.	19	22	F19-E19
de La Vacquerie r.	11	34	J20-J19
Lavandières-Ste-Opportune r. des	1	31	J14-H14
de La Vieuville r.	18	19	D13-D14
Lavoisier r.	8	18	F11
La Vrillière r.	1	31	G14 *S*
Léandre villa	18	7	C13
Leblanc r.	15	39	M5-N6
Lebon r.	17	16	E7-D7
Lebouis r.	14	42	M11-N11
Lebouteux r.	17	17	D10
Le Brix-et-Mesmin r.	14	54	R12
Le Brun r.	13	44	M16-N15

Nom	Arrondissement	Plan n°	Repère
Le Bua r.	20	23-35	G22
Lechapelais r.	17	6	D12 *N*
Le Châtelier r.	17	4	D8 *N*
Léchevin r.	11	33	H18 *N*
Leclaire cité	20	35	H22 *S*
Leclerc r.	14	43	N13
Lécluse r.	17	18	D12
Lecomte r.	17	6	C11
Lecomte-du-Noüy r.	16	37	L2 *S*
Leconte-de-Lisle r.	16	38	K4 *S*
Leconte-de-Lisle villa	16	38	K4 *S*
Le Corbusier pl.	6-7	30	K12
Le Corbusier pl.	16	37	L2
Lecourbe r.	15	41-39	L10-N6
Lecourbe villa	15	40	M7 *S*
Lecuirot r.	14	54	P11 *N*
Lecuyer r.	18	7	C14
Le Dantec r.	13	55-56	P14-P15
Ledion r.	14	53	P10 *S*
Ledru-Rollin av.		45-34	L17-J19
nos 1-87, 2-88	12		
nos 89-fin, 90-fin	11		
Lefebvre bd	15	52-53	N7-P9
Lefebvre r.	15	52	N7 *S*
Legendre pass.	17	6	C12 *N*
Legendre r.	17	17-6	D10-B12
Léger imp.	17	5	D10-D9
Légion-Etrangère r. de la	14	54	R12-R11
Le Goff r.	5	43	L14 *N*
Legouvé r.	10	21-20	F17-F16
Legrand r.	19	21	E18 *S*
Legraverend r.	12	45	L18 *N*
Leibnitz r.	18	7-6	B13-B12
Leibnitz sq.	18	6-7	B12-B13
Lekain r.	16	27	J5
Lemaignan r.	14	55	R14 *N*
Léman r. du	19	23	E22
Le Marois r.	16	38	M3 *S*
Lemercier cité	17	6	C11 *S*
Lemercier r.	17	6	D12-C11
Lemoine pass.	2	20	G15 *N*
Lémon r.	20	22	F19 *S*
Leneveux r.	14	54	P12 *S*
Léningrad r. de	8	18	E11-D12
Le Nôtre r.	16	28	H7 *S*
Lentonnet r.	9	20	E15 *N*
Léo-Delibes r.	16	28	G7
Léon pass.	18	8	D15 *N*
Léon r.	18	8	C15
Léonard-de-Vinci r.	16	15	F6
Léon-Blum pl.	11	34	J19 *N*
Léon-Bollée av.	13	57-56	S17-S16
Léon-Bonnat r.	16	26	K4
Léon-Bourgeois allée	7	28	J7
Léonce-Reynaud r.	16	28	G8 *S*
Léon-Cladel r.	2	19	G14 *N*
Léon-Cogniet r.	17	17	E9-D9
Léon-Cosnard r.	17	17	D10
Léon-Delagrange r.	15	39	N6
Léon-Delhomme r.	15	40	M8 *S*
Léon-Deubel pl.	16	38	M3 *S*
Léon-Dierx r.	15	52	P8
Léon-Droux r.	17	18	D11 *S*
Léone villa	14	53	P10 *N*
Léon-Frapié r.	20	24	F23
Léon-Frot r.	11	34	J20-J19
Léon-Gaumont av.	20	36-48	J24-K24
Léon-Giraud r.	19	10	C19 *S*
Léon-Guillot sq.	15	40	N8
Léon-Heuzey av.	16	38	K4-L4
Léonidas r.	14	54	P11-N11
Léon-Jost r.	17	17-16	E9-D8
Léon-Jouhaux r.	10	21	G17 *N*
Léon-Lhermitte r.	15	40	L8
Léon-Maurice-Nordmann r.	13	43	N14
Léon-Paul-Fargue pl.	6-7	41	L10 *N*
Léon-Séché r.	15	40	M8 *N*
Léontine r.	15	39	L5
Léon-Vaudoyer r.	7	41	K9-L9
Léopold-Bellan r.	2	31	G14
Léopold-II av.	16	26-27	K5-K4
Léopold-Robert r.	14	42	M12 *N*
Lepage cité	19	21	E18 *N*
Le Peletier r.	9	19	F13-E14
Lepic pass.	18	19	D13
Lepic r.	18	7	D13-C13
Leredde r.	13	57	P18
Le Regrattier r.	4	32	K15-K16
Leriche r.	15	40	N7-N8
Leroux r.	16	16-15	F7-F6
Leroy cité	20	23	F21 *S*
Leroy-Beaulieu sq.	16	26	J4 *S*
Leroy-Dupré r.	12	47	L22 *S*
Lesage cour	20	22	F19
Lesage r.	20	22	F19
de Lesdiguières r.	4	33	K17-J17
Lespagnol r.	20	34-35	J20-J21
de Lesseps r.	20	35	J22-H21
Le Sueur r.	16	16	F7-E7
Le Tasse r.	16	27	H6
Letellier r.	15	40	K7-L8
Letellier villa	15	40	K8 *S*
Letort imp.	18	7	B14
Letort r.	18	7	B14
Leuck-Mathieu r.	20	35	H22 *N*
Le Vau r.	20	36-24	G23-F23
Le Verrier r.	6	43	L13-M13
Levert r.	20	22	F20
Lévis imp. de	17	17	D10 *S*
Lévis pl. de	17	17	D10
Lévis r. de	17	17	D10
Lhomme pass.	11	33	K18 *N*
Lhomond r.	5	43-44	L14-M15
Lhuillier r.	15	40	N8
Liancourt r.	14	42	N12-N11
Liard r.	14	55	R14 *S*
Liban r. du	20	22	G20 *N*
Liberté r. de la	19	23	E21 *N*
Lido arcades du	8	17	F9
Liège r. de nos 1-19, 2-18	9	18	E12-E11
nos 21-fin, 20-fin	8		
Lieutenance sentier de la	12	48	M23 *N*
Lieutenant-Chauré r. du	20	23-35	G22
Lieutenant-Colonel-Dax r.	18	7	A14-A13
Lieutenant-Colonel-Deport r. du	16	37	M2
Lieutenant-Lapeyre r. du	14	53	P10 *S*
Lieutenant-Stéphane-Piobetta pl. du	14	53-54	N10-N11
Lieuvin r. du	15	53	N9-P9
Ligner r.	20	35	J21 *N*
Lilas porte des	20	23-24	E22-E23
Lilas r. des	19	23	E21
Lilas villa des	19	23	E21 *N*
Lili-Boulanger pl.	9	18	D12 *S*
Lille r. de	7	31-30	J13-H11

Nom	Arrondissement	Plan nº	Repère
Limagne sq. de la	13	57	R18
Limousin sq. du	13	57	R18
Lincoln r.	8	17	G9-F9
Lingères pass. des	1	31	H14
Lingerie r. de la	1	31	H14
Linné r.	5	44	L16-L15
Linois r.	15	39	K6-L6
Lions-Saint-Paul r. des	4	33-32	K17-K16
Lippmann r.	20	48	K23 *S*
Lisa pass.	11	33-34	J18-J19
Lisbonne r. de	8	18-17	E11-E9
Liserons r. des	13	55	R14
Lisfranc r.	20	35	H22
Littré r.	6	42	L11
Livingstone r.	18	19	D14
Lobau r. de	4	32	J15
Lobineau r.	6	31	K13 *N*
Logelbach r. de	17	17	D9 *S*
Loi imp. de la	20	35	J22 *S*
Loing r. du	14	54	P12 *S*
Loire quai de la	19	21-10	D18-C19
Loiret r. du	13	58	P19 *S*
L'Olive r.	18	8	C16 *N*
Lombards r. des		32	H15 *S*
nos 1-25, 2-28	4		
nos 27-fin, 30-fin	1		
Londres cité de	9	18	E12 *S*
Londres r. de nos 1-37, 2-38	9	18	E12-E11
nos 39-fin, 40-fin	8		
Longchamp r. de	16	28-15	G7-G5
Longchamp villa de	16	28	G7 *S*
Longues-Raies r. des	13	56-55	R15-R14
Lord-Byron r.	8	16	F8
Lorraine r. de	19	10	D19 *N*
Lorraine villa de	19	23	D21-E21
Lot quai du	19	10	A19
Lota r. de	16	27	G5
Louis-Aragon allée	1	31	H14
Louis-Armand cour	12	45	L18
Louis-Armand r.	15	39-51	N6-N5
Louis-Barthou av.	16	26	G4-H4
Louis-Blanc r.	10	21-20	E17-D16
Louis-Blériot quai	16	39-38	K5-M4
Louis-Boilly r.	16	26	H4 *S*
Louis-Bonnet r.	11	21	F18 *S*
Louis-Braille r.	12	47	M22
Louis-Codet r.	7	29	J9
Louis-David r.	16	27	H6
Louis-Delaporte r.	20	48	K23 *S*
Louise-et-Tony sq.	14	54	P12 *S*
Louise-Labé allée	19	22	F19-E19
Louise-Thuliez r.	19	23	E21
Louise-Weiss r.	13	45	N17-N18

Nom	Arrondissement	Plan nº	Repère
Louis-Ganne r.	20	36	H23 *N*
Louis-Gentil sq.	12	47	N22
Louisiane r. de la	18	9	C17 *N*
Louis-le-Grand r.	2	18-19	G12-F13
Louis-Lépine pl.	4	32	J15
Louis-Loucheur r.	17	6	A12 *S*
Louis-Lumière r.	20	36	J23-H23
Louis-Marin pl.	5	43	L13
Louis-Morard r.	14	54	P11
Louis-Murat r.	8	17	E9 *S*
Louis-Nicolas-Clérambault r.	20	34	G20
Louis-Pasteur-Vallery-Radot r.	18	7-6	A13-A12
Louis-Pergaud r.	13	55-56	S14-S15
Louis-Philippe pass.	11	33	J18 *S*
Louis-Philippe pont	4	32	J15 *S*
Louis-Robert imp.	20	22	F20
Louis-Thuillier r.	5	43	L14 *S*
Louis-Vicat r.	15	52	P8-P7
Louis-Vierne r.	17	4	C7
de Lourmel r.	15	40-39	K7-M6
Louvat villa	14	42	N12
Louvois r. de	2	19	G13 *N*
Louvre pl. du	1	31	H14 *S*
Louvre port du	1	31-30	H13-H12
Louvre quai du	1	31	J14-H13
Louvre r. du nos 1-25, 2-52	1	31	H14-G14
nos 27-fin, 54-fin	2		
de Lowendal av.		29-41	K9
nos 1-23, 2-14	7		
nos 25-fin, 16-fin	15		
Lowendal sq.	15	41	K9 *S*
Lübeck r. de	16	28	G8-H7
Lucien-Bossoutrot r.	15	38-39	M4-M5
Lucien-Descaves av.	14	55-54	S13-S12
Lucien-et-Sacha-Guitry r.	20	47	K22 *S*
Lucien-Gaulard r.	18	7	C13
Lucien-Herr pl.	5	44	M15 *N*
Lucien-Lambeau r.	20	36	J23 *N*
Lucien-Leuwen r.	20	35	H22
Lucien-Sampaix r.	10	20	F16
Lulli r.	2	19	G13
Lunain r. du	14	54	P12 *S*
Lune r. de la	2	20	G15-F15
Lunéville r. de	19	10	C20-D20
Lutèce r. de	4	32-31	J15-J14
de Luynes r.	7	30	J12
de Luynes sq.	7	30	J12
Lyanes r. des	20	35	H22 *N*
Lyanes villa des	20	35	H22 *N*
Lyautey r.	16	27	J6
Lyon r. de	12	45-33	L18-K17
Lyonnais r. des	5	43	M14

m

Nom	Arrondissement	Plan nº	Repère
Mabillon r.	6	31	K13 *N*
Macdonald bd	19	11-9	B21-A18
Mac-Mahon av.	17	16	F8-E7
Madagascar r. de	12	47	N21
Madame r.	6	30-42	K12-L12
Madeleine bd de la nos 1-23	1	18	G12 *N*
nos 25-fin, 14-fin	8		
nos 2-12	9		
Madeleine galerie de la	8	18	G11 *N*
Madeleine marché de la	8	18	F11-F12
Madeleine pass. de la	8	18	F11 *S*
Madeleine pl. de la	8	18	F12-G11
Mademoiselle r.	15	40	L7-L8
Madone r. de la	18	8	B16 *S*
Madrid r. de	8	18	E11
Magdebourg r. de	16	28	H7-G7
Magellan r.	8	16	G8-F8
Magendie r.	13	43	N14

Nom	Arrondissement	Plan n°	Repère
Magenta bd de		21-20	G17-D15
nos 1-153, 2-fin	10		
nos 155-fin	9		
Magenta cité de	10	20	F16 *S*
Magenta r. nos 2-8	19	10-11	A20-A21
autres nos	Pantin		
Maigrot-Delaunay pass.	20	35	K22
Mail r. du	2	31	G14
Maillard r.	11	34	J20 *N*
Maillot porte	17-16	15	E6
Main-d'Or pass. de la	11	34	K19
Main-d'Or r. de la	11	34	K19
Maine av. du nos 1-39, 2-58	15	42-54	L11-P12
nos 41-fin, 60-fin	14		
Maine r. du	14	42	M11 *N*
Maintenon allée	6	42	L11
Maire r. au	3	32	G16 *S*
Mairie cité de la	18	19	D14
Maison-Blanche r. de la	13	56	P16 *S*
Maison-Brûlée cour de la	11	33	K18 *N*
Maison-Dieu r.	14	42	N11 *N*
Maître-Albert r.	5	32	K15
Malakoff av. de	16	15	F6-E6
Malakoff imp. de	16	15	E6 *S*
Malakoff villa	16	27-28	G6-G7
Malaquais quai	6	31	J13 *N*
Malar r.	7	29	H9
Malassis r.	15	40	N7
Malebranche r.	5	43	L14 *N*
Malesherbes bd		18-5	F11-C9
nos 1-121, 2-92	8		
nos 123-fin, 94-fin	17		
Malesherbes cité	9	19	E14-E13
Malesherbes villa	17	17	D9-D10
Maleville r.	8	17	E10
Malher r.	4	32	J16
Malherbe sq.	16	38	K3 *S*
Mallebay villa	14	53	P10
Mallet-Stevens r.	16	26	J4 *S*
Malmaisons r. des	13	57-56	R17-R16
Malte r. de	11	33	H17-G17
Malte-Brun r.	20	35	H21-G21
Malus r.	5	44	L15 *S*
Mandar r.	2	31	G14 *S*
Manin r.	19	22-11	E19-D21
Manin villa	19	23	D21
Mansart r.	9	19	D13-D12 *S*
Manuel r.	9	19	E14
Manutention r. de la	16	28	H8-G8
Maquis-du-Vercors pl.	19-20	24	E23
Maraîchers r. des	20	48-35	K23-J22
Marais pass. des	10	20	F16
Marbeau bd	16	15	F6-F5
Marbeau r.	16	15	F6 *N*
Marbeuf r.	8	16-17	G8-G9
Marcadet r	18	8-6	C15-B12
Marc-Antoine-Charpentier r.	13	57	P18-R18
Marceau av. nos impairs	16	28-16	G8-F8
nos pairs	8		
Marceau villa	19	22	E20 *N*
Marcel-Achard pl.	19	21	F18
Marcel-Aymé pl.	18	7	C13
Marcel-Doret av.	16	38	M3-N3
Marcel-Dubois r.	12	47	N22
Marcel-Gromaire r.	11	33	H17
Marcelin-Berthelot pl.	5	43	K14
Marcel-Jambenoire allée	13	55	R14

Nom	Arrondissement	Plan n°	Repère
Marcel-Paul r. n° 2	17	5	B9
nos 4-fin, nos impairs	Clichy		
Marcel-Proust av.	16	27	J6
Marcel-Renault r.	17	16	E7 *N*
Marcel-Sembat r.	18	7	A13 *S*
Marcel-Toussaint sq.	15	40	N8 *N*
Marcès imp.	11	33	H18-J18
Marchais r. des	19	23	D21
Marché pass. du	10	20	F16 *S*
Marché-aux-Chevaux imp.	5	44	M16
Marché-des-Blancs-Manteaux r. du	4	32	J16 *N*
Marché-des-Patriarches r.	5	44	M15 *N*
Marché-Neuf quai du	4	31	J14 *S*
Marché-Ordener r. du	18	7	B13
Marché-Popincourt r. du	11	33	H18 *N*
Marché-Ste-Catherine pl. du	4	33-32	J16-J17
Marché-St-Honoré pl. du	1	30-31	G12-G13
Marché-St-Honoré r. du	1	30-18	G12
Marc-Sangnier av.	14	53	P9-R10
Marc-Séguin r.	18	9-8	C17-C16
Mare imp. de la	20	22	G20 *N*
Mare r. de la	20	22	G20-F20
Maréchal-de-Lattre-de-Tassigny pl. du	16	15	F5
Maréchal-Fayolle av. du	16	15-26	F5-G4
Mar.-Franchet-d'Espérey av. du	16	26	J3
Maréchal-Gallieni av. du	7	29	H10-J10
Maréchal-Harispe r. du	7	28	J8 *N*
Maréchal-Juin pl. du	17	16	D8
Maréchal Lyautey av. du	16	26-38	K3
Maréchal Maunoury av.	16	26	H4-J3
Marengo r. de	1	31	H13
Marguerin r.	14	54	P12 *S*
Marguerite-de-Navarre pl.	1	31	H14
Margueritte r.	17	16	E8 *N*
Marguettes r. des	12	48	L23 *S*
Maria-Deraismes r.	17	6	B12
Marie cité	17	6	B11
Marie pont	4	32	K16 *N*
Marie-Benoist r.	12	47	L21 *N*
Marie-Blanche imp.	18	7	D13 *N*
Marié-Davy r.	14	54	P12 *S*
Marie-de-Miribel pl.	20	36	J23
Marie-et-Louise r.	10	21	F17 *S*
Marie-Laurencin r.	12	47	M22
Marie-Laurent allée	20	35-47	K22
Marie-Rose r.	14	54	P12 *S*
Marie-Stuart r.	2	32-31	G15-G14
Marietta-Martin r.	16	27	J5
Marignan pass.	8	17	G9 *N*
Marignan r. de	8	17	G9
Marigny av. de	8	17	G10-F10
Mariniers r. des	14	53	P10 *S*
Marinoni r.	7	28	J8
Mario-Nikis r.	15	41	K9 *S*
Mariotte r.	17	18	D11
de Marivaux r.	2	19	F13 *S*
Marmontel r.	15	40	M8 *S*
Marmousets r. des	13	44	N15 *N*
Marne quai de la	19	10	C19-C20
Marne r. de la	19	10	C19
Maroc imp. du	19	9	C17 *S*
Maroc pl. du	19	9	D17 *N*
Maroc r. du	19	9	D18-C17
Maronites r. des	20	22	G19-G20
Marquis-d'Arlandes r. du	17	4	C8

Nom	Arrondissement	Plan nº	Repère
Marronniers r. des	16	27	J5 *S*
Marseillaise r. de la	19	11	C21-D21
Marseille r. de	10	21	F17 *S*
Marsollier r.	2	19	G13
Marsoulan r.	12	47	L22
Marteau imp.	18	8	A16
Martel r.	10	20	F15 *N*
Martignac cité	7	30	J11
de Martignac r.	7	30	H11-J11
Martin-Bernard r.	13	56	P15 *S*
Martin-Garat r.	20	35	H22-G22
Martini imp.	10	20	G16-F16
Martinique r. de la	18	8	C16 *N*
Martin-Nadaud pl.	20	35	G21 *S*
Marty imp.	17	6	B12 *N*
Martyrs r. des nos 1-67, 2-fin	9	19	E13-D13
nos 69-fin	18		
Martyrs juifs du vélodrome d'Hiver pl. des	15	28	J7
Marx-Dormoy r.	18	8	D16-C16
Maryse-Bastié r.	13	57	R18 *S*
Maryse-Hilsz r.	20	36-48	K23
Maspéro r.	16	27-26	H5-H4
Masséna bd	13	58-56	P20-S16
Masséna sq.	13	57	R18
Massenet r.	16	27	J6-H5
Masseran r.	7	41	K10 *S*
Massif-Central sq. du	12	47	N21-N22
Massillon r.	4	32	J15-K15
Massonnet imp.	18	8	B15
Mathis r.	19	9	C18 *N*
Mathurin-Moreau av.	19	21-22	E18-E19
Mathurin-Régnier r.	15	41	M9
Mathurins r. des		18	F12-F11
nos 1-21, 2-28	9		
nos 23-fin, 30-fin	8		
Matignon av.	8	17	G10-F10
Maubert imp.	5	32	K15
Maubert pl.	5	32-44	K15
Maubeuge r. de		19-20	E14-D16
nos 1-65, 2-84	9		
nos 67-fin, 86-fin	10		
Maubeuge sq. de	9	19	E14
Maublanc r.	15	40	M8
Mauconseil r.	1	32-31	H15-H14
Maure pass. du	3	32	H15
Maurel pass.	5	45	L17 *S*
Maurice-Barrès pl.	1	30	G12
Maurice-Berteaux r.	20	24	G23
Maurice-Bouchor r.	14	53	P9-P10
Maurice-Bourdet r.	16	27	K5
Maurice-Chevalier pl.	20	22	G20
Maurice-de-Fontenay pl.	12	46	L20
Maurice-de-la-Sizeranne r.	7	41	K10-L10
Maurice-Denis r.	12	46	L19
Maurice-d'Ocagne av.	14	53	R10 *N*
Maurice-et-Louis-de Broglie r.	13	45	N17-N18
Maurice Genevoix r.	18	8	B16
Maurice-Loewy r.	14	55	P13 *S*
Maurice-Maignen r.	15	41	M10
Maurice-Noguès r.	14	53	P9 *S*
Maurice-Quentin pl.	1	31	H14
Maurice-Ravel av.	12	48	M23-L23
Maurice-Ripoche r.	14	42	N11
Maurice-Rollinat villa	19	22	D20 *S*
Maurice-Rouvier r.	14	53	P10-N9
Maurice-Utrillo r.	18	7	D14 *N*
Mauvais-Garçons r. des	4	32	J16
Mauves allée des	20	36	J23
Mauxins pass. des	19	23	E22
Max-Hymans sq.	15	41-42	M10-M11
Max-Jacob r.	13	56	S16-R15
Mayenne sq. de la	17	4	C8
Mayet r.	6	42	L11 *N*
Mayran r.	9	19	E14 *S*
Mazagran av. de	14	55	S14 *S*
Mazagran r. de	10	20	F15 *S*
Mazarine r.	6	31	J13
Mazas pl.	12	45	L17
Mazet r.	6	31	J13 *S*
Meaux r. de	19	21-10	E18-D19
Méchain r.	14	43	N14-N13
Médéric r.	17	17	E9-D9
Médicis r. de	6	43	K13-K14
Mégisserie quai de la	1	31	J14 *N*
Méhul r.	2	19-31	G13
Meilhac r.	15	40	L8
Meissonnier r.	17	17	D9
Mélingue r.	19	22	F20-E20
Melun pass. de	19	21	D18
Ménars r.	2	19	G13 *N*
Mendelssohn r.	20	36	J23
Ménétriers pass. des	3	32	H15
Ménilmontant bd de		34	H20-G19
nos impairs 11e - nos pairs	20		
Ménilmontant pass. de	11	34	G19 *S*
Ménilmontant pl. de	20	22	G20 *N*
Ménilmontant porte de	20	24	F23
Ménilmontant r. de	20	22-23	G19-F21
Mercœur r.	11	34	J19-J20
Mérimée r.	16	15	G6-G5
Mérisiers sentier des	12	48	L23 *S*
Merlin r.	11	34	H20-H19
Meryon r.	16	37	L2
Meslay pass.	3	20	G16
Meslay r.	3	21-20	G17-G16
Mesnil r.	16	15	G6
Messageries r. des	10	20	E15 *S*
Messidor r.	12	47	M22
Messier r.	14	43	N13
Messine av. de	8	17	E10 *S*
Messine r. de	8-	17	E10 *S*
Metz quai de	19	10	C20
Metz r. de	10	20	F16-F15
Meuniers r. des	12	47	N21
Meurthe r. de la	19	10	C19
Mexico pl. de	16	27	G6 *S*
Meyerbeer r.	9	19	F13
Meynadier r.	19	22	D19
Mézières r. de	6	31-30	K3-K12
Michal r.	13	56	P15 *S*
Michel-Ange hameau	16	38	M3
Michel-Ange r.	16	38	L3-M3
Michel-Ange villa	16	38	K4 *S*
Michel-Bréal r.	13	57	R18
Michel-Chasles r.	12	45	L18-K18
Michel-de-Bourges r.	20	35	J22 *S*
Michelet r.	6	43	L13 *S*
Michel-le-Comte r.	3	32	H16-H15
Michel-Peter r.	13	44	M15-N15
Midi cité du	18	19	D13
Mignard r.	16	27	H5 *N*
Mignet r.	16	38	K4 *S*
Mignon r.	6	31	K14 *N*
Mignot sq.	16	27	H6

Nom	Arrondissement	Plan nº	Repère
Mignottes r. des	19	22	E20 *N*
Miguel-Hidalgo r.	19	22	D20 *S*
Milan r. de	9	18	E12
Milleret-de-Brou av.	16	27-26	J5-K4
Milne-Edwards r.	17	16	D7 *S*
Milord imp.	18	6	B12 *N*
Milton r.	9	19	E14
Mimosas sq. des	13	55	R14
Minimes r. des	3	33	J17 *N*
Miollis r.	15	41	L9 *N*
Mirabeau pont	16-15	39	L5
Mirabeau r.	16	39-38	L5-L4
de Mirbel r.	5	44	M15 *N*
Mire allée de la	14	55	R13-R14
Mire r. de la	18	7	D13-C13
de Miromesnil r.	8	17	F10-E10
Mission-Marchand r. de la	16	26-38	K4
Mizon r.	15	41	M10 *N*
Moderne av.	19	22	D19
Moderne villa	14	54	P11 *N*
Modigliani r.	15	39	M5-M6
Modigliani terrasse	14	42	M11
Mogador r. de	9	18	F12-E12
Moines r. des	17	6	C11-B11
Molière av.	16	38	L3 *S*
Molière pass.	3	32	H15
Molière r.	1	31	G13 *S*
Molin imp.	18	9	C17
Molitor porte	16	37	L2
Molitor r.	16	38	L4-L3
Molitor villa	16	38	L4
Mollien r.	8	17	E10
Monbel r. de	17	5	C9 *S*
Monceau r. de	8	17	F9-E10
Monceau sq.	17	18	D11 *S*
Monceau villa	17	16	D8
Moncey pass.	17	6	C12
Moncey r.	9	18	E12 *N*
Moncey sq.	9	18	E12 *N*
Mondétour r.	1	32	H15 *N*
Mondovi r. de	1	30	G11
Monge pl.	5	44	L15 *S*
Monge r.	5	44	K15-M15
Mongenot r.		48	L24-L23
nos 29-fin, 12-fin	12		
autres nos	St-Mandé		
Monjol r.	19	21	E18 *S*
Monnaie r. de la	1	31	H14 *S*
Monplaisir imp.	20	34	G20 *S*
Monseigneur-Loutil pl.	17	17	D9
Monseigneur-Rodhain r.	10	21	E17
Monsieur r.	7	29	K10
Monsieur-le-Prince r.	6	31-43	K13-K14
Monsigny r.	2	19	G13 *N*
Monsoreau sq. de	20	35	J21
Montagne-d'Aulas r.	15	9	M5-M6
Montagne-de-la-Faye r.	15	9	M5
Montagne-de-l'Esperou r.	15	9	L5-M5
Montagne-du-Goulet pl.	15	9	L5
Montagne-Ste-Geneviève r. de la	5	44	K15-L15
Montaigne av.	8	17-29	G9
Mont-Aigoual r. du	15	9	L5
Montalembert r.	7	30	J12
Montalivet r.	8	18	F11 *S*
Montauban r.	15	40	N8
Mont-Blanc sq. du	16	39	K5 *S*

Nom	Arrondissement	Plan nº	Repère
Montbrun pass.	14	54	P12
Montbrun r.	14	54	P12
Montcalm r.	18	7	C13-B14
Montcalm villa	18	7	B13 *S*
Mont-Cenis pass. du	18	7	B14 *N*
Mont-Cenis r. du	18	7	C14-B14
Mont-Dore r. du	17	18	D11
Montebello port de	5	32	K15
Montebello quai de	5	32	K15
Montebello r. de	15	53	P9 *N*
Monte-Cristo r.	20	35	J21
Montempoivre porte de	12	48	M23
Montempoivre r. de	12	47-48	M22-M23
Montempoivre sentier de	12	47	M22
Montenegro pass. du	19	23	E22 *S*
Montenotte r. de	17	16	E8
Montéra r.	12	48	L23
de Montespan av.	16	27	G5 *S*
Montesquieu r.	1	31	H13 *N*
Montesquieu-Fezensac r.	12	48	N23
Montevidéo r. de	16	15-27	G5
de Montfaucon r.	6	31	K13 *N*
Montgallet pass.	12	46	L20
Montgallet r.	12	46	L20 *S*
Montgolfier r.	3	32	G16
Monthiers cité	9	18	E12 *N*
de Montholon r.	9	20-19	E15-E14
Montibœufs r. des	20	35	G22
Monticelli r.	14	54	R12 *S*
Mont-Louis imp. de	11	34	J20 *N*
Mont-Louis r. de	11	34	J20 *N*
Montmartre bd		19	F14
nos impairs 2e - nos pairs	9		
Montmartre cité	2	31	G14 *S*
Montmartre galerie	2	19	F14 *S*
Montmartre porte de	18	7	A13-B13
Montmartre r.		31-19	H14-F14
nos 1-21, 2-36	1		
nos 23-fin, 38-fin	2		
de Montmorency av.	16	38	K4-K3
de Montmorency bd	16	26-38	J3-K3
de Montmorency r.	3	32	H16-H15
de Montmorency villa	16	26-38	K3
Montorgueil r.		31	H14-G14
nos 1-35, 2-40	1		
nos 37-fin, 42-fin	2		
Montparnasse bd du		42-43	L11-M13
nos impairs	6		
nos 2-66	15		
nos 68-fin	14		
Montparnasse pass.	14	42	L11-M11
Montparnasse r. du		42	L12-M12
nos 1 35, 2 40	6		
nos 37-fin, 42-fin	14		
de Montpensier galerie	1	31	G13 *S*
de Montpensier r.	1	31	H13-G13
Montreuil porte de	20	36	J23-J24
Montreuil r. de	11	34-35	K19-K21
Montrouge porte de	14	54	R11
Montsouris allée de	14	55	R13
Montsouris sq. de	14	55	R13
de Monttessuy r.	7	28	H8 *S*
Mont-Thabor r. du	1	30	G12 *S*
Mont-Tonnerre imp. du	15	42	L11
de Montyon r.	9	19	F14
Mony r.	16	27	G5
Morand r.	11	21	G18 *N*
Moreau r.	12	45-33	K10

Nom	Arrondissement	Plan nº	Repère
Morère r.	14	54	R11 *N*
Moret r.	11	22-34	G19
Morieux cité	15	28	J8-K8
Morillons r. des	15	40-53	N8-N9
Morland bd	4	33-45	K17
Morland pont	12-4	45	L17 *N*
Morlet imp.	11	35	K21
Morlot r.	9	18	E12
Mornay r.	4	45	K17
de Moro-Giafferi pl.	14	42	N11
Mortier bd	20	36-23	G23-E22
Morvan r. du	11	34	H19 *S*
Moscou r. de	8	18	E12-D11
Moselle pass. de la	19	22	D19
Moselle r. de la	19	9-21	D18 *N*
Moskowa cité de la	18	7	B13 *N*
Mouffetard r.	5	44	L15-M15
Moufle r.	11	33	H18 *S*
Moulin-de-la-Pointe r. du	13	56	R16
Moulin-de-la-Vierge r. du	14	41-53	N10 *S*
Moulin-des-Prés pass.	13	56	P15 *N*
Moulin-des-Prés r. du	13	56	P15-R16
Moulinet pass. du	13	56	P15 *S*
Moulinet r. du	13	56	P16-P15
Moulin-Joly r. du	11	22	G19-F19
Moulins r. des	1	31	G13
Moulin-Vert imp. du	14	54	P11 *N*
Moulin-Vert r. du	14	54	P12-N11
Mounet-Sully r.	20	47	K22 *S*
Mouraud r.	20	36	J23
Mousset imp.	12	46	L20
Mousset-Robert r.	12	47	L22 *S*
de Moussy r.	4	32	J16 *N*
Mouton-Duvernet r.	14	54	N12 *S*
Mouzaïa r. de	19	23-22	E21-E20
Moynet cité	12	46	L20 *S*
Mozart av.	16	27-26	J5-K4
Mozart sq.	16	26	J4
Mozart villa	16	26	J4-K4
Muette chaussée de la	16	27-26	J5-J4
Muette porte de la	16	26	H4
Mulhouse r. de	2	19	G14
Mulhouse villa	16	38	M3
Muller r.	18	7	C14-D14
Murat bd	16	38	L3-M4
Murat villa	16	38	M3 *S*
Mûriers r. des	20	34	H20-G20
Murillo r.	8	17	E9
de Musset r.	16	38	M4-M3
Mutualité sq. de la	5	44	K15 *S*
Myrha r.	18	8	C16-D15
Myron-Timothy-Herrick av.	8	17	F10

n

Nom	Arrondissement	Plan nº	Repère
Naboulet imp.	17	6	B11
Nancy r. de	10	20	F16
Nanettes r. des	11	34	H19-G19
Nansouty imp.	14	55	R13 *S*
Nansouty r.	14	55	R13
Nantes r. de	19	10	C19-B19
Nanteuil r.	15	41	N9
Naples r. de	8	18-17	E11-E10
Napoléon cour	1	31	H13
Napoléon III pl.	10	20	E15-E16
Narbonne r. de	7	30	K12 *N*
Narcisse-Diaz r.	16	38	L4 *N*
Narvik pl. de	8	17	E10 *S*
Nation pl. de la nos impairs	11	47	K21 *S*
nos pairs	12		
National pass.	13	57	R18-R17
National pont	12-13	58	P20
Nationale imp.	13	57	R17 *N*
Nationale pl.	13	57	P17
Nationale r.	13	57	R17-N17
Nations-Unies av. des	16	28	H7
Nattier pl.	18	7	C13
Navarin r. de	9	19	E13 *N*
Navarre r. de	5	44	L15
Navier r.	17	6	B12-B11
Necker r.	4	33	J17
Négrier cité	7	29	J9 *N*
Nélaton r.	15	28	J7-K7
Nemours r. de	11	33	G18 *S*
de Nesle r.	6	31	J13
Neuf pont	1-6	31	J14
Neuilly av. de	16-17	15	E6
Neuve-de-la Chardonnière r.	18	8	B15
Neuve-des-Boulets r.	11	34	J20 *S*
Neuve-Popincourt r.	11	33	G18-H18
Neuve-St-Pierre r.	4	33	J17 *S*
Néva r. de la	8	16	E8
Nevers imp. de	6	31	J13
Nevers r. de	6	31	J13
Newton r.	16	16	F8 *S*
New-York av. de	16	28	H8-J7
Ney bd	18	9-6	A17-B12
Nicaragua pl. du	17	5-17	D9 *N*
Nice r. de	11	34	J20 *S*
Nicolaï r.	12	47	N21-M21
Nicolas imp.	20	36	J23 *N*
Nicolas-Charlet r.	15	41	L10-M10
Nicolas-Chuquet r.	17	5	C9
Nicolas-Flamel r.	4	32	J15-H15
Nicolas-Fortin r.	13	56	P16 *N*
Nicolas-Houël r.	5	45-44	M17-M16
Nicolas-Roret r.	13	44	N15 *N*
Nicolas-Taunay r.	14	54	R11
Nicolay sq.	17	6	C11 *S*
Nicolet r.	18	7	C14
Nicolo r.	16	27	J6-H5
Niel av.	17	16	E8-D8
Niel villa	17	16	D8 *S*
Niepce r.	14	42	N11
Nieuport villa	13	57	R18 *N*
Niger r. du	12	48	L23
Nil r. du	2	20-32	G15
Nobel r.	18	7	C14
Nocard r.	15	28	J7 *S*
Noël cité	3	32	H15-H16
Noël-Ballay r.	20	48	K23 *S*
Noisiel r. de	16	15	G5 *N*
Noisy-le-sec r. de		24	F23-E24
nos 1-47, 2-72	20		
autres nos impairs	Les Lilas		
autres nos pairs	Bagnolet		

Nom	Arrondissement	Plan n°	Repère
Nollet r.	17	6	D11-C11
Nollet sq.	17	6	C11
Nollez cité	18	7	B13
Nom-de-Jésus cour du	11	33	K18 *N*
Nonnains-d'Hyères r. des	4	32	J16 *S*
Nord pass. du	19	10-22	D19
Nord r. du	18	8	B15 *S*
Normandie r. de	3	33	H17 *N*
Norvins r.	18	7	C14-C13
Notre-Dame pont	4	32	J15
Notre-Dame-de-Bonne-Nouvelle r.	2	20	G15-F15
N.-D.-de-Lorette r.	9	19	E13
N.-D.-de-Nazareth r.	3	32-20	G16-G15
N.-D.-de-Recouvrance r.	2	20	G15-F15
N.-D.-des-Champs r.	6	42-43	L12-M13
N.-D.-des-Victoires r.	2	19-31	G14
Nouveau-Belleville sq. du	20	22	G19
Nouveau Conservatoire av. du	19	10	C20
Nouvelle villa	8	16	E8 *S*
Nouvelle-Calédonie r. de la	12	48	M23 *S*
Noyer-Durand r. du	19	11	D21-C21
Nungesser-et-Coli r.	16	37	L2

o

Nom	Arrondissement	Plan n°	Repère
Oberkampf r.	11	33-34	H17-G19
Observatoire av. de l'		43	L13-M13
nos 1-27, 2-20	6		
nos 29-47	5		
nos 49-fin, 22-fin	14		
Octave-Chanute pl.	20	35	G22
Octave-Feuillet r.	16	27-26	H5-H4
Octave-Gréard av.	7	28	J7
Odéon carr. de l'	6	31	K13 *N*
Odéon pl. de l'	6	31	K13
Odéon r. de l'	6	31	K13
Odessa r. d'	14	42	L11-M12
Odiot cité	8	17	F9
Oise quai de l'	19	10	C19-C20
Oise r. de l'	19	10	C19
Oiseaux r. des	3	32	H16 *N*
Olier r.	15	40	N7 *N*
Olivet r. d'	7	42	K11
Olivier-de-Serres pass.	15	40	N8 *N*
Olivier-de-Serres r.	15	40-52	M8-N7
Olivier-Métra r.	20	23	F21
Olivier-Métra- villa	20	23	F21
Olivier-Noyer r.	14	54	P11-N11
Omer-Talon r.	11	34	H19
Onfroy imp.	13	56	R16 *N*
Onze-Novembre-1918 pl.	10	20	E16 *S*
Opéra av. de l'		31-19	H13-G13
nos 1-31, 2-26	1		
nos 33-fin, 28-fin	2		
Opéra pl. de l'		19-18	F13-F12
nos 1-3, 2-4 2e - nos 5, 6-8	9		
Opéra-Louis-Jouvet sq.	9	18	F12
Oradour-sur-Glane r. d'	15	51	P6-N6
Oran r. d'	18	8	C15
Oratoire r. de l'	1	31	H14
d'Orchampt r.	18	7	D13-C13
Orchidées r. des	13	55	R14
Ordener r.	18	8-7	C16-B13
Ordener villa	18	7	B14 *S*
Orfèvres quai des	1	31	J14
Orfèvres r. des	1	31	J14 *N*
Orfila imp.	20	35	G21
Orfila r.	20	35-23	G21-G22
Orgues pass. des	3	20	G16
Orgues-de-Flandre allée des	19	9	C18
Orillon r. de l'	11	21-22	G18-F19
Orléans galerie d'	1	31	H13 *N*
Orléans porte d'	14	54	R12
Orléans portiques d'	14	54	N12 *S*
Orléans quai d'	4	32	K16-K15
Orléans sq. d'	9	19	E13
Orléans villa d'	14	54	P12
Orme r. de l'	19	23	E22
Ormeaux r. des	20	35	K21-K22
d'Ormesson r.	4	33-32	J17-J16
Ornano bd	18	8-7	C15-B14
Ornano sq.	18	8	B15 *S*
Ornano villa	18	7	B14 *N*
Orsay quai d'	7	30-29	H11-H9
Orsel cité d'	18	19	D14
Orsel r. d'	18	19	D14
Orteaux imp. des	20	35	J21
Orteaux r. des	20	35-36	J21-J23
Ortolan r.	5	44	L15 *S*
Oscar-Roty r.	15	39-40	L6-M7
Oslo r. d'	18	6	C12-B12
Oswaldo-Cruz r.	16	26	J4
Oswaldo-Cruz villa	16	26	J4
Otages villa des	20	23	F22 *N*
Ottoz villa	20	22	F19
Oudinot imp.	7	30	K11
Oudinot r.	7	42-41	K11-K10
Oudry r.	13	44	M16
Ouessant r. d'	15	28-40	K8
Ouest r. de l'	14	42-41	M11-N10
Ourcq r. de l'	19	10-9	C19-B18
Ours cour de l'	11	33	K18 *N*
Ours r. aux	3	32	H15 *N*
Ozanam pl.	6	42	L12 *S*

p - q

Nom	Arrondissement	Plan n°	Repère
Pablo-Picasso pl.	14	42	M12 *N*
Pache r.	11	34	J19-H19
Padirac sq. de	16	26	K3 *N*
Paganini r.	20	36	K23
Paillet r.	5	43	L14 *N*
Paix r. de la	2	18	G12 *N*
Pajol r.	18	8-9	D16-B17
Pajou r.	16	27	J5
Palais bd du nos pairs	1	31	J14
nos impairs	4		

Nom	Arrondissement	Plan n°	Repère
Palais-Bourbon pl. du	7	30	H11
Palais-Royal pl. du	1	31	H13
Palais-Royal-de-Belleville cité du	19	22	E20 *S*
Palatine r.	6	31	K13
Palestine r. de	19	22	F20-E20
Palestro r. de	2	32	G15
Pali-Kao r. de	20	22	G19-F19
Panama r. de	18	8	C15 *S*
Panier-Fleuri cour du	11	33	K18 *N*
Panoramas pass. des	2	19	F14 *S*
Panoramas r. des	2	19	F14 *S*
Panoyaux imp. des	20	34	G19-G20
Panoyaux r. des	20	22-34	G19-G20
Panthéon pl. du	5	43	L14
Pantin porte de	19	11	C21
Pape-Carpentier r.	6	30	K12
Papillon r.	9	20-19	E15-E14
Papin r.	3	32	G15
Paradis cité	10	20	F15 *N*
Paradis r. de	10	20	F16-E15
Paraguay pl. du	16	15	F5 *S*
Parc villa du	19	22	E19 *S*
Parc-de-Charonne chemin du	20	35	H22
Parc-de-Choisy allée du	13	56	P16
Parc-de-Montsouris r. du	14	55	R13
Parc-de-Montsouris villa du	14	55	R13
Parc-de-Passy av. du	16	27	J6
Parc-des-Princes av. du	16	37	L2-M2
Parchappe cité	11	33	K18 *N*
Parcheminerie r. de la	5	31	K14
Parc-Royal r. du	3	33	J17 *N*
Parent-de-Rosan r.	16	38	M3
Parme r. de	9	18	D12 *S*
Parmentier av.		34-21	J19-F17
n°s 1-135, 2-150	11		
n°s 137-fin, 152-fin	10		
Parnassiens galerie des	14	42	L12-M12
Parrot r.	12	45	L18 *N*
Partants r. des	20	34-35	G20-G21
Parvis-du-Sacré-Coeur pl.	18	7	D14 *N*
Parvis-Notre-Dame pl. du	4	32	J15-K15
Pascal r. n°s 1-25, 2-30	5	44	M15-N15
n°s 27-fin, 32-fin	13		
Pas-de-la-Mule r. du		33	J17
n^{os} impairs 4e - n^{os} pairs	3		
Pasdeloup pl.	11	33	H17 *N*
Pasquier r.	8	18	F11
Passy pl. de	16	27	J5 *N*
Passy port de	16	28-27	J7-K6
Passy porte de	16	26	J3 *N*
Passy r. de	16	27	J6-J5
Pasteur bd	15	41	L10-M10
Pasteur r.	11	33	H18
Pasteur-Marc-Bœgner r.	16	27	H6
Pasteur-Wagner r. du	11	33	J17-J18
Pastourelle r.	3	32	H16
Patay r. de	13	57	R18-P18
Patenne sq.	20	35-47	K22
Patriarches pass. des	5	44	M15 *N*
Patriarches r. des	5	44	M15 *N*
Patrice-Boudart villa	16	27	K5
Patrice-de-la-Tour-du-Pin r.	20	36	K23
Pâtures r. des	16	39	K5
Paturle r.	14	53	P9 *N*
Paul-Adam av.	17	4	C8 *S*

Nom	Arrondissement	Plan n°	Repère
Paul-Albert r.	18	7	D14-C14
Paul-Appell av.	14	54	R12 *S*
Paul-Barruel r.	15	41	M9
Paul-Baudry r.	8	17	F9
Paul-Beauregard pl.	16	38	K4 *S*
Paul-Bert r.	11	34	K19
Paul-Blanchet sq.	12	47	N22
Paul-Bodin r.	17	5-6	B10-B11
Paul-Borel r.	17	17	D9
Paul-Bourget r.	13	56	S16
Paul-Cézanne r.	8	17	F9 *N*
Paul-Chautard r.	15	40	L8
Paul-Claudel pl.	6	43	K13 *S*
Paul-Crampel r.	12	47	M22 *N*
Paul-de-Kock r.	19	23	E21
Paul-Delaroche r.	16	27	J5-H5
Paul-Delmet r.	15	40	N7-N8
Paul-Déroulède av.	15	28-40	K8
Paul-Deschanel allée	7	28	H8
Paul-Doumer av.	16	27	H6-J5
Paul-Dubois r.	3	32	G16 *S*
Paul-Dupuy r.	16	27-39	K5
Paul-Eluard pl.	18	8	C16
Paul-Escudier r.	9	18-19	E12-E13
Paul-Féval r.	18	7	C14
Paul-Fort r.	14	54	R12
Paul-Gervais r.	13	56-55	N15-P14
Paul-Hervieu r.	15	39	L6 *N*
Pauline-Kergomard r.	20	35	J22
Paulin-Enfert r.	13	56-57	S16-S17
Paulin-Méry r.	13	56	P15 *N*
Paul-Jean-Toulet r.	20	35	J22
Paul-Leautaud pl.	17	4	C8 *S*
Paul-Lelong r.	2	19-31	G14
Paul-Louis-Courier imp.	7	30	J11
Paul-Louis-Courier r.	7	30	J12-J11
Paul-Meurice r.	20	24	F23-E23
Paul-Painlevé pl.	5	31-43	K14
Paul-Paray sq.	17	5	C9
Paul-Reynaud pl.	16	38	M3
Paul-Saunière r.	16	27	H6 *S*
Paul-Séjourné r.	6	42	M12 *N*
Paul-Signac pl.	20	23-35	G22
Paul-Strauss r.	20	35-36	G22-G23
P.-Vaillant-Couturier av.		55	S14-S13
n° pairs 142-156	14		
autres n°	Gentilly		
Paul-Valéry r.	16	16	G7-F7
Paul-Verlaine pl.	13	56	P15
Paul-Verlaine villa	19	22	D20 *S*
Pauly r.	14	53	P10 *N*
Pavée r.	4	32	J16
Pavillons av. des	17	16	D7 *S*
Pavillons imp. des	18	7	B13 *N*
Pavillons r. des	20	23	F21
Payenne r.	3	32-33	J16-J17
Péan r.	13	57	R18
Péclet r.	15	40	L8-M8
Pecquay r.	4	32	H16 *S*
Pégoud r.	15	38	N4 *N*
Péguy r.	6	42	L12 *S*
Peintres imp. des	2	32	H15 *N*
Pékin pass. de	20	22	F19 *S*
Pelée r.	11	33	H17-H18
Pèlerin imp. du	17	5	B10
Pélican r. du	1	31	H14-H13
Pelleport r.	20	35-23	H22-F21
Pelleport villa	20	23	F21

Nom	Arrondissement	Plan n°	Repère
Pelouze r.	8	18	D11 *S*
Penel pass.	18	7	B14
Pensionnat r. du	12	47	L21 *N*
Penthièvre r. de	8	18-17	F11-F10
Pépinière r. de la	8	18	F11 *N*
Perchamps r. des	16	38	K4 *S*
Perche r. du	3	32	H16
Percier av.	8	17	F10 *N*
Perdonnet r.	10	20	D16
Père-Brottier r. du	16	26-38	K4
Père-Chaillet pl. du	11	34	J19
Père-Corentin r. du	14	54	P12-R12
Père-Guérin r. du	13	56	P15 *N*
Pereire bd	17	5-15	C10-E6
Père-Julien Dhuit r. du	20	22	F19-F20
Père-Lachaise av. du	20	35	H21 *N*
Père-Marcellin-Champagnat pl. du	16	27	J6
Père-Teilhard-de-Chardin pl. du	4	33	K17
Père-Teilhard-de-Chardin r.	5	44	M15 *N*
Pergolèse r.	16	15	E6-F6
Périchaux r. des	15	52	P8 *N*
Pérignon r. n° 2-28	7	41	K10-L9
n° impairs, 30-fin	15		
Périgord sq. du	20	36	J23 *S*
Périgueux r. de	19	23	D21
Perle r. de la	3	32	H16 *S*
Pernelle r.	4	32	J15 *N*
Pernette-du-Guillet allée	19	21	F18
Pernety r.	14	42-41	N11-N10
Pérou pl. du	8	17	E9 *S*
Perrault r.	1	31	H14 *S*
Perrée r.	3	33-32	H17-G16
Perreur pass.	20	23	G22 *N*
Perreur villa	20	23	G22 *N*
Perrichont av.	16	39	K5 *S*
Perronet r.	7	30	J12
Pers imp.	18	7	C14
Pershing bd	17	15	D6-E6
Pestalozzi r.	5	44	L15-M15
Petel r.	15	40	M8 *N*
Péterhof av. de	17	16	D7 *S*
Petiet r.	17	6	B12
Pétin imp.	19	23	E21
Pétion r.	11	34	J19-H19
Petit r.	19	22-11	D19-D21
Petit-Cerf pass.	17	5	B10 *S*
Petite-Arche r. de la	16	38	N3 *N*
Petite-Boucherie pass.	6	31	J13 *S*
Petite-Pierre r. de la	11	34	J20 *S*
Petites-Ecuries cour des	10	20	F15
Petites-Ecuries pass. des	10	20	F15
Petites-Ecuries r. des	10	20	F15
Petite-Truanderie r. de la	1	32	H15 *N*
Petit-Modèle imp. du	13	44-56	N16 *S*
Petit-Moine r. du	5	44	M15 *S*
Petit-Musc r. du	4	33	K17-J17
Petitot r.	19	23	E21 *S*
Petit-Pont	4-5	31	J14-K14
Petit-Pont pl. du	5	31	K14 *N*
Petit-Pont r. du	5	31	K14 *N*
Petits-Carreaux r. des	2	31-20	G14-G15
Petits-Champs r. des		31	G13
n^os impairs 1er - n^os pairs	2		
Petits-Hôtels r. des	10	20	E15
Petits-Pères pass. des	2	31	G14

Nom	Arrondissement	Plan n°	Repère
Petits-Pères pl. des	2	31	G14
Petits-Pères r. des	2	31	G14
Petits-Ponts rte des	19	11	C21-B21
Pétrarque r.	16	27	H6
Pétrarque sq.	16	27	H6
Pétrelle r.	9	20-19	E15-E14
Pétrelle sq.	9	20	E15 *N*
Peupliers av. des	16	38	K3 *S*
Peupliers poterne des	13	56	R15
Peupliers r. des	13	56	R15
Peupliers sq. des	13	56	P15-R15
Phalsbourg cité de	11	34	J19-J20
Phalsbourg r. de	17	17	D9 *S*
Philibert-Delorme r.	17	4-5	C8-C9
Philibert-Lucot r.	13	57-56	R17-R16
Philidor r.	20	36	K23
Philippe-Auguste av.	11	47-34	K21-J20
Philippe-Auguste pass.	11	35	K21
Philippe-de-Champagne r.	13	44-56	N16 *S*
Philippe-de-Girard r.		20-8	E16-C16
n°s 1-33, 2-34	10		
n°s 35-fin, 36-fin	18		
Philippe-Hecht r.	19	22-21	E19-E18
Piat r.	20	22	F20-F19
Picardie r. de	3	33	H17 *N*
Piccini r.	16	15	F6 *N*
Pic-de-Barette r. du	15	9	L5-M5
Picot r.	16	15	F6 *S*
Picpus bd de	12	47	M22-L21
Picpus r. de	12	46-47	K20-N22
Piémontési r.	18	19	D13
Pierre-au-Lard r.	4	32	H15
Pierre-Bayle r.	20	34	J20-H20
Pierre-Bonnard r.	20	35	H22
Pierre-Bourdan r.	12	46	L20 *N*
Pierre-Brisson pl.	16	28	G8 *S*
Pierre-Brossolette r.	5	44-43	M15-M14
Pierre-Budin r.	18	8	C15
Pierre-Bullet r.	10	20	F16 *S*
Pierre-Charron r.	8	16-17	G8-F9
Pierre-Chausson r.	10	20	F16 *S*
Pierre-de-Coubertin pl.	16	38	N3 *N*
Pierre-Demours r.	17	16	E7-D8
Pierre-Dupont r.	10	21	E17
Pierre-et-Marie-Curie r.	5	43	L14
Pierre-Foncin r.	20	24	F23 *S*
Pierre-Ginier r.	18	6	C12 *S*
Pierre-Ginier villa	18	6	C12 *S*
Pierre-Girard r.	19	10	D19 *N*
Pierre-Gourdault r.	13	57	N18-P18
Pierre-Guérin r.	16	26-38	K4
Pierre-Haret r.	9	18	D12
Pierre-Lafue pl.	6	42	L12
Pierre-Lampué pl.	5	43	M14 *N*
Pierre-Larousse r.	14	53	P10
Pierre-Lazareff pl.	2	32	G15
Pierre-le-Grand r.	8	16	E8
Pierre-l'Ermite r.	18	20-8	D16 *N*
Pierre-Leroux r.	7	42	K11 *S*
Pierre-Le-Roy r.	14	53	P10 *S*
Pierre-Lescot r.	1	32	H15
Pierre-Levée r. de la	11	21-33	G18
Pierre-Loti av.	7	28	J8
Pierre-Louÿs r.	16	27-39	K5
Pierre-Mac-Orlan pl.	18	8-9	B16-B17
Pierre-Masse av.	14	55	S13
Pierre-Mille r.	15	40-52	N7
Pierre-Mouillard r.	20	36	G23

Nom	Arrondissement	Plan nº	Repère
Pierre-Nicole r.	5	43	M14-M13
Pierre-Picard r.	18	7-19	D14
Pierre 1er de-Serbie av.		16-28	G8
nº 1-33, 2-28	16		
nºs 35-fin, 30-fin	8		
Pierre-Quillard r.	20	36	G23
Pierre-Rebière r.	17	6-5	A11-B10
Pierre-Reverdy r.	19	9-10	D18-D19
Pierre-Sarrazin r.	6	31	K14
Pierre-Semard r.	9	19-20	E14-E15
Pierre-Soulié r.	20	24	F23
Pierre-Villey r.	7	29	H9 *S*
Piet-Mondrian r.	15	39	L5
Pigalle cité	9	19	E13 *N*
Pigalle pl.	9	19	D13 *S*
Pigalle r.	9	19	E13-D13
Pihet r.	11	33	H18 *N*
Pilâtre de Rozier allée	16	26	H4-J4
Pillet-Will r.	9	19	F13
Pilleux cité	18	6	C12
Pinel pl.	13	44	N16
Pinel r.	13	44	N16
Pirandello r.	13	44	M16-N16
Pissarro r.	17	4	C8
Piver imp.	11	21	F18 *S*
Piver pass.	11	21	F18 *S*
Pixérécourt imp.	20	23	F21
Pixérécourt r.	20	23	F21
Plaine porte de la	15	52	P7
Plaine r. de la	20	35-47	K21-K22
Plaisance porte de	15	52	P8
Plaisance r. de	14	42-54	N11 *S*
Planchart pass.	20	23	F22 *S*
Planchat r.	20	35	K21-J21
Planchette imp. de la	3	20	G16 *N*
Planchette ruelle de la	12	46	M20
Plantes r. des	14	54	N11-R11
Plantes villa des	14	54	P11 *N*
Plantin pass.	20	22	F20 *S*
Platanes villa des	18	19	D13
Plat-d'Etain r. du	1	31	H14S
Plateau pass. du	19	22	E20
Plateau r. du	19	22	E20-E19
Platon r.	15	41	M10 *S*
Plâtre r. du	4	32	H16-H15
Plâtrières r. des	20	22-34	G20
Plélo r. de	15	40-39	M7-M6
Pleyel r.	12	46	M20
Plichon r.	11	34	H20
Plumet r.	15	41	M9
Poinsot r.	14	42	M11 *N*
Point-du-jour porte du	16	38	M3
Pointe sentier de la	20	35	J22
Pointe-d'Ivry r. de la	13	57	R17
Point-Show galerie	8	17	F9 *S*
Poirier villa	15	41	L9
Poirier-de-Narçay r.	14	54	R12-R11
Poissonnerie imp. de la	4	33	J17
Poissonnière bd nºs impairs	2	19	F14 *S*
nºs pairs	9		
Poissonnière r.	2	20	G15-F15
Poissonnière villa	18	8-	D15 *N*
Poissonniers porte des	18	8	A15 *S*
Poissonniers r. des	18	8	D15-B15
Poissy r. de	5	44	K15
Poitevins r. des	6	31	K14 *N*
Poitiers r. de	7	30	H12-J12
Poitou r. de	3	33-32	H17-H16
Pôle-Nord r. du	18	7	B13
Poliveau r.	5	44	M16
Pologne av. de	16	15	G5 *N*
Polonceau r.	18	8	D15
Pomereu r. de	16	15	G5
Pommard r. de	12	46	N20-M19
Pompe r. de la	16	27-15	J5-F6
Ponceau pass. du	2	20-32	G15
Ponceau r. du	2	32	G15
Poncelet pass.	17	16	E8 *N*
Poncelet r.	17	16	E8
Pondichéry r. de	15	28-40	K8
Poniatowski bd	12	58-47	P20-N22
Ponscarme r.	13	57	P17 *S*
Pont-à-Mousson r. de	17	6	A11 *S*
Pont-aux-Biches pass. du	3	20-32	G16
Pont-aux-Choux r. du	3	33	H17
Pont-de-Lodi r. du	6	31	J14 *S*
Ponthieu r. de	8	17	F10-F9
Pont-Louis-Philippe r. du	4	32	J16
Pont-Mirabeau rd-pt du	15	39	L5 *N*
Pont-Neuf pl. du	1	31	J14
Pont-Neuf r. du	1	31	H14 *S*
Pontoise r. de	5	32-44	K15
Popincourt cité	11	33	H18
Popincourt imp.	11	33	H18 *S*
Popincourt r.	11	34-33	J19-H18
Portalis r.	8	18	E11
Port-au-Prince pl. de	13	57	S17 *N*
Pte-Brancion av. de la	15	52	P8
Pte-Brunet av. de la	19	23	D21
Pte-Chaumont av. de la	19	11	D21 *N*
Pte-d'Asnières av. de la	17	5-4	C9-B8
Pte-d'Aubervilliers av.		9	A18
nºs impairs 18e - nºs pairs	19		
Pte-d'Auteuil av. de la	16	37	K2-K1
Pte-d'Auteuil pl. de la	16	38	K3 *S*
Pte-de-Bagnolet av. de la	20	36	G23 *S*
Pte-de-Bagnolet pl. de la	20	36	G23-H23
Pte-de-Champerret av.	17	3-4	D7-D6
Pte-de-Champerret pl.	17	4	D7 *N*
Pte-de-Charenton av. de la	12	59	N21-P22
Pte-de-Châtillon av. de la	14	54-53	R11-R10
Pte-de-Châtillon pl. de la	14	54	R11 *N*
Pte-de-Choisy av. de la	13	57	S17
Pte-de-Clichy av. de la	17	5	B10
Pte-de-Clignancourt av.	18	7	A14
Pte-de-Gentilly av. de la		55	S14
nºs impairs 13e - nºs pairs	14		
Pte-de-la-Chapelle av.	18	8	A16
Pte-de-la-Plaine av. de la	15	52	P7
Pte-de-la-Villette av. de la	19	10	A20
Pte-de-Ménilmontant av.	20	24	F23 *S*
Pte-de-Montmartre av.	18	7	A13
Pte-de-Montreuil av. de la	20	36	J23 *S*
Pte-de-Montreuil pl. de la	20	36	J23 *S*
Pte-de-Montrouge av.	14	54	R11
Pte-de-Pantin av. de la	19	11	C21
Pte-de-Pantin pl. de la	19	11	C21
Pte-de-Passy pl. de la	16	26	J3 *N*
Pte-de-Plaisance av.	15	52	P8
Pte-de-St-Cloud av. de la	16	37	M2
Pte-de-St-Cloud pl. de la	16	37-38	M2-M3
Pte-de-St-Ouen av. de la		6	A12
nºs impairs 17e - nºs pairs	18		
Pte-de-Sèvres av. de la	15	39	N5
Pte-des-Lilas av. de la		23-24	E22-E23
nºs impairs 19e - nºs pairs	20		

Nom	Arrondissement	Plan n°	Repère
Pte-des-Poissonniers av.	18	8	A15
Pte-des-Ternes av. de la	17	15	D6 *S*
Pte-de-Vanves av. de la	14	53	P9-R9
Pte-de-Vanves pl. de la	14	53	P9 *S*
Pte-de-Vanves sq. de la	14	53	P9-R9
Pte-de-Versailles pl.	15	40-52	N7 *S*
Pte-de-Villiers av. de la	17	3-15	D6
Pte-de-Vincennes av.		48	L24-L23
nos 2-24, 143-151	12		
nos 1-23, 198	20		
Pte-de-Vitry av. de la	13	58	R19
Pte-Didot av. de la	14	53	P10 *S*
Pte-d'Issy r. de la	15	39	N6
Pte-d'Italie av. de la	13	56	S16
Pte-d'Ivry av. de la	13	57	S18-R17
Pte-d'Orléans av. de la	14	54	R12 *S*
Pte-du-Pré-St-Gervais av. de la	19	23	E22-D22
Portefoin r.	3	32	H16 *N*
Pte-Maillot pl. de la	16-17	15	E6
Pte-Molitor av. de la	16	37	L2
Pte-Molitor pl. de la	16	37-38	L2-L3
Pte-Pouchet av. de la	17	6	B11-A11
Portes-Blanches r. des	18	8	C15 *N*
Port-Mahon r. de	2	19	G13 *N*
Port-Royal bd de nos 1-93	13	44-43	M15-M13
nos 95-fin 14e - nos pairs	5		
Port-Royal cité de	13	43	M14 *S*
Port-Royal sq. de	13	43	M14 *S*
Portugais av. des	16	16	F7 *S*
Possoz pl.	16	27	H5 *S*
Postes pass. des	5	44	M15 *N*
Pot-de-Fer r. du	5	44	L15 *S*
Poteau pass. du	18	7	B13 *N*
Poteau r. du	18	7	B14-B13
Poterne-des-Peupliers r.	13	56	R15-S15
Potier pass.	1	31	G13 *S*
Pottier cité	19	9	B18-C18
Pouchet pass.	17	6	B11
Pouchet porte	17	6	A11-B11
Pouchet r.	17	6	C11-B11
Poulbot r.	18	7	C13-D14
Poule imp.	20	35	J21-K21
Poulet r.	18	8	C15 *S*
Poulletier r.	4	32	K16
Poussin r.	16	38	K4-K3
Pouy r. de	13	56	P15 *S*
Pradier r.	19	22	F19-E19
Prado pass. du	10	20	G15-F15
Prague r. de	12	33-45	K18 *S*
Prairies r. des	20	35	H22
Pré r. du	18	8	B16 *N*
Préault r.	19	22	E19
Pré-aux-Clercs r. du	7	30	J12
Prêcheurs r. des	1	32	H15
Pré-St-Gervais porte du	19	23	D21-D22
Pré-St-Gervais r. du	19	23	E21 *S*
Presbourg r. de nos 1-2	8	16	F8-F7
nos 3-fin,4-fin	16		
Présentation r. de la	11	22-21	F19-F18
Président-Ed.-Herriot pl.	7	30	H11
Président-Kennedy av. du	16	28-27	J7-K5
Président-Mithouard pl.	7	29	K10
Président-Wilson av. du		28	G8-H7
nos impairs, nos 8-fin	16		
nos 2-6	8		
Presles imp. de	15	28	K8 *N*
Presles r. de	15	28	K8 *N*
Pressoir r. du	20	22	G19 *N*
Prêtres imp. des	16	27	G6 *S*
Prêtres-St-Germain-l'Auxerrois r. des	1	31	H14 *S*
Prêtres-St-Séverin r. des	5	31	K14 *N*
Prévost-Paradol r.	14	53	P9 *S*
Prévôt r. du	4	32	J16 *S*
Prévoyance r. de la	19	22-23	D20-D21
Primatice r.	13	44	N16
Primevères imp. des	11	33	J17-H18
Princes pass. des	2	19	F13 *S*
Princesse r.	6	31	K13 *N*
Printemps r. du	17	5	C9 *S*
Prisse-d'Avennes r.	14	54	R12-P12
Procession r. de la	15	41	M9-N10
Prof.-André-Lemierre av. du		36	J24-J23
nos impairs	20		
nos pairs	Montreuil-Bagnolet		
Professeur-Gosset r. du	18	8-7	A15-A14
Professeur-Hyacinthe-Vincent r. du	14	54	R12-S12
Prof.-Louis-Renault r. du	13	56	R16-R15
Progrès villa du	19	23	E21 *N*
de Prony r.	17	17-16	E9-D8
Prosper-Goubaux pl.		17	D10 *S*
nos impairs	8		
nos pairs	17		
Prost cité	11	34	K20 *N*
Proudhon r.	12	46	M20 *S*
Prouvaires r. des	1	31	H14
Provence av. de	9	19	F13 *N*
Provence r. de		19-18	F14-F12
nos 1-125, 2-118	9		
nos 127-fin, 120-fin	8		
Providence imp. de la	20	35	J22 *S*
Providence r. de la	13	56-55	R15-P14
Prudhon av.	16	26	J4-H4
Pruniers r. des	20	34	H20 *N*
Puget r.	18	19	D13
Puits allée du	14	55	R13
Puits-de-l'Ermite pl. du	5	44	L15 *S*
Puits-de-l'Ermite r. du	5	44	L15-M15
Pusy cité de	17	5	C10 *S*
Puteaux pass.	8	18	F11
Puteaux r.	17	18	D11
Putigneux imp.	4	32	J16
Puvis-de-Chavannes r.	17	4	D8 *N*
Py r. de la	20	35	H22-G22
Pyramides pl. des	1	31-30	H13-H12
Pyramides r. des	1	31	H13-G13
Pyrénées r. des	20	47-22	K22-F20
Pyrénées villa des	20	35	J22-K22
de Quatrefages r.	5	44	L15 *S*
Quatre-Fils r. des	3	32	H16
Quatre-Frères-Casadesus pl. des	18	7	C13
Quatre-Frères-Peignot r.	15	39	L6 *N*
Quatre-Septembre r. du	2	19	G13-F13
Quatre-Vents r. des	6	31	K13 *N*
Québec pl. du	6	31	J13 *S*
Quellard cour	11	33	J18 *S*
Quentin-Bauchart r.	8	16-17	G8-F9
Quercy sq. du	20	36	K23-J23
Questre imp.	11	22	G19
Quinault r.	15	40	L8
Quincampoix r.		32	H15
nos 1-63, 2-64	4		
nos 65-fin, 66-fin	3		

r

Nom	Arrondissement	Plan nº	Repère
Rabelais r.	8	17	F10 *S*
Racan sq.	16	38	K3
Rachel av.	18	18-6	D12
Racine imp.	16	38	L3 *S*
Racine r.	6	31-43	K14-K13
Radziwill r.	1	31	G13 *S*
Raffaëlli r.	16	37	L2 *S*
Raffet imp.	16	26	K4
Raffet r.	16	26	K4-K3
Raguinot pass.	12	46	L19
Rambervillers r. de	12	47	M22 *N*
Rambouillet r. de	12	45-46	L18-L19
Rambuteau r.		32-31	H16-H14
n°s 1-73	4		
n°s 2-66	3		
n°s 75-fin, 68-fin	1		
Rameau r.	2	19	G13
Ramey pass.	18	7-8	C14-C15
Ramey r.	18	8-7	C15-C14
Rampal r.	19	22	F19
Rampon r.	11	33	G17
Ramponeau r.	20	22	F19
Ramus r.	20	35	H21
Rançon imp.	20	35	J22
Ranelagh av. du	16	26	J4 *N*
Ranelagh r. du	16	27-26	K6-J4
Ranelagh sq. du	16	26	J4
Raoul r.	12	47	M21
Raoul-Dautry pl.	15	42	M11 *N*
Raoul-Dufy r.	20	34	G20
Raoul-Follereau pl.	10	21	E17
Rapée port de la	12	45	M18-L17
Rapée quai de la	12	45	M18-L17
Raphaël av.	16	26	H4-J4
Rapp av.	7	28	H8-J8
Rapp sq.	7	28	J8 *N*
Raspail bd		30-42	J12-N12
n°s 1-41, 2-46	7		
n°s 43-147, 48-136	6		
n°s 201-fin, 202-fin	14		
Rasselins r. des	20	36	J23
Rataud r.	5	43	L14-M14
Rauch pass.	11	34	J19 *S*
Ravignan r.	18	7	D13 *N*
Raymond pass.	13	56	R16 *S*
Raymond-Losserand r.	14	42-53	M11-P9
Raymond-Pitet r.	17	4	C8
Raymond-Poincaré av.	16	27-15	H6-F6
Raymond-Queneau r.	18	8	B16
Raynouard r.	16	27	J6-K5
Raynouard sq.	16	27	J6 *N*
Réaumur r.		32-19	G16-G14
n°s 1-49, 2-72	3		
n°s 51-fin, 74-fin	2		
Rébeval r.	19	21-22	F18-F19
Récamier r.	7	30	K12 *N*
Récollets pass. des	10	20	F16 *N*
Récollets r. des	10	21-20	F17-F16
Recteur-Poincaré av. du	16	27-26	K5-J4
Reculettes r. des	13	56	N15 *S*
Redon r.	17	4-5	C8-C9
Refuzniks allée des	7	28	J7
Regard r. du	6	42	K12 *S*
Régis r.	6	42	K11 *S*

Nom	Arrondissement	Plan nº	Repère
Réglises r. des	20	36	J23 *S*
Regnard r.	6	31-43	K13
Regnault r.	13	58-57	P19-R17
Reilhac pass.	10	20	F15-F16
Reille av.	14	55	P14-R13
Reille imp.	14	55	P14-P13
Reims bd de	17	4	C8
Reims r. de	13	57	P18
Reine cours la	8	30-29	G11-G10
Reine-Astrid pl. de la	8	29	G9 *S*
Reine-Blanche r. de la	13	44	M15-N15
Reine-de-Hongrie pass. de la	1	31	H14 *N*
Rembrandt r.	8	17	E9
Rémi-Belleau villa	19	10	D19
de Rémusat r.	16	39-38	K5-K4
Rémy-de-Gourmont r.	19	22-21	E19-E18
Remy-Dumoncel r.	14	55-54	P13-P12
Renaissance r. de la	8	29-17	G9
Renaissance villa de la	19	23	E21 *N*
Renard r. du	4	32	J15-H15
Renaudes r. des	17	16	E8-D8
Rendez-vous cité du	12	47	L22
Rendez-vous r. du	12	47	L22
René-Bazin r.	16	26	J4-K4
René-Binet r.	18	7	A14-A13
René-Boulanger r.	10	20	G16 *N*
René-Boylesve av.	16	27	J6
René-Cassin pl.	1	31	H14
René-Coty av.	14	43-55	N13-R13
René-Fonck av.	19	24	E23
René-Panhard r.	13	44	M16
René-Villermé r.	11	34	H20
Rennequin r.	17	16	E8-D8
Rennes r. de	6	31-42	J13-L11
Repos r. du	20	34	J20-H20
République av. de la	11	33-34	G17-H20
République pl. de la		21-33	G17
n^{os} impairs	3		
n°s 2-10	11		
n°s 12-16	10		
Rép.-de-l'Equateur pl. de la	8	17	E9
Rép.-Dominicaine pl. de la		17	E9 *N*
n^{os} impairs	8		
n^{os} pairs	17		
Résal r.	13	57	P18 *S*
Résistance pl. de la	7	28	H8
Retiro cité du	8	18	G11 *N*
Retrait pass. du	20	23	G21 *N*
Retrait r. du	20	23-35	G21
Reuilly bd de	12	46-47	M20-M21
Reuilly porte de	12	47	N22
Reuilly r. de	12	46-47	K20-M21
Réunion pl. de la	20	35	J22
Réunion r. de la	20	35	K22-J21
Réunion villa de la	16	38	L4 *S*
Reynaldo-Hahn r.	20	36-48	K23
Rhin r. du	19	22	D19
Rhin-et-Danube pl. de	19	23	D21 *S*
Rhône sq. du	17	4	C8
Ribera r.	16	26	K4
Riberolle villa	20	35	J21 *N*
Ribet imp.	15	40	L8 *N*

Nom	Arrondissement	Plan nº	Repère
Riblette r.	20	35	H22 *S*
Ribot cité	11	22-34	G19
Riboutté r.	9	19	E14 *S*
Ricaut r.	13	56	P16 *N*
Richard imp.	15	41	N9
Richard-Baret pl.	17	18	D11
Richard-de-Coudenhove-Kalergi pl.	16	16	F8
Richard-Lenoir bd	11	33	J17-G17
Richard-Lenoir r.	11	34	J19
Richelieu pass. de	1	31	G13-H13
Richelieu r. de		31-19	H13-F14
n°s 1-53, 2-56	1		
n°s 55-fin, 58-fin	2		
Richemond r. de	13	57	P17
Richepance r.		18	G11-G12
n^{os} impairs 8^{e} - n^{os} pairs	1		
Richer r.	9	20-19	F15-F14
Richerand av.	10	21	F17
Richomme r.	18	8	D15 *N*
Ridder r. de	14	53	N10 *S*
Rigny r. de	8	18	F11 *N*
Rigoles r. des	20	23-22	F21-F20
Rimbaud villa	19	22	D20 *S*
Rimbaut pass.	14	54	P12 *N*
Rio-de-Janeiro pl. de	8	17	E10
Riquet r. n°s 1-53, 2-64	19	9-8	C18-C16
n°s 65-fin, 66-fin	18		
Rivarol r.	18	9	B17
Riverin cité	10	20	F16-G16
Rivoli r. de		32-30	J16-G11
n°s 1-39, 2-96	4		
n°s 41-fin, 98-fin	1		
Robert imp.	18	7	B13
Robert-Blache r.	10	21	E17
Robert-de-Flers r.	15	27-39	K6
Robert-Desnos pl.	10	21	E17
Robert-Esnault-Pelterie r.	7	29	H10
Robert-Estienne r.	8	17	G9 *N*
Robert-Etlin r.	12	58	P20
Robert-Fleury r.	15	40	L8
Robert-Houdin r.	11	21	F18 *S*
Robert-Le-Coin r.	16	27	J5 *S*
Robert-Lindet r.	15	40	N8
Robert-Lindet villa	15	40	N8
Robert-Planquette r.	18	19	D13
Robert-Schuman av.	7	29	H9
Robert-Turquan r.	16	26	K4 *N*
Roberval r.	17	6	B11
Robiac sq. de	7	29	J9 *N*
Robineau r.	20	35	G21 *S*
Robiquet imp.	6	42	L12 *S*
Rocamadour sq. de	16	26	K3 *N*
Rochambeau pl.	16	28	G8 *S*
Rochambeau r.	9	19	E14
Rochebrune pass.	11	34	H19
Rochebrune r.	11	34	H19
de Rochechouart bd		20-19	D15-D14
n^{os} impairs 9e - n^{os} pairs	18		
de Rochechouart r.	9	19	E14-D14
Rocher r. du	8	18	E11
Rocroy r. de	10	20	E15-D15
Rodenbach allée	14	43	N13
Rodier r.	9	19	E14-D14
Rodin av.	16	27	H5 *N*
Rodin pl.	16	26	J4 *S*
Roger r.	14	42	N12 *N*
Roger-Bacon r.	17	16	D7 *S*

Nom	Arrondissement	Plan nº	Repère
Roger-Bissière r.	20	35	J22
Roger-Verlomme r.	3	33	J17
Rohan cour de	6	31	K13 *N*
Rohan r. de	1	31	H13 *N*
Roi-d'Alger pass. du	18	8	B15
Roi-d'Alger r. du	18	7-8	B14-B15
Roi-de-Sicile r. du	4	32	J16
Roi-Doré r. du	3	33	H17 *S*
Roi-François cour du	2	32	G15
Roland-Dorgelès carr.	18	7	C13-C14
Roland-Garros sq.	20	24-36	G23
Roli r.	14	55	R14 *S*
Rolleboise imp.	20	35	J21-K21
Rollin r.	5	44	L15
Romain-Rolland bd	14	54-53	S12-R10
Romainville r. de	19	23	E21-E22
Rome cour de	3	32	H16 *N*
Rome cour de	8	18	E11 *S*
Rome r. de n°s 1-73, 2-82	8	18-5	F12-C10
n°s 75-fin, 84-fin	17		
Rondeaux pass. des	20	35	G21 *S*
Rondeaux r. des	20	35	H21-G21
Rondelet r.	12	46	L20 *N*
Rondonneaux r. des	20	35	H21 *N*
Ronsard r.	18	7	D14 *N*
Ronsin imp.	15	41	L10 *S*
Roquépine r.	8	18	F11
Roquette cité de la	11	33	J18
Roquette r. de la	11	33-34	J18-H20
Rosa-Bonheur r.	15	41	L10-L9
Rosenwald r.	15	41-53	N9
Roses r. des	18	9-8	B17-B16
Roses villa des	18	8	B16 *S*
Rosière r. de la	15	40	L7
Rosiers r. des	4	32	J16
Rosny-Aîné sq.	13	56	S16
Rossini r.	9	19	F14-F13
Rothschild imp.	18	6	C12 *S*
Rotrou r.	6	43	K13 *S*
Rottembourg r.	12	47-48	M22-23
Roubaix pl. de	10	20	E15
Roubo r.	11	34-46	K20
Rouelle r.	15	28-40	K7
Rouen r. de	19	9	C18 *S*
Rouet imp. du	14	54	P12 *S*
Rougemont cité	9	19	F14
Rougemont r.	9	19	F14
Rouget-de-l'Isle r.	1	30	G12 *S*
Roule r. du	1	31	H14 *S*
Roule sq. du	8	16	E8 *S*
Rousselet r.	7	42	K11 *S*
Rouvet r.	19	10	B20-B19
Rouvray av. de	16	38	L4-L3
Roux imp.	17	10	D0 *S*
Roy r.	8	18	F11 *N*
Royal pont	1-7	30	H12 *S*
Royale r.	8	30-18	G11
Royer-Collard imp.	5	43	L14
Royer-Collard r.	5	43	L14
Rubens r.	13	44	N16
Rude r.	16	16	F7 *N*
Ruelle pass.	18	8	C16 *S*
Ruhmkorff r.	17	15	D6 *S*
Ruisseau r. du	18	7	C13-B14
Rungis pl. de	13	55	R14
Rungis r. de	13	55	R14
Rutebeuf pl.	12	46	L19
Ruysdaël av.	8	17	E10

S

Nom	Arrondissement	Plan n°	Repère
Sablière r. de la	14	54	N12-N11
Sablons r. des	16	27	G6-H6
Sablonville r. de n°s 2-4	17	15	E6-E5
autres n^os pairs, n^os impairs	Neuilly-s-Seine		
Sabot r. du	6	30	K12 *N*
Sacré-Cœur cité du	18	7	C14 *S*
Sadi-Carnot villa	19	23	E21 *N*
Sadi-Lecointe r.	19	21	E18 *N*
Sahel r. du	12	47-48	M22-M23
Sahel villa du	12	47	M22 *N*
Saïd villa	16	15	F6-F5
Saïda r. de la	15	52	N7-N8
Saïgon r. de	16	16	F7 *N*
Saillard r.	14	54	N12 *S*
St-Alphonse imp.	14	54	R12
Saint-Amand r.	15	41	N9
St-Ambroise pass.	11	34-33	H19-H18
St-Ambroise r.	11	33-34	H18-H19
St-André-des-Arts pl.	6	31	K14 *N*
St-André-des-Arts r.	6	31	J14-J13
Saint-Ange pass.	17	6	B12 *N*
Saint-Ange villa	17	6	B12 *N*
St-Antoine pass.	11	33	K18 *N*
St-Antoine r.	4	33-32	J17-J16
St-Augustin pl.	8	18	F11 *N*
St-Augustin r.	2	19	G13 *N*
St-Benoît r.	6	31	J13 *S*
St-Bernard pass.	11	34	K19
St-Bernard port	5	45-44	L17-K16
St-Bernard quai	5	45-44	L17-K16
St-Bernard r.	11	34	K19
St-Blaise pl.	20	35	H22 *S*
St-Blaise r.	20	35-36	H22-J23
St-Bon r.	4	32	J15 *N*
St-Bruno r.	18	8	D16-D15
St-Charles imp.	15	39	L6 *N*
St-Charles pl.	15	40	K7 *S*
St-Charles rd-pt	15	39	L6-M6
St-Charles r.	15	28-39	K7-M5
St-Charles sq.	12	46	L20 *N*
St-Chaumont cité	19	21	F18-E18
St-Christophe r.	15	39	L5-L6
St-Claude imp.	3	33	H17 *S*
St-Claude r.	3	33	H17 *S*
St-Cloud porte de	16	37	M2-N2
St-Denis bd n°s 1-9	3	20	G16-G15
n°s 11-fin	2		
n^os pairs	10		
St-Denis galerie	2	20-32	G15
St-Denis imp.	2	32	G15 *S*
St-Denis r. n°s 1-133, 2-104	1	31-20	J14-G15
n°s 135-fin, 106-fin	2		
St-Didier r.	16	28-27	G7-G6
St-Dominique r.	7	30-28	J11-J8
St-Eleuthère r.	18	7	D14 *N*
St-Eloi cour	12	46	L20 *N*
St-Esprit cour du	11	34	K19
St-Etienne-du-Mont r.	5	44	L15 *N*
St-Eustache imp.	1	31	H14 *N*
Saint-Exupéry quai	16	38	M4-N3
St-Fargeau pl.	20	23	F22 *S*
St-Fargeau r.	20	23-24	F21-F23
St-Ferdinand pl.	17	16	E7

Nom	Arrondissement	Plan n°	Repère
St-Ferdinand r.	17	16-15	E7-E6
St-Fiacre imp.	4	32	H15 *S*
St-Fiacre r.	2	19	G14-F14
St-Florentin r. n^os pairs	1	30-18	G11
n^os impairs	8		
St-François imp.	18	7	B14 *N*
St-Georges pl.	9	19	E13
St-Georges r.	9	19	F13-E13
St-Germain bd		44-30	K16-H11
n°s 1-73, 2-100	5		
n°s 75-175, 102-186	6		
n°s 177-fin, 188-fin	7		
St-Germain-des-Prés pl.	6	31	J13 *S*
St-Germain-l'Auxerrois r.	1	31	J14 *N*
St-Gervais pl.	4	32	J15
St-Gilles r.	3	33	J17 *N*
St-Gothard r. du	14	55	P13
St-Guillaume r.	7	30	J12
St-Hippolyte r.	13	44-43	N15-N14
St-Honoré r.		31-18	H14-G11
n°s 1-271, 2-404	1		
n°s 273-fin, 406-fin	8		
St-Honoré-d'Eylau av.	16	15-27	G6
St-Hubert r.	11	34	H19 *N*
St-Hyacinthe r.	1	30	G12 *S*
St-Irénée sq.	11	33	H18
St-Jacques bd	14	43-55	N14-N13
St-Jacques pl.	14	43	N13
St-Jacques r.	5	31-43	K14-M14
St-Jacques villa	14	55	N13 *S*
St-Jean r.	17	6	C11-C12
St-Jean-Baptiste-de-la-Salle r.	6	42	L11 *N*
St-Jérôme r.	18	8	D16-C16
St-John-Perse allée	1	31	H14
St-Joseph cour	11	33	K18 *N*
St-Joseph r.	2	19	G14 *N*
St-Jules pass.	18	7	B13 *N*
St-Julien-le-Pauvre r.	5	32-31	K15-K14
Saint-Just r.	17	5	B10 *N*
St-Lambert r.	15	40	M7-N7
St-Laurent r.	10	20	E16 *S*
St-Lazare r.		19-18	E13-F12
n°s 1-109, 2-106	9		
n°s 111-fin, 108-fin	8		
St-Louis cour	11	33	K18-J18
St-Louis pont	4	32	K15 *N*
St-Louis-en-l'Ile r.	4	32	K16-K15
St-Luc r.	18	8	D15 *N*
St-Mandé av. de	12	47-48	L21-L23
St-Mandé porte de	12	48	L23
St-Mandé villa de	12	47	L22-L21
St-Marc galerie	2	19	F14 *S*
St-Marc r.	2	19	F14-F13
de Saint-Marceaux r.	17	4	C8
St-Marcel bd n^os impairs	13	44	M16-M15
n^os pairs	5		
St-Martin bd n^os impairs	3	20	G16
n^os pairs	10		
St-Martin cité	10	20	F16
St-Martin r. n°s 1-143, 2-152	4	32-20	J15-G16
n°s 145-fin, 154-fin	3		
St-Mathieu r.	18	8	D16-D15
St-Maur pass.	11	34	H19 *N*

Nom	Arrondissement	Plan nº	Repère
St-Maur r. nºs 1-175, 2-176	11	34-21	H19-F18
nºs 177-fin, 178-fin	10		
St-Médard r.	5	44	L15 *S*
St-Merri r.	4	32	H15
St-Michel bd nºs impairs	5	31-43	K14-M13
nºs pairs	6		
St-Michel pass	17	6	C12
St-Michel pl. nºs 1-7	5	31	J14 *S*
nºs 2-10, 9-13	6		
St-Michel pont	4-5	31	J14
St-Michel quai	5	31	K14-J14
St-Michel villa	18	6	C12
St-Nicolas cour	11	34	K20
St-Nicolas r.	12	33	K18
St-Ouen av. de nºs impairs	17	6	C12-B12
nºs pairs	18		
St-Ouen imp.	17	6	B12 *S*
St-Ouen porte de	17-18	6	A12
St-Paul imp.	20	35	J22
St-Paul pass.	4	32	J16 *S*
St-Paul r.	4	32-33	K16-J17
St-Philippe r.	2	20	G15 *N*
St-Ph.-du-Roule pass.	8	17	F10
St-Philippe-du-Roule r.	8	17	F9
St-Pierre cour	17	6	C12-C11
St-Pierre imp.	20	35	J22-J21
St-Pierre pl.	18	19	D14
St-Pierre-Amelot pass.	11	33	H17-H18
St-Placide r.	6	42	L12-K11
St-Quentin r. de	10	20	E16
St-Roch pass.	1	31	G13 *S*
St-Roch r.	1	30-31	H12-G13
St-Romain r.	6	42	K11-L11
St-Romain sq.	6	42	K11-L11
St-Rustique r.	18	7	C14 *S*
St-Sabin pass.	11	33	J18
St-Sabin r.	11	33	J18-H17
St-Saëns r.	15	28	J7-K7
St-Sauveur r.	2	32	G15 *S*
St-Sébastien imp.	11	33	H18
St-Sébastien pass.	11	33	H17-H18
St-Sébastien r.	11	33	H17-H18
de Saint-Senoch r.	17	16	D7 *S*
St-Séverin r.	5	31	K14 *N*
de Saint-Simon r.	7	30	J11
Saint-Simoniens pass.	20	23	F21 *S*
St-Spire r.	2	20	G15 *N*
St-Sulpice pl.	6	31	K13
St-Sulpice r.	6	31	K13
St-Thomas-d'Aquin pl.	7	30	J12
St-Thomas-d'Aquin r.	7	30	J12
St-Victor r.	5	44	K15 *S*
St-Vincent imp.	19	22	E20
St-Vincent r.	18	7	C14-C13
St-Vincent-de-Paul r.	10	20	E15-D15
St-Yves r.	14	55-54	R13-P12
Ste-Anastase r.	3	33	H17 *S*
Ste-Anne pass.	2	19	G13
Ste-Anne r. nºs 1-47, 2-38	1	19-31	G13
nºs 49-fin, 40-fin	2		
Ste-Anne-Popincourt pass.	11	33	J17-J18
Ste-Apolline r. nºs 1-11, 2-8	3	20	G16-G15
nºs 13-fin, 10-fin	2		
Ste-Avoie pass.	3	32	H16 *S*
Sainte-Beuve r.	6	42	L12
Ste-Cécile r.	9	20-19	F15-F14
Sainte-Claire-Deville r.	12	46	L20

Nom	Arrondissement	Plan nº	Repère
Ste-Croix imp.	17	6	B11
Ste-Croix-de-la-Bretonnerie r.	4	32	J16-H15
Ste-Croix-de-la-Bretonnerie sq.	4	32	J15 *N*
Ste-Elisabeth pass.	3	32	G16 *S*
Ste-Elisabeth r.	3	32	G16 *S*
Ste-Eugénie av.	15	40	N8 *N*
Ste-Félicité r.	15	41	M9
Ste-Foy galerie	2	20	G15
Ste-Foy pass.	2	20	G15 *N*
Ste-Foy r.	2	20	G15 *N*
Ste-Geneviève pl.	5	43-44	L14-L15
Ste-Hélène r. de	13	56	R15-S15
Ste-Henriette imp.	18	7	B14 *N*
Ste-Isaure r.	18	7	B14 *S*
Ste-Léonie imp.	14	42	N11
Ste-Lucie r.	15	39	L6
Ste-Marie av. sans nºs	12	48	N23-N24
nºs 1-91, 2-72	Saint-Mandé		
Ste-Marie villa	20	24	F23 *S*
Ste-Marthe imp.	10	21	F18
Ste-Marthe r.	10	21	F18
Ste-Monique imp.	18	6	B12
Ste-Opportune pl.	1	32-31	H15-H14
Ste-Opportune r.	1	31-32	H14-H15
Sts-Pères port des	6-7	31-30	J13-H12
Sts-Pères r. des nºs impairs	6	31-30	J13-K12
nºs pairs	7		
Saintonge r. de	3	32-33	H16-G17
Salamandre sq. de la	20	35	J22
Salarnier pass.	11	33	J18
Salembrière imp.	5	31	K14 *N*
Salneuve r.	17	5-17	D10 *N*
Salomon-de-Caus r.	3	20	G15
Salonique av. de	17	15	D6 *S*
Sambre-et-Meuse r. de	10	21	F17-F18
Samson r.	13	56	P15
Sancerrois sq. du	12	47	N22
Sandrié imp.	9	18	F12
Santé imp. de la	13	43	M14 *S*
Santé r. de la nºs impairs	13	43-55	M14-P14
nºs pairs	14		
Santerre r.	12	47	L21-L22
Santeuil r.	5	44	M16-M15
Santiago-du-Chili pl.	7	29	J10 *N*
Santos-Dumont r.	15	41	N9
Santos-Dumont villa	15	41	N9
Saône r. de la	14	54	P12
Sarasate r.	15	39	M6-L6
Sarrette r.	14	54	P12-R12
Satan imp.	20	35	J22
Sauffroy r.	17	6	C11-B11
Saules r. des	18	7	C13-C14
Saulnier r.	9	19	F14-E14
Saussaies pl. des	8	18	F11 *S*
Saussaies r. des	8	17-18	F10-F11
Saussier-Leroy r.	17	16	E8
de Saussure r.	17	17-5	D10-C9
Sauval r.	1	31	H14
Savart pass.	20	35	J22
Savies r. de	20	22	F20
Savoie r. de	6	31	J14 *S*
Savorgnan-de-Brazza r.	7	29	J9 *S*
Saxe av. de		41	K9-L10
nºs impairs, nºs 2-48	7		
nºs 50-fin	15		
Saxe villa de	7	29-41	K9-K10

Nom	Arrondissement	Plan n°	Repère
Say r.	9	19	D14 *S*
Scarron r.	11	33	J17
Scheffer r.	16	27	H6
Scheffer villa	16	27	H6-H5
Schœlcher r.	14	42	N12 *N*
de Schomberg r.	4	45	K17 *S*
Schubert r.	20	36	K23 *N*
Schutzenberger r.	15	28	K7
Scipion r.	5	44	M15 *S*
Scribe r.	9	18	F12
Sébastien-Bottin r.	7	30	J12
Sébastien-Mercier r.	15	39	L5-L6
Sébastopol bd de n°s 1-65	1	32-20	J15-G15
n°s 67-fin	2		
n°s 2-40	4		
n°s 42-fin	3		
Secrétan av.	19	21-22	D18-E19
Sécurité pass.	15	40	K8 *S*
Sedaine cour	11	33	J18
Sedaine r.	11	33-34	J18-H19
Sédillot r.	7	28	H8-J8
Sédillot sq.	7	28-29	J8-J9
Séguier r.	6	31	J14 *S*
de Ségur av. n°s 1-73, 2-36	7	29-41	K10-L9
n°s 75-fin, 38-fin	15		
de Ségur villa	7	29-41	K9-K10
Seine quai de la	19	9-10	D18-C19
Seine r. de	6	31	J13-K13
Selves av. de	8	17-29	G10
Séminaire allée du	6	31-43	K13
Sénégal r. du	20	22	F19 *S*
Senlis r. de	17	4	C8 *S*
Sentier r. du	2	19	G14-F14
Séoul pl. de	14	42	N11
Sept-Arpents r. des n°s 2-6	19	11	C21-C22
n°s 8-30	Le Pré-Saint-Gervais		
n°s 32-44	Pantin		
n^{os} impairs	Pantin		
Sergent-Bauchat r. du	12	46-47	L20-L21
Sergent-Hoff r. du	17	16	D7 *S*
Sergent-Maginot r. du	16	37	M2
Serge-Prokofiev pl.	16	26	J4
Serpente r.	6	31	K14 *N*
Serpollet r.	20	36	H23
Serret r.	15	40	M7 *N*
Sérurier bd	19	23-11	E22-B21
Servan r.	11	34	H19
Servan sq.	11	34	H19
Servandoni r.	6	31-43	K13
Seurat villa	14	54-55	P12-P13
Severo r.	14	42-54	N11 *S*
Seveste r.	18	19	D14
de Sévigné r. n°s 1-21, 2-34	4	32-33	J16-J17
n°s 23-fin, 36-fin	3		
Sèvres porte de	15	39	N5
Sèvres r. de n°s 1-143, 2-8	6	30-41	K12-L10
n°s 10-98	7		
n°s 145-fin, 100-fin	15		
Sévrien galerie le	6	42	K11-L11
Sextius-Michel r.	15	28	K7
de Sèze r. n°s 1-11, 2-18	9	18	F12 *S*
n°s 13-fin, 20-fin	8		
Sfax r. de	16	15	F6 *S*
Siam r. de	16	27	H5
Sibour r.	10	20	F16 *N*
Sibuet r.	12	47	M22-L12
Sidi-Brahim r.	12	47	M21-22
Sigaud pass.	13	56	P15

Nom	Arrondissement	Plan n°	Repère
Sigmund-Freud r.	19	11-23	D21-D22
Silvestre-de-Sacy av.	7	28	H8-J8
Simart r.	18	8-7	C15-C14
Simon-Bolivar av.	19	22-21	F19-E18
Simon-Dereure r.	18	7	C13
Simonet r.	13	56	P15
Simone-Weil r.	13	57	R17
Simon-le-Franc r.	4	32	H15 *S*
Simplon r. du	18	8-7	B15-B14
Singer pass.	16	27	J5
Singer r.	16	27	J5
Singes pass. des	4	32	J16 *N*
Sisley r.	17	5	C9
Sivel r.	14	42	N12
Skanderbeg pl.	19	9	A18
Sœur-Catherine-Marie r.	13	55	P14
Sœur-Rosalie av. de la	13	56	N15 *S*
Sofia r. de	18	20	D15
Soissons r. de	19	9	D18 *N*
Soleil r. du	20	23	F21 *N*
Soleil-d'Or cour du	15	41	M9 *N*
Soleillet r.	20	34-35	G20-G21
Solférino pont de	1-7	30	H12
Solférino port de	7	30	H12-H11
Solférino r. de	7	30	H11 *S*
Solidarité r. de la	19	22-23	D20-21
Solitaires r. des	19	22	E20
Somme bd de la	17	4	C7-D7
Sommeiller villa	16	38	M3 *S*
du Sommerard r.	5	32-31	K15-K14
Sommet-des-Alpes r. du	15	53	P9 *N*
Sontay r. de	16	15	F6 *S*
Sophie-Germain r.	14	54	P12-N12
Sorbier r.	20	22-35	G20-G21
Sorbonne pl. de la	5	43	K14 *S*
Sorbonne r. de la	5	43	K14 *S*
Souchet villa	20	23-35	G22
Souchier villa	16	27	H5 *N*
Soudan r. du	15	28-40	K8
Soufflot r.	5	43	L14 *N*
Souhaits imp. des	20	35	J21 *S*
Souham pl.	13	57	P17
Soult bd	12	47-48	N22-L23
Soupirs pass. des	20	23	G21 *N*
Source r. de la	16	26	K4
Sourdis ruelle	3	32	H16
Souvenir Français esplanade du	7	29	K10
Souzy cité	11	34	K20
Spinoza r.	11	34	H20 *N*
Spontini r.	16	15-27	F5-G5
Spontini villa	16	15	G5
Square av. du	16	38	K4-K3
Square-Carpeaux r. du	18	7-6	B13-B12
de Staël r.	15	41	L9-L10
Stalingrad pl. de		21	D18-D17
n^{os} impairs 10e - n^{os} pairs	19		
Stanislas r.	6	42	L12 *S*
Stanislas-Meunier r.	20	24	G23 *N*
Station sentier de la	19	10	B19
Steinkerque r. de	18	19	D14
Steinlen r.	18	7	C13
Stemler cité	19	21	F18-E18
Stendhal pass.	20	35	H22
Stendhal r.	20	35	H22
Stendhal villa	20	35	H22
Stéphane-Mallarmé av.	17	4	C7-D7
Stéphen-Pichon av.	13	44	N16 *S*

Nom	Arrondissement	Plan nº	Repère
Stephenson r.	18	8	D16-C16
Sthrau r.	13	57	P17
Stinville pass.	12	46	L20
Stockholm r. de	8	18	E11 *S*
Strasbourg bd de	10	20	G15-E16
Stuart-Merrill pl.	17	4	D7 *N*
Suchet bd	16	26-38	H4-K3
Sud pass. du	19	22	D19
Suez imp.	20	35	J22 *N*
Suez r. de	18	8	C15 *S*
de Suffren av.		28-41	J7-L9
nos 1-143 bis	7		
nos 145-fin, nos pairs	15		
de Suffren port	7-15	28	H7-J7
Suger r.	6	31	K14 *N*
Suisses r. des	14	53	N10-P10
Sully ponts de	4-5	32-44	K16
de Sully r.	4	33	K17
Sully-Prudhomme av.	7	29	H9
Surcouf r.	7	29	H9
Surène r. de	8	18	F11 *S*
Surmelin pass. du	20	23	G22-F22
Surmelin r. du	20	23-24	G22-F23
Suzanne-Lenglen r.	16	37	L1 *N*
Suzanne-Valadon pl.	18	19	D14
Sycomores av. des	16	26-38	K3

t

Nom	Arrondissement	Plan nº	Repère
Tacherie r. de la	4	32	J15
Taclet r.	20	23	F21 *S*
Tage r. du	13	56	R16
Taillade av.	20	23	F21 *N*
Taillandiers pass. des	11	33	J18 *S*
Taillandiers r. des	11	33	J18 *S*
Taillebourg av. de	11	47	K21
Taine r.	12	46-47	M20-21
Taitbout r.	9	19	F13-E13
Taïti r. de	12	47	M21-22
de Talleyrand r.	7	29	H10-J10
Talma r.	16	27	J5 *N*
Talus cité du	18	6-7	B12-B13
Talus imp. du	18	7	B13 *N*
Tandou r.	19	10	D19 *N*
Tanger r. de	19	9	D17-C18
Tanneries r. des	13	43	N14
Tarbé r.	17	5	D10-C10
Tardieu r.	18	19	D14
Tarn sq. du	17	4	C8
Tattegrain pl.	16	26-27	H4-H5
Taylor r.	10	20	G16-F16
Téhéran r. de	8	17	E10
Télégraphe pass. du	20	23	F21
Télégraphe r. du	20	23	F22-F21
Temple bd du		33	H17-G17
nos impairs	3		
nos pairs	11		
Temple r. du		32-33	J15-G17
nos 1-63, 2-58	4		
nos 65-fin, 60-fin	3		
Tenaille pass.	14	42	N11-N12
Tennis r. des	18	6	B12
Ternaux r.	11	33	H18-G18
Ternes av. des	17	16-15	E8-E6
Ternes pl. des		16	E8
nos impairs, nos 6	17		
nos pairs (sauf le 6)	8		
Ternes porte des	17	15	E6
Ternes r. des	17	16	E7-D7
Ternes villa des	17	16	D7-E7
Terrage r. du	10	21-20	E17-E16
Terrasse r. de la	17	17	D10 *S*
Terrasse villa de la	17	17	D10
Terre-Neuve r. de	20	35	J21-J22
Terres-au-Curé r. des	13	57	R18 *N*
Tertre imp. du	18	7	C14 *S*
Tertre pl. du	18	7	D14 *N*
Tessier r.	15	41	M9
Tesson r.	10	21	F18 *S*
Texel r. du	14	42	M11-N11
Thann r. de	17	17	E9-D10
Théâtre r. du	15	39-40	K6-L8
Thénard r.	5	31-43	K14
Théodore-de-Banville r.	17	16	D8 *S*
Théodore-Deck r.	15	40	M7 *S*
Théodore-Deck prolongée r.	15	40	M7 *S*
Théodore-Deck villa	15	40	M7 *S*
Théodore-Hamont r.	12	47	N21
Théodore-Judlin sq.	15	40	K8 *S*
Théodore-Rivière pl.	16	38	L4 *N*
Théodore-Rousseau av.	16	26	J4 *S*
Théodule-Ribot r.	17	16	E8
Théophile-Gautier av.	16	27-38	K5-K4
Théophile-Gautier sq.	16	38	K4-L4
Théophile-Roussel r.	12	46-45	K19-K18
Théophraste-Renaudot r.	15	40	L8-M8
Thérèse r.	1	31	G13
Thermopyles r. des	14	42-54	N11 *S*
Thibaud r.	14	54	P12 *N*
Thiboumery r.	15	41	N9 *N*
Thiéré pass.	11	33	K18-J18
Thiers r.	16	27	G5
Thiers sq.	16	27	G5
Thimerais sq. du	17	4	C8 *S*
Thimonnier r.	9	20-19	E15-E14
Thionville pass. de	19	10	C19 *S*
Thionville r. de	19	10	C19-C20
Tholozé r.	18	7	D13-C13
Thomire r.	13	56	S15 *N*
Thomy-Thierry allée	7	28	J8
Thorel r.	2	20	G15-F15
Thoréton villa	15	39	M6 *S*
de Thorigny pl.	3	33	H17 *S*
de Thorigny r.	3	33	H17 *S*
Thouin r.	5	44	L15
Thuré cité	15	40	L8
Thureau-Dangin r.	15	52	P7 *N*
Tibre r. du	13	56	R16
Tilleuls av. des	16	26	K3
Tilsitt r. de		16	F8-F7
nos 1-5, 2-14	8		
nos 7-11, 16-34	17		
Tiphaine r.	15	40	K8 *S*
Tiquetonne r.	2	32-31	G15-G14
Tiron r.	4	32	J16
Tisserand r.	15	30	M6

Nom	Arrondissement	Plan nº	Repère
Titien r.	13	44	N16 *N*
Titon r.	11	34	K20
Tlemcen r. de	20	34	H20-G20
de Tocqueville r.	17	17-5	D10-C9
de Tocqueville sq.	17	5	C9 *S*
Tolain r.	20	35	K22
Tolbiac pont de	12-13	46	N19
Tolbiac port de	13	58	P20-N19
Tolbiac r. de	13	58-55	N19-P14
Tolstoï sq.	16	26	K3 *N*
Tombe-Issoire r. de la	14	55-54	N13-R12
Tombouctou r. de	18	20	D16
de Torcy pl.	18	8	C16 *N*
de Torcy r.	18	9-8	C17-C16
Torricelli r.	17	16	E7-D7
Toul r. de	12	47	M22
Toullier r.	5	43	L14 *N*
Toulouse r. de	19	11	D21 *N*
Toulouse-Lautrec r.	17	6	A12
Tour r. de la	16	27	H6-H5
Tour villa de la	16	27	H5 *N*
Tour-des-Dames r. de la	9	19	E13
Tour-de-Vanves pass. de la	14	42	N11
Tourelles pass. des	20	23	F22 *N*
Tourelles r. des	20	23	F22 *N*
Tourlaque r.	18	7	C13 *S*
Tournefort r.	5	44	L15-M15
Tournelle pont de la	4-5	32	K16
Tournelle port de la	5	44-32	K16-K15
Tournelle quai de la	5	44-32	K16-K15
Tournelles r. des		33	J17
nos 1-29 2-44	4		
nos 31-fin, 46-fin	3		
Tourneux imp.	12	47	M21 *S*
Tourneux r.	12	47	M21 *S*
Tournon r. de	6	31-43	K13
Tournus r.	15	40	L7 *N*
Tourtille r. de	20	22	F19
de Tourville av.	7	29	J10-J9
Toussaint-Féron r.	13	56	P16 *S*
Toustain r.	6	31	K13 *N*
de Tracy r.	2	20	G15
Traëger cité	18	8	B15
Traktir r. de	16	16	F7
Transvaal r. du	20	22	F20
Traversière r.	12	45	L17-K18

Nom	Arrondissement	Plan nº	Repère
Treilhard r.	8	17	E10 *S*
Trésor r. du	4	32	J16
de Trétaigne r.	18	7	C14-B14
de Trévise cité	9	19	F14-E14
de Trévise r.	9	19	F14-E14
Trinité pass. de la	2	32	G15 *S*
Trinité r. de la	9	18	E12
Tristan-Bernard pl.	17	16	E7
Tristan-Tzara r.	18	9	B17
Trocadéro sq. du	16	27	H6
Trocadéro et Onze-Novembre pl. du	16	27-28	H6-H7
Trois-Bornes cité des	11	33-21	G18
Trois-Bornes r. des	11	33-21	G18
Trois-Couronnes r. des	11	21-33	G18
Trois-Frères cour des	11	33	K18 *N*
Trois-Frères r. des	18	19-7	D14-D13
Trois-Portes r. des	5	32	K15
Trois-Sœurs imp. des	11	33	J18 *N*
Tronchet r. nos impairs, 2-26	8	18	F12
nos 28-fin	9		
Trône av. du nos impairs	11	47	K21 *S*
nos pairs	12		
Trône pass. du	11	47	K21 *S*
Tronson-du-Coudray r.	8	18	F11
Trousseau r.	11	34	K19
Troyon r.	17	16	E8 *S*
Trubert-Bellier pass.	13	56	R15 *N*
Trudaine av.	9	19	D14-E14
Trudaine sq.	9	19	E14
Truffaut r.	17	6-5	D11-C10
Truillot imp.	11	33	H18
Tuileries port des	1	30	H12-H11
Tuileries quai des	1	31-30	H13-H11
Tulipes villa des	18	7	B14 *N*
Tunis r. de	11	35-47	K21
Tunisie av. de la	14	55	R13
Tunnel r. du	19	22	E20-E19
Turbigo r. de		31-32	H14-G16
nos 1-11, 2-14	1		
nos 13-31, 16-24	2		
nos 33-fin, 26-fin	3		
de Turenne r.		33	J17-H17
nos 1-27, 2-22	4		
nos 29-fin, 24-fin	3		
Turgot r.	9	19	E14-D14
Turin r. de	8	18	E12-D11
Turquetil pass.	11	35	K21

U - V

Nom	Arrondissement	Plan nº	Repère
Ulm r. d'	5	43	L14-M14
Ulysse-Trélat r.	13	57	P18 *N*
Union pass. de l'	7	29	J9
Union sq. de l'	16	16-28	G7
Université r. de l'	7	30-28	J12-H8
d'Urfé sq.	16	26-38	K3
Ursins r. des	4	32	J15 *S*
Ursulines r. des	5	43	L14 *S*
Uruguay pl. de l'	16	16	G8 *N*
d'Uzès r.	2	19	F14 *S*
Valadon r.	7	29	J9
Val-de-Grâce r. du	5	43	M14-M13
Val-de-Marne r. du	13	56-55	S16-S14
Valence r. de	5	44	M15 *S*
Valenciennes pl. de	10	20	E15

Nom	Arrondissement	Plan nº	Repère
Valenciennes r. de	10	20	E16-E15
Valentin-Haüy r.	15	41	L10-L9
Valette r.	5	43	K14-L14
Valhubert pl.		45	L17
nos 1, 2 et 3	13		
nos 5-21 et 4	5		
Vallée-de-Fécamp r. de la	12	47	N21
Vallet pass.	13	44	N16
Valmy imp. de	7	30	J12
Valmy quai de	10	21	G17-D17
de Valois av.	8	17	E10 *N*
de Valois galerie	1	31	H13-G13
de Valois pl.	1	31	H13 *N*
de Valois r.	1	31	H13-G13
Vandamme r.	14	42	M11

Nom	Arrondissement	Plan n°	Repère
Vandrezanne pass.	13	56	P15 *S*
Vandrezanne r.	13	56	P16-P15
Van-Dyck av.	8	17	E9
Vaneau cité	7	30	J11 *S*
Vaneau r.	7	30-42	J11-K11
Van-Gogh r.	12	45	L18
Van-Loo r.	16	38	M4 *N*
Vanne allée de la	14	55	R13
Vanves pass. de	14	42	N11 *N*
Vanves porte de	14	53	R9
Van-Vollenhoven sq.	12	47	N22
Var sq. du	20	48	K23 *S*
Varenne cité de	7	30	J11 *S*
Varenne r. de	7	30-29	J12-J10
Varet r.	15	39	M6
Variétés galerie des	2	19	F14 *S*
Varize r. de	16	38-37	M3-L2
Varsovie pl. de	16	28	H7 *S*
Vasco-de-Gama r.	15	39	M6-N6
Vassou imp.	12	48	L23 *N*
Vauban pl.	7	29	J10 *S*
Vaucanson r.	3	32	G16
Vaucluse sq. de	17	4	C8
Vaucouleurs r. de	11	22-21	G19-F18
Vaudremer r.	19	22	D20
Vaugelas r.	15	40	N8-N7
Vaugirard bd de	15	42-41	M11-M10
Vaugirard r. de		43-40	K14-N7
nos 1-111, 2-132	6		
nos 113-fin, 134-fin	15		
Vauquelin r.	5	44-43	M15-M14
Vauvenargues r.	18	7-6	C13-B12
Vauvenargues villa	18	6	B12 *N*
Vauvilliers r.	1	31	H14
Vavin av.	6	43	L13
Vavin r.	6	42	L12
Vega r. de la	12	47	M22
Velasquez av.	8	17	E10 *N*
Velay sq. du	13	57	R18
Velpeau r.	7	30	K12
Vendée sq. de la	12	47	N22
Vendôme cour	1	30	G12
Vendôme pass.	3	33	G17
Vendôme pl.	1	18-30	G12
Vénétie pl. de	13	57	R17
Venezuela pl. du	16	15	F6
Venise r. de	4	32	H15
de Ventadour r.	1	31	G13
Véran imp.	20	35	J21 *S*
Vercingétorix r.	14	42-53	M11-P9
Verdeau pass.	9	19	F14
Verderet r.	16	38	L4 *N*
Verdi r.	16	27	H5 *S*
Verdun av. de	10	20-21	E16-E17
Verdun imp. de	19	10	C19 *S*
Verdun pl. de	17	15	E6
Verdun sq. de	10	20-21	E16-E17
Vergennes sq.	15	40-41	M8-M9
Vergniaud r.	13	55	P14-R14
Verhaeren allée	14	43	N13
Vérité pass.	1	31	H13 *N*
Vermandois sq. du	19	23	E21-D21
Vermenouze sq.	5	44	M15 *N*
Vernet r.	8	16	F8 *S*
de Verneuil r.	7	30	J12 *N*
Vernier r.	17	16	D7
Verniquet r.	17	4	C8 *S*
Véro-Dodat galerie	1	31	H14
Véron cité	18	18	D12
Véron r.	18	19	D13
Véronèse r.	13	44	N16-N15
Verrerie r. de la	4	32	J16-J15
Versailles av. de	16	39-38	K5-M3
Versailles porte de	15	40	N7
Versigny r.	18	7	B14
Vertbois r. du	3	32	G16
Verte allée	11	33	H18-H17
Vertus r. des	3	32	H16-G16
de Verzy av.	17	15-16	E6-D7
Vésale r.	5	44	M15 *S*
Vexin sq. du	19	23	D21 *S*
Vézelay r. de	8	17	E10
Viala r.	15	28	K7
Viallet pass.	11	34	J19
Viarmes r. de	1	31	H14 *N*
Vichy r. de	15	40	N7
Vicq-d'Azir r.	10	21	E17-E18
Victoire r. de la	9	19-18	F14-F12
Victoires pl. des		31	G14 *S*
nos 1-7, 2-4	1		
nos 9-fin, 6-fin	2		
Victor bd	15	39	N5-N6
Victor-Basch pl.	14	54	P12
Victor-Chevreuil r.	12	47	M22 *N*
Victor-Considérant r.	14	42	N12 *N*
Victor-Cousin r.	5	43	K14-L14
Victor-Dejeante r.	20	36	G23
Victor-Duruy r.	15	40	M8-N8
Victor-Galland r.	15	53	P9 *N*
Victor-Gelez r.	11	34	G19 *S*
Victor Hugo av.	16	16-27	F7-G5
Victor-Hugo pl.	16	15	G6 *N*
Victor-Hugo villa	16	15	G6-G5
Victoria av.		32-31	J15-J14
nos 1-15, 2-10	4		
nos 17-fin, 12-fin	1		
Victorien-Sardou r.	16	38	L4 *S*
Victorien-Sardou sq.	16	38	L4 *S*
Victorien-Sardou villa	16	38	L4 *S*
Victor-Letalle r.	20	34	G20
Victor-Marchand pass.	13	55	P14
Victor-Massé r.	9	19	E14-E13
Victor-Segalen r.	20	35	H22
Vidal-de-la-Blache r.	20	24	G23 *N*
Vide-Gousset r.	2	31	G14 *S*
Vieille-du-Temple r.		32-33	J16-H17
nos 1-69, 2-52	4		
nos 71-fin, 54-fin	3		
Vienne r. de	8	18	E11
Vierge pass. de la	7	29	J9
Viète r.	17	17	D9
Vieux-Colombier r. du	6	31-30	K13-K12
Vigée-Lebrun r.	15	41	M10
Vignes r. des	16	27	J5
Vignoles imp. des	20	35	J22
Vignoles r. des	20	35	K21-J22
Vignon r.		18	F12 *S*
nos impairs	8		
nos pairs	9		
Viguès cour	11	33	K18 *N*
Vilin r.	20	22	F19
Villa de la Réunion gde av. de la	16	38	L4 *S*
Villafranca r. de	15	53	N9 *S*
Village-Suisse	15	28	K8

Nom	Arrondissement	Plan nº	Repère
Villaret-de-Joyeuse r.	17	16	E7 *S*
Villaret-de-Joyeuse sq.	17	16	E7 *S*
de Villars av.	7	29	K10 *N*
Villebois-Mareuil r.	17	16	E7
Villedo r.	1	31	G13
Villehardouin r.	3	33	J17-H17
Ville-l'Evêque r. de la	8	18	F11 *S*
Villemain av.	14	53	N10 *S*
Ville-Neuve r. de la	2	20	G15-F15
Villersexel r. de	7	30	J12-J11
Villette bd de la		21	F18-D17
nos impairs	10		
nos pairs	19		
Villette porte de la	19	10	A20
Villette r. de la	19	22	F20-E20
Villiers av. de	17	17-16	D10-D7
Villiers porte de	17	15	D6
Villiers-de-l'Isle-Adam imp.	20	23	G21 *N*
Villiers-de-l'Isle-Adam r.	20	35-23	G21-G22
Villiot r.	12	45	M18 *N*
Vimoutiers r.de	13	57	N18
Vinaigriers r. des	10	21-20	F17-F16
Vincennes cours de		47-48	K22-L23
nos impairs	20		
nos pairs	12		
Vincennes porte de	12-20	48	L23-L24
Vincent-Auriol bd	13	45-56	M18-N16
Vincent-Compoint r.	18	7	B13
Vincent-d'Indy av.	12	48	L23
Vincent-Scotto r.	19	9	D18
Vineuse r.	16	27	H6 *S*
Vingt-Cinq-Août-1944 pl. du	14	54	R12-R11
Vingt-Neuf-Juillet r. du	1	30	G12 *S*
Vintimille r. de	9	18	D12 *S*
Violet pl.	15	40	L7
Violet r.	15	40	K7-L7
Violet villa	15	40	L7
Viollet-le-Duc r.	9	19	D14 *S*
Vion-Whitcomb av.	16	26	J4
Virginie villa	14	54	R12 *N*
Viroflay r. de	15	40	L8 *S*
Visconti r.	6	31	J13
Visitation pass. de la	7	30	J11
Vistule r. de la	13	56	R16
Vital r.	16	27	H6-J5
Vitruve r.	20	35-36	J22-H23
Vitruve sq.	20	36	H23
Vitry porte de	13	57-58	R18-R19
Vivarais sq. du	17	16	D7
Vivienne galerie	2	31	G13
Vivienne r. nº 1	1	31-19	G13-F14
nos pairs, nos 3-fin	2		
Volga r. du	20	35-36	K22-K23
Volney r.	2	18	G12 *N*
Volontaires r. des	15	41	L9-M9
Volta r.	3	32	G16
Voltaire bd	11	33-47	G17-K21
Voltaire cité	11	34	K20 *N*
Voltaire imp.	16	38	L3 *S*
Voltaire quai	7	31-30	J13-H12
Voltaire r.	11	34	K20 *N*
Volubilis r. des	13	55	R14
Vosges pl. des		33	J17
nos 1-19, 2-22	4		
nos 21-fin, 24-fin	3		
Vouillé r. de	15	41	N9
Voulzie r. de la	20	35	G21 *S*
Voûte pass. de la	12	48	L23 *N*
Voûte r. de la	12	47-48	L22-L23
Vulpian r.	13	55	N14 *S*

W

Nom	Arrondissement	Plan nº	Repère
Wagram av. de		16-5	F8-C9
nos impairs, nos 48-fin	17		
nos 2-46	8		
Wagram pl. de	17	5	C9 *S*
Wagram St-Honoré villa	8	16	E8 *S*
Waldeck-Rousseau r.	17	15	E6 *N*
Wallons r. des	13	44	M16 *S*
Washington r.	8	16-17	F8-F9
Wassily-Kandinsky pl.	15	41	M9-M10
Watt r.	13	58	P19
Watteau r.	13	44	N16 *N*
Wattieaux pass.	19	9	B18
Wattignies imp.	12	47	N21
Wattignies r. de	12	46-47	M20-N22
Wauxhall cité du	10	21	G17 *N*
Weber r.	16	15	F6-E6
Westermann r.	20	35	G21 *S*
Wilfrid-Laurier r.	14	53	P9 *S*
Wilhem r.	16	38	L4
Winston-Churchill av.	8	29	G10
Wurtz r.	13	55	P14 *S*

X - Y - Z

Nom	Arrondissement	Plan nº	Repère
Xaintrailles r.	13	57	P18-P17
Xavier-Privas r.	5	31	K14 *N*
Yéo-Thomas r.	13	57-56	N17-N16
Yser bd de l'	17	4-15	D7-D6
Yvart r.	15	40-41	M8-M9
Yves-du-Manoir av.	17	16	D7 *S*
Yves-Toudic r.	10	21	G17-F17
Yvette r. de l'	16	26	K4-J4
Yvon et Claire-Morandat pl.	17	16	E7 *S*
Yvonne-Le-Tac r.	18	19	D14-D13
Yvon-Villarceau r.	16	16	G7 *N*
Zet pass.	10	20	F16 *S*

Des adresses utiles

Comment situer ces adresses :

— Dans Paris :

Page du plan	Carroyage		Adresse	Téléphone
32	J15	**Mairie de Paris**	pl. Hôtel-de-Ville, 4e	42 76 40 40

— En Banlieue :

Utilisez les plans de Banlieue MICHELIN n° 18 à 24 ou la carte MICHELIN n° 101

n° du plan ou de la carte	Carroyage ou pli		Adresse	Téléphone
20	J45	**Parc d'Expositions de Paris-Nord**	ZAC Paris-Nord II	48 63 30 30
101	pli 36	**Hippodrome d'Évry (91)**	Rte départementale 31	60 77 82 80

Useful addresses

Nützliche Adressen

Direcciones útiles

How to locate a street on the map – Lokalisierung dieser Adressen
Cómo situar estas direcciones

– In Paris – En París :

Page of plan – Seite des Plans – nº de página del plano

			✉	☎
32	J15	**Mairie de Paris**	pl. Hôtel-de-Ville, 4ᵉ	42 76 40 40

Grid reference – Koordinaten – cuadrícula

– In the suburbs – In den Vororten – En las cercanías :

Use the MICHELIN plans nos 18 to 24 or the MICHELIN map 101
Auf den MICHELIN-Stadtplänen Nr. 18-24 oder der MICHELIN-Karte Nr. 101
Utilice los planos de cercanías MICHELIN nº 18 a 24 o el mapa MICHELIN nº 101

No of plan or map – Nr. des Plans oder der Karte – nº del plano o del mapa

			✉	☎
20	J45	**Parc d'Expositions de Paris-Nord**	ZAC Paris-Nord II	48 63 30 30
101	pli 36	**Hippodrome d'Évry (91)**	Rte départementale 31	60 77 82 80

Grid reference or map fold – Koordinaten oder Falte – cuadrícula o pliego

ADMINISTRATION
BEHÖRDEN, ADMINISTRACIÓN

17	F10	**Présidence de la République** (Palais de l'Élysée)	55 r. du Fg-St-Honoré, 8e	42 92 81 00
30	H11	**Assemblée Nationale**	126 r. de l'Université, 7e	40 63 60 00
31	H13	**Conseil Constitutionnel**	2 r. de Montpensier, 1er	42 96 10 13
28	H7	**Conseil Économique et Social**	1 av. d'Iéna, 16e	47 23 72 34
31	H13	**Conseil d'État**	pl. du Palais-Royal, 1er	40 20 80 00
43	K13	**Sénat**	15 r. de Vaugirard, 6e	42 34 20 00

Institutions de l'État, *Government Departments*
Staatliche Behörden, Instituciones del Estado

Gouvernement, *Government offices, Regierung, Gobierno*

30	J11	**Premier ministre** (Hôtel Matignon)	57 r. de Varenne, 7e	42 75 80 00

Ministères :

29	H10	**Affaires étrangères**	37 quai d'Orsay, 7e	47 53 53 53
29	H10	**Affaires européennes**	130 r. de l'Université, 7e	47 53 53 53
30	J11	**Agriculture et forêt**	78 r. de Varenne, 7e	45 55 95 50
30	J11	**Aménagement du territoire et reconversions**	101 r. de Grenelle, 7e	45 56 36 36
31	H13	**Budget**	93 r. de Rivoli, 1er	42 60 33 00
30	H11	**Commerce et artisanat**	80 r. de Lille, 7e	45 56 24 24
28	H8	**Commerce extérieur**	41 quai Branly, 7e	45 50 71 11
30	H11	**Communication**	35 r. St-Dominique, 7e	47 53 71 48
29	K10	**Coopération et développement**	20 r. Monsieur, 7e	47 83 10 10
31	H13	**Culture, communication, grands travaux et bicentenaire**	3 r. de Valois, 1er	40 15 80 00
30	H11	**Défense**	14 r. St-Dominique, 7e	45 55 95 20
41	K10	**Départements et territoires d'outre-mer**	27 r. Oudinot, 7e	47 83 01 23
31	H13	**Économie, finances et budget**	93 r. de Rivoli, 1er	42 60 33 00
30	J11	**Éducation nationale, jeunesse et sports**	110 r. de Grenelle, 7e	45 50 10 10
30	J12	**Équipement et logement**	246 bd St-Germain, 7e	46 47 31 32
30	J11	**Fonction publique et réformes administratives**	69 r. de Varennes, 7e	42 75 80 00
29	J10	**Francophonie**	7 r. de Talleyrand, 7e	45 56 13 13
30	J11	**Industrie et aménagement du territoire**	101 r. de Grenelle, 7e	45 56 36 36
17	F10	**Intérieur**	pl. Beauvau, 8e	45 22 90 90
18	G12	**Justice**	13 pl. Vendôme, 1er	42 61 80 22
29	K9	**Mer**	3 pl. de Fontenoy, 7e	42 73 55 05
15	F6	**Personnes âgées**	100 av. Raymond-Poincaré, 16e	40 67 92 92
29	K9	**Postes, Télécommunications et espace**	20 av. de Ségur, 7e	45 64 22 22
44	L15	**Recherche et technologie**	1 r. Descartes, 5e	46 34 35 35
30	J11	**Relations avec le parlement**	72 r. de Varenne, 7e	42 75 80 00
29	K9	**Solidarité, santé et protection sociale**	8 av. de Ségur, 7e	40 56 60 00
28	G7	**Tourisme**	11 av. d'Iéna, 16e	47 23 03 75
27	J6	**Transports et mer**	32, av. du Prés. Kennedy, 16e	46 47 31 32
29	J10	**Travail, emploi et formation professionnelle**	127 r. de Grenelle, 7e	40 56 60 00

Secrétariats d'Etat :

28	J8	**Action humanitaire**	25 av. Charles-Floquet, 7e	47 83 63 72
30	J11	**Anciens combattants et victimes de guerre**	37 r. de Bellechasse, 7e	45 50 32 55
18	F11	**Collectivités territoriales**	1 bis pl. des Saussaies, 8e	45 22 90 90
31	H13	**Consommation**	93 r. de Rivoli, 1er	42 60 33 00
18	G12	**Droits des femmes**	14 bd de la Madeleine, 8e	42 66 57 15
41	M9	**Enseignement technique**	61-65 r. Dutot, 15e	45 39 25 75
27	H6	**Environnement**	45 av. Georges-Mandel, 16e	46 47 31 32
29	K9	**Famille**	8 av. de Ségur, 7e	40 56 60 00
16	F8	**Formation professionnelle**	53 av. d'Iéna, 16e	45 01 86 56
29	G10	**Grands travaux**	23-25 av. F.-D.-Roosevelt, 8e	42 56 45 86
15	F6	**Handicapés et accidentés de la vie**	100 r. Raymond-Poincaré, 16e	40 67 92 92
40	N7	**Jeunesse et sports**	78 r. Olivier-de-Serres, 15e	48 28 40 00
30	J11	**Plan**	58 r. de Varenne, 7e	42 75 80 00
30	H11	**Prévention des risques technologiques et naturels majeurs**	14 r. St-Dominique, 7e	45 55 95 20
29	H10	**Relations culturelles internationales**	37 quai d'Orsay, 7e	47 53 53 53
30	J12	**Transports routiers et fluviaux**	40 r. du Bac, 7e	45 49 61 62

51	R5	**Agence Nationale pour l'Emploi** (ANPE) *(transfert prévu)*	Issy-les-Moulineaux - 53 av. du Gén.-Leclerc	46 45 21 26
32	H16	**Archives de France**	60 r. Francs-Bourgeois, 3e	40 27 60 00
42	L12	**Aviation Civile** (Direction)	93 bd Montparnasse, 6e	45 44 38 39
31	H14	**Banque de France**	31 r. Croix-des-Petits-Champs, 1er	42 92 42 92
30	H12	**Caisse des Dépôts et Consignations**	56 r. de Lille, 7e	40 49 56 78
42	L11	**Caisse Nationale d'Epargne**	6 r. St. Romain, 6e	45 30 77 77
33	J17	**Caisse Nationale des Monuments Historiques et des Sites**	62 r. St-Antoine, 4e	42 74 22 22
28	G7	**Centre National de la Cinématographie**	12 r. de Lübeck, 16e	45 05 14 40
31	H14	**Centre National d'Etudes Spatiales**	2 pl. Maurice-Quentin, 1er	45 08 75 00
28	G8	**Chambres d'Agriculture**	9 av. George-V, 8e	47 23 55 40
16	F8	**Chambre de Commerce et d'Industrie**	16 r. Chateaubriand, 8e	42 89 78 15
16	G8	**Chambres de Métiers**	12 av. Marceau, 8e	47 23 61 55
28	J7	**Commissariat à l'Énergie Atomique** (CEA)	29-33 r. de la Fédération, 15e	40 56 10 00
15	F6	**Conseil Supérieur de la Pêche**	134 av. de Malakoff, 16e	45 01 20 20
31	J14	**Cour de Cassation**	5 quai de l'Horloge, 1er	43 29 12 55
30	G12	**Cour des Comptes**	13 r. Cambon, 1er	42 98 95 00
28	J7	**Délégation à l'Aménagement du Territoire et à l'Action régionale** (DATAR)	1 av. Charles-Floquet, 7e	47 83 61 20
45	L18	**Direction Générale des Impôts**	64 à 92 allée de Bercy, 12e	40 04 04 04
30	H12	**Documentation Française**	31 quai Voltaire, 7e	40 15 70 00
21	G17	**Douanes**	14 r. Yves-Toudic, 10e	42 40 50 00
17	E9	**Électricité de France** (EDF)	2 r. Louis-Murat, 8e	40 42 22 22
30	H11	**État-Major des Armées**	231 bd St-Germain, 7e	40 65 30 11
30	H11	— **Terre**	231 bd St-Germain, 7e	40 65 30 11
30	G11	— **Marine**	2 r. Royale, 8e	42 60 33 30
39	N6	— **Air**	26 bd Victor, 15e	45 52 43 21
5	C9	**Gaz de France** (GDF)	23 r. Ph.-Delorme, 17e	47 54 20 20
30	H11	**Génie Rural des Eaux et Forêt** (Conseil Général)	30 r. Las Cases, 7e	49 55 49 55
39	L6	**Imprimerie Nationale**	27 r. de la Convention, 15e	40 58 30 00
41	L9	**Institut National de la Consommation**	80 r. Lecourbe, 15e	45 66 20 00
53	R9	**Institut National Statistique Études Économiques** (INSEE)	18 bd Adolphe-Pinard, 14e	45 40 12 12
28	K7	**Journaux Officiels** (Direction)	26 r. Desaix, 15e	45 75 62 31
43	N14	**Maison d'Arrêt de la Santé**	42 r. de la Santé, 14e	43 37 12 50
22	AC19	**Météorologie Nationale** (Direction)	Boulogne-Billancourt - 73-77 r. Sèvres	46 04 91 51
21	F17	**Métrologie**	46 r. Bichat, 10e	42 06 27 20
44	N15	**Mobilier National**	1 r. Berbier-du-Mets, 13e	43 37 12 60
31	J13	**Monnaies et Médailles**	11 quai de Conti, 6e	40 46 56 66
31	H13	**Musées de France** (Direction)	1 pl. du Carrousel, pav. Mollien, 1er	42 60 39 26
45	L18	**Observatoire Économique**	195 r. de Bercy 12e Tour Gamma A	43 45 73 74
16	E8	**Office National de la Chasse**	85 bis av. de Wagram, 17e	42 27 81 75
47	L21	**Office National des Forêts** (ONF)	2 av. de St-Mandé, 12e	40 19 58 00
41	M9	**Office National d'Immigration**	44 r. Bargue, 15e	47 83 80 20
29	H10	**Office National de la Navigation**	2 bd de La Tour-Maubourg, 7e	45 50 32 24
30	H11	**Ordre de la Légion d'Honneur**	1 r. de Solférino, 7e	45 55 95 16
29	J10	**Ordre National de la Libération**	51 bis bd La-Tour-Maubourg, 7e	47 05 35 15
30	H11	**Ordre National du Mérite**	1 r. de Solférino, 7e	45 55 95 16
28	J7	**Port Autonome de Paris**	2 quai de Grenelle, 15e	45 78 61 92
29	H9	**Société Nationale d'Exploitation Industrielle des Tabacs et Allumettes** (SEITA)	53 quai d'Orsay, 7e	45 56 62 14

Renseignements administratifs par téléphone 43 46 13 46

Administration parisienne

Paris Local Government

Städtische Verwaltungen, Administración parisina

Ville de Paris, *Town Halls, Bürgermeisterämter, Ciudad de París*

32	J15	**Mairie de Paris**	pl. Hôtel-de-Ville, 4e	42 76 40 40
31	H14	**Mairie du : 1er Arrondissement**	4 pl. du Louvre, 1er	42 60 38 01
31	G14	**— 2e —**	8 r. de la Banque, 2e	42 61 55 02
32	H16	**— 3e —**	2 r. Eugène-Spuller, 3e	42 74 20 03
32	J16	**— 4e —**	2 pl. Baudoyer, 4e	42 74 20 04
43	L14	**— 5e —**	21 pl. du Panthéon, 5e	43 29 21 75
31	K13	**— 6e —**	78 r. Bonaparte, 6e	43 29 12 78
30	J11	**— 7e —**	116 r. de Grenelle, 7e	45 51 07 07
18	E11	**— 8e —**	3 r. de Lisbonne, 8e	42 94 08 08
19	F14	**— 9e —**	6 r. Drouot, 9e	42 46 72 09
20	F16	**— 10e —**	72 r. du Fg St-Martin, 10e	42 40 10 10
34	J19	**— 11e —**	pl. Léon Blum, 11e	43 79 20 23
46	M20	**— 12e —**	130 av. Daumesnil, 12e	43 46 06 03
56	N16	**— 13e —**	1 pl. d'Italie, 13e	47 07 13 13
42	N12	**— 14e —**	2 pl. Ferdinand-Brunot, 14e	45 45 67 14
40	M8	**— 15e —**	31 r. Péclet, 15e	48 28 40 12
27	H5	**— 16e —**	71 av. Henri-Martin, 16e	45 03 21 16
18	D11	**— 17e —**	16 à 20 r. des Batignolles, 17e	42 93 35 17
7	C14	**— 18e —**	1 pl. Jules-Joffrin, 18e	42 52 42 00
22	D19	**— 19e —**	5-7 pl. Armand-Carrel, 19e	42 41 19 19
35	G21	**— 20e —**	6 pl. Gambetta, 20e	43 58 20 20

Services de police (Sécurité publique 24 h/24 h)

Police stations, Polizeidienststellen, Servicios de policía

31	J14	**Préfecture de Police**	9 bd du Palais, 4e	42 60 33 22
30	G12	**Commissariat du 1er Arrondissement**	49-51, pl. du Marché-St-Honoré, 1er	42 61 09 19
31	G14	**— 2e —**	5 pl. des Petits-Pères, 2e	42 60 96 87
32	H16	**— 3e —**	5 r. Perrée, 3e	42 78 40 00
32	J16	**— 4e —**	pl. Baudoyer, 4e	42 77 67 21
44	K15	**— 5e —**	4 r. de la Montagne Ste-Geneviève, 5e	43 29 21 57
31	K13	**— 6e —**	78 r. Bonaparte, 6e	43 29 76 10
29	H10	**— 7e —**	9 r. Fabert, 7e	45 55 40 81
29	G10	**— 8e —**	1 av. du Gal-Eisenhower, 8e	42 25 88 80
19	F13-F14	**— 9e —**	14 bis r. Chauchat, 9e	42 46 30 26
21	E17	**— 10e —**	26 r. Louis-Blanc, 10e	46 07 57 77
34	J19	**— 11e —**	pl. Léon-Blum, 11e	43 79 39 51
46	M20	**— 12e —**	5 r. Bignon, 12e	46 28 26 85
44	N16	**— 13e —**	144 bd de l'Hôpital, 13e	43 37 11 99
42	N11	**— 14e —**	114 av du Maino, 14e	43 20 14 80
40	M8	**— 15e —**	154 r. Lecourbe, 15e	45 31 14 40
26	J4	**— 16e —**	2 pl. Serge-Prokofiev, 16e	45 27 03 78
18	D11	**— 17e —**	19 r. Truffaut, 17e	42 93 05 50
7	B14-C14	**— 18e —**	77 r. du Mont-Cenis, 18e	46 06 43 84
22	D19	**— 19e —**	2 r. André-Dubois, 19e	42 40 10 39
35	G21	**— 20e —**	48 av. Gambetta, 20e	46 36 06 10

Au-delà de Paris et de sa banlieue, utilisez les cartes Michelin :

196 à 1/100 000 – Environs de Paris

237 à 1/200 000 – Ile de France.

Services Administratifs

Services, Sonstige Behörden und Ämter, Servicios administrativos

30	K11	**Préfecture d'Ile de France**	29, r. Barbet-de-Jouy, 7e	40 43 70 70
33	K17	**Préfecture de Paris**	17 bd Morland, 4e	42 76 40 40
32	J15	**Accueil de la Ville de Paris**	29 r. de Rivoli, 4e	42 76 43 43
43	N13	**Aéroports De Paris (ADP)**	291 bd Raspail, 14e	43 35 70 00
45	K17	**Archives de Paris** *(transfert prévu)*	30 quai Henri-IV, 4e	42 72 34 52
31	H14	**Bourse de Commerce**	2 r. de Viarmes, 1er	45 08 35 00
20	G16	**Bourse du Travail**	3 r. du Château-d'Eau, 10e	42 38 66 12
19	G14	**Bourse des Valeurs**	4 pl. de la Bourse, 2e	40 41 18 71
31	G14	**Caisse d'Épargne de Paris**	19 r. du Louvre, 1er	40 41 30 31
16	F8	**Chambre de Commerce et d'Industrie de Paris**	16 r. Chateaubriand, 8e	42 89 70 00
31	J14	**Cour d'Appel de Paris**	4 bd du Palais, 1er	43 29 12 55
32	H16	**Crédit Municipal de Paris**	55 r. des Francs-Bourgeois, 4e	42 71 25 43
52	N8	**Fourrière**	39 r. de Dantzig, 15e	45 31 14 80
30	J11	**Gouvernement Militaire**	126 r. de Grenelle, 7e	45 50 32 80
40	N8	**Objets Trouvés**	36 r. des Morillons, 15e	45 31 14 80
31	G14	**Paierie Générale du Trésor**	16 r. N.-D.-des Victoires, 2e	40 20 13 13
31	J14	**Palais de Justice**	4 bd du Palais, 1er	43 29 12 55
9	C17	**Pompes Funèbres Municipales**	104 r. d'Aubervilliers, 19e	40 34 33 15
42	M11	**Télécommunications**	8-10 bd de Vaugirard, 15e	40 48 33 33
32	J16	**Tribunal Administratif**	7 r. de Jouy, 4e	42 78 40 24
31	J14	**Tribunal de Commerce**	1 quai de la Corse, 4e	43 29 12 60
31	J14	**Tribunal de Grande Instance**	4 bd du Palais, 1er	43 29 12 55

Échelle : 1 cm sur le plan représente 100 m sur le terrain.

Scale : 1 cm on the map represents 100 m on the ground (1 in. : 278 yards approx.)

Maßstab : 1 cm auf dem Atlas entspricht 100 m

Escala : 1 cm sobre el atlas representa 100 m sobre el terreno.

AMBASSADES ET REPRÉSENTATIONS

FOREIGN REPRESENTATIVES, BOTSCHAFTEN UND VERTRETUNGEN, EMBAJADAS Y REPRESENTACIONES

Organismes Internationaux, *International organizations, Internationale Organisationen, Organizaciones internacionales*

33	J18	**Association Internationale de l'Hôtellerie**	80, r. de la Roquette, 11e	47 00 84 57
30	J12	**Bureau International du Travail** (BIT) (Siège à Genève)	205 bd St-Germain, 7e	45 48 92 02
16	F7	**Centre de Conférences Internationales**	19 av. Kléber, 16e	40 66 68 17
61	ABX	**Centre International de l'Enfance** (Château de Longchamp)	**Bois de Boulogne** - Carrefour de Longchamp	45 20 79 92
18	F11	**Chambre de Com. France-Amérique Latine**	97 bd Haussmann, 8e	42 66 38 32
16	G7	**Chambre de Commerce Franco-Arabe**	93 r. Lauriston, 16e	45 53 20 12
18	E12	**— Franco-Asiatique**	94 r. St-Lazare, 9e	45 26 67 01
29	G9	**— Internationale**	38 cours Albert-Ier, 8e	45 62 34 56
15	G6	**Communautés Européennes** (Siège à Bruxelles)	61 r. des Belles-Feuilles, 16e	45 01 58 85
29	H10	**Conseil des Communes et Régions d'Europe**	41 quai d'Orsay, 7e	45 51 40 01
16	G7	**Conseil de l'Europe** (Siège à Strasbourg)	55 av. Kléber, 16e	47 04 38 65
16	G7	**Fédération Aéronautique Internationale**	6 r. Galilée, 16e	47 20 91 85
30	G11	**— Internationale de l'Automobile**	8 pl. de la Concorde, 8e	42 65 99 51
28	G7	**— Mondiale Anciens Combattants**	16 r. Hamelin, 16e	47 04 33 00
17	D9	**— Mondiale des Villes Jumelées**	2 r. de Logelbach, 17e	47 66 75 10
18	F11	**Office International de la Vigne et du Vin**	11 r. Roquépine, 8e	42 65 04 16
15	D5	**Organisation de l'Aviation Civile Internationale**	**Neuilly** - 3 bis villa É.-Bergerat	46 37 96 96
26	H4	**Organisation de Coopération et de Développement Économique** (OCDE)	2 r. André-Pascal, 16e	45 24 82 00
41	L9	**Organisation des Nations-Unies** (ONU) (Siège à New York)	1 r. Miollis, 15e	45 68 10 00
41	K9	**Unesco**	7 pl. de Fontenoy, 7e	45 68 10 00
28	H7	**Union de l'Europe Occidentale** (UEO)	43 av. du Prés. Wilson, 16e	47 23 54 32
17	D9	**Union des Foires Internationales**	35 bis r. Jouffroy, 17e	42 67 99 12
28	J7	**Union Internationale des Chemins de Fer**	14 r. Jean-Rey, 15e	42 73 01 20

Représentations étrangères, *Foreign Representatives, Ausländische Vertretungen, Representaciones extranjeras*

Afghanistan - Cap. Kaboul

26	J4	**Ambassade**	32 av. Raphaël, 16e	45 27 66 09

Afrique du Sud - Cap. Pretoria

29	H9	**Ambassade**	59 quai d'Orsay, 7e	45 55 92 37
18	G12	**Office du Tourisme Sud-Africain**	9 bd de la Madeleine, 1er	42 61 82 30
18	G12	**South African Airways**	12 r. de la Paix, 2e	42 61 57 87

Albanie - Cap. Tirana

27	G6	**Ambassade**	131 r. de la Pompe, 16e	45 53 51 32

Algérie - Cap. Alger

17	E10	**Ambassade**	50 r. de Lisbonne, 8e	42 25 70 70
16	F7	**Consulat**	11 r. d'Argentine, 16e	45 00 99 50
19	G13	**Air Algérie**	28 av. de l'Opéra, 2e	42 60 30 62
40	M7	**Centre Culturel**	171 r. de la Croix-Nivert, 15e	45 54 95 31

Allemagne (République Démocratique-RDA) - Cap. Berlin

15	F6	**Ambassade**	24 r. Marbeau, 16e	45 00 00 10
31	K13	**Centre culturel**	117 bd St-Germain, 6e	46 34 25 99
14	D3	**Représentation commerciale**	**Neuilly** - 179 av. Ch.-de-Gaulle	47 47 45 17

Allemagne (République Fédérale-RFA) - Cap. Bonn

29	G10	**Ambassade**	13-15 av. Franklin-, D.-Roosevelt, 8e	42 99 78 00
28	G8	**—** (Section consulaire)	34 av. d'Iéna, 16e	42 99 78 00
39	L5	**Chambre Franco-Allemande de Commerce et d'Industrie**	18 r. Balard, 15e	45 75 62 56
20	E16	**Chemin de Fer Fédéral Allemand**	13 r. d'Alsace, 10e	42 49 13 40
19	F13	**DER-Voyages, Deutsches Reisebüro**	28-30 r. Louis-le-Grand, 2e	47 42 07 09
17	F10	**Der Spiegel**	17 av. Matignon, 8e	42 56 12 11
27	H5	**Deutsches Historisches Institut**	9 r. Maspéro, 16e	45 20 25 55
17	F10	**Die Welt**	31 r. du Colisée, 8e	43 59 09 74
17	F10	**Frankfurter Allgemeine Zeitung**	11 r. de Mirosmesnil, 8e	42 65 49 85
28	G7	**Goethe-Institut**	17 av. d'Iena, 16e	47 23 61 21
18	G11	**KD German Rhine-Line** (navigation)	9 r. du Fg-St-Honoré, 8e	47 42 52 27
44	M15	**Librairie Calligrammes**	8 r. de la Collégiale, 5e	43 36 85 07
32	H15	**— Marissal Bücher**	42 r. Rambuteau, 3e	42 74 37 47
43	M13	**— le Roi des Aulnes**	159 bis bd du Montparnasse, 6e	43 26 86 92
18	G11	**Lufthansa** (Cie aérienne)	21-23 r. Royale, 8e	42 65 19 19
55	R14	**Office Franco-Allemand pour la Jeunesse**	51 r. de l'Amiral-Mouchez, 13e	45 81 11 66
18	G12	**Office du Tourisme**	9 bd de la Madeleine, 1er	40 20 01 88
17	F10	**Stern**	17 av. Matignon, 8e	42 56 13 78

Angola - Cap. Luanda

16	F7	**Ambassade**	19 av. Foch, 16e	45 01 58 20
16	F7	**Consulat**	40 r. Chalgrin, 16e	45 01 96 94

Arabie Saoudite - Cap. Riyad

17	E9	**Ambassade**	5 av. Hoche, 8e	47 66 02 06
14	E3	**Consulat**	Neuilly - 29 rue des Graviers	47 47 62 63
16	F8	**Saudia** (Cie aérienne)	55 av. Georges V, 8e	47 23 72 22

Argentine - Cap. Buenos Aires

16	G7	**Ambassade**	6 r. Cimarosa, 16e	45 53 14 69
16	G7	**Consulat Général**	imp. Kléber 16e	45 53 22 25
17	F9	**Aerolineas Argentinas**	77 av. Champs-Élysées, 8e	43 59 02 96
28	G8	**Centre Culturel Argentin**	27 av. Pierre-Ier-de-Serbie, 16e	47 20 30 60

Australie - Cap. Canberra

28	J7	**Ambassade**	4, r. Jean-Rey, 15e	40 59 33 00
28	J7	**Office du Tourisme**	4 r. Jean-Rey 15e	45 79 80 44
18	F12	**Qantas** (Cie aérienne)	7 r. Scribe, 9e	42 66 53 05

Autriche - Cap. Vienne

29	H10	**Ambassade**	6 r. Fabert, 7e	45 55 95 66
28	H8	**—** (Section Consulaire)	12 r. Ed-Valentin, 7e	47 05 27 17
18	F12	**Austrian Airlines**	47 av. de l'Opéra, 2e	42 66 34 66
18	F11	**Délégation commerciale**	22 r. de l'Arcade, 8e	42 65 67 35
41	K10	**Institut Autrichien**	30 bd des Invalides, 7e	47 05 27 10
18	F12	**Office National du Tourisme**	47 av. de l'Opéra, 2e	47 42 78 57

Bahrein - Cap. Manama

27	G6	**Ambassade**	15 av. Raymond-Poincaré, 16e	45 53 01 19
27	G6	**Consulat**	—	45 53 43 79

Bangladesh - Cap. Dhaka

27	H6	**Ambassade**	5 square Pétrarque, 16e	45 53 41 20

Belgique - Cap. Bruxelles

16	F8	**Ambassade**	9 r. de Tilsitt, 17e	43 80 61 00
16	F7	**Service des visas**	1 av. Mac-Mahon, 17e	42 27 45 40
32	H15	**Centre Wallonie-Bruxelles**	127-129 r. St-Martin, 4e	42 71 26 16
17	F9	**Chambre de Commerce Belgo-Luxemb.**	174 bd Haussmann, 8e	45 62 44 87
18	F12	**Chemins de Fer Belges**	21 bd des Capucines, 2e	47 42 40 41
18	F12	**Office de Tourisme**	21 bd des Capucines, 2e	47 42 41 18
18	G12	**Sabena** (Cie aérienne)	19 r. de la Paix, 2e	47 42 47 47
18	D12	**« Le Soir » de Bruxelles**	90 r. d'Amsterdam, 9e	42 82 90 10

Bénin - Cap. Porto Novo

16	F7	**Ambassade**	87 av. Victor-Hugo, 16e	45 00 98 82
42	L11	**Consulat**	89 r. du Cherche-Midi, 6e	42 22 31 91
17	F9	**Air Afrique**	29 r. du Colisée, 8e	45 61 96 20

Birmanie (nouveau nom : Myanma) - Cap. Rangoun

17	E9	**Ambassade**	60 r. de Courcelles, 8e	42 25 56 95

Bolivie - Cap. La Paz

27	J6	**Ambassade**	12 av. du Prés.-Kennedy, 16e	42 24 93 44
27	J6	**Consulat**	—	45 25 47 14
31	K13	**Institut Bolivien du Tourisme**	8 r. Mabillon, 6e	48 86 95 59
31	K13	**Lloyd Aereo Boliviano**	—	43 29 43 95

Brésil - Cap. Brasilia

29	G9	**Ambassade**	34 cours Albert-Ier, 8e	42 25 92 50
16	F8	**Consulat Général**	122 av. Champs-Élysées, 8e	43 59 52 20
17	G9	**Varig** (Cie aérienne)	27 av. Champs-Élysées, 8e	47 23 55 44

Bulgarie - Cap. Sofia

28	H8	**Ambassade**	1 av. Rapp, 7e	45 51 85 90
18	F12	**Balkan** (Cie aérienne)	4 r. Scribe, 9e	47 42 66 66
31	G13	**Office National du Tourisme**	45 av. de l'Opéra, 2e	42 61 69 58

Burkina Faso (anc. Haute-Volta) - Cap. Ouagadougou

17	F9	**Ambassade**	159 bd Haussmann, 8e	43 59 21 85
17	F9	**Air Afrique**	29 r. du Colisée, 8e	45 61 96 20

Burundi - Cap. Bujumbura

27	H5	**Ambassade**	3 r. Octave-Feuillet, 16e	45 20 60 61

Cameroun - Cap. Yaoundé

38	K3	**Ambassade**	73 r. d'Auteuil, 16e	47 43 98 33
18	F12	**Cameroon Airlines**	12 bd des Capucines, 9e	47 42 78 17
18	E12	**Cameroon Shipping Lines**	38 r. de Liège, 8e	42 93 50 70

Canada - Cap. Ottawa

29	G9	**Ambassade**	35 av. Montaigne, 8e	47 23 01 01
18	F12	**Air Canada**	24 bd des Capucines, 9e	47 42 21 21
18	G12	**Canadian Airlines International**	15 r. de la Paix, 2e	42 61 72 34
18	F12	**Canadien National** (chemins de fer)	1 r. Scribe, 9e	47 42 76 50
29	H10	**Centre Culturel**	5 rue de Constantine, 7e	45 51 35 73
29	G10	**Chambre de Commerce France-Canada**	9 av. Franklin Roosevelt, 8e	43 59 32 38
15	F6	**Délégation Générale du Québec**	66 r. Pergolèse, 16e	45 02 14 10
17	F9	**Délégation de l'Ontario**	109 r. du Fg.-St-Honoré, 8e	45 63 16 34
29	G9	**Division du Tourisme de l'Ambassade**	35 av. Montaigne, 8e	47 23 01 01
17	D9	**Off.-Franco-Québecois pour la Jeunesse**	5 r. de Logelbach, 17e	47 66 04 76
17	F10	**Radio-Canada**	17 av. Matignon, 8e	43 59 11 85

Centrafrique - Cap. Bangui

26	J3	**Ambassade**	29 bd de Montmorency, 16e	42 24 42 56
17	F9	**Air Afrique**	29 r. du Colisée, 8e	45 61 96 20

Chili - Cap. Santiago

29	J9	**Ambassade**	2 av. de La Motte-Picquet, 7e	45 51 46 68
29	J10	**Consulat**	64 bd de La-Tour-Maubourg, 7e	47 05 46 61
18	F12	**Service commercial**	23 bd des Capucines, 2e	42 66 90 64

Chine - Cap. Pékin

28	G8	**Ambassade**	11 av. George-V, 8e	47 23 34 45
50	R4	**Service consulaire**	Issy-les-Moulineaux - 9 av. Victor-Cresson	47 36 77 90
18	F11	**Air China**	10 bd Malesherbes, 8e	42 66 16 58
31	G13	**Office du Tourisme**	51 r. Ste-Anne, 2e	42 96 95 48
28	G7	**Service commercial**	21 r. Amiral d'Estaing, 16e	47 20 94 16
50	R4	**Service culturel**	Issy-les-Moulineaux - 9 av. Victor-Cresson	47 36 77 04

Chypre - Cap. Nicosie

16	G7	**Ambassade**	23 r. Galilée, 16e	47 20 86 28
16	F8	**Cyprus Airways**	37 r. Jean-Giraudoux, 16e	45 01 93 38
18	G12	**Office du Tourisme**	15 r. de la Paix, 2e	42 61 42 49

Colombie - Cap. Bogota

18	F11	**Ambassade**	22 r. de l'Élysée, 8e	42 65 46 08
16	G8	**Consulat**	11 bis r. Christophe-Colomb, 8e	47 23 36 05
18	G12	**Avianca** (Cie aérienne)	9 bd de la Madeleine, 1er	42 60 35 22

Comores - Cap. Moroni

16	E8	**Ambassade**	15 r. de la Néva, 8e	47 63 81 78
15	F6	*transfert prévu*	20 r. Marbeau, 16e	

Congo - Cap. Brazzaville

16	F7	**Ambassade**	37 bis r. Paul-Valéry, 16e	45 00 60 57
17	F9	**Air Afrique**	29 r. du Colisée, 8e	45 61 96 20

Corée - Cap. Séoul

30	J11	**Ambassade**	125 r. de Grenelle, 7e	47 53 01 01
18	F11	**Centre Coréen du Commerce Extérieur**	25-27 r. d'Astorg, 8e	47 42 00 17
28	H7	**Centre culturel**	2 av. d'Iéna, 16e	47 20 83 86
18	G12	**Korean Air** (Cie aérienne)	9 bd de la Madeleine, 1er	42 61 58 46
42	M11	**Office National du Tourisme**	Tour Montparnasse, 15e	45 38 71 23

Costa Rica - Cap. San José

38	L4	**Ambassade**	135 av. de Versailles, 16e	45 25 52 23
38	L4	**Consulat**	—	40 50 12 74

Côte-d'Ivoire -Cap. Yamoussoukro

15	F6	**Ambassade**	102 av. Raymond-Poincaré, 16e	45 01 53 10
12	G7	**Service des visas**	8, r. Dumont-d'Urville, 16e	47 20 35 09
17	F9	**Air Afrique**	29 r. du Colisée, 8e	45 61 96 20
41	K9-K10	**Centre de Commerce International**	21 av. de Saxe, 7e	45 67 35 38
26	H4	**Délégation du Tourisme**	24 bd Suchet, 16e	42 88 62 92

Cuba - Cap. La Havane

28	K8	**Ambassade**	14-16 r. de Presles, 15e	45 67 55 35
19	G13	**Office du Tourisme**	24 r. du 4-Septembre, 2e	47 42 54 15
19	G13	**Cubana de Aviación**	—	47 42 91 21

Danemark - Cap. Copenhague

16	F8	**Ambassade**	77 av. Marceau, 16e	47 23 54 20
16	F8	**DSB Voyages**	142 av. Champs-Élysées, 8e	43 59 20 06
16	F8	**Office National du Tourisme**	142 av. Champs-Élysées, 8e	45 62 17 02
18	F12	**Scandinavian Airlines System (SAS)**	30 bd des Capucines, 9e	47 42 06 14

Djibouti - Cap. Djibouti

15	G5	**Ambassade**	26 r. Émile-Ménier, 16e	47 27 49 22

Dominicaine (République) - Cap. Saint-Domingue

16	F7	**Ambassade**	2 r. Georges-Ville, 16e	45 00 77 71
16	F7	**Service consulaire**	—	45 01 94 47

Égypte - Cap. Le Caire

16	G8	**Ambassade**	56 av. d'Iéna, 16e	47 20 97 70
15	F6	**Consulat**	58 av. Foch, 16e	45 00 69 23
17	F9	**Bureau du Tourisme**	90 av. Champs-Élysées, 8e	45 62 94 42
43	L13	**Centre Culturel**	111 bd St-Michel, 5e	46 33 75 67
18	F12	**Egyptair**	1 bis r. Auber, 9e	42 66 55 59

Émirats Arabes Unis (EAU) - Cap. Abou Dabi

27	G5	**Ambassade**	3, r. de Lota, 16e	45 53 94 04

Équateur - Cap. Quito

17	E10	**Ambassade**	34 av. de Messine, 8e	45 61 10 21
17	E10	**Consulat**	—	45 61 10 04

Espagne - Cap. Madrid

28	G8	**Ambassade**	13, av. Georges-V, 8e	47 23 61 83
5	D9	**Consulat Général**	165 bd Malesherbes, 17e	47 66 03 32
16	G8	**Casa de España** (centre culturel)	7 r. Quentin-Bauchart, 8e	40 70 92 92
19	G13	**Chambre de Commerce d'Espagne**	32 av. de l'Opéra, 2e	47 42 45 74
29	G9	**Iberia** (Cie aérienne)	31 av. Montaigne, 8e	47 23 01 23
31	J13	**Librairie Espagnole**	72 r. de Seine, 6e	43 54 56 26
28	G8	**Office culturel**	11 av. Marceau, 16e	47 20 83 45
16	G8	**Office National du Tourisme**	43 ter av. Pierre-1er-de-Serbie, 8e	47 20 90 54
28	G8	**Réseau des Chemins de fer** (RENFE)	1-3 av. Marceau, 16e	47 23 52 01
31	G13	**Office du tourisme de la Principauté d'Andorre**	26 av. de l'Opéra, 1er	45 08 50 28

Etats-Unis d'Amérique (USA) - Cap. Washington

30	G11	**Ambassade**	2 av. Gabriel, 8e	42 96 12 02
30	G11	**Consulat**	2, r. St-Florentin, 1er	42 96 14 88
22	AA14	**American Battle Monuments Commission**	Garches - 68 r. du 19-Janvier	47 01 19 76
31	G13	**American Center**	29 r. de La Sourdière, 1er	40 15 00 88
18	F12	**American Express**	11 r. Scribe, 9e	42 66 09 99
17	G9	**American Legion**	49 r. Pierre-Charron, 8e	42 25 41 93
28	J7	**Association France Etats-Unis**	6 bd de Grenelle, 15e	45 77 48 92
28	H8	**Bibliothèque Américaine**	10 r. du Général-Camou, 7e	45 51 46 82
30	G11	**Centre de Documentation B. Franklin**	2 r. St-Florentin, 1er	42 96 33 10
28	G8	**Chambre de Commerce Américaine**	21 av. George-V, 8e	47 23 80 26
		Continental Airlines	92 av. Champs-Élysées, 8e	42 25 32 37
		Office de tourisme *(uniquement par téléphone ou par courrier)*	Ambassade des États-Unis 75382 Paris Cedex 08	42 60 57 15
14	D3	**International Herald Tribune**	Neuilly - 181 av. Ch.-de-Gaulle	46 37 93 00
		Librairies : voir Grande-Bretagne		
17	F9	**National Broadcasting** (NBC News)	73 av. Champs-Élysées, 8e	43 59 11 71
17	F9	**Newsweek Magazine**	162 r. du Fg-St-Honoré, 8e	42 56 06 81
18	F12	**Pan American World Airways** (PAN AM)	1 r. Scribe, 9e	42 66 45 45
17	F10	**Time**	17 av. Matignon, 8e	43 59 05 39
16	F8	**Trans World Airlines** (TWA)	101 av. Champs-Élysées, 8e	47 20 62 11

Ethiopie - Cap. Addis Abeba

28	J8	**Ambassade**	35 av. Charles-Floquet, 7e	47 83 83 95
18	F12	**Ethiopian Airlines**	25 r. des Mathurins, 8e	42 66 16 26

Finlande - Cap. Helsinki

29	H10	**Ambassade**	2 r. Fabert, 7e	47 05 35 45
18	F11	**Consulat Général**	18 bis r. d'Anjou, 8e	42 65 33 65
19	F13	**Chambre de Commerce Franco-Finlandaise**	19 bd. Haussmann, 9e	40 22 80 00
18	F12	**Finnair** (Cie aérienne)	11 r. Auber, 9e	47 42 33 33
18	F12	**Office National du Tourisme**	13 r. Auber, 9e	42 66 40 13

Gabon - Cap. Libreville

26	J4	**Ambassade**	26 bis av. Raphaël, 16e	42 24 79 60
17	F10	**Air Gabon**	4 av. F.-D.-Roosevelt, 8e	43 59 20 63
17	F9	**Association France-Gabon** (Renseignements et Informations Touristiques)	11 r. Lincoln, 8e	42 56 20 12

Ghana - Cap. Accra

15	F5	**Ambassade**	8 villa Saïd, 16e	45 00 09 50

Grande-Bretagne et Irlande du Nord - Cap. Londres

18	G11	**Ambassade**	35 r. du Fg-St-Honoré, 8e	42 66 91 42
18	F11	**Consulat**	16 r. d'Anjou, 8e	42 66 91 42
16	F8	**British Airways**	91 av. Champs-Élysées, 8e	47 78 14 14
17	F9	**British Broadcasting Corporation** (BBC)	155 r. du Fg-St-Honoré, 8e	45 61 97 00
29	H10	**The British Council**	11 r. de Constantine, 7e	45 55 95 95
31	G13	**BritRail Voyages**	57 r. St-Roch, 1er	42 61 85 40
16	G7	**Chambre de Commerce et d'Industrie franco-britannique**	8 r. Cimarosa, 16e	45 05 13 08
29	H10	**Institut Britannique**	11 r. de Constantine, 7e	45 55 71 99
43	L13	**Librairie Attica**	84 bd St-Michel, 6e	46 34 16 30
31	G13	— **Brentano's**	37 av. de l'Opéra, 2e	42 61 52 50
30	G12	— **Galignani**	224 r. de Rivoli, 1er	42 60 76 07
43	L13	— **Nouveau Quartier Latin**	78 bd. St-Michel, 6e	43 26 42 70
32	K15	— **Shakespeare & Company**	37 r. de la Bûcherie, 5e	
30	G12	— **W.H. Smith France**	248 r. de Rivoli, 1er	42 60 37 97
18	F12	**North Sea Ferries** (Transports et Voyages)	8 r. Auber, 9e	42 66 90 90
17	G9	**Office Britannique de Tourisme** (BTA)	63 r. Pierre Charron, 8e	42 89 11 11
18	F11	**P. & O. European Ferries**	9 pl. de la Madeleine, 8e	42 66 40 17
18	F12	**Royal British Legion**	8 r. Boudreau, 9e	47 42 19 26
18	F12	**Sealink**	16 bd des Capucines, 9e	47 42 86 87
19	F13	**The Times**	8 r. Halévy, 9e	47 42 73 21
18	G11-G12	**Maison du Tourisme de Jersey**	12 r. St-Florentin, 1er	49 27 92 08

Grèce - Cap. Athènes

16	F8	**Ambassade**	17 r. Auguste-Vacquerie, 16e	47 23 72 28
16	G7	**Consulat**	23 r. Galilée, 16e	47 23 72 23
42	M11	**Librairie hellénique Desmos**	14 r. Vandamme, 14e	43 20 84 04
31	H13	**Office Nat. Hellénique du Tourisme**	3 av. de l'Opéra, 1er	42 60 65 75
18	F12	**Olympic Airways**	3 r. Auber, 9e	42 65 92 42
27	G6	**Bureau de Presse**	6 pl. de Mexico, 16e	45 53 89 99

Guatemala - Cap. Guatemala

17	E9	**Ambassade**	73 r. de Courcelles, 8e	42 27 78 63

Guinée - Cap. Conakry

15	G5	**Ambassade**	51 r. de la Faisanderie, 16e	47 04 81 48

Guinée Équatoriale - Cap. Malabo

17	E9	**Ambassade**	6 r. Alfred de Vigny, 8e	47 66 44 33

Haïti - Cap. Port-au-Prince

16	E8	**Ambassade**	10, r. Théodule-Ribot, 17e	47 63 47 78

Honduras - Cap. Tegucigalpa

30	G12	**Ambassade**	6 pl. Vendôme, 1er	42 61 34 75

Hong Kong - Cap. Victoria

16	G8	**Office de Tourisme** *(uniquement par téléphone ou par courrier)*	53, r. François-1er, 8e	47 20 39 54

Hongrie - Cap. Budapest

15	F5	**Ambassade**	5 bis sq. Avenue Foch, 16e	45 00 00 29
43	K13	**Consulat**	92 r. Bonaparte, 6e	43 54 66 96
43	K13	**Institut Hongrois**	—	43 26 06 44
43	K13	**Presse et Documentation**	—	43 26 06 27
18	G12	**Malèv** (Cie aérienne)	7 r. de la Paix, 2e	42 61 57 90
19	G13	**Tourisme Hongrois/Ibusz**	27 r. du 4-Septembre, 2e	47 42 50 25

Inde - Cap. New Delhi

26	H4	**Ambassade**	15 r. Alfred-Dehodencq, 16e	45 20 39 30
18	F12	**Air India**	1 r. Auber, 9e	42 66 90 60
41	L10	**Chambre de Commerce et d'Industrie franco-indienne**	4 av. Daniel Lesueur, 7e	43 06 88 97
18	G12	**Office National de Tourisme**	8 bd de la Madeleine, 9e	42 65 83 86

Indonésie - Cap. Jakarta

27	H5	**Ambassade**	47-49 r. Cortambert, 16e	45 03 07 60
17	F9	**Garuda Indonesia** (Cie aérienne)	75 av. Champs-Élysées, 8e	45 62 45 45

Irak - Cap. Bagdad

15	G5	**Ambassade**	53 r. de la Faisanderie, 16e	45 01 51 00
15	G5	**Centre Culturel**	6-8 r. du Gal-Appert, 16e	47 04 66 87
16	F8	**Iraqi Airways**	144 av. Champs-Élysées, 8e	45 62 62 25

Iran - Cap. Téhéran

28	H7	**Ambassade**	4 av. d'Iéna, 16e	47 23 61 22
28	H8	**Consulat**	16 r. Fresnel, 16e	47 23 61 22
17	G9	**Iran Air**	65 av. Champs-Elysées, 8e	43 59 01 20

Irlande - Cap. Dublin

16	F7	**Ambassade**	4 r. Rude, 16e	45 00 20 87
19	G13	**Aer Lingus** (Cie aérienne)	47 av. de l'Opéra, 2e	47 42 12 50
18	F12	**Irish Ferries** (Transports et Voyages)	8 r. Auber, 9e	42 66 90 90
17	F10	**Office du Commerce Extérieur**	33 rue de Miromesnil, 8e	42 65 98 05
18	G12	**Office National du Tourisme**	9 bd de la Madeleine, 1er	42 61 84 26

Islande - Cap. Reykjavik

18	F11	**Ambassade**	124 bd Haussmann, 8e	45 22 81 54
19	F13	**Icelandair** (cie aérienne)	9 bd des Capucines, 2e	47 42 52 26
19	F13	**Office National du Tourisme**	—	—

Israël - Cap. Jérusalem

17	F10	**Ambassade**	3 r. Rabelais, 8e	42 56 47 47
18	G11	**Chambre de Commerce France-Israël**	47 r. du Fg.-St-Honoré, 8e	42 25 34 56
18	F12	**El Al** (Cie aérienne)	24 bd des Capucines, 9e	47 42 45 19
32	H15	**France-Israël** (Alliance Gal Koenig)	63 bd de Sébastopol, 1er	42 33 36 82
18	G12	**Office National de Tourisme**	14 r. de la Paix, 2e	42 61 01 97

Italie - Cap. Rome

30	J11	**Ambassade**	51 r. de Varenne, 7e	45 44 38 90
27	H5	**Consulat**	5 bd Émile-Augier, 16e	45 20 78 22
19	G13	**Alitalia** (Cie aérienne)	43-45 av. de l'Opéra, 2e	40 15 01 40
17	F10	**Chambre de Commerce**	134 r. du Fg-St-Honoré, 8e	42 25 41 88
19	F13	**Compagnie Italienne de Tourisme** (CIT)	3 bd des Capucines, 2e	42 66 00 90
30	H11	**Corriere della Sera**	280 bd St-Germain, 7e	45 50 42 10
28	J8	**Dante Alighieri** (Société culturelle)	12 r. Sédillot, 7e	47 05 16 26
30	J11	**Institut Culturel**	50 r. de Varenne, 7e	42 22 12 78
19	F13	**La Stampa**	7 r. des Italiens, 9e	42 47 98 19
32	J16	**Librairie Tour de Babel**	10 r. du Roi-de-Sicile, 4e	42 77 32 40
30	J11	**Maison du Livre Italien**	54 r. de Bourgogne, 7e	47 05 03 99
18	G12	**Office national de Tourisme** (ENIT)	23 r. de la Paix, 2e	42 66 66 68
16	F8	**Radiotelevisione Italiana** (RAI) 1re chaîne	96 av. d'Iéna, 16e	47 20 60 40
16	F8	— 2e chaîne	—	47 20 37 67
16	F8	— 3e chaîne	—	47 20 95 06

Japon - Cap. Tokyo

17	E9	**Ambassade**	7 av. Hoche, 8e	47 66 02 22
31	H14	**Centre Japonais de Commerce extérieur**	151 bis r. St-Honoré, 1er	42 61 27 27
17	F9	**Chambre de Commerce et d'Industrie Japonaise**	1 av. de Friedland, 8e	45 63 43 33
18	F11	**Chemins de Fer du Japon** (Rens.)	24-26 r. de la Pépinière, 8e	45 22 60 48
31	G13	**Espace Japon** (bibliothèque)	12 r. Ste-Anne, 1er	42 60 69 30
16	G7	**Fondation du Japon**	42 av. Kléber, 16e	47 04 28 63
17	F9	**Japan Air Lines**	75 av. Champs-Élysées, 8e	42 25 55 01
31	H13	**Librairie Junku**	262 r. St-Honoré, 1er	42 60 89 12
31	G13	**— Tokyo-Do**	4-8 r. Ste-Anne, 1er	42 61 08 71
16	G7	**Office Franco-Japonais d'Etudes Économiques**	14 r. Cimarosa, 16e	47 27 30 90
31	G13	**Office National du Tourisme**	4 r. Ste-Anne, 1er	42 96 07 94
42	L11	**Radio Télévision japonaise** (N.H.K.)	3 r. de l'Arrivée, 15e - Tour CIT	43 27 98 99
16	F8	**Service culturel et d'information**	7 r. de Tilsitt, 17e	47 66 02 22

Jordanie - Cap. Amman

14	E4	**Ambassade du Royaume Hachémite**	Neuilly - 80 bd M.-Barrès	46 24 51 38
18	G12	**Royal Jordanian** (Cie aérienne)	12 r. de la Paix, 2e	42 61 57 45

Kenya - Cap. Nairobi

16	G7	**Ambassade**	3 r. Cimarosa, 16e	45 53 35 00
18	G12	**Kenya Airways**	8 r. Daunou, 2e	42 61 82 93
18	G12	**Office du Tourisme**	5 r. Volney, 2e	42 60 66 88

Koweït - Cap. Koweït

28	G8	**Ambassade**	2 r. de Lübeck, 16e	47 23 54 25
16	G8	**Consulat**	1 pl. des Etats-Unis, 16e	47 23 54 25
18	G12	**Kuwait Airways**	6 r. de la Paix, 2e	42 60 30 60

Laos - Cap. Vientiane

15	G6	**Ambassade**	74 av. Raymond-Poincaré, 16e	45 53 02 98

Liban - Cap. Beyrouth

16	G7	**Ambassade**	3 villa Copernic, 16e	45 00 22 25
16	F8	**Services Consulaires et Culturels**	47 r. Dumont-d'Urville, 16e	45 00 03 30
43	L13	**Librairie Synonyme**	82 bd St-Michel, 6e	46 33 98 50
18	F12	**Middle East Airlines**	6 r. Scribe, 9e	42 66 06 77
17	F10	**Office National du Tourisme**	124 r. du Fg-St-Honoré, 8e	43 59 10 36
67		**Trans Mediterranean Airways**	Orly-Sud aérogare	48 84 02 93

Libéria - Cap. Monrovia

17	D10	**Ambassade**	8 r. Jacques-Bingen, 17e	47 63 58 55

Libye - Cap. Tripoli

15	G5	**Ambassade**	2 r. Charles-Lamoureux, 16e	47 04 71 60
17	F9	**Libyan Arab Airlines**	90 av. Champs-Élysées, 8e	45 62 33 00

Luxembourg- Cap. Luxembourg

28	H8	**Ambassade**	33 av. Rapp, 7e	45 55 13 37
17	F9	**Chambre de Commerce Belgo-Luxemb.**	174 bd Haussmann, 8e	45 62 44 87
16	F8	**Luxair** (Air France)	119 av. Champs-Élysées, 8e	45 35 61 61
18	F12	**Office de Tourisme**	21 bd des Capucines, 2e	47 42 90 56

Madagascar - Cap. Antananarivo

26	H4	**Ambassade**	4 av. Raphaël, 16e	45 04 62 11
31	H13	**Air Madagascar**	7 av. de l'Opéra, 1er	42 60 30 51

Malaisie - Cap. Kuala Lumpur

15	G5	**Ambassade**	2 bis r. Benouville, 16e	45 53 11 85
18	F12	**Malaysian Airlines System**	12 bd des Capucines, 9e	47 42 26 00

Mali - Cap. Bamako

42	L11	**Ambassade**	89 r. du Cherche-Midi, 6e	45 48 58 43

Malte - Cap. La Valette

17	F9	**Ambassade**	92 av. Champs-Elysées, 8e	45 62 53 01
42	K11	**Air Malta** *(transfert prévu)*	82 r. Vaneau, 7e	45 49 06 50
42	K11	**Office national du Tourisme**	—	45 49 15 33

Maroc - Cap. Rabat

27	H6	**Ambassade**	5 r. Le Tasse, 16e	45 20 69 35
19	F14	**Consulat**	19 r. Saulnier, 9e	47 23 37 40
19	E13	**Compagnie Marocaine de Navigation**	60 r. St-Lazare, 9e	42 80 39 13
30	G11	**Maghreb Arabe Presse**	4 pl. de la Concorde, 8e	42 65 40 45
31	H13	**Office National du Tourisme**	161 r. St-Honoré, 1er	42 60 63 50
19	G13	**Royal Air Maroc**	38 av. de l'Opéra, 2e	42 66 10 30

Maurice (Ile) - Cap. Port-Louis

17	E10	**Ambassade**	68 bd de Courcelles, 17e	42 27 30 19
2	C3	**Bureau d'Information Touristique** *(uniquement par téléphone ou par courrier)*	Neuilly - 41 r. Ybry	46 40 37 42

Mauritanie - Cap. Nouakchott

15	G5	**Ambassade**	5 r. de Montevideo, 16e	45 04 88 54
42	L11	**Consulat**	89 r. du Cherche-Midi, 6e	45 48 23 88
17	F9	**Air Afrique**	29 r. du Colisée, 8e	45 61 96 20

Mexique - Cap. Mexico

28	G7	**Ambassade**	9 r. de Longchamp, 16e	45 53 76 43
31	G14	**Consulat**	4 r. N.-D.-des-Victoires, 2e	42 61 51 80
18	F12	**Aerovias de Mexico** (Cie aérienne)	12 r. Auber, 9e	47 42 40 50
30	K12	**Centre culturel**	28 bd Raspail, 7e	45 49 16 26
31	G14	**Office de Tourisme**	4 r. N.-D. des Victoires, 2e	42 61 51 80
31	G14	**Service commercial**	—	40 20 07 31

Monaco - Cap. Monaco

26	H4	**Ambassade**	22 bd Suchet, 16e	45 04 74 54
18	G12	**Office du Tourisme et des Congrès**	9 r. de la Paix, 2e	42 96 12 23

Mongolie - Cap. Oulan-Bator

37	L2	**Ambassade**	Boulogne - 5 av. R.-Schuman	46 05 28 12

Nepal - Cap. Katmandu

16	E7	**Ambassade**	45 bis r. des Acacias, 17e	46 22 48 67

Nicaragua - Cap. Managua

15	F6	**Ambassade**	11 r. de Sontay, 16e	45 00 35 42
15	F6	**Section Consulaire**	—	45 00 41 02

Niger - Cap. Niamey

27	G5	**Ambassade**	154 r. de Longchamp, 16e	45 04 80 60
17	F9	**Air Afrique**	29 r. du Colisée, 8e	45 61 96 20

Nigeria - Cap. Lagos

27	G5	**Ambassade**	173 av. Victor-Hugo, 16e	47 04 68 65

Norvège - Cap. Oslo

29	G9	**Ambassade**	28 r. Bayard, 8e	47 23 72 78
14	D4	**Chambre Commerce Franco-Norvégienne**	Neuilly - 88 av. Ch.-de-Gaulle	47 45 14 90
14	D4	**Office National du Tourisme**	—	47 45 14 90
18	F12	**Scandinavian Airlines System** (SAS)	30 bd des Capucines, 9e	47 42 06 14

Nouvelle-Zélande - Cap. Wellington

15	F6	**Ambassade**	7 ter r. Léonard-de-Vinci, 16e	45 00 24 11

Oman- Cap. Mascate

28	G8	**Ambassade**	50 av. d'Iéna, 16e	47 23 01 63

Ouganda - Cap. Kampala

27	G6	**Ambassade**	13 av. Raymond-Poincaré, 16e	47 27 46 80

Pakistan - Cap. Islamabad

16	F8	**Ambassade**	18 r. Lord-Byron, 8e	45 62 23 32
16	F8	**Pakistan International Airlines**	152 av. Champs-Élysées, 8e	45 62 92 41

Panama - Cap. Panama

41	L8	**Ambassade**	145 av. de Suffren, 15e	47 83 23 32

Paraguay - Cap. Asuncion

19	F13	**Ambassade**	27 bd des Italiens, 2e	47 42 36 57

Pays-Bas - Cap. Amsterdam

41	K10	**Ambassade**	7-9 r. Eblé, 7e	43 06 61 88
17	D10	**Chambre de Commerce Franco-Néerlandaise**	109 bd Malesherbes, 8e	45 63 54 30
30	H11	**Institut Néerlandais**	121 r. de Lille, 7e	47 05 85 99
19	G13	**Lignes Aériennes Royales Néerlandaises** (KLM)	36 av. de l'Opéra, 2e	47 42 57 29
17	G9	**Office Néerlandais du Tourisme**	31-33 av. Champs-Élysées, 8e	42 25 41 25

Pérou - Cap. Lima

16	G7	**Ambassade**	50 av. Kléber, 16e	47 04 34 53
17	G9	**Consulat**	30 r. Marbeuf, 8e	42 89 30 13
16	F8	**Office de Tourisme**	116 bis av. Champs-Élysées, 8e	42 25 10 04

Philippines - Cap. Manille

27	H6	**Ambassade**	39 av. Georges-Mandel, 16e	47 04 65 50
16	F8	**Philippine Airlines**	114 av. des Champs-Elysées, 8e	43 59 43 21
27	H6	**Services culturels**	39 av. Georges-Mandel, 16e	47 04 65 50

Pologne - Cap. Varsovie

29	J10	**Ambassade**	1 r. de Talleyrand, 7e	45 51 60 80
29	J10	**Consulat**	5 r. de Talleyrand, 7e	45 51 82 22
32	K15	**Bibliothèque Polonaise**	6 quai d'Orléans, 4e	43 54 35 61
29	G9	**Institut Culturel Polonais**	31 r. Jean-Goujon, 8e	42 25 10 57
31	K13	**Librairie Polonaise**	123 bd St-Germain, 6e	43 26 04 42
19	G13	**Lignes Aériennes Polonaises** (LOT)	18 r. Louis-le-Grand, 2e	47 42 05 60
19	G13	**Office du Tourisme Polonais Orbis**	49 av. de l'Opéra, 2e	47 42 07 42

Portugal - Cap. Lisbonne

15	G5	**Ambassade**	3 r. de Noisiel, 16e	47 27 35 29
45	N17	**Consulat**	187 r. du Chevaleret, 13e	45 85 03 60
16	F8	**Centre Culturel - Fondation C. Gulbenkian**	51 av. d'Iéna, 16e	47 20 86 84
18	F11	**Chambre de Com. Franco-Portugaise**	97 bd Haussmann, 8e	42 66 38 32
17	F10	**Office Commercial du Portugal**	135 bd Haussmann, 8e	45 63 93 30
18	F12	**Office de Tourisme**	7 r. Scribe, 9e	47 42 55 57
18	G12	**TAP Air Portugal**	9 bd de la Madeleine, 1er	42 96 16 09

Qatar - Cap. Doha

29	H9	**Ambassade**	57 quai d'Orsay, 7e	45 51 90 71

Roumanie - Cap. Bucarest

29	J9	**Ambassade**	5 r. de l'Exposition, 7e	47 05 49 54
29	J9	**Consulat**	3-5 r. de l'Exposition, 7e	47 05 84 99
19	G13	**Office de Tourisme - Tarom** (Cie aérienne)	38 av. de l'Opéra, 2e	47 42 27 14
29	J9	**Section Commerciale**	5 r. de l'Exposition, 7e	47 05 57 64

Rwanda - Cap. Kigali

17	E9	**Ambassade**	12 r. Jadin, 17e	42 27 36 31

Saint-Marin - Cap. Saint-Marin

17	F10	**Ambassade**	6 av. Franklin-Roosevelt, 8e	43 59 22 28
17	F10	**Consulat**	50 r. du Colisée, 8e	43 59 82 89

Saint-Siège - Cité du Vatican

28	G8	**Nonciature Apostolique**	10 av. du Prés.-Wilson, 16e	47 23 58 34

El Salvador - Cap. San Salvador

16	G7	**Ambassade**	12 r. Galilée, 16e	47 20 42 02

Sénégal - Cap. Dakar

29	H9	**Ambassade**	14 av. Robert-Schuman, 7e	47 05 39 45
28	G7	**Consulat**	22 r. Hamelin, 16e	45 53 75 86
17	F9	**Air Afrique**	29 r. du Colisée, 8e	45 61 96 20
38	K4	**Office National de Tourisme**	15 r. de Remusat, 16e	40 50 07 90

Seychelles - Cap. Victoria

16	G8	**Ambassade**	53 bis, r. François-Ier, 8e	47 23 98 11
16	G18	**Consulat** *(uniquement par courrier ou par téléphone)*	53 r. François-Ier, 8e	47 20 26 26
17	F9	**Office de Tourisme**	32 r. de Ponthieu, 8e	42 89 85 33
17	F9	**Air Seychelles**	66 av. des Champs-Elysées, 8e	42 56 22 05

Sierra Leone - Cap. Freetown

16	E8	**Consulat**	16 av. Hoche, 8e	42 56 14 73
17	E9	**La Maison de la Sierra Leone**	6 r. Médéric, 17e	42 67 54 39

Singapour - Cap. Singapour

15	F5	**Ambassade**	12 square de l'av.-Foch, 16e	45 00 33 61
31	H13	**Office national du Tourisme**	168 r. de Rivoli, 1er	42 97 16 16
19	G13	**Singapore Airlines**	35 av. de l'Opéra, 2e	42 61 53 09

Somalie - Cap. Mogadiscio

16	F8	**Ambassade**	26 r. Dumont-d'Urville, 16e	45 00 76 51

Soudan - Cap. Khartoum

29	G9	**Ambassade**	56 av. Montaigne, 8e	47 20 07 86

Sri Lanka - Cap. Colombo

18	F11	**Ambassade**	15 r. d'Astorg, 8e	42 66 35 01
19	G13	**Air Lanka**	9 r. du 4-Septembre, 2e	42 97 43 44
19	G13	**Office du Tourisme**	19 r. du 4-Septembre, 2e	42 60 49 99

Suède - Cap. Stockholm

30	J11	**Ambassade**	17, r. Barbet-de-Jouy, 7e	45 55 92 15
32	J16	**Centre Culturel**	11 r. Payenne, 3e	42 71 82 20
18	F12	**Centre Suédois du Commerce Extérieur**	67 bd Haussmann, 8e	42 66 08 88
32	J16	**Office du Tourisme**	150 av. Ch.-Élysées, 8e	42 25 65 52
18	F12	**Scandinavian Airlines System** (SAS)	30 bd des Capucines, 9e	47 42 06 14

Suisse - Cap. Berne

29	J10	**Ambassade**	142 r. de Grenelle, 7e	45 50 34 46
32	J16	**Centre Culturel**	38 r. Francs Bourgeois, 3e	42 71 38 38
31	G13	**Chambre de Commerce**	16 av. de l'Opéra, 1er	42 96 14 17
18	F12	**Office National du Tourisme-Chemins de fer fédéraux**	11 bis r. Scribe, 9e	47 42 45 45
19	G13	**Swissair**	38 av. de l'Opéra, 2e	47 42 15 96

Syrie - Cap. Damas

30	J11	**Ambassade**	20 r. Vaneau, 7e	45 50 26 91
29	J9	**Centre culturel arabe syrien**	12 av. de Tourville, 7e	47 05 30 11
18	F12	**Syrian Arab Airlines** (Syrianair)	1 r. Auber, 9e	47 42 11 06

Tanzanie - Cap. Dodoma

5	C9	**Ambassade**	70 bd Péreire, 17e	47 66 21 77

Tchad - Cap. N'Djamena

15	G6	**Ambassade**	65 r. Belles-Feuilles, 16e	45 53 36 75
17	F9	**Air Afrique**	29 r. du Colisée, 8e	45 61 96 20

Tchécoslovaquie - Cap. Prague

28	J8	**Ambassade**	15 av. Charles-Floquet, 7e	47 34 29 10
31	J13	**—** (Section Consulaire)	18 r. Bonaparte, 6e	43 29 41 60
19	G13	**Ceskoslovenske Aerolinie** (CSA)	32 av. de l'Opéra, 2e	47 42 38 45
27	G6	**Chambre de Commerce Franco-Tchécoslovaque**	28 av. d'Eylau, 16e	47 04 45 78
19	G13	**Office Tchécoslovaque de Tourisme - Cedok**	32 av. de l'Opéra, 2e	47 42 38 45

Thaïlande - Cap. Bangkok

27	H6	**Ambassade**	8 r. Greuze, 16e	47 04 32 22
17	F9	**Office National du Tourisme**	90 av. Champs-Elysées, 8e	45 62 86 56
16	F8	**Thai Airways International**	123 av. Champs-Elysées, 8e	47 20 64 50

Togo - Cap. Lomé

4	C8	**Ambassade**	8 r. Alfred-Roll, 17e	43 80 12 13
17	F9	**Air Afrique**	29 r. du Colisée, 8e	45 61 96 20

Tunisie - Cap. Tunis

30	K11	**Ambassade**	25 r. Barbet-de-Jouy, 7e	45 55 95 98
28	G7	**Consulat**	17-19 r. de Lübeck, 16e	45 53 50 94
19	G13	**Office National du Tourisme**	32 av. de l'Opéra, 2e	47 42 72 67
18	G12	**Tunis Air**	17 r. Daunou, 2e	42 96 10 45

Turquie - Cap. Ankara

27	J6	**Ambassade**	16 av. de Lamballe, 16e	45 24 52 24
5	C9	**Consulat**	184 bd Malesherbes, 17e	42 27 32 72
17	F9	**Bureau de Tourisme**	102 av. Champs-Élysées, 8e	45 62 78 68
31	H13	**Turkish Airlines**	2 r. de l'Echelle, 1er	42 60 28 08

Unions des Républ. Socialistes Soviétiques (URSS) - Cap. Moscou

26	G4	**Ambassade**	40-50 bd Lannes, 16e	45 04 05 50
17	E9	**Consulat**	8 r. de Prony, 17e	47 63 50 20
17	G9	**Aeroflot** (Cie aérienne)	33 av. Champs-Élysées, 8e	42 25 43 81
29	G10	**Chambre de Commerce Franco-Soviétique**	22 av. Franklin-Roosevelt, 8e	42 25 97 10
19	F13	**Intourist**	7 bd des Capucines, 2e	47 42 47 40
31	J13	**Librairie du Globe**	2 r. de Buci, 6e	43 26 54 99
15	G5	**Représentation Commerciale**	49 r. de la Faisanderie, 16e	47 27 41 39

Uruguay - Cap. Montevideo

16	F7	**Ambassade**	15 r. Le Sueur, 16e	45 00 91 50

Vatican - (Voir Saint-Siège)

Venezuela - Cap. Caracas

16	G7	**Ambassade**	11 r. Copernic, 16e	45 53 29 98
28	H7	**Consulat**	42 av. du Prés.-Wilson, 16e	45 53 00 88
19	F13	**Viasa** (Cie aérienne)	5 bd des Capucines, 2e	47 42 20 07

Vietnam - Cap. Hanoï

38	L3	**Ambassade**	62 r. Boileau, 16e	45 24 50 63
14	D3	**Section commerciale**	Neuilly - 44 av. de Madrid	46 24 85 77

Yémen - (Républ. Arabe-RAY) - Cap. Sanaa

28	J8	**Ambassade**	21 av. Charles-Floquet, 7e	43 06 66 22
17	F9	**Yemenia (Yemen Airways)**	52 av. Champs-Élysées, 8e	42 56 06 00

Yemen (Républ. Démocratique) - Cap. Aden

28	G8	**Ambassade**	25 r. Georges Bizet, 16e	47 23 61 76

Yougoslavie - Cap. Belgrade

15	G5	**Ambassade**	54 r. de la Faisanderie, 16e	45 04 05 05
15	G5	**Consulat**	152 bis r. de Longchamp, 16e	45 04 05 05
32	H15	**Centre Culturel**	123 r. St-Martin, 4e	42 72 50 50
27	G6	**Chambre économique**	69 av. Raymond-Poincaré, 16e	47 04 92 76
45	K18	**Librairie Yougofranc**	55 r. Traversière, 12e	43 43 59 29
19	F13	**Office de Tourisme**	31 bd des Italiens, 2e	42 68 07 07
19	F13	**Yugoslav Airlines** (JAT)	—	42 68 06 06

Zaïre - Cap. Kinshasa

29	G9	**Ambassade**	32 cours Albert-1er, 8e	42 25 57 50
18	G12	**Air Zaïre**	7 bd de la Madeleine, 1er	47 03 94 87

Zambie - Cap. Lusaka

16	F8	**Ambassade**	76 av. d'Iéna, 16e	47 23 43 52

Zimbabwe - Cap. Harare

16	F8	**Ambassade**	5 r. de Tilsitt, 8e	47 63 48 31

BIBLIOTHÈQUES - CENTRES CULTURELS

LIBRARIES, BIBLIOTHEKEN, BIBLIOTECAS

32	H15	**Centre Georges-Pompidou**	pl. Georges-Pompidou, 4e	42 77 12 33
33	K17	**Arsenal**	bd Henri IV, 4e	42 77 44 21
31	H13	**Arts Décoratifs**	111 r. de Rivoli, 1er	42 60 32 14
32	G16	**Conservatoire Nat. des Arts et Métiers**	292 r. St-Martin, 3e	40 27 23 68
18	T17	**Documentation Internat. Contemporaine**	Nanterre - 6 allée de l'Université	47 21 40 22
42	K12	**Documentation Sciences Humaines**	54 bd Raspail, 6e	49 54 20 00
19	E13	**Fondation Dosne-Thiers**	27 pl. St-Georges, 9e	48 78 14 33
32	J16	**Forney**	1 r. du Figuier, 4e	42 78 14 60
32	J16	**Historique de la Ville de Paris**	24 r. Pavée, 4e	42 74 44 44
44	K16	**Institut du Monde Arabe**	r. des Fossés St-Bernard, 5e	46 34 25 25
32	H15	**Maison de la Poésie**	101 r. Rambuteau, 1er	42 36 27 53
32	H15	**Maison du Geste et de l'Image**	42 r. St-Denis, 1er	42 36 33 52
31	J13	**Mazarine**	23 quai de Conti, 6e	43 54 89 48
44	M16	**Muséum Nat. d'Histoire Naturelle**	38 r. Geoffroy-St-Hilaire, 5e	43 31 71 24
31	G13	**Nationale** (BN)	58 r. de Richelieu, 2e	47 03 81 26
43	K14	**Nordique**	6 r. Valette, 5e	43 29 61 00
30	J12	**Protestantisme**	54 r. des Saints-Pères, 7e	45 48 62 07
43	L14	**Ste-Geneviève**	10 pl. du Panthéon, 5e	43 29 61 00
31	H14	**Vidéothèque de Paris**	Forum des Halles Porte Saint-Eustache, 1er	40 26 34 30

Paris compte de nombreuses bibliothèques d'études et 55 bibliothèques municipales de prêt. Outre les plus connues, générales ou spécialisées, indiquées ci-dessus, citons-en quelques autres, très spécialisées, comme les bibliothèques des Arts du spectacle (à l'Arsenal), du Saulchoir (religion), de la Préfecture de Police, de l'Observatoire de Meudon...

Les bibliothèques de prêt et de consultation, qui offrent parfois un département discothèque ou cassettothèque, sont ouvertes au public dans la plupart des Mairies et divers autres centres ; la liste des bibliothèques pour la jeunesse y est disponible.

Pour connaître les adresses des bibliothèques et Centres Culturels étrangers, *voir p. 57 à 68.*

Salles d'expositions

29	G10	**Galeries Nationales du Grand Palais**	av. du Gén.-Eisenhower, 8e	42 89 54 10
28	G8	**Palais de Tokyo**	13 av. Président-Wilson, 16e	47 23 36 53
31	H14	**Pavillon des Arts**	101 r. Rambuteau, 1er	42 33 82 50
29	G10	**Petit Palais**	av. Winston-Churchill, 8e	42 65 12 73

CIMETIÈRES

CEMETERIES, FRIEDHÖFE, CEMENTERIOS

38	M3	**Auteuil**	57 r. Claude-Lorrain, 16e	46 51 20 83
5	B10	**Batignolles**	8 r. St-Just, 17e	46 27 03 18
23	F22	**Belleville**	40 r. du Télégraphe, 20e	46 36 66 23
47	N21	**Bercy**	329 r. de Charenton, 12e	43 43 28 93
60	R23	**Charenton**	av. de Gravelle, 12e	43 68 62 60
35	H22	**Charonne**	pl. St. Blaise, 20e	43 71 40 66
56	S15	**Gentilly**	5 r. de Ste-Hélène, 13e	45 88 38 80
39	M6	**Grenelle**	174 r. St-Charles, 15e	45 57 13 43
6	C12	**Montmartre**	av. Rachel, 18e	43 87 64 24
42	M12	**Montparnasse**	3 bd Edgar-Quinet, 14e	43 20 68 52
54	R11	**Montrouge**	18 av. Pte-de-Montrouge, 14e	46 56 52 52
27	H6	**Passy**	2 r. du Cdt-Schlœsing, 16e	47 27 51 42
35	H21	**Père-Lachaise**	16 r. du Repos, 20e	43 70 70 33
47	L22	**Picpus**	35 r. de Picpus, 12e	43 44 18 54
48	M23	**St-Mandé (Sud)**	r. du Général-Archinard, 12e	43 46 03 06
7	C14	**St-Pierre** (cim. du Calvaire)	2 r. du Mont-Cenis, 18e	
7	C13	**St-Vincent**	6 r. Lucien-Gaulard, 18e	46 06 29 78
59	P21	**Valmy**	av. Pte-de-Charenton, 12e	43 68 62 60
39	M6	**Vaugirard**	320 r. Lecourbe, 15e	45 57 26 30
22	D20	**La Villette**	46 r. d'Hautpoul, 19e	42 08 05 45

*Hors de Paris se situent les cimetières parisiens de Bagneux (*22 AF26*), la Chapelle* (9 A17), *Ivry (*24 AF31-AF32*), Pantin* (12 A23), *St-Ouen (*18 T29*) et Thiais (*24 AL32-AM32).

COMMERCE
BUSINESS, GESCHÄFT, COMERCIO

Salons, Foires, Expositions,
Fairs, Exhibitions, Messen, Ausstellungen, Salones, Ferias, Exposiciones

22	AB18	**Comité des Expositions de Paris**	**Boulogne Billancourt** - 55 quai Alphonse Le Gallo	49 09 60 00
45	M18	**Espace Austerlitz**	30 quai d'Austerlitz, 13e	45 86 59 40
4	C7	**Espace Champerret**	r. Jacques Ibert, 17e	40 55 19 55
10	C20	**Grande Halle de la Villette**	211 av. Jean-Jaurès, 19e	42 49 77 22
19	F14	**Hôtel des Ventes**	9 r. Drouot, 9e	48 00 20 20
29	G9	**Drouot-Montaigne**	15 av. Montaigne, 8e	48 00 20 80
15	E6	**Palais des Congrès**	2 pl. de la Pte-Maillot, 17e	46 40 22 22
51	N6	**Parc des Expositions** (S.E.P.E)	Pte-de-Versailles, 15e	48 42 87 00
20	J45	**Parc d'Expositions de Paris-Nord**	**Villepinte** - ZAC Paris-Nord II	48 63 30 30

Grands Magasins et Centres commerciaux
Department stores and shopping centres, Kaufhäuser, Einkaufszentren, Grandes Almacenes y Centros Comerciales

32	J15	**Bazar de l'Hôtel-de-Ville** Rivoli	52 r. de Rivoli, 4e	42 74 90 00
10	C19	— Flandre	119 r. de Flandre, 19e	40 34 71 69
39	K6	**Beaugrenelle**	16 r. Linois, 15e	45 75 71 31
30	K11	**Au Bon Marché**	22 r. de Sèvres, 7e	45 49 21 22
42	L11	**C & A** Maine Montparnasse	1 r. de l'Arrivée, 15e	45 38 52 76
31	H14	— Rivoli	122-124 r. de Rivoli, 1er	42 33 71 95
16	E8	**FNAC** Etoile	26 av. de Wagram, 8e	47 66 52 50
31	H14	— Forum des Halles	1-7 r. Pierre-Lescot, 1er	40 26 81 18
42	L12	— Montparnasse	136 r. de Rennes, 6e	49 54 30 00
32	H15	**Forum des Halles**	1 r. Pierre-Lescot, 1er	42 96 68 74
56	P16	**Galaxie**	30 av. d'Italie, 13e	45 80 09 09
18	F12	**Galeries Lafayette** Haussmann	40 bd Haussmann, 9e	42 82 34 56
42	L11	— Montparnasse	22 r. du Départ, 15e	45 38 52 87
42	M11	**Inno** Montparnasse	35 r. du Départ, 14e	43 20 69 30
47	K21	— Nation	20 bd de Charonne, 20e	43 73 17 59
27	J5	— Passy	53 r. de Passy, 16e	45 24 52 32
42	L11	**Maine-Montparnasse**	66 bd du Montparnasse, 15e	45 38 52 54
18	F12	**Marks & Spencer**	35 bd Haussmann, 9e	47 42 42 91
15	E6	**Palais des Congrès**	2 pl. de la Pte-Maillot, 17e	46 40 22 22
18	F12	**Au Printemps** Haussmann	64 bd Haussmann, 9e	42 82 50 00
56	P16	— Italie	30 av. d'Italie, 13e	45 81 11 50
47	K22	— Nation	21-25 cours Vincennes, 20e	43 71 12 41
33	G17	— République	pl. de la République, 11e	43 55 39 09
16	E8	— Ternes	30 av. des Ternes, 17e	43 80 20 00
31	H14	**Samaritaine**	r. de Rivoli, 1er	40 41 20 20

Marchés, *Markets, Märkte, Mercados*

33	G17	**Carreau du Temple**	r. Dupetit-Thouars, 3e	42 71 08 80
46	N20	**Entrepôts de Bercy**	1 cour Chamonard, 12e	43 43 15 41
31	H13	**Le Louvre des Antiquaires**	2 pl. du Palais-Royal, 1er	42 97 27 00
7	A14	**Marché aux Puces**	**St-Ouen** - 85 r. des Rosiers	40 11 59 69
68		**Marché d'Intérêt Nat. de Paris-Rungis**	**Rungis** - 1 r. de la Tour	46 87 35 35
28	K8	Le **Village Suisse**	54 av. Motte-Picquet, 15e	43 06 69 90

Nombreuses sont les artères commerçantes de Paris :

- ***les unes pour leur choix d'articles de luxe et la haute couture : avenue Montaigne et Champs Elysées aux diverses galeries ; place et avenue de l'Opéra, rue Tronchet, rue Royale, rue du Fbg St-Honoré.***
- ***les autres pour leur activité principale : rue de la Paix et place Vendôme (joaillerie-bijouterie) ; rue St-Lazare et boulevard St-Michel (chaussures et sacs) ; rue de Passy et de Sèvres (habillement) ; rue du Fbg-St-Antoine (bois et meubles), rue de Paradis (cristaux et porcelaines).***

Sur quelques places se tiennent des marchés de plein air : marchés aux fleurs et aux oiseaux.

CULTES ([1])

CHURCHES, KIRCHEN UND ANDERE KULTSTÄTTEN, CULTOS

Églises et chapelles catholiques

Catholic churches and chapels
Katholische Kirchen und Kapellen, Iglesias y Capillas Católicas

18	F11	**Archevêché** (Maison Diocésaine)	8 r. de la Ville-l'Evêque, 8e	42 66 90 15
32	K15	**Notre-Dame** (cathédrale)	6 Parvis Notre-Dame, 4e	43 26 07 39
17	E9	**Annonciation** (égl. Dominicains)	222 r. du Fg-St-Honoré, 8e	45 63 63 04
34	J20	**Bon Pasteur** (égl.)	177 r. de Charonne, 11e	43 71 05 24
23	G22	**Cœur Eucharistique de Jésus** (égl.)	22 r. du Lt-Chauré, 20e	43 60 74 55
16	F8	**Corpus Christi** (chap.)	23 av. Friedland, 8e	42 25 20 62
56	N16	**Deux Moulins** (chap.)	185-187 r. du Château-des-Rentiers, 13e	45 70 94 75
55	R13	**Franciscaines Missionnaires de Marie** (chap.)	32-34 av. Reille, 14e	45 89 15 51
47	L22	**Immaculée Conception** (égl.)	34 r. du Rendez-Vous, 12e	43 07 75 29
21	D17	**Mission Belge** (chap.)	228 r. La Fayette, 10e	46 07 95 76
30	K11	**Missions Etrangères de Paris** (chap.)	128 r. du Bac, 7e	45 48 19 92
42	L11	**N.-D. des Anges** (chap.)	102 bis r. de Vaugirard, 6e	42 22 97 57
26	J4	— **de l'Assomption de Passy** (égl.)	90 r. de l'Assomption, 16e	42 24 41 50
38	L4	— **d'Auteuil** (égl.)	Place Théodore Rivière, 16e	45 25 30 17
23	G21	— **Auxiliatrice** (chap.)	15 r. du Retrait, 20e	46 36 97 67
32	H16	— **des Blancs Manteaux** (égl.)	12 r. des Blancs-Manteaux, 4e	42 72 09 37
41	K9	— **du Bon Conseil** (chap.)	6 r. A.-de-Lapparent, 7e	47 83 56 68
8	B15	— **du Bon Conseil** (égl.)	140 r. de Clignancourt, 18e	46 06 39 80
20	G15	— **de Bonne-Nouvelle** (égl.)	25 r. de la Lune, 2e	42 33 65 74
22	D19	— **des Buttes-Chaumont** (égl.)	80 r. de Meaux, 19e	42 06 16 86
42	L12	— **des Champs** (égl.)	91 bd du Montparnasse, 6e	43 22 03 06
7	B14	— **de Clignancourt** (égl.)	2 pl. Jules-Joffrin, 18e	42 54 39 13
15	D6	— **de Compassion** (chap.)	pl. du Général-Kœnig, 17e	45 74 83 31
5	C9	— **de Confiance** (chap.)	164 r. de Saussure, 17e	42 27 93 09
22	G20	— **de la Croix** (égl.)	3 pl. de Ménilmontant, 20e	46 36 74 88
33	J18	— **d'Espérance**	4 r. du Cdt Lamy, 11e	47 00 12 11
9	C18	— **des Foyers** (chap.)	18 r. de Tanger, 19e	40 34 46 44
57	P17	— **de la Gare** (égl.)	pl. Jeanne d'Arc, 13e	45 83 47 34
40	K7	— **de Grâce** (chap.)	4-6 r. Fondary, 15e	45 77 46 50
27	J6	— **de Grâce de Passy** (égl.)	10 r. de l'Annonciation, 16e	45 25 76 32
43	L14	— **du Liban** (rite maronite)	17 r. d'Ulm, 5e	43 29 47 60
19	E13	— **de Lorette** (égl.)	18 bis r. Châteaudun, 9e	48 78 92 72
23	F21	— **de Lourdes** (égl.)	130 r. Pelleport, 20e	43 62 61 60
41	L9	— **du Lys** (chap.)	7 r. Blomet, 15e	45 67 81 81
20	D16	— **des Malades** (chap.)	15 r. Ph.-de-Girard, 10e	46 07 92 87
30	K11	— **de la Médaille Miraculeuse** (chap.)	140 r. du Bac, 7e	45 48 10 13
46	N20	— **de la Nativité de Bercy** (égl.)	9 pl. Lachambeaudie, 12e	43 07 86 01
39	N6	— **de Nazareth** (égl.)	351 r. Lecourbe, 15e	45 58 50 26
23	F22	— **des Otages** (égl.)	81 r. Haxo, 20e	43 64 62 84
43	M13	— **de Paix** (chap.)	32 r. Boissonade, 14e	43 22 42 08
34	H20	— **du Perpétuel Secours** (basilique)	55 bd Ménilmontant, 11e	48 05 94 93
53	P9	— **du Rosaire** (égl.)	194 r. R.-Losserand, 14e	45 43 13 16
27	H6	— **du St-Sacrement** (chap.)	20 r. Cortambert, 16e	45 04 41 86
40	N8	— **de la Salette** (égl.)	27 r. de Dantzig, 15e	45 31 12 16
41	N10	— **du Travail** (égl.)	59 r. Vercingétorix, 14e	43 20 09 51
31	G14	— **des Victoires** (basilique)	pl. des Petits-Pères, 2e	42 60 90 47
27	J5	**Religieuses de l'Assomption** (chap.)	17 r. de l'Assomption, 16e	46 47 84 56
7	C14	**Sacré-Cœur** (basilique)	pl. Parvis Sacré-Cœur, 18e	42 51 17 02
55	P14	**St-Albert le Grand** (égl.)	122 r. de la Glacière, 13e	45 89 19 76
33	H18	— **Ambroise** (égl.)	71 bd Voltaire, 11e	43 55 56 18
18	D12	— **André de l'Europe** (égl.)	24 bis r. de Leningrad, 8e	45 22 27 29
52	P7	— **Antoine de Padoue** (égl.)	52 bd Lefebvre, 15e	45 31 12 84
45	K18	— **Antoine des Quinze-Vingts** (égl.)	66 av. Ledru-Rollin, 12e	43 43 93 94
18	E11	— **Augustin** (égl.)	pl. St-Augustin, 8e	45 22 23 12

(1) Un centre d'information et de documentation religieuses est à votre service, 8 rue Massillon, 75004 PARIS ; ☎ 46 33 01 01. Informations religieuses téléphonées 43 29 11 22.

42	M11	**St-Bernard** (chap.)	34 av. du Maine, 15e	43 21 50 76
8	D16	— **Bernard de la Chapelle** (égl.)	11 r. Affre, 18e	42 64 52 12
36	J23	— **Charles de la Croix-St-Simon** (chap.)	16 bis r. Croix-St-Simon, 20e	43 70 77 96
17	D10	— **Charles de Monceau** (égl.)	22 bis r. Legendre, 17e	47 63 05 84
39	L5	— **Christophe de Javel** (égl.)	4 r. St-Christophe, 15e	45 77 63 78
8	C16	— **Denys de la Chapelle** (égl.)	16 r. de la Chapelle, 18e	46 07 35 52
33	H17	— **Denys du St-Sacrement** (égl.)	68 bis r. de Turenne, 3e	42 72 28 96
55	N13	— **Dominique** (égl.)	16 r. Tombe-Issoire, 14e	45 65 20 25
46	L20	— **Éloi** (égl.)	1 pl. M.-de-Fontenay, 12e	43 07 55 65
47	M21	— **Esprit** (égl.)	186 av. Daumesnil, 12e	43 07 52 84
44	L15	— **Étienne du Mont** (égl.)	pl. Ste-Geneviève, 5e	43 54 11 79
19	F14	— **Eugène** (égl.)	4 bis r. Ste-Cécile, 9e	48 24 70 25
31	H14	— **Eustache** (égl.)	r. du Jour, 1er	42 36 31 05
16	E7	— **Ferdinand-Ste-Thérèse** (égl.)	27 r. d'Armaillé, 17e	45 74 00 32
54	P12	— **François** (chap. Franciscains)	7 r. Marie-Rose, 14e	45 40 74 98
38	L3	— **François** (chap.)	44 r. Molitor, 16e	46 51 37 54
22	E20	— **François d'Assise** (égl.)	7 r. de Mouzaïa, 19e	42 39 64 58
17	D9	— **François de Sales** (ancienne égl.)	6 r. Brémontier, 17e	47 66 75 90
5	D9	— **François de Sales** (nouvelle égl.)	15-17 r. Ampère, 17e	47 66 75 90
29	K10	— **François-Xavier** (égl.)	bd des Invalides, 7e	47 83 32 12
47	K22	— **Gabriel** (égl.)	5 r. des Pyrénées, 20e	43 72 59 73
21	E18	— **Georges** (égl.)	114 av. Simon-Bolivar, 19e	42 39 61 80
26	K4	— **Georges** (rite byzantin-roumain)	38 r. Ribera, 16e	45 27 22 59
31	H14	— **Germain l'Auxerrois** (égl.)	2 pl. du Louvre, 1er	42 60 13 96
35	H22	— **Germain de Charonne** (égl.)	4 pl. St-Blaise, 20e	43 71 42 04
31	J13	— **Germain-des-Prés** (égl.)	1 r. St-G.-des-Prés, 6e	43 25 41 71
32	J15	— **Gervais-St-Protais** (égl.)	pl. St.-Gervais, 4e	48 87 32 02
57	R17	— **Hippolyte** (égl.)	27 av. de Choisy, 13e	45 85 12 05
15	G6	— **Honoré d'Eylau** (nouvelle église)	66 bis av. R.-Poincaré, 16e	45 01 96 00
30	K12	— **Ignace** (égl.)	33 r. de Sèvres, 6e	45 48 25 25
43	L14	— **Jacques du Haut Pas** (égl.)	252 r. St-Jacques, 5e	43 25 91 70
10	C19	— **Jacques-St-Christophe** (égl.)	6 pl. de Bitche, 19e	40 36 57 89
22	E20	— **Jean-Baptiste de Belleville** (égl.)	139 r. de Belleville, 19e	42 08 54 54
40	L7	— **Jean-Baptiste de Grenelle** (égl.)	23 pl. Etienne-Pernet, 15e	48 28 64 34
41	M10	— **Jean-Baptiste de la Salle** (égl.)	9 r. du Dr-Roux, 15e	47 34 19 95
35	J21	— **Jean Bosco** (égl.)	79 r. Alexandre-Dumas, 20e	43 70 29 27
19	D13	— **Jean de Montmartre** (égl.)	19 r. des Abbesses, 18e	46 06 43 96
21	G18	— **Joseph** (égl.)	161 r. St-Maur, 11e	43 57 58 50
21	D17	— **Joseph Artisan** (égl.)	214 r. La Fayette, 10e	46 07 92 87
42	K12	— **Joseph des Carmes** (égl.)	70 r. de Vaugirard, 6e	42 22 41 80
6	B11	— **Joseph des Epinettes** (chap.)	2 impasse des Epinettes, 17e	46 27 89 70
6	B11	— — (égl.)	40 r. Pouchet, 17e	46 27 11 24
31	K14	— **Julien le Pauvre** (rite grec-byzantin)	1 r. St-Julien-le-Pauvre, 5e	43 54 20 41
40	M8	— **Lambert de Vaugirard** (égl.)	2 r. Gerbert, 15e	48 28 56 90
20	F16	— **Laurent** (égl.)	68 bd Magenta, 10e	46 07 24 65
28	K8	— **Léon** (égl.)	1 pl. du Card.-Amette, 15e	45 67 01 32
32	H15	— **Leu-St-Gilles** (égl.)	92 bis r. St-Denis, 1er	42 33 50 22
18	F12	— **Louis d'Antin** (égl.)	63 r. Caumartin, 9e	45 26 65 34
29	K9	— **Louis-Ecole Militaire** (chap.)	13 pl. Joffre, 7e	45 50 32 80
32	K16	— **Louis en l'Ile** (égl.)	19 bis r. St-L.-en-l'Ile, 4e	46 34 11 60
29	J10	— **Louis des Invalides** (égl.)	Hôtel des Invalides, 7e	45 55 92 30
44	M16	— **Marcel** (égl.)	80-82 bd de l'Hôpital, 13e	47 07 27 43
C6	D6	— **Martin-de-Porrës** (chap.)	41 r. Jacques-Ibert, 17e	40 55 01 12
21	F17	— **Martin des Champs** (égl.)	36 r. Albert-Thomas, 10e	42 08 36 60
44	M15	— **Médard** (égl.)	141 r. Mouffetard, 5e	43 36 14 92
32	H15	— **Merry** (égl.)	78 r. St-Martin, 4e	42 71 93 93
6	C11	— **Michel des Batignolles** (égl.)	12 bis r. St-Jean, 17e	43 87 33 94
32	G15	— **Nicolas des Champs** (égl.)	252 bis r. St-Martin, 3e	42 72 92 54
44	K15	— **Nicolas « Hors les Murs »** (égl.)	15 r. des Bernardins, 5e	43 54 21 00
32	J16	— **Paul-St-Louis** (égl.)	99 r. St-Antoine, 4e	42 72 30 32
17	F10	— **Philippe du Roule** (égl.)	154 r. du Fg-St-Honoré, 8e	45 61 10 67
41	L9	— **Pie X** (Italie)	36 r. Miollis, 15e	47 83 58 65
28	G8	— **Pierre de Chaillot** (égl.)	35 av. Marceau, 16e	47 20 12 33
29	H9	— **Pierre du Gros Caillou** (égl.)	92 r. St. Dominique, 7e	45 55 22 38
7	C14	— **Pierre de Montmartre** (égl.)	2 r. du Mont-Cenis, 18e	46 06 57 63
54	P12	— **Pierre de Montrouge** (égl.)	Pl. Victor Basch, 14e	45 40 66 08
9	A17	— **Pierre-St-Paul** (chap.)	44 r. Charles-Hermite, 18e	40 38 08 11
31	G13	— **Roch** (égl.)	296 r. St-Honoré, 1er	42 60 81 69
31	K14	— **Séverin** (égl.)	1 r. des Prêtres-St-Séverin, 5e	43 25 96 63
31	K13	— **Sulpice** (égl.)	pl. St-Sulpice, 6e	46 33 21 78

30	J12	**St-Thomas d'Aquin** (égl.)	pl. St-Thomas-d'Aquin, 7e	42 22 59 74
20	E15	**— Vincent de Paul** (égl.)	pl. Franz-Liszt, 10e	48 78 47 47
42	K11	**— Vincent de Paul** (chap. Pères Lazaristes)	95 r. de Sèvres, 6e	42 22 63 70
30	J12	**— Vladimir le Grand** (rite oriental ukrainien)	51 r. des Saints-Pères, 6e	45 48 48 65
56	P15	**Ste-Anne Maison Blanche** (égl.)	188 r. de Tolbiac, 13e	45 89 34 73
48	L23	**— Bernadette** (chap.)	12 av. Pte-de-Vincennes, 12e	43 07 75 29
38	L4	**— Bernadette** (chap.)	4 r. d'Auteuil, 16e	45 25 30 17
11	C21	**— Claire** (égl.)	179 bd Sérurier, 19e	42 05 42 35
30	J11	**— Clotilde** (égl.)	23 bis, r. Las-Cases, 7e	47 05 22 46
22	D20	**— Colette** (chap.)	41 r. d'Hautpoul, 19e	46 07 32 57
32	H16	**— Croix** (cathédrale) (rite arménien)	13 r. du Perche, 3e	42 78 31 93
32	G16	**— Elisabeth** (égl.)	195 r. du Temple, 3e	48 87 56 77
7	B13	**— Geneviève-des-Gdes Carrières** (égl.)	174 r. Championnet, 18e	46 27 84 43
7	B14	**— Hélène** (égl.)	102 r. du Ruisseau, 18e	46 06 16 99
55	R13	**— Jeanne d'Arc** (chap. Franciscaines)	32 av. Reille, 14e	45 89 15 51
37	M2	**— Jeanne de Chantal** (égl.)	96 bd Murat, 16e	46 51 03 30
34	K19	**— Marguerite** (égl.)	36 r. St-Bernard, 11e	43 71 34 24
26	K4	**— Marie** (Abbaye bénédictine)	3 r. de la Source, 16e	45 25 30 07
6	C11	**— Marie des Batignolles** (égl.)	77 pl. Dr-F.-Lobligeois, 17e	46 27 57 67
18	G11	**— Marie-Madeleine** (égl.)	pl. de la Madeleine, 8e	42 65 52 17
4	C7	**— Odile** (égl.)	2 av. Stéph.-Mallarmé, 17e	42 27 18 37
18	D12	**— Rita** (chap.)	65 bd de Clichy, 9e	48 74 99 23
56	P15	**— Rosalie** (égl.)	50 bd Auguste-Blanqui, 13e	43 31 36 83
26	K4	**— Thérèse** (chap.)	40 r. La Fontaine, 16e	45 24 43 04
18	E12	**— Trinité** (égl.)	pl. d'Estienne-d'Orves, 9e	48 74 12 77
38	K4	**— Trinité** (rite byzantin-russe)	39 r. François-Gérard, 16e	42 24 05 53
43	M14	**Val de Grâce** (égl.)	1 pl. Laveran, 5e	43 29 12 31

Cultes en langues étrangères

Services in foreign languages, Gottesdienste in Fremdsprachen, Cultos en idiomas extranjeros

27	H5	**Cœur Immaculé de Marie** (Espagnol)	51 bis r. de la Pompe, 16e	45 04 23 34
30	G12	**N.D. de l'Assomption** (Polonais)	pl. M. Barrès, 1er	42 60 93 85
29	G9	**— de la Consolation** (Italien)	23 r. Jean-Goujon, 8e	42 25 61 84
23	E22	**— de Fatima-Marie Médiatrice** (Sanctuaire) (Portugais)	48 bis bd Serurier, 19e	42 40 12 55
15	G5	**St-Albert le Grand** (Allemand)	38 r. Spontini, 16e	47 04 31 49
16	E8	**St-Joseph** (Anglophone)	50 av. Hoche, 8e	42 27 28 56
34	K20	**Ste-Famille** (Italien)	46 r. de Montreuil, 11e	43 72 49 30

Églises issues de la Réforme

Protestant churches, Protestantische Kirchen, Iglesias Reformistas

18	E12	**Fédération Protestante de France**	47 r. de Clichy, 9e	48 74 15 08

Culte Réformé

Reformed churches, Reformierte Kirchen, Culto Reformado

18	E12	**Eglise Réformée de France** (Bureau National)	47 r. de Clichy, 9e	48 74 90 92
27	H6	**Annonciation** (de l')	19 r. Cortambert, 16e	45 03 43 10
38	L3	**Auteuil** (d')	53 r. Erlanger, 16e	46 51 72 85
18	D11	**Batignolles** (des)	44 bd des Batignolles, 17e	43 87 69 49
22	F19	**Belleville** (de)	97 r. Julien-Lacroix, 20e	43 66 15 39
35	H22	**Béthanie** (de)	185 r. des Pyrénées, 20e	46 36 25 58
15	E6	**Étoile** (de l')	54 av. de la Grande-Armée, 17e	45 74 41 79
33	J17	**Foyer de l'Ame**	7 bis r. Pasteur-Wagner, 11e	47 00 47 33
40	K8	**— de Grenelle**	17 r. de l'Avre, 15e	45 79 81 49
42	L12	**Luxembourg** (du)	58 r. Madame, 6e	45 48 13 50
7	C14	**Maison Verte** (Montmartre)	127 r. Marcadet, 18e	42 54 61 25
31	H14	**Oratoire du Louvre**	145 r. St-Honoré, 1er	42 60 21 64
30	J11	**Pentemont** (de)	106 r. de Grenelle, 7e	42 22 07 69
41	N10	**Plaisance** (de)	95 r. de l'Ouest, 14e	45 43 37 10
44	N15	**Port-Royal** (de)	18 bd Arago, 13e	45 35 30 56
20	E15	**Rencontre** (de la)	17 r. des Petits-Hôtels, 10e	48 24 96 43
18	F11	**St-Esprit** (du)	5 r. Roquépine, 8e	42 65 43 58
33	J17	**Ste-Marie**	17 r. St-Antoine, 4e	43 79 82 59

Culte Luthérien, *Lutheran churches, Lutherische Kirchen, Culto Luterano*

56	N16	**Égl. Évangélique Luthérienne de Paris**	13 r. Godefroy, 13e	.45 82 19 99
5	D10	— **Ascension** (de l')	47 r. Dulong, 17e	47 63 90 10
32	J16	— **Billettes** (des)	24 r. des Archives, 4e	42 72 38 79
34	K20	— **Bon Secours** (du)	20 r. Titon, 11e	43 73 04 57
19	F14	— **Rédemption** (de la)	16 r. Chauchat, 9e	47 70 80 30
40	L8	— **Résurrection** (de la)	8 r. Quinault, 15e	47 05 85 66
29	J9	— **St-Jean**	147 r. de Grenelle, 7e	47 05 85 66
43	M13	— **St Marcel**	24 r. Pierre-Nicole, 5e	45 82 70 95
8	C15	— **St-Paul**	90 bd Barbès, 18e	46 06 91 18
22	D19	— **St-Pierre**	55, r. Manin, 19e	42 08 45 56
56	N16	— **Trinité** (de la)	172 bd Vincent-Auriol, 13e	45 86 06 97

Culte Baptiste, *Baptist churches, Baptistische Kirchen, Culto Bautista*

30	J12	**Égl. Évangélique Baptiste**	48 r. de Lille, 7e	42 61 13 95
47	M22	— —	32 r. Victor-Chevreuil, 12e	43 43 45 10
42	N11	— —	123 av. du Maine, 14e	43 22 51 57
22	AB19	— **du Point du Jour**	**Boulogne** - 133 route de la Reine	46 47 69 60
6	B12	**Égl. du Tabernacle**	163 bis r. Belliard, 18e	46 27 43 12

Cultes en langues étrangères

Services in foreign languages, Gottesdienste in Fremdsprachen, Cultos en idiomas extranjeros

16	G8	**American Cathedral in Paris**	23 av. George-V, 8e	47 20 17 92
29	G9	**Church of Scotland** (Écosse)	17 r. Bayard, 8e	48 78 47 94
18	E12	**Deutsche Evangelische Christuskirche**	25 r. Blanche, 9e	45 26 79 43
56	N16	**Eglise Réformée néerlandaise**	172 bd Vincent-Auriol, 13e	47 02 36 21
16	F8	**Frederikskircken** (Danemark)	17 r. Lord-Byron, 8e	42 56 12 84
29	G9	**Reformatus Templom** (Hongrie)	17 r. Bayard, 8e	48 57 60 71
16	F8	**St George's Anglican Church**	7 r. A.-Vacquerie, 16e	47 20 22 51
18	F11	**St Michael's English Church**	5 r. d'Aguesseau, 8e	47 42 70 88
17	E9	**Svenska Kyrkan** (Suède)	9 r. Médéric, 17e	47 63 70 33
29	H9	**The American Church in Paris**	65 quai d'Orsay, 7e	47 05 07 99

Églises Orthodoxes

Orthodox Churches, Orthodoxe Kirchen, Iglesias ortodoxas

38	L3	**Apparition de la Ste-Vierge** (Russe)	87 bd Exelmans, 16e	46 51 92 25
44	K15	**N.-D. Joie des Affligés et Ste-Geneviève**	4 r. St-Victor, 5e	45 84 34 77
52	N7	**Présentation de la Ste-Vierge** (Russe)	91 r. O.-de-Serres, 15e	42 50 53 66
16	E8	**St-Alexandre Newski** (cathédrale) Russe	12 r. Daru, 8e	42 27 37 34
28	G8	**St-Etienne** (cathédrale) Grecque	7 r. Georges-Bizet, 16e	47 20 82 35
29	G9	**St-Jean-Baptiste** (cathédrale) rite arménien	15 r. Jean-Goujon, 8e	43 59 67 03
8	B15	**St-Sava** (Serbe)	23 r. du Simplon, 18e	42 55 31 05
41	L9	**St-Séraphin de Sarov** (Russe)	91 r. Lecourbe, 15e	42 73 05 03
22	D19	**St-Serge** (Russe)	93 r. de Crimée, 19e	42 08 12 93
22	E20	**St-Simon** (Ukrainien)	6 r. de Palestine, 19e	42 03 24 72
40	L7	**Ste-Nino** (Géorgien)	6-8 r. de la Rosière, 15e	
32	H15	**Ste-Trinité**	30 bd de Sébastopol, 4e	42 78 24 03
43	K14	**Sts-Archanges** (Roumain)	9 bis, r. J.-de-Beauvais, 5e	43 54 67 47
19	E13	**Sts-Constantin et Hélène** (Grecque)	2 bis, r. Laferrière, 9e	48 78 35 53
38	M3	**Tous les Saints de la Terre Russe** (Russe)	19 r. Claude-Lorrain, 16e	39 61 91 01
40	M8	**Les Trois Sts-Hiérarques**	5 r. Pétel, 15e	45 32 92 65

Synagogues, *Synagogen, Sinagogas*

19	E13	**Association Consistoriale Israélite de Paris**	17 r. St-Georges, 9e	42 85 71 09
19	F14	**Centre Communautaire — Maison des Jeunes**	19 bd Poissonnière, 2e	42 33 80 21
16	G7	**Union Libérale Israélite de France**	24 r. Copernic, 16e	47 04 37 27
		Synagogues et Oratoires :		
32	G16	**Synagogue**	15 r. N.-D.-Nazareth, 3e	42 78 00 30

32	J16	**Oratoire Fleishman**	18 r. des Écouffes, 4e	48 87 97 86
32	J16	**Syn. « Agoudas Hakehilos »** (Orthodoxe)	10 r. Pavée, 4e	48 87 21 54
32	J16	**Syn. Adath Yechouroun**	25 r. des Rosiers, 4e	48 87 80 64
33	J17	**Synagogue**	21 bis r. des Tournelles, 4e	42 74 32 80
33	J17	**Synagogue**	14 pl. des Vosges, 4e	48 87 79 45
44	M15	**Synagogue**	30 bd de Port Royal, 5e	43 31 75 47
44	M15	**Synagogue**	9 r. Vauquelin, 5e	47 07 21 22
20	F15	**Syn. Rachi**	6 r. Ambroise-Thomas, 9e	48 24 86 94
19	E14	**Synagogue Portugaise**	28 r. Buffault, 9e	45 26 80 87
19	E14	**Synagogue**	8 r. Lamartine, 9e	45 26 87 60
19	F14	**Syn. Adath Yereim**	10 r. Cadet, 9e	42 46 36 47
19	E13	**Synagogue Berith Chalom**	18 r. St-Lazare, 9e	48 78 45 32
19	F13	**Synagogue et oratoire**	44 r. de la Victoire, 9e	45 26 95 36
19	F14	**Synagogue Beth-El**	3 r. Saulnier, 9e	47 70 09 23
19	F14	**Synagogue Beth Israël**	4 r. Saulnier, 9e	
20	F15	**Synagogue**	4 r. Martel, 10e	
20	D15	**Synagogue**	9 r. Guy-Patin, 10e	42 85 12 74
33	J18	**Syn. Don Isaac Abravanel**	84 r. de la Roquette, 11e	47 00 75 95
34	J19	**Synagogue**	18 r. Basfroi, 11e	43 48 82 42
34	J19	**Syn. Adath Israël**	36 r. Basfroi, 11e	43 67 89 20
47	M21	**Orat. Beth Yaakov**	15 r. Lamblardie, 12e	43 47 36 78
57	P18	**Synagogue**	19 r. Domrémy, 13e	45 85 25 56
55	R14	**Syn. Sidi Fredj Halimi**	61-65 r. Vergniaud, 13e	45 88 93 84
41	N10	**Synagogue**	121 r. de l'Ouest, 14e	45 40 88 40
53	P9	**Oratoire**	223 r. Vercingétorix, 14e	45 45 03 43
41	L9	**Synagogue**	14 r. Chasseloup-Laubat, 15e	42 73 36 29
39	K6	**Synagogue**	11 r. Gaston-de-Caillavet, 15e	45 75 38 01
40	K7	**Synagogue**	13 r. Fondary, 15e	45 79 91 97
27	G5	**Syn. Ohel Abraham**	31 r. de Montevideo, 16e	45 04 66 73
16	D7	**Synagogue**	19 r. Galvani, 17e	45 74 52 80
7	B14	**Syn. de Montmartre**	13 r. Ste-Isaure, 18e	42 64 48 34
7	C14	**Oratoire**	42 r. des Saules, 18e	46 06 71 39
10	B19	**Synagogue**	11 r. Curial, 19e	40 37 65 16
21	E18	**Oratoire**	70 av. Secrétan, 19e	
22	F19	**Oratoire**	120 bd de Belleville, 20e	47 97 46 96
22	F19	**Synagogue et oratoire**	75 r. Julien-Lacroix, 20e	43 58 28 39
22	F19	**Synagogue-Temple Guez**	19 r. de Tourtille, 20e	43 57 62 39
36	J23	**Syn. Bet Yaacov Yossef**	5 square des Cardeurs, 20e	43 56 43 11

Culte Musulman, *Islam, Islamische Kultstätten, Culto Musulmán*

44	L16	**Institut Musulman**	pl. du Puits-de-l'Ermite, 5e	45 35 97 33
44	M16	**Mosquée**	pl. du Puits-de-l'Ermite, 5e	45 35 97 33

Culte Bouddhique, *Buddhism, Buddhistische Kultstätten, Culto Budista*

46	L20	**Institut Internat. Bouddhique**	20 cité Moynet, 12e	43 41 54 48
60	P24	**Centre Cultuel et culturel Bouddhique**	40 bis rte de ceinture du Lac Daumesnil, 12e	43 41 54 48

Autres cultes, *Other churches, Andere Kultstätten, Cultos diversos*

23	E22	**Église de Jésus Christ des Saints des Derniers jours (Mormons)**	66 r. de Romainville, 19e	42 45 28 57
44	N16	**Église Adventiste du 7e jour**	130 bd de l'Hôpital, 13e	43 31 33 91
20	F15	—	63 r. du Fg Poissonnière, 9e	47 70 68 23
35	K22	—	96 r. des Grands-Champs, 20e	43 50 36 44
55	N14	**Église catholique orthodoxe de France**	96 bd Auguste-Blanqui, 13e	45 42 44 12
44	K15	**Église catholique St-Nicolas du Chardonnet**	30 r. St-Victor, 5e	46 34 28 33
40	M8	**Église protestante évangélique luthérienne**	105 r. de l'Abbé-Groult, 15e	48 42 58 09
18	T22	**Fédération Evangélique de France** (Région parisienne)	Courbevoie 40 r. du 22 Septembre	43 33 77 24

Sports et loisirs de plein air en Ile-de-France,
consultez la carte Michelin détaillée nº 170 à 1/100 000.

ENSEIGNEMENT SUPÉRIEUR
HIGHER EDUCATION
UNIVERSITÄTEN, HOCHSCHULEN
ENSEÑANZA SUPERIOR

Institut de France
Institute of France, Instituto de Francia

31	J13	**Institut de France**	23 quai de Conti, 6e	43 29 55 10
		Académie Française	–	43 26 85 15
		Académie des Inscriptions et Belles Lettres	–	43 26 92 82
		Académie des Sciences	–	43 26 66 21
		Académie des Beaux-Arts	–	43 26 22 47
		Académie des Sciences Morales et Politiques	–	43 26 31 35

Académies et Institutions, *Academies and institutions, Akademien und staatliche Institutionen, Academias e Instituciones*

30	H11	**Académie Agriculture**	18 r. de Bellechasse, 7e	47 05 10 37
30	K12	**— Chirurgie**	26 bd Raspail, 7e	45 48 22 54
15	G5	**— Nat. Chirurgie dentaire**	22 r. Émile-Ménier, 16e	47 04 65 40
28	J7	**— Marine**	3 av. Octave-Gréard, 7e	42 60 33 30
31	J13	**— Nat. Médecine**	16 r. Bonaparte, 6e	43 26 96 80
43	L13	**— Nat. Pharmacie**	4 av. de l'Observatoire, 6e	43 25 54 49
16	F7	**— Sciences d'Outre-Mer**	15 r. La Pérouse, 16e	47 20 87 93
29	J10	**— Vétérinaire de France**	60 bd La Tour-Maubourg, 7e	47 00 12 27
43	N13	**Bureau des Longitudes**	77 av. Denfert-Rochereau, 14e	40 51 21 21
30	H11	**Centre National de la Recherche Scientifique** (CNRS)	15 q. Anatole-France, 7e	45 55 92 25
43	K14	**Collège de France**	11 pl. M.-Berthelot, 5e	43 29 12 11
29	L14	**Institut Curie**	26 r. d'Ulm, 5e	43 29 12 42
43	J10	**Institut Géographique National**	136 bis r. Grenelle, 7e	45 50 34 95
44	N15	**Manufacture des Gobelins**	42 av. des Gobelins, 13e	48 87 24 14
44	L16	**Museum National d'Histoire Naturelle**	57 r. Cuvier, 5e	43 36 54 26
43	N13	**Observatoire de Paris**	61 av. de l'Observatoire, 14e	40 51 22 21
19	G13	**Phonothèque Nationale**	2 r. de Louvois, 2e	47 03 88 20
30	J11	**Société Nat. d'Horticulture de France**	84 r. de Grenelle, 7e	45 48 81 00

Services et Organismes para-universitaires
University organizations, Universitäre Einrichtungen, Servicios y Organismos para-universitarios

43	M13	**Centre Régional des Œuvres Universitaires et Scolaires** (CROUS) (Information et accueil pour étudiants)	39 av. G.-Bernanos, 5e	43 29 12 43
55	S13	**Cité Internationale Universitaire de Paris**	19 bd Jourdan, 14e	45 89 68 52
55	R13	**Fondation Santé des Etudiants de France**	8 r. Emile-Deutsch-de-la Meurthe, 14e	45 89 43 39
22	AF28	**Service Interacadémique des Examens et Concours**	Arcueil - 7 r. Ernest-Renan	46 57 11 90

La Cité Internationale Universitaire de Paris* (S13) *occupe, au Sud du Parc Montsouris, un quadrilatère de 40 ha, autour duquel s'ordonnent :

- ***la Maison Internationale, qui offre des activités culturelles (théâtre) et sportives (piscine) dans le cadre de la Fondation Nationale, à laquelle se rattachent un Hôpital International et trois restaurants universitaires.***
- ***des Maisons d'étudiants et Fondations, vivant chacune de façon autonome, les unes françaises(Fondation Deutsch-de-la-Meurthe, Pavillon Honnorat, etc.), les autres étrangères, regroupant plus de cent nationalités.***

Universités

Universities, Universitäten, Universidades

43	K14	**Académie de Paris** (Rectorat).	47 r. des Ecoles, 5e	40 46 22 11
43	L14	**Paris I** Panthéon-Sorbonne	12 pl. du Panthéon, 5e	46 34 97 00
43	L13	**Paris II** Droit, Économie et Sciences sociales	92 r. d'Assas, 6e	43 20 12 24
44	M15	**Paris III** Sorbonne Nouvelle	13 r. Santeuil, 5e	45 87 40 00
43	K14	**Paris IV** Paris-Sorbonne	1 r. Victor-Cousin, 5e	40 46 22 11
31	K14	**Paris V** René Descartes	12 r. de l'Éc.-Médecine, 6e	40 46 16 16
44	L16	**Paris VI** Pierre et Marie Curie	4 pl. Jussieu, 5e	43 36 25 25
44	L16	**Paris VII**	2 pl. Jussieu, 5e	43 36 25 25
20	M31	**Paris VIII**	St-Denis - 2 r. de la Liberté	43 21 63 64
15	F5	**Paris IX** Paris-Dauphine	pl. du Mar.-de-Lattre de-Tassigny, 16e	45 05 14 10
18	T17	**Paris X** Paris-Nanterre	Nanterre - 200 av. de la République	40 97 72 00
101	pli 33	**Paris XI** Paris-Sud	Orsay - 15 av. G.-Clemenceau	69 41 76 58
24	AH38	**Paris XII** Paris-Val-de-Marne	Créteil - av. du Gén.-de-Gaulle	48 98 91 44
18	L28	**Paris XIII** Paris-Nord	Villetaneuse - av. J.-B.-Clément	49 40 30 00

Facultés de Médecine (Unité de Formation et de Recherche médicale – U.F.R.)

Teaching hospitals, Universitätskliniken, Facultades de Medicina

43	M14	**Cochin-Port-Royal**	**Paris V**	24 r. du Fg St-Jacques, 14e	43 20 12 40
41	L10	**Necker-Enfants Malades**	–	156 r. de Vaugirard, 15e	47 83 33 03
22	AB13	**Paris-Ouest**	–	Garches - 104 bd R. Poincaré	47 41 81 18
31	K14	**Broussais-Hôtel-Dieu**	**Paris VI**	15 r. de l'École de Médecine, 6e	43 29 29 29
45	M17	**Pitié-Salpétrière**	–	91 bd. de l'Hôpital, 13e	45 84 11 84
46	K19	**Saint-Antoine**	–	27, rue Chaligny, 12e	43 41 71 00
20	E16	**Lariboisière-Saint-Louis**	**Paris VII**	10, av. de Verdun, 10e	42 03 94 26
7	A13	**Xavier-Bichat-Beaujon**	–	16 r. Henri Huchard, 18e	42 63 80 12
24	AF30	**Kremlin-Bicêtre**	**Paris XI**	Kremlin-Bicêtre - 63 r. G. Péri	46 70 11 85
24	AH39	**Créteil** (H. Mondor)	**Paris XII**	Créteil - 8 r. du Gal Sarrail	49 81 21 11
20	S36	**Paris-Nord** (Avicenne)	**Paris XIII**	Bobigny - 74 r. Marcel Cachin	48 38 91 76

Instituts Universitaires de Technologie (I.U.T.)

Institutes of Technology, Technische Hochschulen, Institutos Universitarios de Tecnología

38	M4	**Paris V**	143 av. de Versailles, 16e	45 24 46 02
22	AD16	**Paris X**	Ville-d'Avray - 1 chemin Desvallières	47 09 05 70
101	pli 2	–	Cergy-Pontoise Allée des Chênes-Pourpres	30 32 66 44
22	AJ27	**Paris XI**	Cachan - 9 av. Div.-Leclerc	46 64 10 32
101	pli 33	–	Orsay - Plateau du Moulon	69 41 00 40
22	AK24	–	Sceaux - 8 av. Cauchy	46 60 06 83
24	AH38	**Paris XII**	Créteil - av. du Gén.-de-Gaulle	48 98 91 44
101	pli 37	–	Évry - Quartier des Passages 22 Allée Jean Rostand	60 78 03 63
20	N30	**Paris XIII**	St-Denis - pl. du 8-Mai-1945	48 21 61 55
18	L28	–	Villetaneuse - av. J.-B.-Clément	49 40 30 00

Visite des églises, monuments et musées

Le guide Vert Michelin PARIS décrit les monuments les plus intéressants : leur histoire, leur architecture, les œuvres d'art qu'ils renferment.

Pour les monuments les plus importants, ces descriptions sont accompagnées d'illustrations ou de plans mettant en évidence les grandes étapes de leur construction et la situation des œuvres d'art.

Les horaires et tarifs de visite y figurent, ainsi que les jours et périodes de fermeture.

Enseignement spécialisé - Grandes Écoles
Colleges of university level, Hochschulen
Enseñanza especializada - Colegios Mayores

30	J12	**Administration** (Éc. Nat.) ENA	13 r. de l'Université, 7e	42 61 55 35
43	L14	**Administration et Direction des affaires** (École) EAD	15 r. Soufflot, 5e	43 29 97 60
39	L6	**Administration des Entreprises** (Inst.)	162 rue St-Charles, 15e	45 54 97 24
43	L13	**Administration Publique** (Inst. Internat.)	2 av. de l'Observatoire, 6e	43 26 49 00
17	D10	École Européenne des **Affaires** EAP	108 bd Malesherbes, 17e	47 54 65 00
44	M15	Institut National **Agronomique Paris-Grignon**	16 r. Cl.-Bernard, 5e	43 37 15 50
42	L12	**Alliance Française** (École de langue et civilisation françaises)	101 bd Raspail, 6e	45 44 38 28
42	M12	**Architecture** (École Spéciale)	254 bd Raspail, 14e	43 22 83 70
19	F14	**Art Dramatique** (Conserv. Nat. Sup.)	2 bis r. Conservatoire, 9e	42 46 12 91
46	L20	**Arts Appliqués** BOULLE (École Sup.)	9 r. Pierre-Bourdan, 12e	43 46 67 34
40	N8	**Arts Appliqués et Métiers d'Art** (École Nationale Supérieure)	63 r. Olivier-de-Serres, 15e	45 30 20 66
43	L14	**Arts Décoratifs** (Éc. Nat. Sup.)	31 r. d'Ulm, 5e	43 29 86 79
30	K12	**Arts Graphiques et d'Architecture Intérieure** (École Supérieure) **Atelier** MET de PENNINGHEN et J. D'ANDON	31 r. du Dragon, 6e	42 22 55 07
56	P15	**Arts et Industries Graphiques** ESTIENNE (École Supérieure)	18 bd Auguste-Blanqui, 13e	43 36 96 19
22	AL24	**Arts et Manufactures** (École Centrale)	Châtenay-Malabry - Grande Voie des Vignes	46 83 64 64
32	G16	**Arts et Métiers** (Conserv.Nat)	292 r. St-Martin, 3e	40 27 20 00
44	N16	**Arts et Métiers** (Éc. Nat. Sup)	151 bd de l'Hôpital, 13e	43 36 49 55
18	E12	**Arts et Techniques du Théâtre** (Éc. Nat. Sup)	21 r. Blanche, 9e	48 74 44 30
31	J13	**Beaux-Arts** (Éc. Nat. Sup)	14 r. Bonaparte, 6e	42 60 34 57
47	L21	**Bois** (Éc. Supérieure)	6 av. de St-Mandé, 12e	46 28 09 33
42	K12	**Carmes** (Séminaire)	21 r. d'Assas, 6e	45 48 05 16
42	K12	Institut **Catholique de Paris**	21 r. d'Assas, 6e	42 22 41 80
43	K14	**Chartes** (École Nationale)	19 r. de la Sorbonne, 5e	46 33 41 82
43	L14	**Chimie** (Éc. Nat. Sup)	11 r. P.-et-M.-Curie, 5e	43 36 25 25
44	N16	**Chimie, Physique, Biologie** (École Nationale)	11 r. Pirandello, 13e	43 31 90 94
34	G19	**Commerce de Paris** (Éc. Sup.)	79 av. République, 11e	43 55 39 08
33	H18	**Création industrielle** LES ATELIERS (Éc. Nat. Sup.)	49-51 bd Richard Lenoir, 11e	43 38 09 09
101	pli 33	**Électricité** (Éc. Sup.) SUPELEC	Gif-sur-Yvette - plateau de Moulon	69 41 80 40
101	pli 2	**Électronique et ses Applications** (École Nationale Supérieure) ENSEA	Cergy - allée des Chênes-Pourpres	30 30 92 44
42	L12	**Électronique de Paris** (Inst. Sup) I.S.E.P.	28 r. N.-D.-des-Champs, 6e	45 48 24 87
30	J12	**Études Politiques** (Inst.)	27 r. St-Guillaume, 7e	45 49 50 50
43	M13	**Faculté Libre Autonome et Cogérée d'Économie et de Droit** (FACO)	115 r. N.-D.-des-Champs, 6e	43 29 89 09
28	H8	**Fondation des Métiers de l'Image et du Son** (FEMIS)	13 av. du Prés.-Wilson, 16e	47 23 36 53
42	L11	**Génie Rural des Eaux et Forêts** (Éc. Nat.)	19 av. du Maine, 15e	45 49 88 00
27	G5	**Gestion** (Institut Supérieur)	8 r. de Lota, 16e	45 53 60 00
29	K9	**Guerre** (École Supérieure)	1 pl. Joffre, 7e	45 55 30 11
43	L14	École Pratique des **Hautes Études** (Inst. H. Poincaré)	11 r. P.-et-M.-Curie, 5e	43 54 83 57
22	AM13	**Hautes Études Commerciales** (HEC)	Jouy-en-Josas - 1 r. de la Libération	39 56 70 00
30	K12	**Hautes Études en Sciences Sociales** (Éc.)	54 bd Raspail, 6e	49 54 25 25
31	J13	**Hautes Études Politiques et Sociales** (École)	4 pl St-Germain-des-Prés, 6e	42 22 68 06
31	J13	**Hautes Études Internationales** (École)	—	42 22 68 06
64	DU	**Horticulture et Technique du Paysage** (École du Breuil)	Rte de la Ferme - Bois de Vincennes, 12e	43 28 58 45
22	AG9	**Horticulture** (École Nationale Supérieure)	Versailles - 4 r. Hardy	39 50 60 87
		et du Paysage (École Nat. Supérieure)	— 6 bis r. Hardy	39 53 98 89
24	AG32	**Industries du Caoutchouc** (Éc. Sup.) IFOCA	Vitry - 60 r. Auber	46 71 91 22
20	Z38	**Informatique** (École Supérieure)	Montreuil - 98 r. Carnot	48 59 69 69
24	AB50 AB51	**Ingénieurs en Électrotechnique et Électronique** (École Supérieure)	Noisy-le-Grand - Cité Descartes 2 bd Blaise-Pascal	45 92 65 00

44	N15	**Institut Français de Restauration des Œuvres d'Art** (IFROA)	1 r. Berbier-du-Mets, 13e	43 37 93 37
42	K12	**Interprétariat et Traduction** (Institut Supérieur) ISIT	21 r. d'Assas, 6e	42 22 33 16
15	G5	**Interprètes et Traducteurs** (École Supérieure) ESIT	bd Lannes, 16e Centre Universitaire Dauphine	45 05 14 10
44	M15	Séminaire **Israélite de France**	9 r. Vauquelin, 5e	47 07 21 22
31	J13	**Journalisme** (École Supérieure)	4 pl. St-Germain-des-Prés, 6e	42 22 68 06
31	J13	**Langues et Civilisations Orientales** (Institut National)	2 r. de Lille, 7e	42 60 34 58
24	AB50	**Louis Lumière** (École Nationale) Photo-Cinéma-Son	Noisy-le-Grand - 6 allée du Promontoire	45 92 23 33
31	H13	**Louvre** (École)	34 quai du Louvre, 1e	42 60 39 26
1	D2	**Management** (Centre d'Enseignement) CNOF	Puteaux - 10 r. Jean-Jaurès - Imm. Litwin	47 76 43 79
42	L11	**Mécanique et Électricité** (SUDRIA) École	4 r. Blaise-Desgoffe, 6e	45 48 03 70
43	L13	**Mines** (École Nationale Supérieure)	60 bd Saint-Michel, 6e	42 34 90 00
30	K11	**Missions Etrangères** (Séminaire)	128 r. du Bac, 7e	45 48 19 92
18	E11	**Musique de Paris** (Conserv. Nat. Sup.) *(transfert prévu)*	14 r. de Madrid, 8e 211 av. Jean Jaurès, 19e	42 93 15 20
17	D9	**Musique de Paris** (École Normale)	114 bis bd Malesherbes, 17e	47 63 85 72
43	M14	**Normale Supérieure**	45 r. d'Ulm, 5e	43 29 12 25
54	R12	—	48 bd Jourdan, 14e	45 89 08 33
53	R10	—	Montrouge - 1 r. M.-Arnoux	46 57 12 86
22	AH24	—	Fontenay-aux-Roses - 31 av. Lombart	47 02 60 50
22	AB18	—	St-Cloud - Grille d'Honneur du Parc	46 02 41 03
22	AH27	**Normale Supérieure** (technologie)	Cachan - 61 av. du Prés.-Wilson	47 40 20 00
18	W14	**Pétrole et Moteurs** (École Nationale Supérieure) IFP	Rueil Malmaison - 4 av. de Bois-Préau	47 52 64 57
43	M14	**Physique et Chimie Industrielles** (École Sup.)	10 r. Vauquelin, 5e	43 37 77 00
101	pli 34	**Polytechnique** (École)	Palaiseau - Route de Saclay	69 41 82 00
22	AK25	**Polytechnique Féminine** (École)	Sceaux - 3 bis r. Lakanal	46 60 33 31
30	J12	**Ponts et Chaussées** (École Nationale)	28 r. des Sts-Pères, 7e	42 60 34 13
53	P9	**Puériculture** (Institut)	26 bd Brune, 14e	45 39 22 15
42	K12	**Saint-Sulpice** (Séminaire)	6, r. du Regard, 6e	42 22 38 45
51	R5	—	Issy-les-Moulineaux - 33 r. du Gén.-Leclerc	46 44 78 40
43	M14	**Schola Cantorum**	269 r. St-Jacques, 5e	43 54 56 74
101	pli 2	**Sciences Économiques et Commerciales** (École Supérieure) Groupe ESSEC	Cergy-Pontoise - Av. de la Grande-École	30 38 38 00
63	BT	**Sciences Géographiques** (École Nationale)	St-Mandé - 2 av. Pasteur	43 74 12 15
38	L4	**Sciences et Techniques Humaines** (Inst. Privé)	6 av. Léon-Heuzey, 16e	42 24 10 72
56	R16	—	83 av. d'Italie, 13e	45 85 59 35
101	pli 33	**Sciences et Techniques Nucléaires** (Institut National)	Gif-sur-Yvette - Bât. 395 Centre d'Ét. Nucl. de Saclay	69 08 21 59
53	R9	**Statistique et Administration Économique** (École Nationale) E.N.S.A.E.	Malakoff - 3 av. P.-Larousse	45 40 10 11
101	pli 33	**Techniques Aérospatiales** (École Supérieure) E.S.T.A.	Orsay - Bât. 502 bis Complexe scientifique	69 28 68 57
39	N6	**Techniques Avancées** (Éc. Nat. Sup.)	32 bd Victor, 15e	45 52 44 08
55	P14	**Télécommunications** (Éc. Nat. Sup)	46 r. Barrault, 13e	45 81 77 77
101	pli 37	**Télécommunications** (Institut Nat.)	Evry - 9 r. Ch.-Fourier	60 76 40 40
43	N13	**Théologie** (Institut Protestant)	83 bd Arago, 14e	43 31 61 64
31	K14	**Travaux Publics, du Bâtiment et de l'Industrie** (École Spéciale)	57 bd St-Germain, 5e	46 34 21 99
24	AE36 AF36	**Vétérinaire d'Alfort** (École Nationale)	Maisons-Alfort - 7 av. du Gén.-de.-Gaulle	43 96 71 00

Participez à notre effort permanent de mise à jour.
Adressez-nous vos remarques et vos suggestions.
Cartes et Guides Michelin.
46, avenue de Breteuil, 75341 PARIS CEDEX 07.

INFORMATION, *INFORMACIÓN*

19	G14	**Agence France-Presse**	13 pl. de la Bourse, 2e	40 41 46 46
19	G14	— **Centrale Parisienne de Presse**	26 r. du Sentier, 2e	40 26 11 11
19	F14	— **Parisienne de Presse**	18 r. St-Fiacre, 2e	42 36 95 59

Radio-Télévision, *Rundfunk - Fernsehen*

27	K5	**Radio-France**	116 av. P.-Kennedy, 16e	42 30 22 22
29	H9	**Télévision Française** (TF1)	19 r. Cognacq-Jay, 7e	42 75 12 34
42	L11	— (Relations Publiques)	17 r. de l'Arrivée, 15e	45 38 67 67
29	G9	**Antenne 2**	22 av. Montaigne, 8e	44 21 42 42
29	G9	**France-Régions 3** (FR3)	28 cours Albert-Ier, 8e	40 74 47 35
27	K5	(Renseignements aux Téléspectateurs)	116 av. P.-Kennedy, 16e	42 30 17 68
40	N7	**Canal Plus**	78 r. Olivier-de-Serres, 15e	49 87 27 27
29	G9	**La Cinq**	21 r. Jean-Goujon, 8e	42 89 60 00
29	G9	**M6**	16 cours Albert-Ier, 8e	42 56 66 66
29	G9	**EDIRADIO** (RTL)	22 r. Bayard, 8e	40 70 40 70
29	G9	**Europe No 1 - Télécompagnie**	26 bis r. François-Ier, 8e	42 32 90 00
16	F8	**Radio Monte-Carlo**	12 r. Magellan, 8e	40 69 88 00

Grands quotidiens
Main daily newspapers, Größere Tageszeitungen, Grandes diarios

29	G9	La **Croix-l'Evénement**	3 r. Bayard, 8e	45 62 51 51
17	F10	Les **Echos**	46 r. La Boétie, 8e	45 62 19 68
49	R2	L'**Équipe**	**Issy-les-Moulineaux** - 4 r. Rouget-de-l'Isle	40 93 20 20
17	F10	Le **Figaro** (Administr-Publicité)	25 av. Matignon, 8e	42 21 62 00
31	G14	— (Rédaction) **et Figaro-l'Aurore**	37 r. du Louvre, 2e	42 21 62 00
46	M19	**France-Soir**	65 r. de Bercy, 12e	40 01 20 00
20	N31	L'**Humanité**	**St-Denis** - r. Jean-Jaurès	49 22 72 72
33	G17	**Libération**	11 r. Béranger, 3e	42 76 17 89
19	F13	Le **Monde**	7 r. des Italiens, 9e	42 47 97 27
18	S29	Le **Parisien**	**St-Ouen** - 25 av. Michelet	40 10 30 30
14	D4	Le **Quotidien de Paris**	**Neuilly-sur-Seine** - 2 r. Ancelle	47 47 12 32
39	M5	La **Tribune de l'Expansion**	2 5 r. Leblanc, 15e	40 60 40 60

Journaux de Province
Main regional newspapers, Größere regionale Tageszeitungen, Periódicos de Provincia

33	J17	L'**Auvergnat de Paris**	13 bd Beaumarchais, 4e	42 77 70 05
31	G14	Le **Dauphiné Libéré**	62 r. du Louvre, 2e	40 26 05 43
28	H8	La **Dépêche du Midi**	7 r. de Monttessuy, 7e	45 55 91 71
18	F11	Les **Dernières Nouvelles d'Alsace**	3 r. de Rigny, 8e	43 87 12 30
18	F11	L'**Est Républicain**	—	43 87 15 30
19	F13	**Midi Libre**	27 r. de La Michodière, 2e	47 42 87 97
19	F13	La **Montagne**	—	42 65 55 04
19	G14	La **Nouvelle République du Centre Ouest**	17 r. de la Banque, 2e	42 96 99 39
16	F8	**Ouest-France**	114 av. Champs-Elysées, 8e	45 62 29 93
31	G14	**Paris-Normandie**	62 r. du Louvre, 2e	45 08 59 66
31	H13	Le **Républicain Lorrain**	8 r. de l'Echelle, 1e	42 60 67 88
19	F13	**Sud-Ouest**	27 r. de la Michodière, 2e	42 66 17 52
17	F9	La **Voix du Nord**	73 av. Champs-Elysées, 8e	43 59 10 38

Renseignements par téléphone
Information by telephone, Telefonische Auskunft, Información por teléfono

Horloge des neiges	42 66 64 28	Information Météo	36 69 00 00
Horloge parlante	36 99	Météo Ile-de-France	36 69 02 02
Informations téléphonées	36 65 10 00	Météo France	36 69 01 01
Information Bourse *(jours ouvr., 12 h 15-18 h)*	42 60 84 00		

LES JEUNES A PARIS

THE YOUNG IN PARIS, JUGEND IN PARIS, LOS JÓVENES EN PARÍS

32	H15	**Accueil des Jeunes en France**	119 r. St-Martin, 4ᵉ	42 77 87 80
32	J16	—	16 r. du Pont-L.-Philippe, 4ᵉ	42 78 04 82
43	M13	—	139 bd St-Michel, 5ᵉ	43 54 95 86
28	J7	**Centre d'Information et Documentation Jeunesse** (CIDJ)	101 quai Branly, 15ᵉ	
29	K9	**Commission Armées-Jeunesse**	1 pl. Joffre, 7ᵉ	45 50 32 80
57	P18	**Direction départementale Jeunesse et sports** (bureau Information-Documentation)	6 r. Eugène-Oudiné, 13ᵉ	40 77 55 00
33	K17	**Direction de la Jeunesse et des Sports de la Ville de Paris**	25 bd Bourdon, 4ᵉ	42 76 40 40
43	M13	**O.T.U.-Voyage**	137 bd St-Michel, 5ᵉ	43 29 12 88
32	H15	—	9 r. Brantôme, 3ᵉ	48 04 70 30

Hébergement

Accommodation, Unterkunft, Alojamiento

48	M23	**Centre International de Séjour de Paris**	6 av. Maurice-Ravel, 12ᵉ	43 43 19 01
56	S16	—	17 bd Kellermann, 13ᵉ	45 80 70 76
55	P13	**Foyer International d'Accueil de Paris**	30 r. Cabanis, 14ᵉ	45 89 89 15
18	U18	— **la Défense**	**Nanterre** - 19 r. Salvador-Allende	47 25 91 34
18	T25	**Léo-Lagrange** (Centre Intern. de Séjour)	**Clichy** - 107 r. Martre	42 70 03 22
32	J16	**Maisons Internationales de la Jeunesse et des Etudiants** (MIJE)	11 r. du Fauconnier, 4ᵉ	42 74 23 45
32	J16	—	6 r. de Fourcy, 4ᵉ	42 74 23 45
32	J16	—	12 r. des Barres, 4ᵉ	42 74 23 45
34	J19	**Résidence AJF-Bastille**	151 av. Ledru-Rollin, 11ᵉ	43 79 53 86
18	E11	**Union Chrétienne de Jeunes Filles**	22 r. de Naples, 8ᵉ	45 22 23 49
23	G21	—	65 r. Orfila, 20ᵉ	46 36 82 80
40	M7	—	168 r. Blomet, 15ᵉ	45 33 48 21
22	AL20	**Auberges de Jeunesse**	**Châtenay-Malabry** - 3 chemin du Loup-Pendu	46 32 17 43
24	AM36 AM37	—	**Choisy-le-Roi** - 125 av. de Villeneuve-St-Georges	48 90 92 30

Loisirs éducatifs

Cultural associations, Kulturelle Vereinigungen, Asociaciones Educativas

33	K17	**Centre d'animation de la Ville de Paris Direction de la Jeunesse et des Sports**	25 bd Bourdon, 4ᵉ	42 76 30 17
18	D11	**Fédération Régionale des Maisons des Jeunes et de la Culture**	54 bd des Batignolles, 17ᵉ	43 87 66 83
32	J16	**Jeunesses Musicales de France**	56 r. de l'Hôtel-de-Ville, 4ᵉ	42 78 19 54
34	K20	**Maison Internationale des Jeunes**	4 r. Titon, 11ᵉ	43 71 99 21
55	N14	**Union Nationale des Centres Sportifs de Plein Air** (UCPA)	62 r. de la Glacière, 13ᵉ	43 36 05 20
32	H15	—	28 bd de Sébastopol, 4ᵉ	48 04 76 76

Mouvements de Jeunesse

Youth organizations, Jugendorganisationen, Organizaciones Juveniles

21	D18	**Scouts de France**	54 av. Jean-Jaurès, 19ᵉ	42 38 37 37
19	F13	**Eclaireuses et Eclaireurs de France**	66 r. Chaussée-d'Antin, 9ᵉ	48 74 51 40
29	K10	**Éclaireuses et Éclaireurs Israélites de France**	27 av. de Ségur, 7ᵉ	47 83 60 33
5	A10	**Fédération Éclaireuses et Éclaireurs Unionistes de France**	**Clichy** - 15 r. Klock	42 70 52 20

MUSÉES, *MUSEUMS, MUSEEN, MUSEOS*

29	J10	**Armée** (Hôtel des Invalides)	129 r. de Grenelle, 7e	45 55 92 30
15	F6	**Arménien**	59 av. Foch, 16e	45 56 15 88
7	C14	**Art Juif**	42 r. des Saules, 18e	42 57 84 15
32	H15	**Art moderne**	Centre G.-Pompidou, 4e	42 77 12 33
28	G8-H8	**Art moderne de la ville de Paris**	11 av. Prés.-Wilson, 16e	47 23 61 27
48	N23	**Arts Africains et Océaniens**	293 av. Daumesnil, 12e	43 43 14 54
31	H13	**Arts Décoratifs**	107 r. de Rivoli, 1er	42 60 32 14
31	H13	**Arts de la Mode**	109 r. de Rivoli, 1er	42 60 32 14
14	E4	**Arts et Traditions Populaires**	6 rte du Mahatma-Gandhi, 16e	40 67 90 00
32	K15	**Assistance Publique**	47 quai de la Tournelle, 5e	46 33 01 43
27	J6	**Balzac** (Maison de)	47 r. Raynouard, 16e	42 24 56 38
26	J4	**Bouchard**	25 r. de l'Yvette, 16e	46 47 63 46
18	G11	**Bouilhet-Christofle**	12 r. Royale, 8e	42 60 34 07
42	L11	**Bourdelle**	16 r. A.-Bourdelle, 15e	45 48 67 27
31	G13	**Cabinet des Médailles et Antiques**	58 r. de Richelieu, 2e	47 03 83 30
33	J17	**Carnavalet**	23 r. de Sévigné, 3e	42 72 21 13
17	E10	**Cernuschi**	7 av. Velasquez, 8e	45 63 50 75
31	G13	**Charles-Cros**	Galerie Colbert, 2e	47 03 88 23
32	H16	**Chasse et nature**	60 r. des Archives, 3e	42 72 86 43
64	CT	**Chasseurs à pied, mécanisés et alpins**	Vincennes - Château de Vincennes	43 74 11 55
28	H7	**Cinéma-Henri Langlois** (Palais de Chaillot)	pl. du Trocadéro, 16e	45 53 74 39
27	H6	**Clemenceau**	8 r. Franklin, 16e	45 20 53 41
31	K14	**Cluny**	6 pl. Paul-Painlevé, 5e	43 25 62 00
32	H16	**Cognacq-Jay**	8 r. Elzévir, 3e	
15	F5	**Contrefaçon**	16 r. de la Faisanderie, 16e	45 01 51 11
20	F15	**Cristal**	30 bis r. Paradis, 10e	47 70 64 30
31	J13	**Delacroix**	6 r. de Furstemberg, 6e	43 54 04 87
15	F6	**D'Ennery**	59 av. Foch, 16e	45 53 57 96
19	F14	**Grand Orient de France et Franc Maçonnerie Européenne**	16 r. Cadet, 9e	45 23 20 92
31	H14	**Grévin** (nouveau)	Niv.-1 Forum des Halles, 1er	40 26 28 50
19	F14	**Grévin**	10 bd Montmartre, 9e	47 70 85 05
28	G7	**Guimet**	6 pl. d'Iéna, 16e	47 23 61 65
19	E13	**Gustave-Moreau**	14 r. de La Rochefoucauld, 9e	48 74 38 50
42	L11	**Hébert**	85 r. du Cherche-Midi, 6e	42 22 23 82
32	H16	**Histoire de France** (Archives nationales)	60 r. des Fr.-Bourgeois, 3e	42 77 11 30
44	L16	**Histoire Naturelle** (Museum Nat.)	57 r. Cuvier, 5e	43 36 54 26
7	D13	**Historial de Montmartre**	11 r. Poulbot, 18e	46 06 78 92
31	H14	**Holographie**	Niv.-1 Forum des Halles, 1er	42 96 96 83
28	H7	**Homme** (Palais de Chaillot)	17 pl. du Trocadéro, 16e	45 53 70 60
44	K16	**Institut du Monde Arabe**	1 r. Fossés St-Bernard, 5e	46 34 25 25
18	E11	**Instrumental** (Conservatoire de Musique)	14 r. de Madrid, 8e	42 93 15 20
		(transfert prévu)	211 av. Jean-Jaurès, 19e	
32	H15	**Instruments de Musique Mécanique**	Impasse Berthaud, 3e	42 71 99 54
17	F10	**Jacquemart-André**	158 bd Haussmann, 8e	45 62 39 94
17	D9	**Jean-Jacques Henner**	43 av. de Villiers, 17e	47 63 42 73
32	J16	**Kwok On** (Asie)	41 r. des Francs-Bourgeois, 4e	42 72 99 42
30	H11	**Légion d'Honneur**	2 r. de Bellechasse, 7e	45 55 95 16
31	H13	**Louvre**	Cour Napoléon, 1er	40 20 50 50
27	J5	**Lunettes et lorgnettes**	2 av. Mozart, 16e	45 27 21 05
28	H7	**Marine** (Palais de Chaillot)	17 pl. du Trocadéro, 16e	45 53 31 70
26	H4	**Marmottan**	2 r. Louis-Boilly, 16e	42 24 07 02
32	J16	**Martyr Juif Inconnu** (Mémorial)	17 r. Geoffroy-l'Asnier, 4e	42 77 44 72
43	L14	**de la Mer et des Eaux** (Centre)	195 r. St-Jacques, 5e	46 33 08 61
32	K16	**Mickiewicz**	6 quai d'Orléans, 4e	
43	L13	**Minéralogie** (École des Mines)	60 bd St-Michel, 6e	42 34 91 39
44	L16	**Minéralogie** (Université Paris VI)	Tour 25, 4 pl. Jussieu, 5e	43 36 25 25
28	G8	**Mode et Costume** (Palais Galliera)	10 av. Pierre-1er-de-Serbie, 16e	47 20 85 23
31	J13	**Monnaie** (Hôtel des Monnaies)	11 quai de Conti, 6e	40 46 55 32
7	C14	**Montmartre**	12 r. Cortot, 18e	46 06 61 11
28	H7	**Monuments Français** (Palais de Chaillot)	1 pl. du Trocadéro, 16e	47 27 35 74
17	E10	**Nissim de Camondo**	63 r. de Monceau, 8e	45 63 26 32
32	K15	**Notre-Dame**	10 r. Cloître-N.-D., 4e	43 25 42 92
31	H14	**Parc océanique Cousteau**	Forum des Halles - Pl. Carrée, 1er	
18	E12	**Opéra**	pl. de l'Opéra	40 17 33 39
30	H11	**Orangerie des Tuileries**	pl. de la Concorde, 1er	42 97 48 16
29	J10	**Ordre Nat. de la Libération**	51 bis bd La Tour-Maubourg, 7e	47 05 04 10
30	H12	**Orsay**	1 r. de Bellechasse, 7e	40 49 48 14

29	G10	**Palais de la Découverte**	av. Franklin-D.-Roosevelt, 8e	40 74 80 00
41	M10	**Pasteur**	25 r. du Dr.-Roux, 15e	45 68 82 82
29	G10	**Petit-Palais**	av. Winston-Churchill, 8e	42 65 12 73
29	J10	**Plans-Reliefs**	Hôtel des Invalides, 7e	47 05 11 07
33	H16	**Picasso**	5 r. de Thorigny, 3e	42 71 70 84
41	M10	**Poste**	34 bd de Vaugirard, 15e	43 20 15 30
44	K15	**Préfecture de Police** (Collections historiques)	1 bis r. Basse-des-Carmes, 5e	43 29 21 57
20	F15	**Publicité**	18 r. de Paradis, 10e	42 46 13 09
19	E13	**Renan-Scheffer** (Maison)	16 r. Chaptal, 9e	48 74 95 38
29	J10	**Rodin**	77 r. de Varenne, 7e	47 05 01 34
10	B20	**Sciences et de l'industrie** (cité)	30 av. Corentin-Cariou, 19e	46 42 13 13
45	L17	**Sculpture en plein air**	quai St-Bernard, 5e	43 26 91 90
29	H9	**SEITA** (Galerie)	12 r. Surcouf, 7e	45 56 60 17
32	H16	**Serrure** (Bricard)	1 r. de la Perle, 3e	42 77 79 62
37	M2	**Sport** (Parc des Princes)	24 r. du Cdt Guilbaud, 16e	46 51 39 26
24	AB37	**Symbolique militaire** (insigne)	**Vincennes -** Château de Vincennes	43 74 11 55
32	G15	**Techniques**	270 r. St-Martin, 3e	40 27 22 20
33	J17	**Victor Hugo** (Maison de)	6 pl. des Vosges, 4e	42 72 16 65
27	J6	**Vin**	5-7 square Charles-Dickens, 16e	45 25 63 26
43	L13	**Zadkine**	100 bis r. d'Assas, 6e	43 26 91 90

PARCS ET JARDINS, *PARKS AND GARDENS, PARKS UND GÄRTEN, PARQUES Y JARDINES*

32	J16	**Albert-Schweitzer** (sq.)	r. de l'Hôtel de Ville, 4e
44	L15	**Arènes de Lutèce** (sq.)	r. des Arènes, 5e
5	C10	**Batignolles** (sq.)	pl. Charles-Fillion, 17e
22	F19,F20	**Belleville** (parc)	r. Piat, 20e
30	K12	**Boucicaut** (sq.)	r. de Sèvres, 7e
23	D21	**Butte du Chapeau Rouge** (sq.)	bd d'Algérie, 19e
22	E19	**Buttes Chaumont** (parc)	r. Botzaris, 19e
6	C12	**Carpeaux** (sq.)	r. Carpeaux, 18e
30	H12	**Carrousel** (jardin)	pl. du Carrousel, 1er
28	J8	**Champ de Mars** (parc)	quai Branly, 7e
56	P16	**Choisy** (parc)	128-160 av. de Choisy, 13e
31	K14	**Cluny** (Jardin du Musée)	bd St-Germain, 5e
52	P8	**Docteur Calmette** (sq.)	bd Lefèbvre, 15e
35	G22	**Édouard-Vaillant** (sq.)	r. du Japon, 20e
24	F23	**Emmanuel Fleury** (sq.)	r. Le Vau, 20e
6	B12	**Epinettes** (sq.)	r. Maria-Deraismes, 17e
52	N8	**Georges Brassens** (parc)	r. des Morillons, 15e
31	H14	**Halles** (jardin)	r. Berger, 1er
29	J10	**Intendant** (jardin)	pl. Vauban, 7e
32	K15	**Jean XXIII** (sq.)	quai de l'Archevêché, 4e
56	S15	**Kellermann** (parc)	r. Poterne des Peupliers, 13e
18	F11	**Louis XVI** (sq.)	bd Haussmann, 8e
43	L13	**Luxembourg** (jardin)	pl. André-Honnorat, 6e
43	M13	**Marco-Polo** (jardin)	av. de l'Observatoire, 6e
34	H19	**Maurice Gardette** (sq.)	r. du Général-Blaise, 11e
17	E9	**Monceau** (parc)	bd de Courcelles, 8e
55	R13	**Montsouris** (parc)	bd Jourdan, 14e
31	G13	**Palais Royal** (jardin)	r. de Valois, 1er
44	L16	**Plantes** (jardin)	quai St-Bernard, 5e
26	H4-J4	**Ranelagh** (jardin)	av. Raphaël, 16e
56	N15	**René Le Gall** (sq.)	r. Corvisart, 13e
43	L13	**Robert Cavelier de La Salle** (jardin)	av. de l'Observatoire, 6e
40	L8-M8	**Saint-Lambert** (sq.)	r. Jean-Formigé, 15e
35	H21	**Samuel de Champlain** (sq.)	av. Gambetta, 20e
47	K22	**Sarah Bernhardt** (sq.)	r. de Lagny, 20e
54	R11	**Serment de Koufra** (sq.)	av. Ernest Reyer, 14e
36	G23	**Séverine** (sq.)	pl. de la Pte-de-Bagnolet, 20e
32	G16	**Temple** (sq.)	r. du Temple, 3e
44-45	K16,L17	**Tino Rossi** (jardin)	44-45 Port St-Bernard, 5e
28	H7	**Trocadéro** (jardins)	av. de New York, 16e
30	H12	**Tuilleries** (jardin)	pl. de la Concorde, 8e
31	J14	**Vert-Galant** (sq.)	pl. du Pont-Neuf, 1er
40	L7	**Violet** (sq.)	place Violet, 15e
10	B20	**Villette** (parc)	av. Jean-Jaurès, 19e

A Paris, 164 **bureaux de poste** sont à la disposition du public. Ces bureaux sont identifiés et localisés sur les plans *(p.* 1 *à* 60*)* par le signe bleu. La vente des timbres-poste courants est pratiquée dans tous les bureaux de tabac.

Service normal : Les **bureaux des P. & T.** sont ouverts au public du lundi au vendredi de 8 h à 19 h, le samedi de 8 h à 12 h.
Toutes les opérations peuvent y être pratiquées.

Ouvertures exceptionnelles et services réduits : **Horaires et opérations**

31	G14	**Paris Louvre RP (Recette Principale)**	52 r. du Louvre, 1er	40 28 20 00
31	H13	**Paris Musée du Louvre**	Pyramide (Hall Napoléon), 1er	42 61 43 97
32	H15	**Paris Forum des Halles**	Centre Commercial, niveau 4, 1er	40 26 83 24
17	F9	**Paris Champs-Elysées**	71 av. des Champs-Élysées, 8e	43 59 55 18
28	J7	**Paris Tour Eiffel (1er étage)**	av. Gustave-Eiffel, 7e	45 51 05 78
10	D19	**Paris 19 Belvédère**	118 av. Jean-Jaurès, 19e	42 06 31 45

Recette Principale. — *Ouvert jour et nuit.*
Aux heures de service normal *(voir ci-dessus) :* toutes opérations ;
Samedi (à partir de 12 h), les dimanches et jours fériés et la nuit (℡ 40 26 32 34) : vente de timbres-poste ; téléphone, télégraphe ; dépôt des objets recommandés et chargés ; paiement des chèques postaux de dépannage, des mandats-lettres, des postchèques étrangers ; remboursements sans préavis sur livrets de C.N.E. ; retrait des objets (sauf les mandats) adressés en Poste Restante à Paris RP.

Paris Musée du Louvre — *Ouvert en semaine de 9 h 30 à 19 h (22 h les lundis et mercredis) ; les dimanches et jours fériés de 10 h 30 à 18 h ; fermé le mardi.*

Paris Forum des Halles (Porte Lescot). — *Ouvert du lundi au vendredi (10 h à 18 h) et samedi (9 h à 12 h).*

Paris Tour Eiffel. — *Ouvert tous les jours de 10 h 45 à 18 h 30.*

Paris Champs-Elysées. — *Ouvert en semaine, de 8 h à 22 h ; les dimanches et jours fériés, voir ci-dessous.*
Aux heures de service normal *(voir ci-dessus) :* toutes opérations.
Lundi au samedi (à partir de 19 h) et les dimanches et jours fériés (10 h à 12 h et 14 h à 20 h) : téléphone, télégraphe ; vente des timbres-poste ; affranchissement des correspondances (sauf dimanches et jours fériés) ; délivrance des objets en Poste Restante.

Paris 19 Belvédère. — *Ouvert du lundi au vendredi (17 h à 19 h 30) et samedi (10 h 30 à 12 h 30).*

Poste restante : Tous les bureaux de Paris assurent le service Poste Restante (sauf Paris Musée du Louvre). Mais le courrier adressé **« Poste Restante - Paris »** sans spécification d'arrondissement est à retirer à la Recette Principale, 52, rue du Louvre.

Centre des Chèques Postaux **(C.C.P.) : Le C.C.P.** 16 rue des Favorites, 15e (M 9) ℡ 45 30 77 77 *(renseignements par téléphone du lundi au vendredi de 7 h à 19 h et samedi de 7 h à 12 h)* est ouvert au public du lundi au vendredi de 8 h à 19 h et le samedi de 8 h à 12 h.

Télex

18	E12	**Agence Commerciale** **Paris St-Lazare** *(lundi au vendredi 8 h 30 à 18 h, samedi 8 h 30 à 12 h)*	8 r. d'Amsterdam, 9e	42 68 14 14
31	G14	**Bureau Télégraphique Internat.** *(jour et nuit)*	9 pl. de la Bourse, 2e	42 33 44 11
19	G14	**Paris Bourse** *(8 h à 20 h)*	5-7 r. Feydeau, 2e	42 47 12 12

Divers services P. & T.

Renseignements téléphoniques	12	**Télégrammes téléphonés :**		
Réclamations	13	—	**métropole**	36 55
Réveil par téléphone	36 88	—	**étranger** (sauf anglais)	42 33 44 11
Renseignements postaux	42 80 67 89	—	— (en anglais)	42 33 21 11

P. & T. : POSTAL SERVICES

Normal opening times and services. – **Post offices** provide the full range of services from Mondays to Fridays 8am to 7pm, Saturdays 8am to noon.

Additional opening times with a limited service

General Post Office. – 52 rue du Louvre (G14) ☏ 40 28 20 00. *Open 24 hours. Outwith normal hours a limited service only is provided* (☏ 40 26 32 34).

Paris 1st - Musée du Louvre – Pyramide, Hall Napoléon (31 H 13) ☏ 42 61 43 97. *Open Mondays to Saturdays 9.30am to 7pm, 10pm Mondays and Wednesdays ; holidays 10.30am to 6pm ; closed Tuesdays.*

Paris 1st - Forum des Halles. – 4th level, Porte Lescot (H15) ☏ 40 26 83 24. *Open Mondays to Fridays 10am to 6pm and Saturdays 9am to noon.*

Paris 7th - Tour Eiffel. – Ist floor, avenue Gustave Eiffel (28J7) ☏ 45 51 05 78. *Open daily, including Sundays and holidays, 10.45am to 6.30pm.*

Paris 8th-Champs-Elysées. – 71 avenue des Champs-Élysées (F9) ☏ 43 59 55 18. *Open Mondays to Saturdays 8am to 10pm A limited service only is available from 7pm Mondays to Saturdays and from 10am to noon and 2 to 8pm on Sundays and holidays.* Apply in advance for full details.

Paris 19th Belvédère. – 118 avenue Jean-Jaurès (D19). *Open Mondays to Fridays 5am to 7.30pm and Saturdays 10.30am to 12.30pm.*

P. & T. : POST

Öffnungszeiten. – Die **Postämter** sind montags bis freitags von 8-19 Uhr und samstags von 8-12 Uhr geöffnet. Sie versehen dann alle Postdienste.

Besondere Schalterstunden, nur begrenzte Postdienste

Hauptpostamt. – 52, rue du Louvre (G14) ☏ 40 28 20 00. *Tag und Nacht geöffnet. Samstags ab 12 Uhr, an Sonn- und Feiertagen sowie nachts (☏ 40 26 32 34) nur bestimmte Dienstleistungen.*

Paris 1e - Louvre – Pyramide, Hall Napoléon (31 H 13) ☏ 42 61 43 97. *Geöffnet : montags-samstags 9.30-19 Uhr, bzw. montags und mittwochs 22 Uhr ; an Sonn- und Feiertagen 10.30-18 Uhr. Dienstags geschlossen.*

Paris 1e - Forum des Halles, Niveau 4 (Porte Lescot) (H15) ☏ 40 26 83 24. *Geöffnet : montags-freitags 10-18 Uhr ; samstags 9-12 Uhr.*

Paris 7e - Eiffelturm. – 1. Etage, Avenue Gustave-Eiffel (28 J7) ☏ 45 51 05 78. *Geöffnet : täglich, auch an Sonn- und Feiertagen, von 10.45-18.30 Uhr.*

Paris 8e - Champs-Elysées. – 71 avenue des Champs-Élysées (F9) ☏ 43 59 55 18. *Geöffnet : 8-22 Uhr. Montags-samstags ab 19 Uhr und an Sonn- und Feiertagen (10-12, 14-20 Uhr) nur bestimmte Dienstleistungen.*

Paris 19e - Belvédère. – 118 avenue Jean-Jaurès (D19). *Geöffnet : montags-freitags 17 Uhr und 19.30 Uhr ; samstags 10.30-12.30 Uhr.*

P. & T. : SERVICIOS POSTALES

Servicio normal. – Para todas las operaciones, las **oficinas de los P.T.T.** están abiertas al público de lunes a viernes de 8 h a 19 h, los sábados de 8 h a 12 h.

Aperturas excepcionales y servicios reducidos

Oficina Principal. – 52 rue du Louvre (G14) ☏ 40 28 20 00. *Abierta día y noche. Sábados (desde 12 h), domingos, festivos y durante la noche : sólo son posibles algunas operaciones.* Informarse. ☏ 40 26 32 34.

Paris 1o - Musée du Louvre – Pyramide, Hall Napoléon (31 H 13) ☏ 42 61 43 97. *Abierta de lunes a sábados de 9 h 30 a 19 h (22 h lunes y miércoles). Domingos y festivos de 10 h 30 a 18 h. Cerrada martes.*

Paris 1o - Forum des Halles. – Piso 4, porte Lescot (H15) ☏ 40 26 83 24. *Abierta de lunes a viernes de 10 h a 18 h. Sábados de 9 h a 12 h.*

Paris 7o - Tour Eiffel. – Piso 1, avenue Gustave-Eiffel (28J7) ☏ 45 51 05 78. *Abierta todos los días de 10 h 45 a 18 h 30.*

Paris 8o - Champs-Elysées. – 71 avenue des Champs-Élysées (F9) ☏ 43 59 55 18. *Abierta de 8 h a 22 h. De lunes a sábados (desde 19 h), domingos y festivos : lólo son posibles algunas operaciones.* Informarse.

Paris 19o. – 118 avenue Jean-Jaurès (D19). *Abierta de lunes a viernes de 17 h a 19 h 30. Sábados de 10 h 30 a 12 h 30.*

SANTÉ

HEALTH, GESUNDHEITSWESEN, SANIDAD

Grands Hôpitaux, Cliniques, Maisons de Santé,
Hospitals, Krankenhäuser, Grandes Hospitales

Paris

22	E19	**Adolphe de Rothschild** (Fond. ophtalmologique)	25 r. Manin, 19e	48 03 65 65
29	H9	**Alma** (Clinique)	166 r. de l'Université, 7e	45 55 95 10
32	K16	**Banque Française des Yeux**	6 quai des Célestins, 4e	42 77 19 21
43	M13	**Baudelocque** (Maternité)	123 bd de Port-Royal, 14e	42 34 11 40
6	A12	**Bichat-Claude-Bernard** (Hôpital)	46 r. Henri-Huchard, 18e	40 25 80 80
28	G8	**Bizet** (Clinique)	23 r. Georges-Bizet, 16e	47 23 78 26
39	M6	**Boucicaut** (Hôpital)	78 r. de la Convention, 15e	45 54 92 92
44	N15	**Broca** (Hôp.)	54-56 r. Pascal, 13e	45 35 20 10
53	P10	**Broussais** (Hôpital)	96 r. Didot, 14e	45 41 95 41
43	M14	**Cochin** (Groupe Hosp.)	27 r. du Fg-St-Jacques , 14e	42 34 12 12
36	J23	**Croix-St-Simon** (Hôp.)	125 r. d'Avron, 20e	43 71 12 01
43	L14	**Curie** (Institut-Section Hospit.)	26 r. d'Ulm, 5e	43 29 12 42
46	L20	**Diaconesses** (Hôp.)	18 r. du Sergent-Bauchat, 12e	43 41 72 00
20	D16	**Fernand-Widal** (Hôp.)	200 r. du Fg-St-Denis, 10e	42 80 62 33
44	M16	**Gardien de la Paix** (Fond.)	35 bd St-Marcel, 13e	43 31 88 60
44	L16	**Geoffroy-St-Hilaire** (Clin.)	59 r. Geoffroy-St-Hilaire, 5e	43 37 66 00
38	M3	**Henry-Dunant Croix-Rouge française** (centre hosp.)	95 r. Michel-Ange, 16e	46 51 52 46
32	J15	**Hôtel-Dieu de Paris** (Hôp.)	1 pl. Parvis-Notre-Dame, 4e	42 34 82 34
57	P17	**Jeanne d'Arc** (Clin.)	11-13 r. Ponscarme, 13e	45 84 15 75
41	N9	**Labrouste** (Clin.chirurg.)	64 r. Labrouste, 15e	48 56 57 58
42	K11	**Laënnec** (Hôp.)	42 r. de Sèvres, 7e	45 44 39 39
20	D15	**Lariboisière** (Hôp.)	2 r. Ambroise-Paré, 10e	42 80 62 33
33	G18	**Léonard de Vinci** (Clin.)	95 av. Parmentier, 11e	43 55 39 33
42	M11	**Léopold-Bellan** (Hôp.)	19-21 r. Vercingétorix, 14e	40 48 68 68
16	E7	**Marmottan** (Centre médical)	19 r. d'Armaillé, 17e	45 74 00 04
23	E22	**Maussins** (Clin.des)	67 r. de Romainville, 19e	42 03 94 76
34	J20	**Mont-Louis** (Clin.)	8-10 r. de la Folie-Regnault, 11e	43 71 11 00
41	L10	**Necker-Enfants Malades** (Groupe hospitalier)	149-151 r. de Sèvres, 15e	42 73 80 00
54	P11	**N.-D. de Bon-Secours** (Hôp.)	66 r. des Plantes, 14e	40 52 40 52
41	M10	**Pasteur** (Institut-Hôp.)	211 r. de Vaugirard, 15e	45 67 35 09
43	M14	**Péan** (Clin.chirurg.)	11 r. de la Santé, 13e	45 87 68 68
56	R15	**Peupliers** (Hôp.)	8 pl. Abbé-G.-Hénocque, 13e	45 65 15 15
45	M17	**La Pitié-Salpêtrière** (Groupe hospitalier)	47-83 bd de l'Hôpital, 13e	45 70 21 12
43	M13	**Port-Royal** (Maternité)	123 bd de Port-Royal, 14e	42 34 12 12
33	K18	**Quinze-Vingts** (Hôp.)	28 r. de Charenton 12e	43 46 15 20
23	E22	**Robert-Debré** (Hôp.)	48 bd Sérurier, 19e	40 03 20 00
19	E13	**La Rochefoucauld** (Institut de psychiatrie)	23 r. de La Rochefoucauld, 9e	42 80 61 51
47	L22	**Rothschild** (Hôp.)	33 bd de Picpus, 12e	43 41 72 72
48	K19	**St-Antoine** (Hôp.)	184 r. du Fg-St-Antoine, 12e	43 44 33 33
41	M9	**St-Jacques** (Hôp.)	37 r. des Volontaires, 15e	45 66 93 09
42	K11	**St-Jean-de-Dieu** (Clin.)	19 r. Oudinot, 7e	43 06 94 06
53	P10	**St-Joseph** (Fond.-Hôp.)	7 r. Pierre-Larousse, 14e	40 52 33 33
20	E15	**St-Lazare** (Hôp.)	107 bis r. du Fg-St-Denis, 10e	42 80 62 33
21	F17	**St-Louis** (Hôp.)	1 av. Claude-Vellefaux, 10e	42 49 49 49
40	N8	**St-Michel** (Hôp.)	33 r. Olivier-de-Serres, 15e	40 45 61 61
43	M13	**St-Vincent-de-Paul** (Hôp.)	74 av. Denfert-Rochereau, 14e	40 48 81 11
55	P13	**Ste-Anne** (Centre hosp. spécialisé)	1 r. Cabanis, 14e	45 65 80 00
40	M7	**Ste-Félicité** (Maternité)	37 r. St-Lambert, 15e	45 32 72 83
44	M16	**Sport** (clin.)	36 bd St-Marcel, 5e	45 35 36 52
43	M13	**Tarnier** (Hôp.)	89 r. d'Assas, 6e	42 34 12 12
35	G22	**Tenon** (Hôp.)	4 r. de la Chine, 20e	40 30 70 00
47	M22	**Trousseau** (Hôp.)	26 av. Dr.-A.-Netter, 12e	43 46 13 90
55	R13	**Université de Paris** (Hôp. internat.)	42 bd Jourdan, 14e	45 89 47 89
43	M14	**Val-de-Grâce** (Hôp. militaire)	74 bd de Port-Royal, 5e	43 29 12 31
18	D12	**Vintimille** (Clin.)	58 r. de Douai, 9e	45 26 89 69

Proche Banlieue,

Suburbs, Vororte, Alrededores

24	AH39-AH40	**Albert-Chenevier** (Hôp.)	**Créteil** - 40 r. de Mesly	49 81 31 31
61	AZ	**Ambroise-Paré** (Hôp.)	**Boulogne** - 9 av. Ch.-de-Gaulle	49 09 50 00
3	B5	**Américain (Hôp.)**	**Neuilly-sur-Seine** - 63 bd Victor-Hugo	47 47 53 00
22	AH21	**Antoine-Béclère** (Hôp.)	**Clamart** - 157 r. Porte-de-Trivaux	45 37 44 44
24	AC41	**Armand-Brillard** (Clin.)	**Nogent-sur-Marne** - 3-5 av. Watteau	43 94 81 00
20	S36	**Avicenne** (Hôp.)	**Bobigny** - 125 r. de Stalingrad	48 95 55 55
18	T26	**Beaujon** (Hôp.)	**Clichy** - 100 bd Général-Leclerc	47 39 33 40
24	AB37	**Bégin** (Hôp. Instr. Armées)	**St-Mandé** - 69 av. de Paris	43 98 50 00
24	AF30	**Bicêtre** (Centre hosp.)	**Le Kremlin-Bicêtre** - 78 r. du Gén-Leclerc	45 21 21 21
22	AN24	**Bois de Verrières** (Clin.)	**Antony** - 66 r. du Colonel-Fabien	46 66 21 50
2	C3	**Centre Hospitalier**	**Neuilly-sur-Seine** - 36 bd Gén.-Leclerc	47 47 11 44
18	W20	**Centre Hospitalier**	**Puteaux** - 1 bd Richard-Wallace	47 72 51 44
22	AB18	**Centre Hospitalier**	**Saint-Cloud** - 3 pl. Silly	49 11 60 60
20	N32	**Centre Hosp. Général**	**Saint-Denis** - 2 r. du Dr-Delafontaine	42 35 61 40
24	AG40	**Centre Hosp. Intercomm.**	**Créteil** - 40 av. de Verdun	48 98 77 00
20	W39	**Centre Hosp. Intercomm.**	**Montreuil** - 56 bd de la Boissière	48 58 90 80
24	AS39	**Centre Hosp. Intercomm.**	**Villeneuve-St-Georges** - 40 allée de la Source	43 86 20 00
24	AH30-AH31	**Centre Hosp. spécialisé**	**Villejuif** - 54 av. de la République	45 59 57 00
24	AF34	**Charles-Foix** (Groupe hosp.)	**Ivry-sur-Seine** - 7 av. de la République	46 70 15 92
51	P5	**Corentin-Celton** (Hôp.)	**Issy-les-Moulineaux** - 37 bd Gambetta	45 54 95 33
20	X36	**Dhuys** (Clin.)	**Bagnolet** - 1 r. Pierre-Curie	43 60 01 50
24	AN42	**Emile-Roux** (Centre Hosp.)	**Limeil-Brévannes** - 48 r. Henri-Barbusse	45 69 96 33
24	AE37	**Esquirol** (Hôp.)	**Saint-Maurice** - 12 r. du Val d'Osne	43 96 61 61
20	W37	**Floréal** (Clin.)	**Bagnolet** - 40 r. Floréal	43 61 44 90
18	X23	**Foch** (Centre médico-chirurg.)	**Suresnes** - 40 r. Worth	47 72 91 91
5	A10	**Gouin** (Hôp. chirurg.)	**Clichy** - 2 r. Gaston-Paymal	47 30 30 30
24	AG30-AH30	**Gustave-Roussy** (Inst.)	**Villejuif** - 39 r. Camille-Desmoulins	45 59 49 09
22	AK21	**Hauts-de-Seine** (Clin.)	**Châtenay-Malabry** - 17 av. du Bois	46 30 22 50
3	D6	**Henri-Hartmann** (Clin.)	**Neuilly-sur-Seine** - 26 bd Victor-Hugo	47 58 12 10
24	AG39-AH39	**Henri-Mondor** (Hôp.)	**Créteil** - 51 av. Mar.-de-Lattre-de-Tassigny	49 81 21 11
3	C6	**Hertford** (British Hosp.)	**Levallois-Perret** - 3 r. Barbès	47 58 13 12
24	AE32-AF32	**Jean-Rostand** (Groupe hosp.)	**Ivry-sur-Seine** - 39-41 r. Jean-Le-Galleu	46 70 15 55
22	AE16	**Jean Rostand** (Centre hosp.Intercomm.)	**Sèvres** - 141 Grande-Rue	45 34 75 11
20	T42	**Jean Verdier** (Hôp.)	**Bondy** - av. du 14-Juillet	48 47 31 03
18	H19	**Louis-Mourier** (Hôp.)	**Colombes** - 178 r. des Renouillers	47 60 61 62
20	Y47	**Maison-Blanche** (Centre hosp. spécialisé)	**Neuilly-sur-Marne** - 3 av. Jean-Jaurès	43 00 96 90
18	S18	**Maison de Nanterre** (Hôp.)	**Nanterre** - 403 av. de la République	47 80 75 75
18	L26	**Maison de Santé**	**Épinay** - 6 av. de la République	48 21 49 00
1	A2	**Marcelin-Berthelot** (Centre hosp.)	**Courbevoie** - 30 r. Kilford	47 68 78 78
22	AJ22	**Marie-Lannelongue** (Centre chirurg.)	**Le Plessis-Robinson** - 133 av. de la Résistance	46 30 21 33
18	V13	Les **Martinets** (Clin.)	**Rueil-Malmaison** - 97 av.-Albert-1er	47 08 92 33
22	AJ19	**Meudon-la-Forêt-Vélizy** (Clin.)	**Meudon-la-Forêt** - 3 av. de Villacoublay	46 30 21 31
3	C5	**N.-D.-du-Perpétuel Secours** (Hôp.)	**Levallois-Perret** - 2 r. Kléber	47 57 31 57
24	AG31-AH31	**Paul-Brousse** (Groupe hosp.)	**Villejuif** - 12 av. P.-Vaillant-Couturier	45 59 30 00
49	S2	**Percy** (Hôp. militaire)	**Clamart** - 101 av. Henri-Barbusse	46 45 21 04
22	AB13	**Raymond-Poincaré** (Hôp.)	**Garches**-104 bd R.-Poincaré	47 41 79 00
20	T33	**La Roseraie** (Centre hosp. privé)	**Aubervilliers** - 120 av. de la République	48 39 40 00
24	AC45-AC46	**Saint-Camille** (Hôp.)	**Bry-sur-Marne** - 2 r. des Pères-Camilliens	49 83 10 10
18	W15	**Stell** (Hôp.départemental)	**Rueil-Malmaison** - 1 r. Charles-Drot	47 32 92 90
51	R5	**Suisse de Paris** (Hôp.)	**Issy-les-Moulineaux** - 10 r. Minard	46 45 21 36
20	U44	**Valère-Lefebvre** (Hôp.)	**Le Raincy** - 73 bd de l'Ouest	43 02 41 44
20	Y47	**Ville-Évrard** (Centre hosp. spécialisé)	**Neuilly-sur-Marne** - 2 av. Jean-Jaurès	43 09 30 30

Institutions socio-médicales, Entraide, Secours

Social and medical institutions, Assistance, Sozialversicherung, Fürsorge, Sociedades Médicas, Mutuas y Seguros

23	E21	**Affaires Sanitaires et Sociales d'Ile de France**	58-62 r. de Mouzaïa, 19e	42 00 33 00
28	K7	**Allocations Familiales** (Caisse)	18 r. Viala, 15e	45 71 34 56
22	D19	—	69 av. Jean-Jaurès, 19e	42 38 74 00
57	P17	—	101 r. Nationale, 13e	45 84 11 85
18	E11	**Armée du Salut**	76 r. de Rome, 8e	43 87 41 19
32	J15	**Assistance Publique-Hôpitaux de Paris**	3 av. Victoria, 4e	40 27 30 00
29	J9	**Aveugles de France** (Fédération)	58 av. Bosquet, 7e	45 51 20 08
10	C19	**Caisse Nat. Ass. Vieillesse Trav. Salariés**	110 r. de Flandre, 19e	40 37 37 37
20	D15	**Caisse Primaire Assur. Maladie de Paris**	69 bis r. de Dunkerque, 9e	42 80 63 67
16	F8	**Croix-Rouge Française**	1 pl. Henri-Dunant, 8e	40 70 10 10
29	J10	**Institution Nat. des Invalides**	6 bd des Invalides, 7e	40 63 22 22
45	L17	**Institut Médico-Légal**	2 pl. Mazas, 12e	43 43 78 53
41	L10	**Institut Nat. des Jeunes Aveugles**	56 bd des Invalides, 7e	45 67 35 08
43	L14	**Institut Nat. de Jeunes Sourds**	254 r. St-Jacques, 5e	43 29 24 00
57	P17	**Inst. Nat. Santé et Recherche Médicale**	101 r. de Tolbiac, 13e	45 84 14 41
56	P15	**Paralysés de France** (Association)	17 bd Auguste Blanqui, 13e	45 80 82 40
51	R6	**Rosier Rouge** (Foyer d'accueil)	**Vanves** - 16 av. du Général de Gaulle	46 45 61 94
33	H17	**Secours Populaire Français**	9-11 r. Froissart, 3e	42 78 50 48

Maisons d'accueil, de retraite, centres de longs séjours

Nursing and old people's homes, Krankenhäuser Alterspflegeheime, Residencias sanitarias

40	L7	**Anselme Payen**	75-77 r. Violet, 15e	45 78 65 20
6	A12	**Bichat**	170 bd Ney, 18e	40 25 89 00
20	D16	**Fernand Widal**	200 r. Fg St-Denis, 10e	42 80 62 33
35	H22	**Fondation Alquier Debrousse**	26 r. des Balkans, 20e	43 67 69 69
47	M21	**Fondation de Rothschild**	76 r. de Picpus, 12e	43 44 78 10
54	N11	**Julie Siegfried**	88 r. de Gergovie, 14e	45 43 86 00
41	K10	**Ma maison**	62 av. de Breteuil, 7e	45 67 97 05
20	D16	—	13 r. Philippe-de-Girard, 10e	42 02 22 20
47	L21	—	71 r. de Picpus, 12e	43 43 43 40
38	M3	—	23 r. de Varize, 16e	46 51 36 25
47	L21	**La Muette**	43 r. du Sergent-Bauchat, 12e	43 43 12 15
42	N12	**La Rochefoucauld**	15 av. du Gal-Leclerc, 14e	43 27 23 56
45	M17	**Pitié-Salpêtrière**	47 bd de l'Hôpital, 13e	45 70 34 38
38	L4	**Ste-Périne**	11, r. Chardon-Lagache, 16e	45 20 00 09
44	M15	**La Collégiale**	33 r. du Fer à Moulin, 5e	42 34 84 85

Services médicaux d'urgence

Medical emergency numbers, Notrufnummern, Teléfonos de Urgencia

		SAMU (Paris)		45 67 50 50
		S.O.S. Médecin		47 07 77 77
		S.O.S. 92 garde et urgences médicales		46 03 77 44
		Urgences médicales de Paris (Jour et Nuit)		48 28 40 04
59	R22	**Ambulances Assistance Publique**	**Charenton** - 28 r. de l'Entrepôt	43 78 26 26
		Radio-Ambulances		47 07 37 39
18	X18	**Centre de soins aux brûlés** (Hôpital Foch)	**Suresnes** - 40 r. Worth	47 72 91 91
16	E7	**Centre anti-drogue** (Hôpital Marmottan)	19 r. d'Armaillé, 17e	45 74 00 04
20	D16	**Centre anti-poison** (Hôpital Fernand-Widal)	200 r. du Fg-St-Denis, 10e	40 37 04 04
		Transfusions d'urgence		43 07 47 28
		S.O.S. Vétérinaire (Paris) (nuit et dimanches)		47 45 18 00

Deux guides Verts Michelin sur Paris et sa région :

- ***Paris***
- ***Ile-de-France***

SPECTACLES

ENTERTAINMENTS, VERANSTALTUNGEN, ESPECTÁCULOS

Théâtres, *Theatres, Theater, Teatros*

20	F16	**Antoine-Simone Berriau**	14 bd de Strasbourg, 10e	42 08 77 71
18	D11	**Arts Hébertot**	78 bis bd des Batignolles, 17e	43 87 23 23
19	D14	**Atelier-Charles Dullin**	1 pl. Charles-Dullin, 18e	46 06 49 24
18	F12	**Athénée-Louis Jouvet**	4 sq. de l'Opéra-L.-Jouvet, 9e	47 42 67 27
20	D16	**Bouffes-du-Nord**	209 r. du Fg-St-Denis, 10e	42 39 34 50
19	G13	**Bouffes-Parisiens**	4 r. Monsigny, 2e	42 96 60 24
52	P8	**Carré Silvia-Monfort**	106 r. Brancion, 15e	45 31 28 34
28	H7	**Chaillot** (Th. Nat.)	1 pl. du Trocadéro, 16e	47 27 81 15
29	G9	**Champs-Elysées**	15 av. Montaigne, 8e	47 23 36 27
31	J14	**Châtelet-Théâtre Musical de Paris**	1 pl. du Châtelet, 1er	40 28 28 40
55	S13	**Cité Internat. Universitaire**	21 bd Jourdan, 14e	45 89 38 69
35	G21-H21	**Colline** (Th. Nat.)	15 r. Malte Brun, 20e	43 66 43 60
18	F12	**Comédie Caumartin**	25 r. Caumartin, 9e	47 42 43 41
19	D13	**Comédie de Paris**	42 r. Fontaine, 9e	42 81 00 11
29	G9	**Comédie des Champs-Elysées**	15 av. Montaigne, 8e	47 20 08 24
31	H13	**Comédie-Française**	2 r. de Richelieu, 1er	40 15 00 00
18	G12	**Daunou**	7 r. Daunou, 2e	42 61 69 14
18	F12	**Édouard-VII-Sacha Guitry**	10 pl. Édouard-VII, 9e	47 42 57 49
30	G11	**Espace Pierre Cardin**	1 av. Gabriel, 8e	42 66 17 30
32	H15	**Essaïon**	6 r. Pierre-au-Lard, 4e	42 78 46 42
19	E13	**Fontaine**	10 r. Fontaine, 9e	48 74 74 40
42	M11	**Gaîté-Montparnasse**	26 r. de la Gaîté, 14e	43 22 16 18
20	F15	**Gymnase-Marie Bell**	38 bd Bonne-Nouvelle, 10e	42 46 79 79
31	K14	**Huchette**	23 r. de la Huchette, 5e	43 26 38 99
19	E13	**La Bruyère**	5 r. La Bruyère, 9e	48 74 76 99
19	G13	**La Michodière**	4 bis r. de La Michodière, 9e	47 42 95 22
42	L12	**Lucernaire-Berthommé-Le Guillochet**	53 r. N.-D. des-Champs, 6e	45 44 57 34
18	F11	**Madeleine**	19 r. de Surène, 8e	42 65 07 09
32	G16	**Marais**	37 r. Volta, 3e	42 78 03 53
17	G10	**Marigny**	av. Marigny, 8e	42 56 04 41
18	F12	**Mathurins**	36 r. des Mathurins, 8e	42 65 90 00
18	F12	**Michel**	38 r. des Mathurins, 8e	42 65 35 02
18	F12	**Mogador**	25 r. Mogador, 9e	42 85 45 30
42	M11	**Montparnasse**	31 r. de la Gaîté, 14e	43 22 77 74
19	F14	**Nouveautés**	24 bd Poissonnière, 9e	47 70 52 76
43	K13	**Odéon** (Th. Nat.)	pl. de l'Odéon, 6e	43 25 70 32
18	E12	**Œuvre**	55 r. de Clichy, 9e	48 74 42 52
18	F12	**Opéra de Paris** (Th.Nat.)	pl. de l'Opéra, 9e	47 42 57 50
19	F13	**Opéra de Paris** (salle Favart)	pl. Boieldieu, 2e	47 42 57 50
21	G17	**Palais des Glaces**	37 r. du Fg-du-Temple, 10e	46 07 49 93
31	G13	**Palais-Royal**	38 r. de Montpensier, 1er	42 97 59 81
18	E12	**Paris**	15 r. Blanche, 9e	48 74 16 82
10	C20	**Paris-Villette**	211 av. Jean-Jaurès, 19e	42 02 02 68
52	P7	**Plaine**	13 r. Gén.-Guillaumat, 15e	40 43 01 82
42	L12	**Poche Montparnasse**	75 bd du Montparnasse, 6e	45 48 92 97
20	G16	**Porte-St-Martin**	16 bd St-Martin, 10e	46 07 37 53
18	G12	**Potinière**	7 r. Louis-Le-Grand, 2e	42 61 44 16
20	G16	**Renaissance**	20 bd St-Martin, 10e	42 08 18 50
17	G10	**Renaud-Barrault**	av. Franklin-Roosevelt, 8e	42 56 60 70
19	E13	**St-Georges**	51 r. St-Georges, 9e	48 78 63 47
29	G9	**Studio des Champs-Élysées**	15 av. Montaigne, 8e	47 20 08 24
55	P14	**Théâtre 13**	24 rue Daviel, 13e	45 88 16 30
33	J18	**Théâtre de la Bastille**	76 r. de la Roquette, 11e	43 57 42 14
23	F22	**Théâtre de l'Est-Parisien** (TEP)	159 av. Gambetta, 20e	43 64 80 80
64	CT	**Théâtre du Soleil** (Cartoucherie)	rte du Champ-de-Manœuvre, 12e Bois de Vincennes	43 74 24 08
32	J15	**Théâtre de la Ville**	2 pl. du Châtelet, 4e	42 74 22 77
18	E11	**Tristan Bernard**	64 r. du Rocher, 8e	45 22 08 40
19	F14	**Variétés**	7 bd Montmartre, 2e	42 33 09 92

Informations téléphonées sur les expositions, les dates et ouvertures des musées municipaux ☏ 42 76 66 00.

Salles de concerts

Concert halls, Konzertsäle, Salas de conciertos

17	D9	**Cortot**	78 r. Cardinet, 17e	47 63 85 72
17	F10	**Gaveau**	45 r. La Boétie, 8e	45 63 20 30
16	E8	**Pleyel**	252 r. Fg-St-Honoré, 8e	45 61 06 30

Des concerts et ballets sont fréquemment proposés à la Maison de la Radio et au Palais de Chaillot *(pl. du Trocadéro et du 11-Novembre),* ainsi que dans les grands théâtres de la capitale (Châtelet-Théâtre Musical de Paris, Théâtre de la Ville, Théâtre des Champs-Élysées...) et à l'Université Paris II *(92 r. d'Assas).*

Des concerts spirituels et récitals d'orgue sont régulièrement donnés à Notre-Dame, St-Germain-des-Prés, St-Séverin, St-Roch, St-Louis des Invalides, St-Eustache...

Cinéma, *Cinemas, Kinos, Cines*

Consulter la presse chaque mercredi - See newspaper on Wednesdays — Siehe Presse jeden Mittwoch - Consultar los periódicos el miércoles.

Cinémathèque Française : salle Chaillot av. Albert-de-Mun Tél. 47 04 24 24.

Music-halls, cabarets

31	J13	**Alcazar de Paris**	62 r. Mazarine, 6e	43 29 02 20
28	G8	**Crazy Horse**	12 av. George-V, 8e	47 23 32 32
19	F14	**Folies-Bergère**	32 r. Richer, 9e	42 46 77 11
16	F8	**Lido-Normandie**	116 av. Champs-Elysées, 8e	45 63 11 61
19	D13	**Moulin-Rouge** (Bal du)	82 bd de Clichy, 18e	46 06 00 19
44	K15	**Paradis Latin**	28 r. du Card.-Lemoine, 5e	43 25 28 28

Spectacles pour enfants

Children's entertainment

Veranstaltungen für Kinder, Espectáculos para niños

39	M5-N5	**Cirque Gruss** (à l'ancienne) (en hiver)	Halle aux vins, 12e	40 36 08 22
28	J8	**Marionnettes du Champ-de-Mars**	av. du Gal Marguerite, 7e	46 37 07 87
17	G10	**Marionnettes des Champs-Élysées**	Rond-Point des Champs-Elysées, 8e	42 57 43 34
43	L13	**Marionnettes du Luxembourg**	r. Guynemer, 6e	43 26 46 47
52	N8	**Marionnettes de Vaugirard**	Square G. Brassens - r. Brancion, 15e	42 39 80 34
62	CV	**Musée en Herbe**	Jardin d'Acclimatation - Bois de Boulogne, 16e	40 67 97 66
19	D14	— (Halle St-Pierre)	2 r. Ronsard, 18e	42 58 74 12
32	G15	**Planète magique**	3 bis r. Papin, 3e	42 71 23 61
56	P15	**Théâtre des 5 Diamants**	10 r. des 5 Diamants, 13e	45 80 51 31
62	CV	**Théâtre du Jardin**	Jardin d'Acclimatation - Bois de Boulogne, 16e	40 67 97 86

Salles diverses (réunions, variétés, ...)

Other variety halls, Andere Säle, Otras salas

42	M11	**Bobino**	20 r. de la Gaîté, 14e	43 27 24 24
18	E12	**Casino de Paris**	16 r. de Clichy, 9e	48 74 15 80
20	G16	**Caveau de la République**	1 bd St-Martin, 3e	42 78 44 45
33	H17	**Cirque d'Hiver**	110 r. Amelot, 11e	47 00 12 25
19	D14	**Élysée-Montmartre**	72 bd Rochechouart, 18e	45 52 25 15
16	E8	**Espace Wagram**	39 av. Wagram, 17e	43 80 30 03
30	H11	**Maison de la Chimie**	28 r. St-Dominique, 7e	47 05 10 73
18	F12	**Olympia-Bruno-Coquatrix**	28 bd des Capucines, 9e	47 42 82 45
44	K15	**Palais de la Mutualité**	24 r. St-Victor, 5e	40 46 11 11
15	E6	**Palais des Congrès** (auditorium)	2 pl. de la Pte-Maillot, 17e	46 40 22 22
39	N6	**Palais des Sports**	bd Victor, 15e	48 28 40 48
46	M19	**Palais Omnisports de Paris-Bercy**	8 bd de Bercy, 12e	43 46 12 21
18	D12	**Théâtre des 2 Anes**	100 bd de Clichy, 18e	46 06 10 26
11	B21	**Zénith**	211 av. J.-Jaurès, 19e	42 08 60 00

Principaux théâtres de banlieue,

Suburban theatres, Theater in den Vororten, Teatros de los alrededores

18	U17	**Amandiers**	Nanterre - 7 av. Pablo-Picasso	47 21 18 81
24	AF47	**Boucles de la Marne**	Champigny - 54 bd du Château	48 80 90 90
24	AF47	**Centre Municipal d'Animation G.-Philipe**	Champigny - 54 bd du Château	48 80 96 28
24	AA37	**Daniel-Sorano**	Vincennes - 16 r. Charles-Pathé	43 74 73 74
22	AN25	**Firmin-Gémier**	Antony-pl. Firmin-Gémier	46 66 02 74
18	N29	**Gérard-Philipe**	Saint-Denis- 59 bd Jules-Guesde	42 43 17 17
18	W20	**Hauts-de-Seine**	Puteaux-5 r. Henri-Martin	47 72 09 59
24	AH33	**Jean-Vilar**	Vitry-9 av. Youri-Gagarine	46 82 84 90
24	AK39	**Maison des Arts André-Malraux**	Créteil-pl. Salvador-Allende	49 80 18 88
24	AL35-AL36	**Paul-Éluard**	Choisy-le-Roi - 4 av. Villeneuve-St-Georges	48 90 89 79
24	AH31	**Romain-Rolland**	Villejuif-18 r. Eugène-Varlin	47 26 15 02
37	N1	**Th. de Boulogne-Billancourt** (TBB)	Boulogne - 60 r. de la Belle-Feuille	46 03 60 44
20	S33	**Th. de la Commune**	Aubervilliers - 2 r. Edouard Poisson	48 34 67 67
18	S25	**Th. de Gennevilliers**	Gennevilliers - 41 av. des Grésillons	47 93 26 30
24	AF33	**Th. d'Ivry**	Ivry-1 r. Simon-Dereure	46 70 21 55
18	S24	**Th. Municipal**	Asnières - 16 pl. de l'Hôtel-de-Ville	47 90 63 12
60	R23	**Th. de Charenton**	Charenton-le-Pont - 107 r. de Paris	43 68 55 81
24	AG42	**Théâtre Rond Point Liberté**	Saint-Maur - 20 r. de la Liberté	48 89 99 10

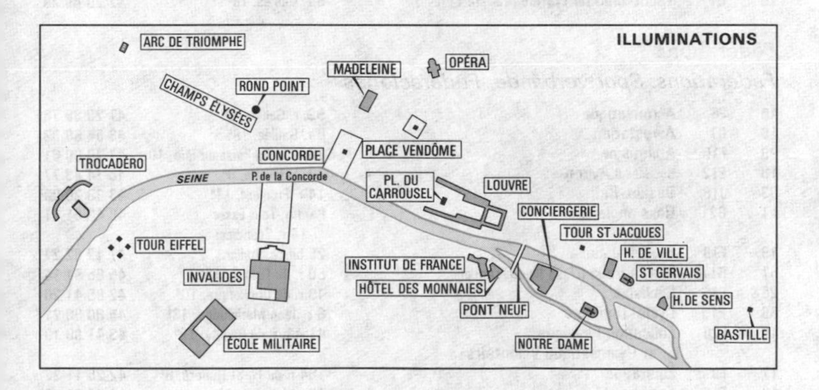

Un kiosque-théâtre, situé sur le terre-plein Ouest de l'église de la Madeleine, offre au public la possibilité d'acheter tous les jours sauf le lundi, entre 12 h 30 et 20 h, le dimanche de 12 h à 16 h, des places de théâtre à moitié prix pour des représentations le soir même.

Un second kiosque a été installé dans la salle des échanges de la station R.E.R. Châtelet-les-Halles (face à la FNAC) : tous les jours sauf le lundi de 12 h 45 à 19 h 45, le dimanche de 12 h à 16 h.

SPORTS, *DEPORTES*

18	F11	**Comité National Olympique et Sportif**	23 r. d'Anjou, 8e	42 65 02 74
64	CT	**Institut Nat. du Sport et de l'Éducation Physique** (I.N.S.E.P.)	11 av. du Tremblay, 12e Bois de Vincennes	43 74 11 21
57	P18	**Jeunesse et Sports** Dir. Rég.	6-8 r. Eugène-Oudiné, 13e	45 84 12 05
45	K17	— Dir. de la Ville de Paris	25 bd Bourdon, 4e	42 76 40 40

Clubs

44	K15	**Assoc.Sportive de la Police de Paris**	4 r. Montagne-Ste-Geneviève, 5e	43 54 59 26
53	P10	**Assoc.Sportive des PTT de Paris**	12 allée Gaston-Bachelard, 14e	45 39 69 14
22	AC19	**Athlétic-Club de Boulogne-Billancourt**	Boulogne - Mairie de Boulogne	46 84 78 15
14	E3	**Bowling de Paris**	Bois de Boulogne, 16e	40 67 94 00
18	F11	**Club Alpin Français**	7 r. La Boétie, 8e	47 42 36 77
37	L2	**Club Athlétique des Sports Généraux**	av. du Général-Sarrail, 16e	46 51 55 40
48	M23	**Club des Nageurs de Paris**	34 bd Carnot, 12e	46 28 77 03
21	D18	**Club de Natation Les Mouettes de Paris**	15 av. Jean-Jaurès, 19e	42 39 33 22
37	M2	**Paris St-Germain Football-Club**	30 av. du Parc des Princes, 16e	40 71 91 91
43	M13	**Paris Université-Club** (PUC)	31 av. Georges-Bernanos, 5e	46 33 21 89
61	AX	**Polo de Paris**	Allée du Bord-de-l'Eau - Bois de Boulogne, 16e	45 20 10 00
41	K10	**Racing-Club de France**	5 r. Eblé, 7e	45 67 55 86
25	G2	— (Croix-Catelan)	Bois de Boulogne, 16e	45 27 55 85
17	E9	**Racing de Paris**	17, av. Hoche, 8e	42 89 04 96
14	E3	**Société Bouliste du lac St-James**	Rte de la Muette à Neuilly Bois de Boulogne, 16e	40 67 90 44
14	F3	**Société Équestre de l'Étrier**	Route de Madrid aux Lacs, 16e	45 01 20 02
14	E3	**Société d'Équitation de Paris**	Route de la Muette à Neuilly Bois de Boulogne, 16e	45 01 20 06
37	M2	**Stade Français**	2 r. du Cdt-Guilbaud, 16e	46 51 66 53
37	N2	**Tennis Club de Paris**	15 av. Félix-d'Hérelle, 16e	46 47 73 90
21	D17	**Union Sportive Métropolitaine des Transports**	159 bd de la Villette, 10e	42 06 52 38
16	G7	**Yacht-Club de France** (transfert prévu)	6 r. Galilée, 16e	47 20 89 29

Fédérations

Federations, Sportverbände, Federaciones

16	F8	**Aéronautique**	52, r. Galilée, 8e	47 20 39 75
16	G7	**Aérostation**	6 r. Galilée, 16e	43 54 69 32
20	F15	**Athlétisme**	10 r. du Fg-Poissonnière, 10e	47 70 90 61
18	E12	Sociétés d'**Aviron**	7 r. Lafayette, 9e	48 74 43 77
33	J18	**Basket-Ball**	14 r. Froment, 11e	43 38 20 00
11	B21	**Boxe anglaise**	Pantin -Tour Essor 14 r. Scandicci	48 43 61 31
19	F13	**Boxe française**	25 bd des Italiens, 2e	47 42 82 27
57	R17	**Char à Voile** (Ligue Ile-de-France)	50 r. du Disque, 13e	45 85 91 14
20	E15	**Cyclisme**	43 r. de Dunkerque, 10e	42 85 41 20
56	P15	**Cyclo-Tourisme**	8 r. Jean-Marie-Jégo, 13e	45 80 30 21
46	L20	**Éducation Physique et Gymnastique Volontaire**	41-43, r. de Reuilly, 12e	43 41 86 10
17	F9	**Équitation**	164 r. du Fg-St-Honoré, 8e	42 25 11 22
18	E12	**Escrime**	45 r. de Liège, 8e	42 94 91 38
16	G8	**Football**	60 bis av. d'Iéna, 16e	47 20 65 40
16	F7	**Golf**	69 av. Victor-Hugo, 16e	45 02 13 55
20	F15	**Gymnastique**	7 ter cour Petites-Écuries, 10e	42 46 39 11
22	AF29	**Hand-Ball**	Gentilly - 62 r. G.-Péri	46 63 47 00
43	N14	**Handisport**	18 r. de la Glacière, 13e	45 35 39 00
19	F13	**Hockey**	64 r. Taitbout, 9e	48 78 74 88
54	P11	**Judo, Ju jitsu, Kendo**	43 r. des Plantes, 14e	45 42 80 90
54	P12	**Karaté**	122 r. de la Tombe-Issoire, 14e	45 40 65 53
21	E18	**Lutte**	11 r. de Meaux, 19e	48 03 19 21
17	F10	**Montagne et de l'Escalade**	20 bis r. La Boétie, 8e	47 42 39 80
33	H18	**Motocyclisme**	74 av. Parmentier, 11e	47 00 94 40
27	J5	**Motonautique**	49 r. de Boulainvilliers, 16e	45 25 61 76
23	F22	**Natation**	148 av. Gambetta, 20e	40 31 17 70
19	F13	**Parachutisme**	35 r. St-Georges, 9e	48 78 45 00
38	M4	**Pelote Basque** (Ligue Ile-de-France)	8 quai Saint-Exupéry, 16e	42 88 94 99

19	D13	**Pétanque** (Ligue Ile-de-France)	9 r. Duperré, 9e	48 74 61 63
28	G8	**Randonnée Pédestre**	9 av. George-V, 8e	47 23 62 32
19	F13	**Rugby**	7 cité d'Antin, 9e	48 74 84 75
31	H14	**Rugby à Treize**	7 r. Jules-Breton, 13e	43 31 29 77
16	E7	**Ski** (Antenne parisienne)	81 av. des Ternes, 17e	45 72 64 40
17	G9	**Ski Nautique**	16 r. Clément-Marot, 8e	47 20 05 00
21	G18	**Spéléologie**	130 r. St-Maur, 11e	43 57 56 54
27	G5	**Sport Automobile**	136 r. de Longchamp, 16e	47 27 97 39
33	H17	**Sportive et Culturelle de France**	22 r. Oberkampf, 11e	
20	U34	**Sportive et Gymnique du Travail**	**Pantin** - Tour Essor 14 r. Scandicci	48 43 61 31
31	H14	**Sports de Glace**	42 r. du Louvre, 1er	40 26 51 38
20	Z36	**Sports Sous-Marins**	**Montreuil** - 21 r. Voltaire	48 70 92 93
37	L2	**Tennis**	2 av. Gordon-Bennett, 16e	47 43 48 00
53	S10	**Tennis de Table**	**Montrouge** - 4, r. Guillot	47 46 97 97
27	H4-H5	**Tir**	29 bd Jules Sandeau, 16e	40 72 66 66
6	B11	**Tir à l'Arc**	7 r. des Epinettes, 17e	42 26 37 00
47	N21	**Trampoline et Sports Acrobatiques**	4 r. de Capri, 12e	43 40 28 94
28	G7	**Voile**	55 av. Kléber, 16e	45 53 68 00
30	K12	**Vol à Voile**	29 r. de Sèvres, 6e	45 44 04 78
22	D20	**Volley-Ball**	43 bis, r. d'Hautpoul, 19e	42 00 22 34

Hippodromes

Racecourses, Pferderennbahnen, Hipódromos

26	J3	**Auteuil**	Pelouse Bois de Boulogne, 16e	45 27 12 25
		Chantilly (60)	Route de l'Aigle	44 57 21 35
18	H23	**Enghien** (95)	**Soisy-sous-Montmorency** - 1 pl. André-Foulon	39 89 00 12
101	Pli 36	**Évry** (91)	Rte départementale 31	60 77 82 80
61	AY	**Longchamp**	Bois de Boulogne, 16e	42 24 13 29
18	L13	**Maisons-Laffitte** (78)	av. Molière	39 62 90 95
18	Z16	**St-Cloud** (92)	1 r. du Camp-Canadien	47 71 69 26
64	DU	**Vincennes**	2 route de la Ferme, 12e **Bois de Vincennes**	43 68 35 39

Patinoires

Skating rinks, Eisbahnen, Pistas de patinaje sobre hielo

21	E18	**Pailleron**	30 r. Édouard-Pailleron, 19e	42 08 72 26
1	B2	**Centre Olympique**	**Courbevoie** - pl. Ch.-de-Gaulle	47 88 03.33
18	P23	**Patinoire Olympique**	**Asnières** - bd P.-de-Coubertin	47 99 96 06
22	AC20	**Patinoire municipale**	**Boulogne** - 1 r. V.-Griffuelhes	46 21 04 29
18	P19	**Patinoire**	**Colombes** - Ile Marante	47 81 90 09
20	Z41	**Patinoire**	**Fontenay-s-Bois** - av. Ch.-Garcia	48 75 17 00
20	U44	**Patinoire**	**Le Raincy** - 72 allée du Jardin Anglais et de Finchley	43 81 41 41
18	S28	**Patinoire**	**St-Ouen** - 4 r. du Docteur-Bauer	40 10 89 19

Piscines

Swimming pools, Schwimmbäder, Piscinas

39	N5	**Aquaboulevard**	4 r. Louis-Armand, 15e	40 60 10 00
8	B15	**Amiraux**	6 r. Hermann-Lachapelle, 18e	46 06 46 47
42	L11	**Armand-Massard**	66 bd du Montparnasse, 15e	45 38 65 19
54	N12	**Aspirant-Dunand**	20 r. Saillard, 14e	45 45 50 37
26	J3	**Auteuil**	Rte des Lacs-à-Passy, 16e	42 24 07 59
6	B11	**Bernard Lafay**	79 r. de la Jonquière, 17e	42 26 11 05
7	A14	**Bertrand Dauvin**	12 r. René-Binet, 18e	42 54 51 55
41	L9	**Blomet**	17 r. Blomet, 15e	47 83 35 05
56	P15	**Butte-aux-Cailles**	5 pl. Paul-Verlaine, 13e	45 89 60 05
4	C8	**Champerret-Yser**	36 bd de Reims, 17e	47 66 49 98
57	P17	**Château-des-Rentiers**	184 r. Chât.-des-Rentiers, 13e	45 85 18 26
21	D17	**Château-Landon**	31 r. du Château-Landon, 10e	46 07 34 68
33	H18	**Cour des Lions**	11 r. Alphonse-Baudin, 11e	43 55 09 23

30	H11	**Deligny**	Face 23 quai Anatole-France, 7e	45 55 51 62
53	R9	**Didot**	22 av. Georges-Lafenestre, 14e	45 39 89 29
45	N17	**Dunois**	70 r. Dunois, 13e	45 85 44 81
28	J7	**Émile-Anthoine**	9 r. Jean-Rey, 15e	45 67 10 20
19	D14	**Georges-Drigny**	18 r. Bochart-de-Saron, 9e	45 26 86 93
22	D20	**Georges-Hermant**	6-10 r. David-d'Angers, 19e	42 02 45 10
35	J21	**Georges-Rigal** (centre sportif)	115 bd de Charonne, 11e	43 70 64 22
23	F22	**Georges-Vallerey**	148 av. Gambetta, 20e	40 31 15 20
9	B17	**Hébert**	2 r. des Fillettes, 18e	46 07 60 01
26	G4	**Henry-de-Montherlant**	32 bd Lannes, 16e	45 03 03 28
44	L15	**Jean-Taris**	16 r. Thouin, 5e	43 25 54 03
39	L6	**Keller**	14 r. de l'Ing.-Robert-Keller, 15e	45 77 12 12
31	K13	**Marché St-Germain**	7 r. Clément, 6e	43 29 08 15
9	C18	**Mathis**	15, r. Mathis, 19e	42 41 51 00
37	L2	**Molitor**	2 av. de la Pte-Molitor, 16e	46 51 10 61
34	G19	**Oberkampf**	160 r. Oberkampf, 11e	43 57 56 19
22	E19	**Pailleron**	30 r. Edouard-Pailleron, 19e	42 08 72 26
52	P7	**La Plaine**	13 r. du Général-Guillaumat, 15e	45 32 34 00
44	K15	**Pontoise**	19 r. de Pontoise, 5e	43 54 82 45
39	K6	**R. et A. Mourlon** (Beaugrenelle)	19 r. Gaston-de-Caillavet, 15e	45 75 40 02
48	M23	**Roger-Le-Gall**	34 bd Carnot, 12e	46 28 77 03
10	B19	**Rouvet**	1 r. Rouvet, 19e	40 36 40 97
32	H15	**St-Merri**	14-18 r. du Renard, 4e	42 72 29 45
31	H14	**Suzanne-Berlioux** (Halles)	10 pl. de la Rotonde, 1er	42 36 98 44
19	E14	**Valeyre**	24 r. de Rochechouart, 9e	42 85 27 61

Stades

Stadiums, Sportplätze, Estadios

7	A14	**Bertrand-Dauvin**	12 r. René-Binet, 18e	46 06 08 43
57	P17	**Charles-Moureu**	17 av. Edison, 13e	45 83 88 98
53	R9	**Didot**	18 av. Marc Sangnier, 14e	45 39 89 35
54	R12	**Elisabeth**	7 av. Paul Appell, 14e	45 40 78 39
28	J7	**Emile-Anthoine**	9 r. Jean Rey, 15e	45 67 25 25
37	L1	**Fond des Princes**	61 av. de la Pte-d'Auteuil, 16e	46 51 82 80
38	M4	Stade **Français** (Centre sportif Géo André)	2 r. du Cdt-Guilbaud, 16e	46 51 66 53
37	M2	**Fronton Chiquito de Cambo**	2 quai St-Exupéry, 16e	42 88 94 99
57	S17-S18	**Georges-Carpentier**	81 bd Massena, 13e	45 85 57 43
37	L2	**Jean-Bouin** (CASG)	av. du Gén.-Sarrail, 16e	46 51 55 40
11	C21	**Jules-Ladoumègue**	1 pl. de la Pte-de-Pantin, 19e	48 43 23 86
53	R10	**Jules-Noël**	3, av. Maurice-d'Ocagne, 14e	45 39 54 37
47	N22	**Léo-Lagrange**	68 bd Poniatowski, 12e	46 28 31 57
36	H23-J23	**Louis-Lumière**	30 r. Louis-Lumière, 20e	43 70 86 32
6	A12	**Max-Rousie**	28 r. André-Bréchet, 17e	46 27 17 94
46	M19	**Palais omnisports de Paris-Bercy**	8 bd de Bercy, 12e	43 41 72 04
37	M2	**Parc des Princes**	24 r. du Cdt-Guilbaud, 16e	42 88 02 76
15	D6	**Paul-Faber**	17-19 av. de la Pte de Villiers, 17e	47 57 05 75
64	DU	**Pershing**	Rte du Bosquet-Mortemart, 12e **Bois de Vincennes**	43 28 28 93
37	N2	**Pierre-de-Coubertin**	82 av. Georges-Lafont, 16e	45 27 79 12
51	N5	**Plaine de Vaugirard** (Centre sportif Suzanne Lenglen)	2 r. Louis-Armand, 15e	45 54 36 12
8	A15	**Poissonniers**	2 r. Jean-Cocteau, 18e	42 51 24 68
9	A17	**Porte de la Chapelle**	56 bis bd Ney, 18e	40 35 10 01
52	P8	**Porte de la Plaine**	13 r. du Général-Guillaumat, 15e	45 33 56 99
37	L1	**Roland-Garros**	2 av. Gordon-Bennett, 16e	47 43 48 00
60	P23	**Vélodrome Jacques-Anquetil**	av. de Gravelle, 12e **Bois de Vincennes**	43 68 01 27

ALLO SPORTS 42 76 54 54

Information concernant les manifestations sportives ainsi que les fédérations et les équipements sportifs à Paris.

TOURISME
TOURISM, TOURISMUS, TURISMO

16	F8	**Office du Tourisme et des Congrès de Paris-Accueil de France**	127 av. des Champs-Élysées, 8e	47 23 61 72
31	G13	**Maison de la France**	8 av. de l'Opéra, 1er	42 60 37 38

Organismes,
Tourist associations, Touristische Organisationen, Organismos

16	E7	**Association Française des Automobile-Clubs**	9 r. Anatole-de-la-Forge, 17e	42 27 82 00
20	F15	**Auto-Camping, Caravaning-Club de France**	37 r. d'Hauteville, 10e	47 70 29 81
30	G11	**Automobile-Club de France**	8 pl. de la Concorde, 8e	42 65 34 70
16	F7	**Automobile-Club de l'Ile-de-France**	14 av. de la Gde-Armée, 17e	43 80 68 58
30	J12	**Camping-Club de France**	218 bd St-Germain, 7e	45 48 30 03
31	H14	**Camping-Club Internat. de France**	14 r. des Bourdonnais, 1er	42 36 12 40
19	G13	**Compagnie Française du Thermalisme**	32 av. de l'Opéra, 2e	47 42 67 91
32	J15	**Féd. Franç. de Camping-Caravaning**	78 r. de Rivoli, 4e	42 72 84 08
56	R16	**Féd. Nat. des Logis et Auberges de France**	83 av. d'Italie, 13e	45 84 70 00
8	C16	**Féd. Unie des Auberges de Jeunesse**	27 r. Pajol, 18e	42 41 59 00
31	G13	**Havas-Voyages** (Agence)	26 av. de l'Opéra, 1er	42 61 80 56
30	K12	**Ligue Franç.des Auberges de Jeunesse**	38 bd Raspail, 7e	45 48 69 84
18	F12	**Maison des Gîtes de France**	35 r. Godot-de-Mauroy, 9e	47 42 20 20
18	F12	**Stations Françaises de Sports d'Hiver** (Assoc. des Maires)	61 bd Haussmann, 8e	47 42 23 32
31	J14	**Tourisme Régie Aut.Transports**	53 ter quai Gds-Augustins, 6e	43 46 14 14
18	G11	**—** (RATP)	pl. de la Madeleine, 8e	40 06 71 45
41	L10	**Union Nat. des Associations de Tourisme et de Plein Air**	8 r. César-Franck, 15e	43 06 88 21
42	M12	**Villages-Vacances-Familles** (VVF)	38 bd Edgar-Quinet, 14e	43 22 88 88
18	F12	**Wagons-Lits Tourisme** (Agence)	8 r. Auber, 9e	42 66 90 90

Maisons de Province
French provincial centres, Vertretungen der Provinzen Frankreichs, Casas de las Provincias de Francia

34	K20	**Féd. Nat. des Groupes Folkloriques Originaires des Provinces Françaises**	8 r. Voltaire, 11e	43 72 54 32
31	H13	**Alpes-Dauphiné**	2 pl. André-Malraux, 1er	42 96 08 43
17	G9	**Alsace**	39 av. des Champs-Élysées, 8e	43 59 44 24
30	H12	**Auvergne**	194 bis r. de Rivoli, 1er	42 61 82 38
31	H14	**Aveyron**	46 r. Berger, 1er	42 36 84 63
27	J5	**Basque**	10 r. Duban, 16e	42 24 98 87
42	L11	**Bretagne**	Centre commercial Maine Montparnasse, 15e	45 38 73 15
19	F13	**Drôme**	14 bd Haussmann, 9e	42 46 66 67
18	F12	**Franche-Comté**	2 bd de la Madeleine, 9e	42 66 26 28
19	F13	**Gers et Armagnac**	16 bd Haussmann, 9e	47 70 39 61
31	H13	**Hautes-Alpes**	4 av. de l'Opéra, 1er	42 96 05 08
31	K14	**Hérault** (Espace)	8 r. de la Harpe, 5e	43 54 04 00
19	F13	**Limousin**	18 bd Haussmann, 9e	47 70 32 63
19	G13	**Lot-et-Garonne**	15-17 pass. Choiseul, 2e	42 97 51 43
31	K14	**Lozère**	4 r. Hautefeuille, 6e	43 54 26 64
34	H19	**Morvan**	25 r. St-Maur, 11e	47 00 53 15
19	F13	**Nord-Pas-de-Calais**	18 bd Haussmann, 9e	47 70 59 62
19	F13	**Périgord**	30 r. Louis-le-Grand, 2e	47 42 01 78
42	K11	**Poitou-Charentes**	68 r. du Cherche-Midi, 6e	42 22 83 74
19	G13	**Pyrénées**	15 r. St-Augustin, 2e	42 61 58 18
31	G13	**Savoie**	31 av. de l'Opéra, 1er	42 61 74 73
17	D9	**Tarn**	34 av. de Villiers, 17e	47 63 06 26
18	F12	**Antilles et Guyane**	12 r. Auber, 9e	42 68 11 07
18	G12	**La Réunion**	1 r. Vignon, 8e	42 68 07 88
44	K15	**Tahiti et ses Iles**	28 bd St-Germain, 5e	46 34 29 91

TRANSPORT
VERKEHRSMITTEL, COMUNICACIONES

Autobus Métro
Buses-Metro, Autobus, Metro

31	J14	**Régie Autonome des Transports Parisiens** (RATP) Renseign.	55 quai Gds-Augustins, 6e	40 46 41 41
			—	43 46 14 14

Consulter en outre le plan sur lequel figurent les itinéraires d'autobus p. 174 à 177, et le plan de métro p. 180 et 181.

Automobile
Motoring organizations, PKW, Automóvil

16	F8	**Chambre Syndicale des Constructeurs Automobiles**	2 r. de Presbourg, 8e	47 23 54 05
16	G7	**Féd. Nat. des Transports Routiers**	6 r. Paul-Valéry, 16e	45 53 92 88
17	E9	**Prévention Routière**	6 av. Hoche, 8e	42 67 97 17

Location de voitures
Car hire companies, Autovermietung, Coches de alquiler

29	K10	**Avis**	5 r. Bixio, 7e	45 50 32 31
37	N2	**Avis Train + Auto**	Boulogne - 78 av. P.-Grenier	46 09 92 12
22	AN27	**Budget Milleville**	Fresnes-Z.I. Cerisaie Sud	
			35 r. de Montjean	05 10 00 01
41	L9	**Cie Industr. Franç. Autom.** (CIFA-Peugeot)	80 bd Garibaldi, 15e	45 67 35 24
46	L19	**CITer**	11 r. Érard, 12e	05 05 10 11
42	M11	**EUROPCAR**	48-50 av. du Maine, 15e	43 21 28 37
41	K9	**Eurorent**	42 av. de Saxe, 7e	45 67 82 17
29	H10	**Hertz-France**	Aérogare des Invalides, 7e	45 51 20 37
55	N14	**Inter Touring Service**	117 bd A. Blanqui, 13e	45 88 52 37
17	F9	**LOCA-DIN**	79 av. Champs-Elysées, 8e	42 99 66 33
45	L18	**Mattei**	205 r. de Bercy, 12e	43 46 11 50

Compagnies de Taxis-radio

Taxis bleus 42 02 42 02
Alpha-Taxis 45 85 85 85
Taxis G7 47 39 47 39
Taxis Radio-Étoile 42 70 41 41

Stations de taxis avec borne téléphonique
Taxi ranks with phone nos, Taxistationen mit Telefon, Paradas de taxis con teléfono.

Sur le plan, le signe ☎ signale les stations disposant d'une borne téléphonique (liste ci-dessous).

1er Arrondissement

31	H13	Pl. André-Malraux	42 60 61 40
32	J15	Pl. du Châtelet	42 33 20 99
30	G11	Métro Concorde	42 61 67 60

2e Arrondissement

19	F13	7 pl. de l'Opéra	47 42 75 75
20	G15	Porte St-Denis	42 36 93 55

3e Arrondissement

32	H16	64 r. de Bretagne	42 78 00 00
32	H15	Métro Rambuteau	42 72 00 00

4e Arrondissement

32	J16	Métro St-Paul	48 87 49 39

5e Arrondissement

44	M15	88 bd St-Marcel	43 31 00 00
44	L15	Pl. Monge	45 87 15 95
44	K16	Pont de la Tournelle	43 25 92 99
43	L14	pl. Edmond-Rostand	46 33 00 00
31	J14	Pl. St-Michel	43 29 63 66
32	K15	Pl.Maubert	46 34 10 32

6e Arrondissement

31	K13	pl. Henri-Mondor	43 26 00 00
31	J13	Métro Mabillon	43 29 00 00
42	L11	Pl. du 18-Juin-1940	42 22 13 13
30	K12	Pl. A.-Deville	45 48 84 75
31	J13	Métro St-Germain	42 22 00 00
43	M13	20 av. de l'Observatoire	43 54 74 37

7e Arrondissement

28	H8	2 av. Bosquet	47 05 66 86
28	J8	pl. du Général Gouraud	47 05 06 89
29	J9	28 av. de Tourville	47 05 00 00
30	J12	Métro rue du Bac	42 22 49 64
41	L10	pl. Léon-Paul-Fargue	45 67 00 00
29	H10	Métro Latour-Maubourg	45 55 78 42
30	H11	Métro Solférino	45 55 00 00
41	K10	7 pl. de Breteuil	45 66 70 17
30	H11	Pl. du Palais Bourbon	47 05 03 14
28	J7	Tour Eiffel	45 55 85 41
29	H10	27 bd de Latour-Maubourg	45 51 76 76

8e Arrondissement

17	F9	1 av. de Friedland	45 61 00 00
18	F11	8 bd Malesherbes	42 65 00 00
18	F11	44 bd Malesherbes	47 42 54 73
28	G8	Pl. de l'Alma	43 59 58 00
16	E8	Pl. des Ternes	47 63 00 00
17	G9	Rd-Pt Champs-Elysées	42 56 29 00
17	E10	Pl. Rio-de-Janeiro	45 62 00 00

9e Arrondissement

18	D12	Pl. de Clichy	42 85 00 00
18	E12	pl. d'Estienne d'Orves	48 74 00 00
19	E14	2 r. Pierre-Semard	48 78 00 00
19	F14	9 r. Drouot	42 46 00 00
19	E14	Square de Montholon	48 78 00 00

10e Arrondissement

21	F18	Métro Goncourt	42 03 00 00

11e Arrondissement

34	K19	Métro Faidherbe-Chal.	43 72 00 00
34	G19	Métro Ménilmontant	43 55 64 00
34	H20	Métro Père-Lachaise	48 05 92 12
34	J19	Pl. Léon-Blum	43 79 00 00
47	K21	1 av. du Trône	43 73 29 58
33	G17	1 av. de la République	43 55 92 64

12e Arrondissement

33	K18	6 pl. de la Bastille	43 45 10 00
47	M21	9 pl. Félix-Éboué	43 43 00 00
48	N23	1 pl. E.-Renard	46 28 00 00
64	CT	Terminus RATP Château de Vincennes	48 08 00 00

13e Arrondissement

55	N14	Métro Glacière	45 80 00 00
57	P18	Carr. Patay-Tolbiac	45 83 00 00
56	P16	1 av. d'Italie	45 83 34 93
44	N16	Pl. Pinel	45 86 00 00
57	S17	36 av. de la Pte de Choisy	45 85 40 00
56	S16	Métro Pte d'Italie	45 86 00 44

14e arrondissement

53	N10	Métro Plaisance	45 41 66 00
53	P9	9 bd Brune	45 39 87 33
43	N13	Pl. Denfert-Rochereau	43 35 00 00
54	R12	1 pl. du 25-Août-1944	45 40 52 05
54	P12	Métro Alésia	45 45 00 00
55	P14	1 av. Reille	45 89 05 71

15e arrondissement

40	M8	Mairie du 15e arr.	48 42 00 00
28	J7	Métro Bir-Hakeim	45 79 17 17
40	M8	Métro Convention	42 50 00 00
40	K8	Métro La Motte-Picquet	45 66 00 00
41	L10	Métro Sèvres-Lecourbe	47 34 00 00
39	L6	Pl. Charles-Michels	45 78 20 00
52	N7	1 bd Lefebvre	48 28 00 00
39	L5	Rd-Pt du Pont Mirabeau	45 77 48 00

16e Arrondissement

16	F7	1 av. Victor-Hugo	45 01 85 24
27	H6	10 bd Delessert	45 20 00 00
38	M4	23 bd Exelmans	45 25 93 91
27	G5	78 av. Henri-Martin	45 04 00 00
27	K5	Pl. du Docteur-Hayem	42 24 99 99
26	K4	Métro Jasmin	45 25 13 13
27	J5	Métro Muette	42 88 00 00
39	L5	Pl. de Barcelone	45 27 11 11
27	K5	Pl. Clément-Ader	45 24 56 17
38	K4	Pl. Jean-Lorrain	45 27 00 00
15	G6	12 pl. Victor-Hugo	45 53 00 11
27	H6	1 av. d'Eylau	47 27 00 00
38	L3	114 bd Exelmans	46 51 14 61
15	F5	Métro Pte-Dauphine	45 53 00 00
38	L3	27 bd Murat	46 51 19 19
38	M3	Pl. de la Pte-de-St-Cloud	46 51 60 40

17e Arrondissement

18	D11	Mairie du 17e arr.	43 87 00 00
6	C11	Métro Brochant	46 27 00 00
17	D10	Métro Villiers	46 22 00 00
16	D8	Pl. Aimé-Maillart	46 22 40 70
16	F8	1 av. de Wagram	43 80 01 99
16	D8	3 pl. Maréchal-Juin	42 27 00 00
5	D9	Pl. du Nicaragua	42 67 59 67
17	E9	Pl. Républ.-de-l'Équateur	47 66 80 50
5	C9	13 bis bd Berthier	43 80 00 00
4	D7	1 bd Gouvion-St-Cyr	47 66 22 77
5	B10	1 bd Berthier	46 27 90 06
6	B12	1 bd Bessières	42 63 00 00

18e Arrondissement

8	C15	Pl. du Château-Rouge	42 52 00 00
6	B12	Métro Guy-Môquet	42 28 00 00
7	B14	Pl. Jules-Joffrin	46 06 00 00
19	D13	Pl. Blanche	42 57 00 00
20	D16	Pl. de la Chapelle	42 08 00 00
7	D14	4 r. du Mont-Cenis	42 59 00 00
7	A14	1 av. de la Pte-de-Clignancourt	42 58 00 00
7	C13	2 r. Damrémont	42 54 00 00
8	C16	Métro Marx-Dormoy	46 07 86 00
7	C14	Métro Lamarck-Caulaincourt	42 55 00 00

19e Arrondissement

22	F20	5 r. Lassus	42 08 42 66
22	D19	pl. Armand-Carrel	42 06 00 00
22	E20	Métro Botzaris	42 05 00 00
21	E18	Pl. du Colonel-Fabien	46 07 00 00
23	E22	1 av. de la Pte-des-Lilas	42 02 71 40
11	C21	211 av. Jean-Jaurès	46 07 21 10
10	A20	Av. de la Pte-de-la-Villette	42 08 64 00
9	C18	185 r. de Crimée	42 39 28 27
21	D17	2 r. de Flandre	42 40 00 00

20e Arrondissement

35	H21	16 av. du Père-Lachaise	46 36 00 00
23	G22	2 pl. Paul-Signac	43 62 70 99
36	G23	Pl. de la Pte-de-Bagnolet	43 60 60 79
36	J23	Métro Pte-de-Montreuil	43 70 00 00
33	F20	Métro Pyrénées	43 49 10 00

Gares routières

10	A20	**Eurolines**	3-5 av. de la Porte-de-la-Villette, 19e	40 38 93 93
59	N21	—	av. de la Porte-de-Charenton, 12e	43 44 54 44

Chemins de fer

French Railways, Franz. Eisenbahn, Ferrocarriles franceses

18	E12	**Soc. Nat. Chemins de Fer Français** (SNCF) Direction Générale	88 r. St-Lazare, 9e	42 85 60 00
		— Renseignements téléphonés voyageurs		45 82 50 50
		— Réservations		45 65 60 60
45	L17	**Gare d'Austerlitz**	55 quai d'Austerlitz, 13e	
46	M19	**Gare de Bercy**	48 bis bd de Bercy, 12e	
20	E16	**Gare de l'Est**	pl. du 11-Novembre-1918, 10e	
42	M11	**Gare Montparnasse**	16-24 pl. Raoul-Dautry, 15e	
20	E16	**Gare du Nord**	18 r. de Dunkerque, 10e	
45	L18	**Gare de Paris-Lyon**	pl. Louis-Armand, 12e	
41	M10	**Gare de Paris-Vaugirard**	r. du Cotentin, 15e	
18	E11	**Gare St-Lazare**	r. St-Lazare, 8e	

Compagnies aériennes

French airlines, Franz. Fluggesellschaften, Compañías aéreas francesas

20	M37	**Aéroport du Bourget** (93)	Le Bourget	48 62 12 12
69-70		**Aéroport Charles-de-Gaulle** (95)	Roissy-Charles-de-Gaulle	48 62 22 80
67		**Aéroport d'Orly** (94)	Orly - Aérogare	49 75 75 75
16	F8	**Air France**	119 av. des Champs-Elysées, 8e	42 99 23 64
		Renseignements-réservations		45 35 61 61
		vols arrivée		43 20 12 55
		vols départ		43 20 13 55
29	H10	**Terminal Air France des Invalides**	Esplanade des Invalides, 7e	43 23 97 10
		arrêt d'autocars (vers Orly) :		
29	H10	— Invalides	2 r. R.-Esnault-Pelterie, 7e	43 23 97 10
42	M11	— Montparnasse	36 av. du Maine, 14e	43 23 97 10
		arrêt d'autocars (vers Roissy) :		
15	E6	— Palais des Congrès	pl. de la porte Maillot	42 99 20 18
16	F7	— pl. Charles-de-Gaulle	angle av. Carnot, 17e	42 99 20 18
17	F9	**Air Inter**	49 av. des Champs-Elysées, 8e	42 89 38 38
39	N5	**Héliport de Paris**	4 av. de la Pte-de-Sèvres, 15e	
		Hélicap		45 57 75 51
		Hélifrance		45 57 53 67
		Héli-Location		45 57 66 33
18	F11	**UTA Union Transports Aériens**	3 bd Malesherbes, 8e	40 17 44 44
18	G12	**TAT Transport Aérien Transrégional**	17 r. de la Paix, 2e	42 61 82 10

Compagnies aériennes étrangères, voir p. 57 à 68

Compagnies maritimes

French shipping companies, Franz. Schiffahrtsgesellschaften, Compañías marítimas francesas

65		**Cie Générale Maritime** (Siège)	La Défense - Tour Winterthur	49 03 70 00
18	F11	**Paquet** (Croisières)	32 r. Boissy-d'Anglas, 8e	42 68 41 02
18	F12	**Sté Nat. Maritime Corse-Méditerranée**	12 r. Godot-de-Mauroy, 9e	42 66 67 98

Informations routières par téléphone

Traffic information, Verkehrsinformationen, Información telefónica del estado de las carreteras

F I P (FM 90,4) (circulation à Paris)	45 25 50 50
Voirie (fermeture du boulevard périphérique et des voies sur berge)	42 76 52 52
Centre Régional d'Information et de Coordination Routière d'Ile-de-France	48 99 33 33

LÉGENDE

SIGNES CONVENTIONNELS

Voirie

Autoroute, boulevard périphérique

Rue en construction, interdite ou impraticable

Rue à sens unique, en escalier

Allée dans parc et cimetière - Rue piétonne

Chemin de fer, métro aérien

Passage sous voûte, tunnel

Bâtiments (avec entrée principale)

Repère important - Autre bâtiment repère

Culte catholique ou orthodoxe

Culte protestant - Synagogue

Caserne - Caserne de Sapeurs-Pompiers

Hôpital, hospice - Marché couvert

Bureau de poste - Commissariat de police

Sports et Loisirs

Piscine de plein air, couverte

Patinoire

Stade - Terrain d'éducation physique

T.E.P.

Centre hippique - Hippodrome

Aviron - Canoë-kayak - Ski nautique

Motonautisme - Club de voile

Signes divers

Monument - Fontaine - Usine

Station de : taxi, métro, RER

Parking avec entrée

Station-service ouverte jour et nuit

Numéro d'immeuble

Limite de Paris et de département

Limite d'arrondissement et de commune

Repère du carroyage

Repère commun à la carte Michelin n° 101

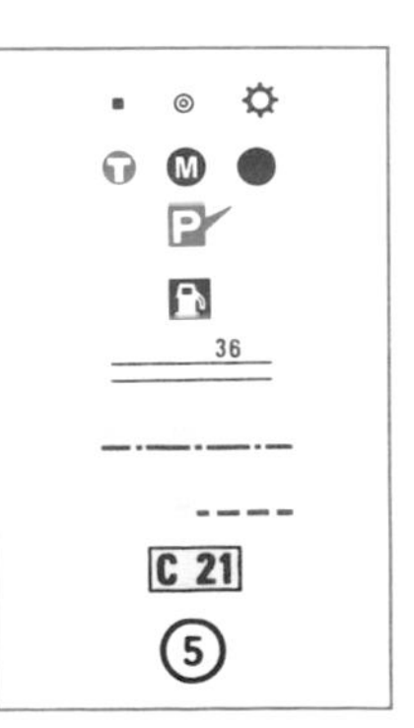

CONVENTIONAL SIGNS

Roads and railways

Motorway, ring road

Street under construction, No entry - unsuitable for traffic

One-way street - Stepped street - Pedestrian street

Arch, tunnel

Buildings (with main entrance)

Reference point : large building, other building

Catholic or orthodox church - Protestant church - Synagogue

Barracks - Police station - Fire station

Hospital, old people's home - Post office - Covered market

Sports - Leisure activities

Outdoor, indoor swimming pool - Skating rink

Stadium - Sports ground

Miscellaneous

Monument - Fountain - Factory - House no. in street

Taxi rank - Metro and RER station

Car park showing entrance - 24 hour petrol station

Paris limits ; adjoining departments

« Arrondissement » and « commune » boundaries

Map grid reference number

Reference no. common to Michelin map no. 101

(Secteur en travaux) : Work in progress

ZEICHENERKLÄRUNG

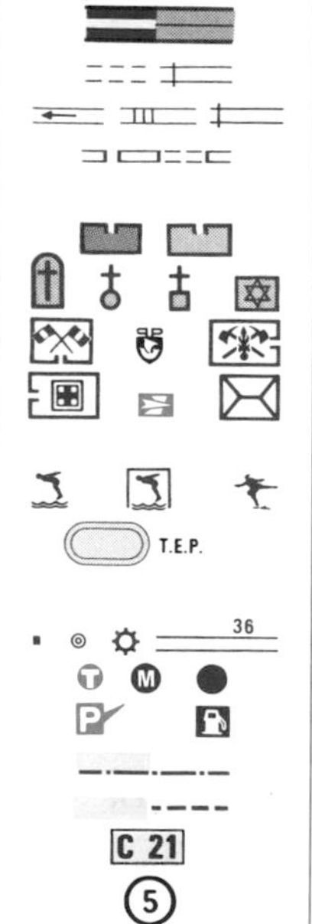

Verkehrswege

Autobahn - Stadtautobahn

Straβe im Bau - für Kfz gesperrt, nicht befahrbar

Einbahnstraβe - Treppenstraβe - Fuβgängerstraβe

Gewölbedurchgang - Tunnel

Gebäude (mit Haupteingang)

Wichtiger Orientierungspunkt - Sonstiger Orientierungspunkt

Katholische oder orthodoxe Kirche - Evangelische Kirche - Synagoge

Kaserne - Polizeirevier - Feuerwehr

Krankenhaus, Altersheim - Postamt - Markthalle

Sport - Freizeit

Freibad - Hallenbad - Schlittschuhbahn

Stadion - Sportplatz

Verschiedene Zeichen

Denkmal - Brunnen - Fabrik - Hausnummer

Taxistation - Metrostation - RER-Station

Parkplatz und Einfahrt - Tag und Nacht geöffnete Tankstelle

Grenze : Pariser Stadtgebiet u. Departement

Arrondissement und Vorortgemeinde

Nr. des Planquadrates

Referenz-Zeichen für die Michelin-Karte Nr. 101

(Secteur en travaux) : Das Viertel wird neugestaltet

SIGNOS CONVENCIONALES

Vías de circulación

Autopista, autovía de circunvalación
Calle en construcción, prohibida, impracticable
Calle de sentido único, con escalera - Calle peatonal
Paso abovedado, túnel

Edificios (y entrada principal)

Gran edificio, punto de referencia - Otro edificio, punto de referencia
Iglesia católica u ortodoxa - Culto protestante - Sinagoga
Cuartel - Comisaría de Policía - Parque de Bomberos
Hospital, hospicio - Oficina de Correos - Mercado cubierto

Deportes y Distracciones

Piscina al aire libre, cubierta - Pista de patinaje
Estadio - Terreno de educación física T.E.P.

Signos diversos

Monumento - Fuente - Fábrica - Número del edificio 36
Parada de taxis - Boca de metro - RER
Aparcamiento y entrada - Estación de servicio abierta las 24 h.
Límite de París departamento
Límite de distrito o de municipio
Referencia de la cuadrícula del plano C 21
Referencia común al mapa Michelin No. 101 5
(Secteur en travaux) : Sector en obras

Le pont Alexandre-III et les Invalides.

Utilisez le plan MICHELIN à 1/15 000 « Banlieue de Paris Nord-Ouest » n° 18

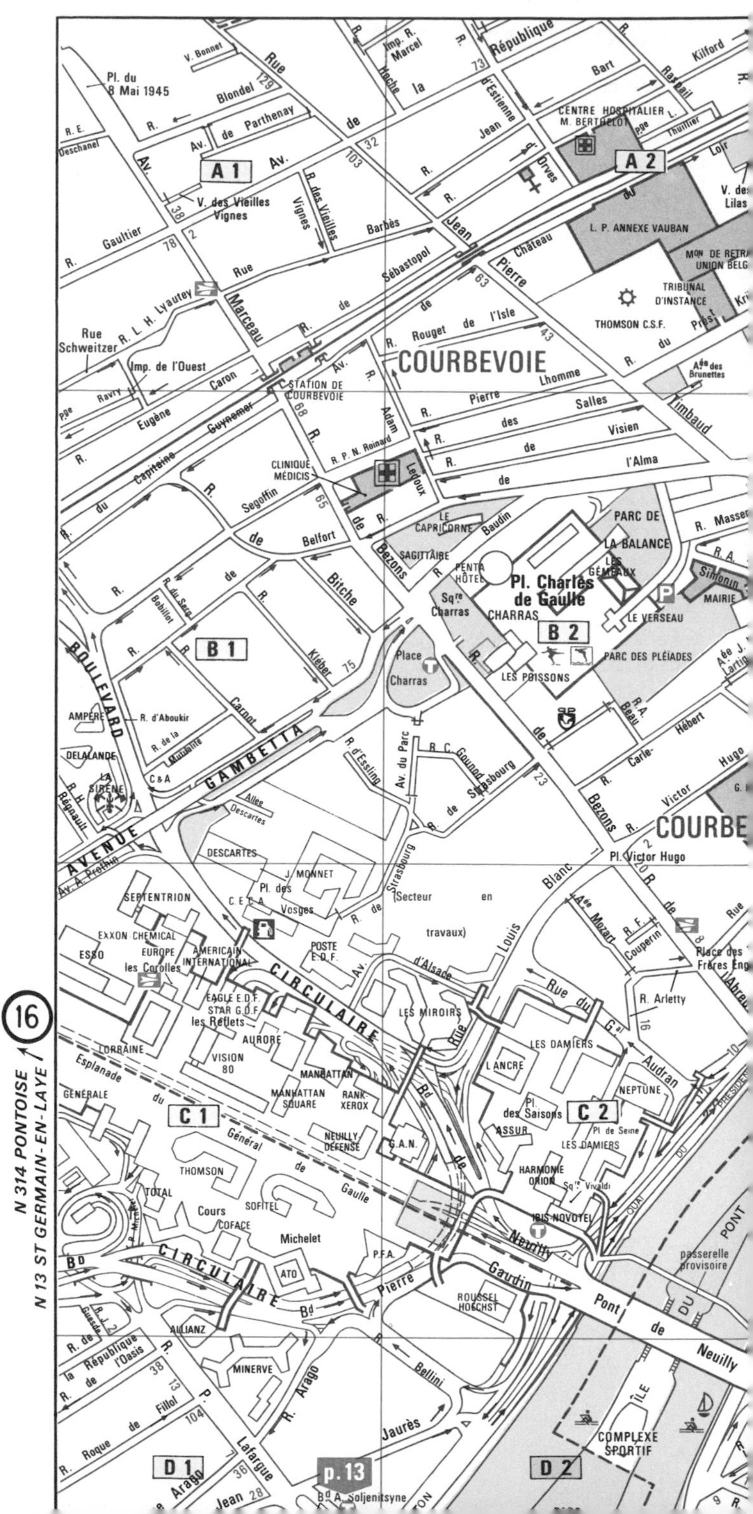

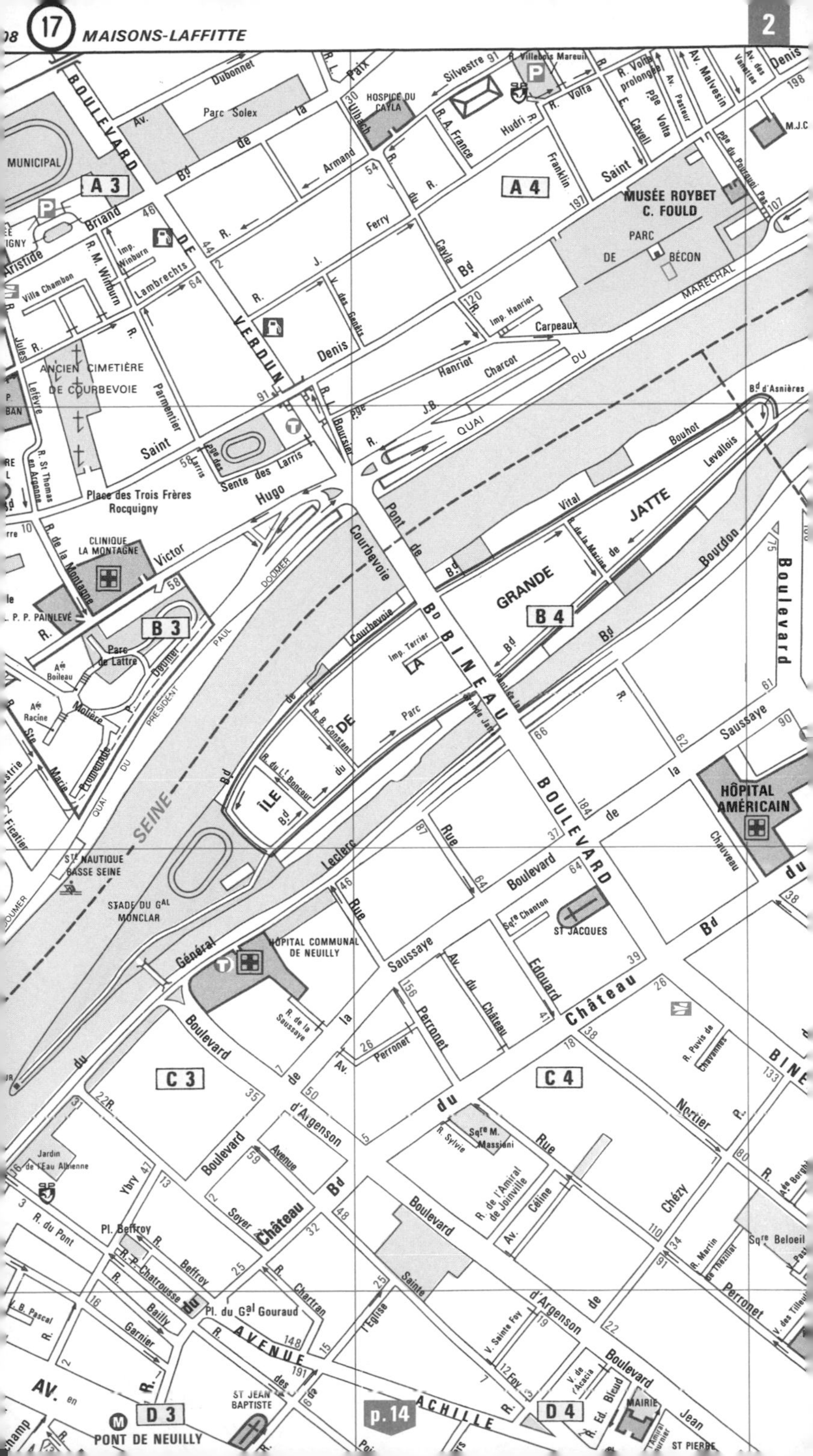

BOULEVARD DE VERDUN
Parc Solex
Av. Dubonnet
Bd de la Paix
HOSPICE DU CAYLA
MUSÉE ROYBET C. FOULD
PARC DE BÉCON
A 3
A 4
B 3
B 4
C 3
C 4
D 3
D 4
MUNICIPAL
ANCIEN CIMETIÈRE DE COURBEVOIE
Place des Trois Frères Rocquigny
CLINIQUE LA MONTAGNE
Parc de Lattre
QUAI DU PRESIDENT PAUL DOUMER
SEINE
ÎLE DE LA GRANDE JATTE
Bd BINEAU
BOULEVARD BINEAU
Pont de Courbevoie
Bd d'Asnières
HÔPITAL AMÉRICAIN
Ste NAUTIQUE BASSE SEINE
STADE DU Gal MONCLAR
Bd du Général Leclerc
HÔPITAL COMMUNAL DE NEUILLY
ST JACQUES
Boulevard du Château
Boulevard d'Argenson
Boulevard Victor Hugo
Rue de la Saussaye
Jardin de l'Eau Vive
Pl. Beffroy
Pl. du Gal Gouraud
AVENUE ACHILLE PERETTI
ST JEAN BAPTISTE
PONT DE NEUILLY
MAIRIE
ST PIERRE
Sqre M. Massioni
Sqre Beloeil
Sqre Chanton
Rue Chauveau
Rue Perronet
Rue de Chézy
Boulevard de la Saussaye
Boulevard Jean Mermoz
p. 14

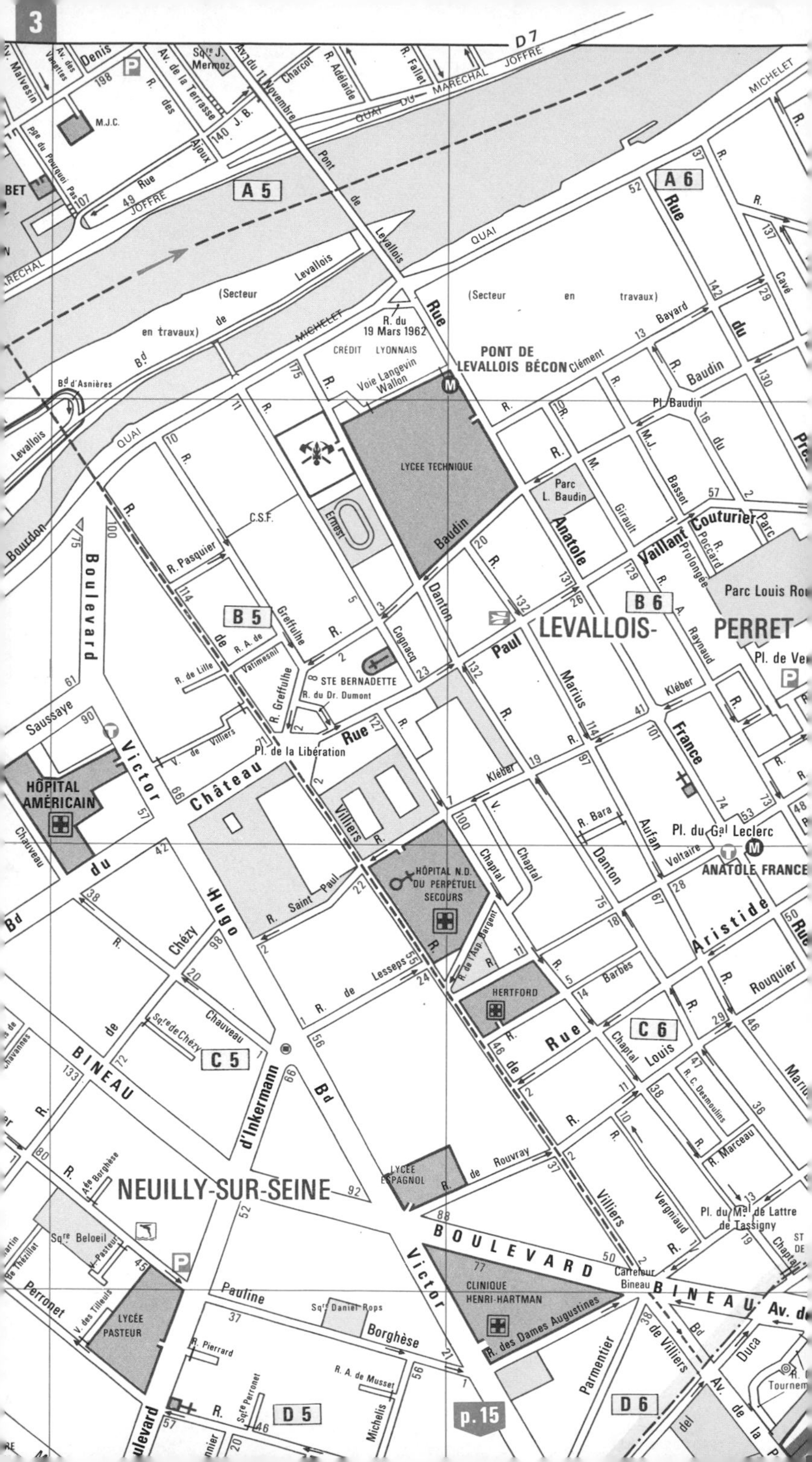
3
D 7
QUAI DU MARÉCHAL JOFFRE
Rue Joffre
Sq.re J. Mermoz
Av. du 11 Novembre
Charcot
R. Adélaïde
R. Fallet
Av. de la Terrasse
R. des Ajoux
M.J.C.
Pge du Pourquoi Pas
A 5
A 6
Pont de Levallois
QUAI MICHELET
(Secteur en travaux)
Bd de Levallois
R. du 19 Mars 1962
CRÉDIT LYONNAIS
Voie Langevin Wallon
PONT DE LEVALLOIS BÉCON
Rue Clément Bayard
R. Baudin
Pl. Baudin
LYCEE TECHNIQUE
Parc L. Baudin
Rue Anatole France
R. Ernest Cognacq
Bd d'Asnières
QUAI
Bourdon
Boulevard
R. Pasquier
C.S.F.
B 5
B 6
R. Greffulhe
R. A. de Vatimesnil
R. de Lille
STE BERNADETTE
R. du Dr. Dumont
Rue Danton
Paul Vaillant Couturier
R. Pocard
Prolongée
Parc Louis Rouquier
LEVALLOIS-PERRET
Pl. de Verdun
R. Marius Aufan
R. A. Raynaud
Kléber
Saussaye
HÔPITAL AMÉRICAIN
Victor Hugo
V. de Villiers
Pl. de la Libération
Rue Château
R. Villiers
R. Saint Paul
HÔPITAL N.D. DU PERPÉTUEL SECOURS
R. de l'Asp. Dargent
HERTFORD
V. Chaptal
R. Bara
Pl. du Gal Leclerc
Voltaire
ANATOLE FRANCE
Rue Aristide Briand
R. Rouquier
Barbès
Chauveau
Bd du Château
R. Chézy
R. de Lesseps
Sq.re de Chézy
C 5
C 6
Rue Louis Rouquier
R. C. Desmoulins
R. Marceau
BINEAU
d'Inkermann
Bd
NEUILLY-SUR-SEINE
Allée Borghèse
LYCEE ESPAGNOL
R. de Rouvray
Vergniaud
Pl. du Mal de Lattre de Tassigny
Sq.re Beloeil
V. Pasteur
BOULEVARD BINEAU
Carrefour Bineau
Av. de Villiers
CLINIQUE HENRI-HARTMAN
R. des Dames Augustines
Pauline Borghèse
Sq.re Daniel Rops
LYCÉE PASTEUR
V. des Tilleuls
Perronet
R. Pierrard
R. A. de Musset
Sq.re Perronet
Michelis
Parmentier
Duca
D 5
D 6
p. 15

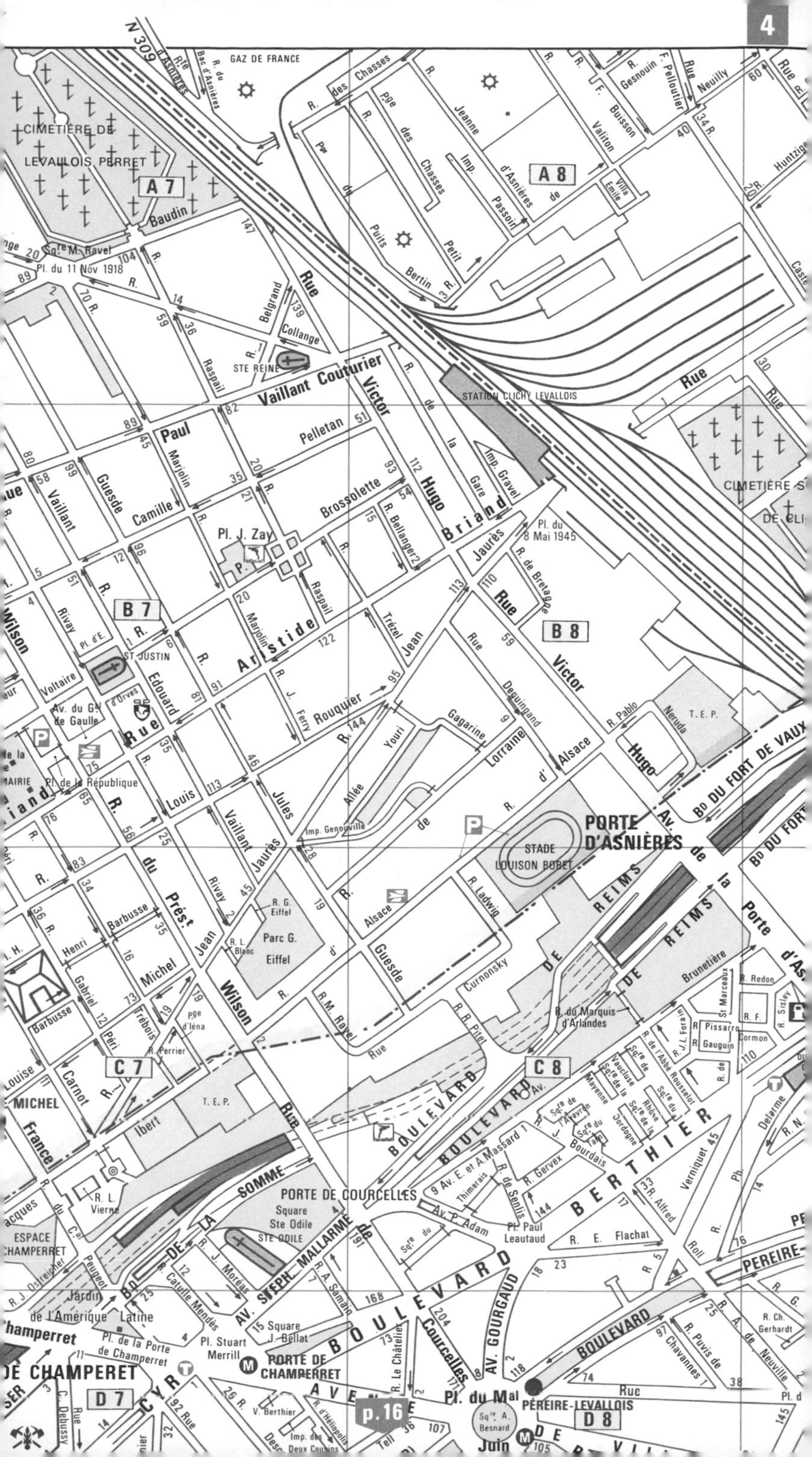
N 309
GAZ DE FRANCE
CIMETIÈRE DE LEVALLOIS PERRET
A 7
A 8
B 7
B 8
C 7
C 8
D 7
D 8
STATION CLICHY LEVALLOIS
CIMETIÈRE DE CLI
Rue Paul Vaillant Couturier
Rue Victor Hugo
Rue Aristide Briand
Rue Jean Jaurès
Rue Baudin
R. Collange
Rue Camille Pelletan
R. Brossolette
Rue Raspail
Rue Marjolin
Pl. J. Zay
STE REINE
ST JUSTIN
Pl. du 8 Mai 1945
R. de Bretagne
Rue Deguingand
Rue Gagarine
Allée Youri
Imp. Genouville
Rue Louis Rouquier
Rue Edouard Vaillant
Rue Jules Guesde
Rue Rivay
Pl. de la République
Av. du Gal de Gaulle
Rue du Prést Wilson
Parc G. Eiffel
Rue d'Alsace
Rue de Lorraine
PORTE D'ASNIÈRES
STADE LOUISON BOBET
BD DU FORT DE VAUX
Av. de la Porte d'Asnières
BD DE REIMS
R. Pablo Neruda
T. E. P.
R. Curnonsky
R. Ladwig
R. du Marquis d'Arlandes
BOULEVARD BERTHIER
BOULEVARD
PORTE DE COURCELLES
Square Ste Odile
STE ODILE
BD DE LA SOMME
AV. STEPH. MALLARMÉ
Bd de Courcelles
AV. GOURGAUD
Pl. du Mal Juin
PÉREIRE-LEVALLOIS
BOULEVARD PEREIRE
R. Puvis de Chavannes
R. A. de Neuville
R. Alfred Roll
R. Verniquet
R. E. Flachat
Pl. Paul Leautaud
Av. P. Adam
R. de Senlis
R. Gervex
R. J. Bourdais
Espace Champerret
Jardin de l'Amérique Latine
Pl. de la Porte de Champerret
PORTE DE CHAMPERRET
Pl. Stuart Merrill
15 Square J. Bellat
AVENUE
Champerret
DE CHAMPERRET
R. V. Berthier
Imp. des Deux Cousins
Sqre A. Besnard
p. 16

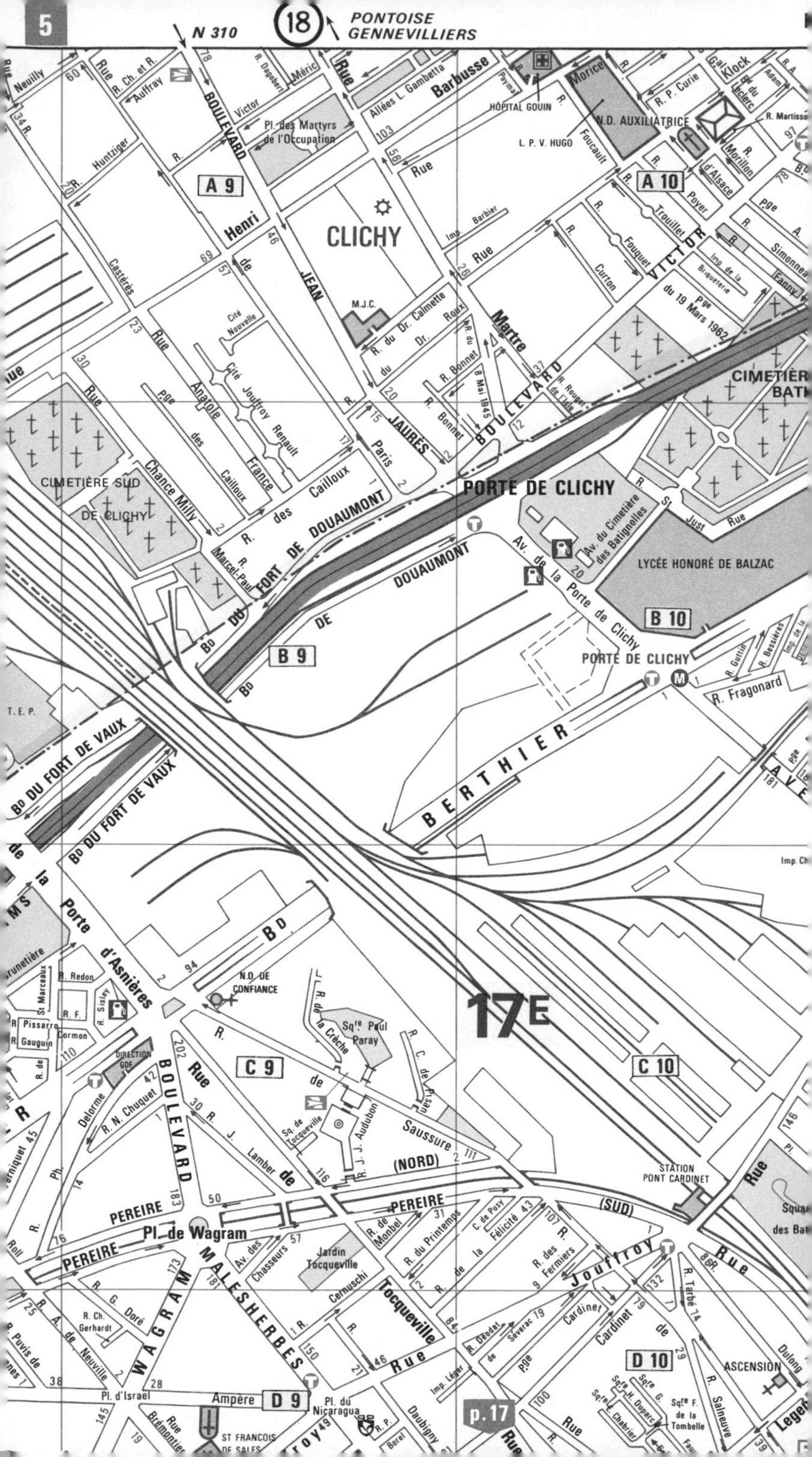
N 310
18
PONTOISE
GENNEVILLIERS
CLICHY
A 9
A 10
B 9
B 10
C 9
C 10
D 9
D 10
17E
Boulevard Victor
Rue Henri Barbusse
Rue de Neuilly
R. Ch. et R. Auffray
R. Dagobert
R. Méric
Allées L. Gambetta
Pl. des Martyrs de l'Occupation
HÔPITAL GOUIN
L. P. V. HUGO
N.D. AUXILIATRICE
R. Morice
R. Foucault
R. P. Curie
Gal Klock
B^d du Gal Leclerc
R. Adam
R. Martissot
R. Morillon
R. d'Alsace
R. Poyer
R. Huntziger
Rue Castérès
Rue de Jean Jaurès
Imp. Barbier
M.J.C.
R. du Dr. Calmette
du Dr. Roux
R. du 8 Mai 1945
R. Bonnet
Rue Martre
R. Fouquet
R. Curton
R. Trouillet
P^ge du 19 Mars 1962
Imp. de la Briqueterie
R. Simonneau
Fanny
Cité Nouvelle
Cité Jouffroy Renault
Rue Anatole France
P^ge des Cailloux
R. des Cailloux
R. de Paris
Rue Chance Milly
CIMETIÈRE SUD DE CLICHY
R. Marcel-Paul
B^d du Fort de Douaumont
R. Rouget de l'Isle
PORTE DE CLICHY
CIMETIÈRE DES BATIGNOLLES
Av. du Cimetière des Batignolles
Av. de la Porte de Clichy
R. St Just
LYCÉE HONORÉ DE BALZAC
R. Guttin
R. Bessières
R. Fragonard
T. E. P.
B^d du Fort de Vaux
B^d Berthier
Av. de la Porte d'Asnières
Imp. Ch.
N.D. DE CONFIANCE
R. de la Crèche
Sq^re Paul Paray
R. C. de Pisan
R. Redon
R. Sisley
R. F.
R. St Marceaux
R. Pissarro
R. Gauguin
R. Cormon
DIRECTION GDF
R. N. Chuquet
R. Delorme
Rue de Saussure
R. J. Lamber
Sq. de Tocqueville
R. J. J. Audubon
(NORD)
(SUD)
STATION PONT CARDINET
Boulevard Pereire
Pl. de Wagram
Boulevard de Wagram
Boulevard Malesherbes
Av. des Chasseurs
Jardin Tocqueville
R. Cernuschi
Rue de Tocqueville
R. de Monbel
R. du Printemps
C. de Pusy
R. de la Félicité
R. des Fermiers
Rue Jouffroy
R. Tarbé
R. Cardinet
Rue Cardinet
R. Déodat de Séverac
P^ge Cardinet
R. G. Doré
R. Ch. Gerhardt
R. A. de Neuville
R. Puvis de Chavannes
Pl. d'Israël
Rue Ampère
Rue Brémontier
ST FRANÇOIS DE SALES
Pl. du Nicaragua
Imp. Léger
Rue Daubigny
R. Borel
ASCENSION
R. Dulong
R. Salneuve
Sq^re F. de la Tombelle
Sq^re H. Duparc
Sq^re E. Chabrier
Sq^re G.
Rue Legendre
Rue Roll
R. Brunetière

p. 17

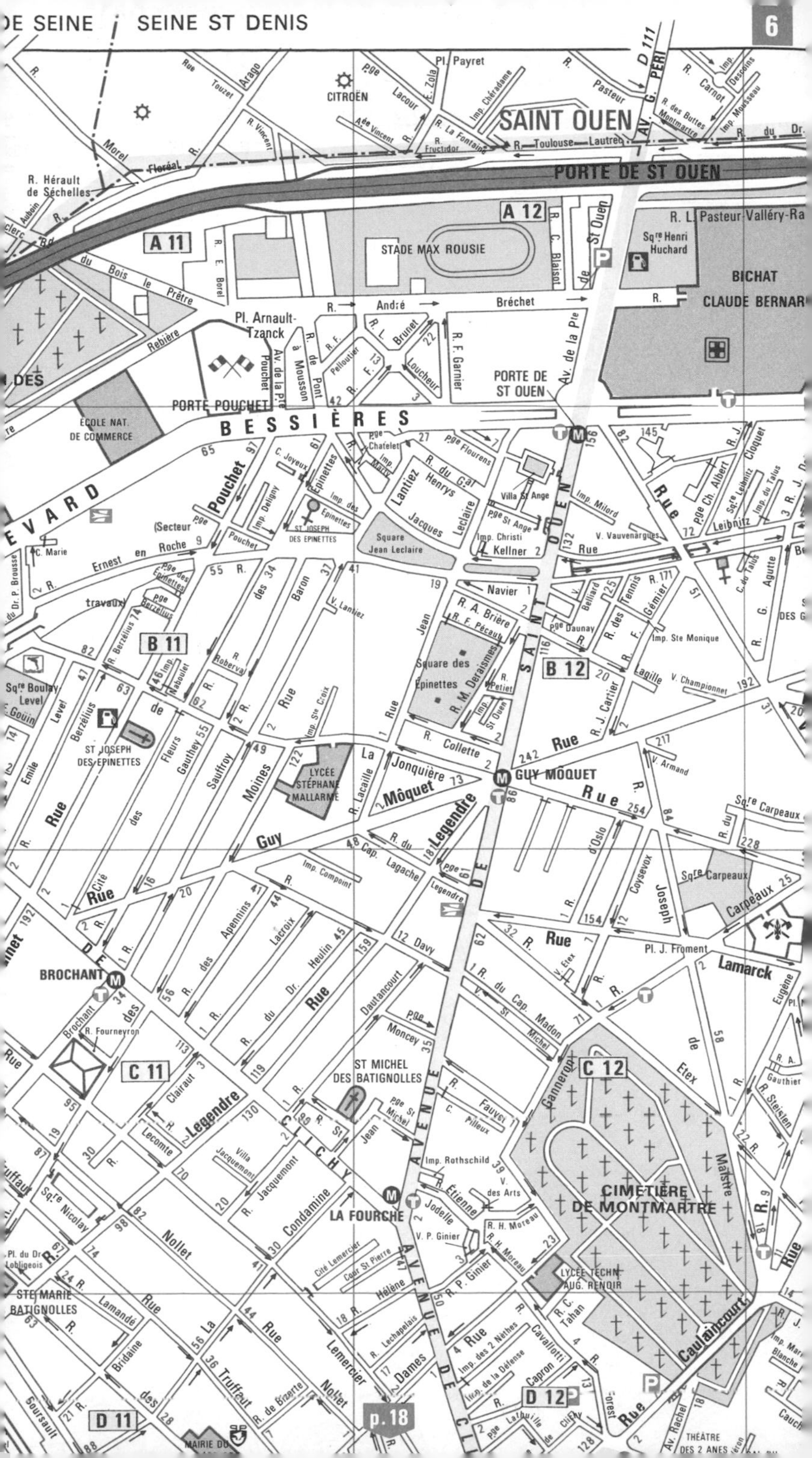

DE SEINE
SEINE ST DENIS
6
SAINT OUEN
CITROËN
PORTE DE ST OUEN
A 11
A 12
STADE MAX ROUSIE
BICHAT
CLAUDE BERNARD
Sq re Henri Huchard
R. L. Pasteur-Vallery-Radot
R. André Bréchet
Pl. Arnault-Tzanck
PORTE POUCHET
PORTE DE ST OUEN
ÉCOLE NAT. DE COMMERCE
BESSIÈRES
BOULEVARD
R. Hérault de Séchelles
Av. G. Péri
D 111
R. Toulouse-Lautrec
Pl. Payret
R. Pasteur
R. Carnot
Imp. Dessoins
Imp. Mousseau
R. des Buttes Montmartre
Imp. Chéradame
R. La Fontaine
R. Fructidor
Pge Lacour
Aée Vincent
R. E. Zola
R. Arago
Rue Touzet
R. Morel
R. Floréal
R. Vincent
R. Aubouin
Bd du Bois le Prêtre
R. Rebière
R. E. Borel
R. C. Blaisot
R. de St Ouen
Av. de la Pte de St Ouen
Av. de la Pte Pouchet
R. à Mousson
R. de Pont
R. F. Pelloutier
R. L. Brunet
R. Loucheur
R. F. Garnier
Av. de St Ouen
GUY MÔQUET
Rue Guy Môquet
ST JOSEPH DES EPINETTES
Square Jean Leclaire
Square des Épinettes
LYCÉE STÉPHANE MALLARMÉ
B 11
B 12
Rue Pouchet
Rue Ernest Roche
Rue des Moines
Rue Baron
R. Berzélius
Rue Émile Level
Sq re Boulay Level
Rue Gauthey
R. Sauffroy
R. Roberval
Imp. Nabouillet
Cité des Fleurs
Rue Jean Leclaire
R. Lantiez
Jacques Kellner
R. du Gal Henrys
R. A. Brière
R. F. Pécaut
R. M. Deraismes
R. Collette
Rue La Jonquière
R. Lacaille
R. Navier
Villa St Ange
Imp. Milord
V. Vauvenargues
Rue Vauvenargues
Imp. Christi
Pge St Ange
Pge Daunay
R. Belliard
R. des Tennis
R. F. Gémier
R. J. Cloquet
Pge Ch. Albert
Sq re Leibnitz
Imp. du Talus
Rue Leibnitz
Imp. Ste Monique
R. Lagille
V. Championnet
Rue Championnet
R. J. Cartier
V. Armand
Sq re Carpeaux
Rue Carpeaux
R. du Ruisseau
Coysevox
Joseph de Maistre
Rue d'Oslo
R. du Cap. Lagache
Imp. Compoint
Pge Legendre
Rue Legendre
Avenue de Saint Ouen
Rue Davy
R. du Cap. Madon
V. St Michel
R. Etex
Rue de Etex
Pl. J. Froment
Lamarck
Rue Lamarck
BROCHANT
R. Brochant
R. Fourneyron
C 11
C 12
R. des Apennins
R. Lacroix
Rue du Dr. Heulin
Dautancourt
Pge Moncey
ST MICHEL DES BATIGNOLLES
Pge St Michel
R. Fauvet
C. Pilleux
Imp. Rothschild
R. Étienne Jodelle
V. des Arts
R. H. Moreau
V. P. Ginier
R. P. Ginier
R. Ganneron
CIMETIÈRE DE MONTMARTRE
LA FOURCHE
Avenue de Clichy
Rue Clairaut
R. Lecomte
Villa Jacquemont
R. Jacquemont
Condamine
Rue Nollet
Sq re Nicolay
Pl. du Dr Lobligeois
STE MARIE BATIGNOLLES
R. Lamandé
R. Bridaine
R. Truffaut
Rue La Condamine
R. Lemercier
Cité Lemercier
Cour St Pierre
R. Hélène
R. Lechapelais
Rue des Dames
Imp. des 2 Nethes
Imp. de la Défense
R. Capron
R. Cavallotti
R. C. Tahan
LYCÉE TECHN. AUG. RENOIR
R. Forest
Rue Caulaincourt
Av. Rachel
Imp. Marie Blanche
THÉATRE DES 2 ANES
R. Boursault
R. de Boizette
Pge Lathuille
R. de Clichy
D 11
D 12
MAIRIE DU
p. 18

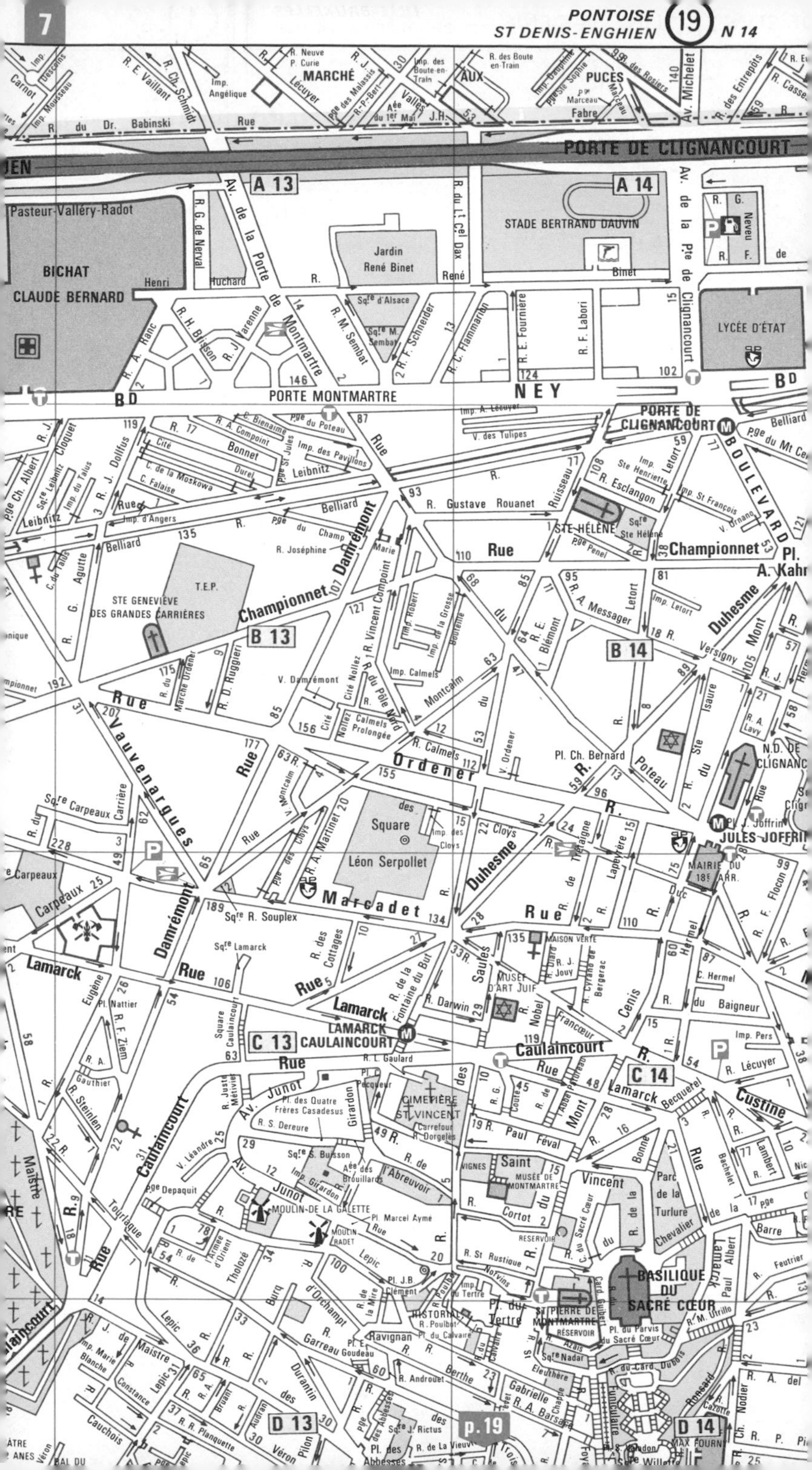
MARCHÉ
AUX
PUCES
PORTE DE CLIGNANCOURT
A 13
A 14
B 13
B 14
C 13
C 14
D 13
D 14
BICHAT
CLAUDE BERNARD
Pasteur-Vallery-Radot
Jardin
René Binet
STADE BERTRAND DAUVIN
LYCÉE D'ÉTAT
Sq.re d'Alsace
BD
NEY
PORTE MONTMARTRE
Av. de la Porte de Montmartre
Av. de la Pte de Clignancourt
PORTE DE CLIGNANCOURT
BOULEVARD
Championnet
STE HÉLÈNE
R. Gustave Rouanet
T.E.P.
STE GENEVIÈVE
DES GRANDES CARRIÈRES
Rue Vauvenargues
Rue Ordener
Square
Léon Serpollet
Marcadet
Duhesme
Pl. Ch. Bernard
N.D. DE
CLIGNANC
JULES JOFFRIN
MAIRIE DU
18E ARR.
Sq.re Carpeaux
Sq.re R. Souplex
Sq.re Lamarck
Rue Lamarck
LAMARCK
CAULAINCOURT
Caulaincourt
MUSÉE
D'ART JUIF
MAISON VERTE
Custine
Av. Junot
Pl. des Quatre
Frères Casadesus
CIMETIÈRE
ST VINCENT
Carrefour
R. Dorgelès
VIGNES
Saint Vincent
MUSÉE DE
MONTMARTRE
Parc
de la
Turlure
Chevalier de la Barre
MOULIN DE LA GALETTE
MOULIN
RADET
Pl. Marcel Aymé
Rue Lepic
Pl. J.B
Clément
HISTORIAL
Pl. du
Tertre
ST PIERRE DE
MONTMARTRE
RÉSERVOIR
BASILIQUE
DU
SACRÉ CŒUR
Pl. du Parvis
du Sacré Cœur
Sq.re Nadar
Funiculaire
Rue d'Orchampt
Ravignan
Pl. E. Goudeau
R. Berthe
R. Gabrielle
Sq.re J. Rictus
Pl. des
Abbesses
p. 19

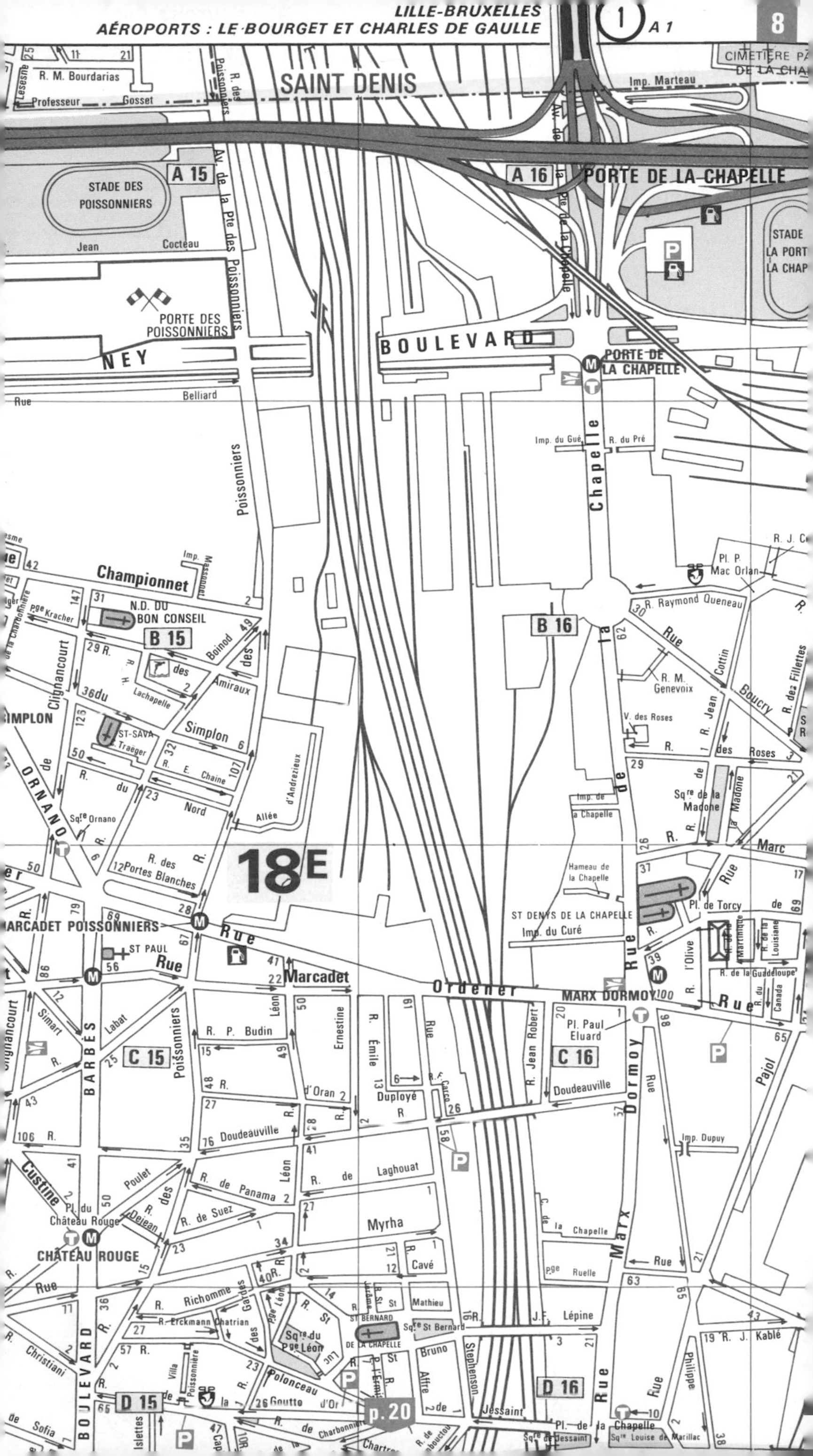
SAINT DENIS
R. M. Bourdarias
Professeur Gosset
Imp. Marteau
CIMETIÈRE PA... DE LA CHA...
A 15
A 16
PORTE DE LA CHAPELLE
STADE DES POISSONNIERS
Jean Cocteau
Av. de la Pte des Poissonniers
Av. de la Pte de la Chapelle
STADE LA PORT... LA CHAP...
PORTE DES POISSONNIERS
NEY
BOULEVARD
PORTE DE LA CHAPELLE
Rue Belliard
Poissonniers
Imp. du Gué
R. du Pré
Chapelle
Championnet
Imp. Massonnet
Pl. P. Mac Orlan
R. Raymond Queneau
N.D. DU BON CONSEIL
Pge Kracher
B 15
B 16
Clignancourt
R. H. Lachapelle
des Amiraux
Boinod
Rue Cottin
Boucry
R. des Fillettes
R. M. Genevoix
V. des Roses
R. Jean
R. des Roses
SIMPLON
Simplon
ST-SAVA
R. Traeger
R. E. Chaine
Allée d'Andrezieux
R. du Nord
ORNANO
Sq.re Ornano
Sq.re de la Madone
R. de la Madone
Imp. de la Chapelle
Hameau de la Chapelle
Marc
R. des Portes Blanches
18E
Pl. de Torcy
ST DENYS DE LA CHAPELLE
Imp. du Curé
MARCADET POISSONNIERS
ST PAUL
Rue Marcadet
Rue Ordener
MARX DORMOY
R. de l'Olive
R. de la Martinique
R. de la Louisiane
R. de la Guadeloupe
R. du Canada
Simart
Labat
BARBÈS
R. P. Budin
Léon
Ernestine
R. Émile Duployé
Rue R. Carco
R. Jean Robert
Pl. Paul Eluard
C 15
C 16
Doudeauville
Dormoy
Pajol
d'Oran
Imp. Dupuy
Custine
Poulet
R. de Panama
R. de Laghouat
R. de Suez
R. Dejean
Pl. du Château Rouge
CHÂTEAU ROUGE
Myrha
C. de la Chapelle
Pge Ruelle
Marx
R. Cavé
Richomme
R. Erckmann Chatrian
R. des Gardes
Pge Léon
Sq.re du Pge Léon
R. St Jérôme
R. St Mathieu
ST BERNARD DE LA CHAPELLE
Sq.re St Bernard
R. J.F. Lépine
R. J. Kablé
Christiani
Polonceau
R. St Luc
R. St Bruno
R. Affre
Stephenson
Philippe
Villa Poissonnière
R. de la Goutte d'Or
D 15
D 16
p. 20
R. de Jessaint
Pl. de la Chapelle
Sq.re de Jessaint
Sq.re Louise de Marillac
de Sofia
R. de Charbonnière
Chartres
Islettes

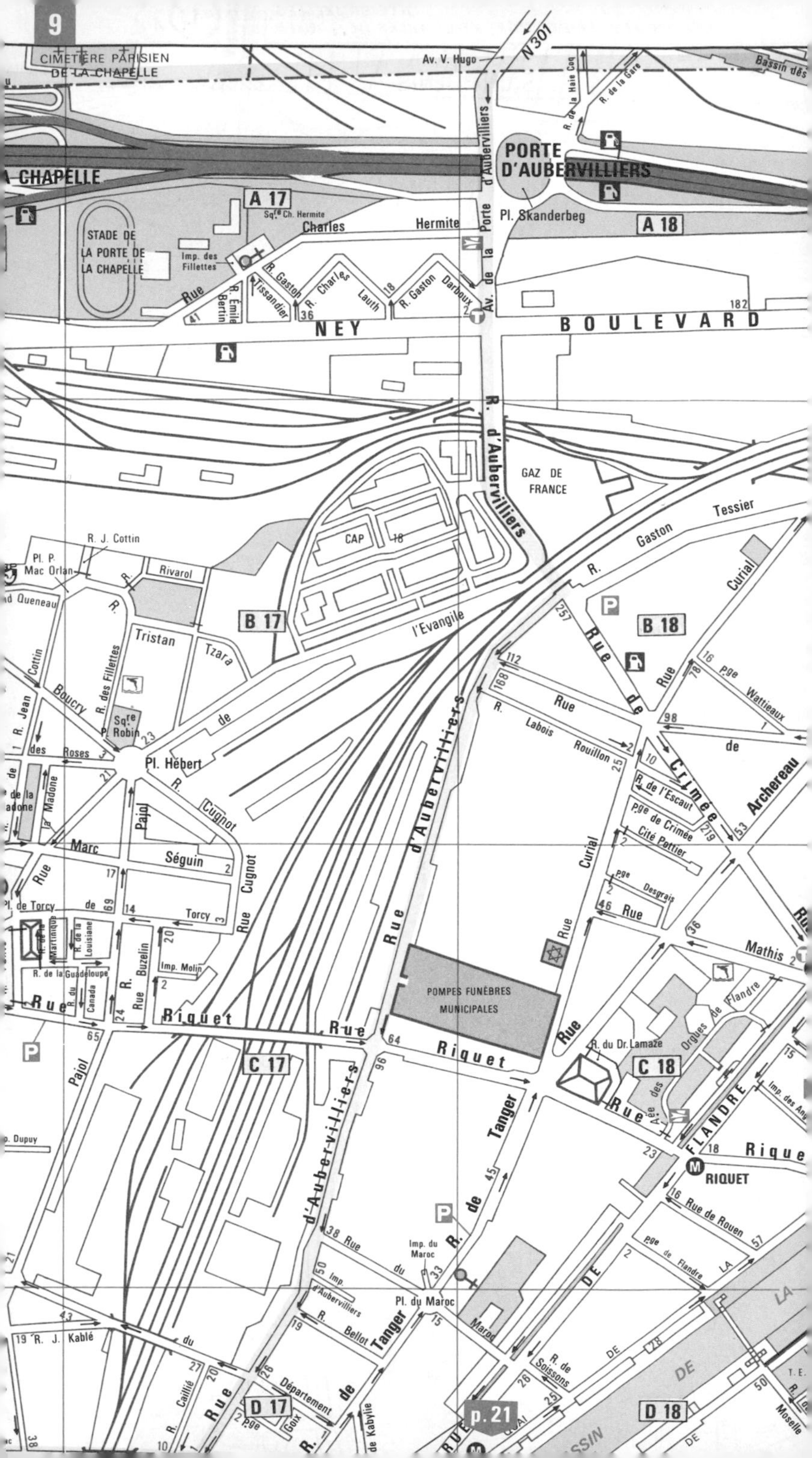
CIMETIÈRE PARISIEN
DE LA CHAPELLE
Av. V. Hugo
N301
Bassin des
R. de la Haie Coq
R. de la Gare
PORTE
D'AUBERVILLIERS
Pl. Skanderbeg
A 18
A 17
CHAPELLE
STADE DE
LA PORTE DE
LA CHAPELLE
Sq.re Ch. Hermite
Charles
Hermite
Imp. des Fillettes
Rue
R. Émile Bertin
Tissandier
R. Gaston
R. Charles Lauth
R. Gaston Darboux
Av. de la Porte d'Aubervilliers
NEY
BOULEVARD
R. d'Aubervilliers
GAZ DE
FRANCE
CAP
R. J. Cottin
Pl. P. Mac Orlan
Rivarol
Queneau
B 17
l'Evangile
R. Gaston Tessier
Curial
B 18
Tristan
Tzara
Cottin
Boucry
R. des Fillettes
Sq.re P. Robin
R. Jean
des Roses
Pl. Hébert
de
Rue
R. Labois Rouillon
Rue de Crimée
16 Pge Wattieaux
de Archereau
R. de l'Escaut
Pge de Crimée
Cité Pottier
de la Madone
Marc
Pajol
Séguin
R. Cugnot
Rue Cugnot
Pge Desgrais
Rue
Mathis
Pl. de Torcy
de Torcy
R. de la Martinique
R. de la Louisiane
R. de la Guadeloupe
R. du Canada
R. Buzelin
Imp. Molin
Rue d'Aubervilliers
POMPES FUNÈBRES
MUNICIPALES
Rue
Riquet
Rue
Riquet
R. du Dr. Lamaze
Orgues de Flandre
C 17
C 18
Rue
Aée des
Imp. des Ang
FLANDRE
Riquet
RIQUET
Pajol
Imp. Dupuy
d'Aubervilliers
R. de Tanger
Rue de Rouen
Pge de Flandre
LA
38 Rue du Maroc
Imp. du Maroc
Imp. d'Aubervilliers
R. Bellot
Pl. du Maroc
Tanger
Maroc
DE
R. J. Kablé
du
R. Caillié
Rue
Département
de
R. de Soissons
DE
D 17
Pge Goix
de Kabylie
p. 21
QUAI
DE
D 18
Moselle
R. de la

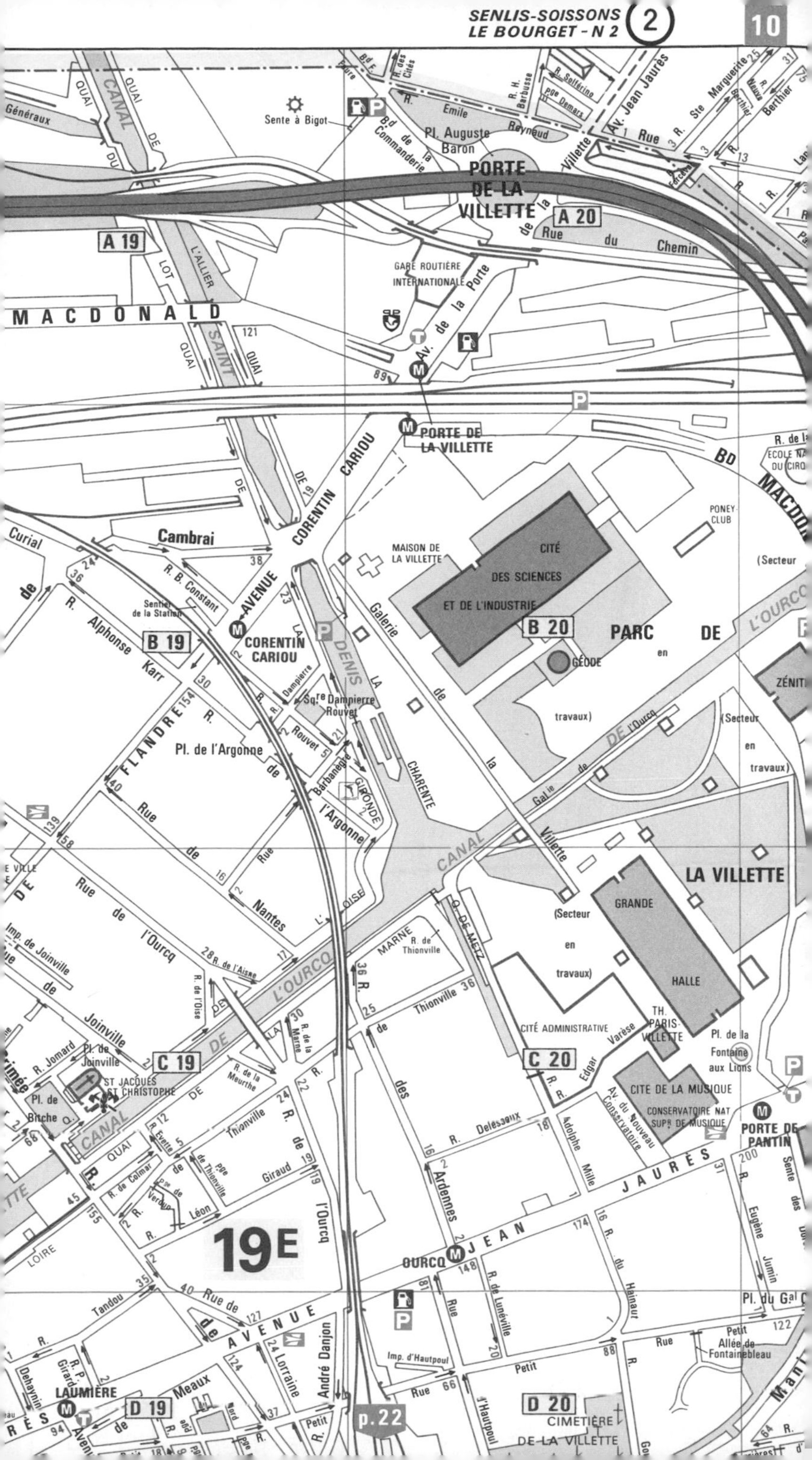
PORTE DE LA VILLETTE
A 19
A 20
MACDONALD
GARE ROUTIÈRE INTERNATIONALE
PORTE DE LA VILLETTE
CITÉ DES SCIENCES ET DE L'INDUSTRIE
MAISON DE LA VILLETTE
B 19
B 20
PARC DE LA VILLETTE
GÉODE
ZÉNITH
GRANDE HALLE
CITÉ ADMINISTRATIVE
TH. PARIS-VILLETTE
CITE DE LA MUSIQUE
CONSERVATOIRE NAT SUPR DE MUSIQUE
PORTE DE PANTIN
C 19
C 20
CORENTIN CARIOU
CANAL DE L'OURCQ
ST JACQUES ST CHRISTOPHE
19E
OURCQ
LAUMIÈRE
D 19
D 20
CIMETIÈRE DE LA VILLETTE
p. 22
Av. Jean Jaurès
Rue du Chemin
Rue de Flandre
Rue de l'Ourcq
Rue de Joinville
Rue de Nantes
Rue de Thionville
Rue des Ardennes
Rue de Meaux
Avenue Jean Jaurès
Rue Alphonse Karr
Pl. de l'Argonne
Pl. Auguste Baron
Sente à Bigot
Pl. de la Fontaine aux Lions
Pl. de Joinville
Pl. de Bitche
Rue André Danjon
Rue de Lorraine
Rue du Hainaut
Rue Eugène Jumin
Rue d'Hautpoul
Rue Adolphe Mille
Rue Edgar Varèse
Rue Delesseux
Rue de Lunéville
Rue Petit
Rue Tandou
Rue Curial
Rue de Cambrai
Galerie de la Villette
Quai de la Charente
Quai de la Gironde
Bassin de la Villette
Quai de l'Oise
Quai de la Marne
Q. de Metz
POLICE
PONEY CLUB
ECOLE NAT DU CIRQUE

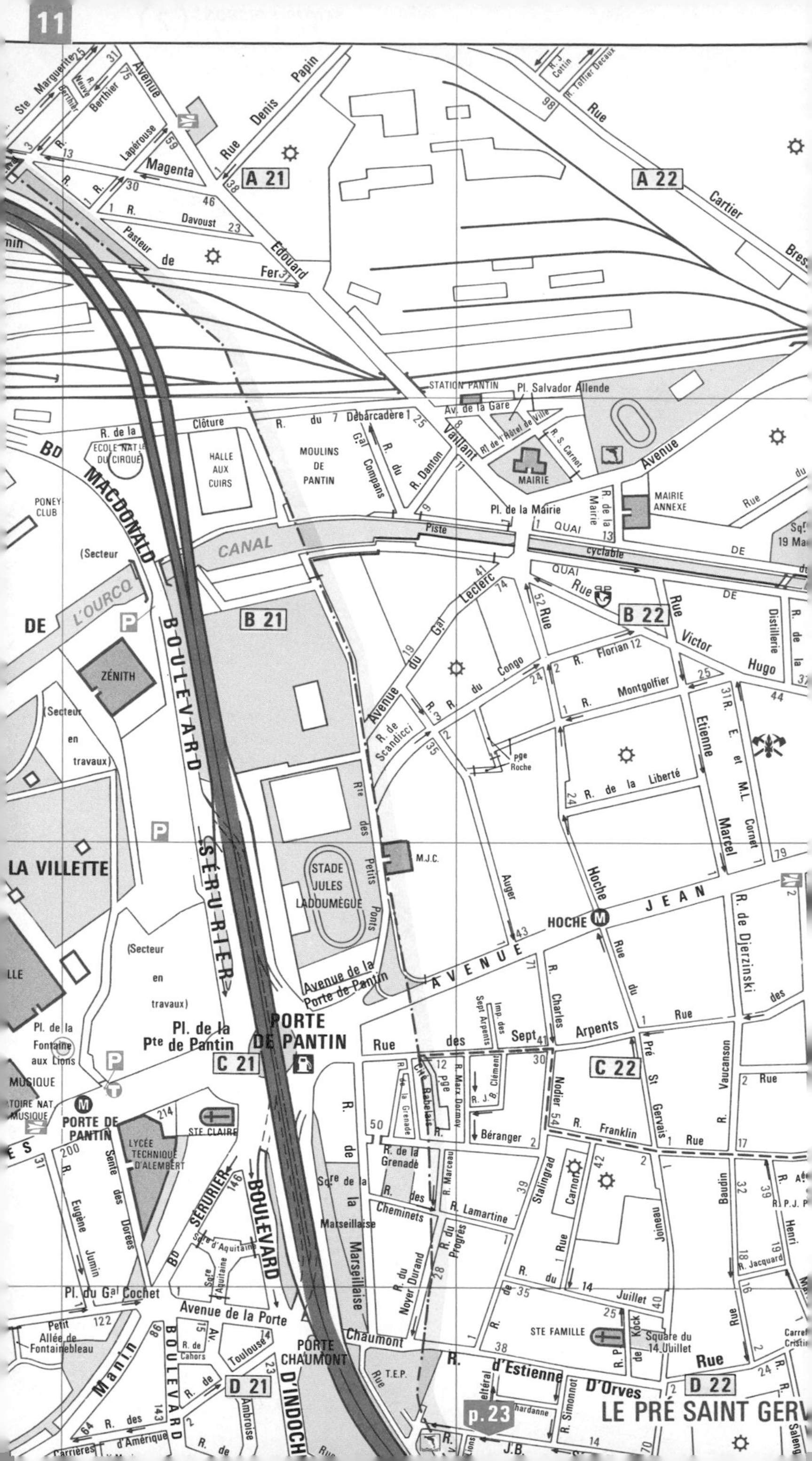
A 21
A 22
B 21
B 22
C 21
C 22
D 21
D 22
Rue Denis Papin
Rue Cartier Bresson
Avenue Berthier
Ste Marguerite
Lapérouse
Magenta
R. Davoust
Pasteur
Fer
Edouard
R. J. Cottin
R. Toffier Decaux
STATION PANTIN
Pl. Salvador Allende
Av. de la Gare
Pl. de l'Hôtel de Ville
R. S. Carnot
MAIRIE
MAIRIE ANNEXE
Pl. de la Mairie
R. de la Mairie
Vaillant
R. Danton
R. du 7 Débarcadère
Gal Compans
R. de la Clôture
ECOLE NAT.LE DU CIRQUE
HALLE AUX CUIRS
MOULINS DE PANTIN
BD MACDONALD
PONEY CLUB
CANAL
DE L'OURCQ
QUAI
Piste cyclable
(Secteur
ZÉNITH
(Secteur en travaux)
LA VILLETTE
BOULEVARD SÉRURIER
Avenue du Gal Leclerc
R. de Scandicci
R. du Congo
R. Florian
R. Montgolfier
R. de la Liberté
Pge Roche
Rue Victor Hugo
R. de la Distillerie
R. E. et M.L. Cornet
Etienne Marcel
Rte des Petits Ponts
M.J.C.
STADE JULES LADOUMÈGUE
Auger
Hoche
HOCHE
AVENUE JEAN JAURÈS
R. de Djerzinski
Avenue de la Porte de Pantin
Pl. de la Pte de Pantin
PORTE DE PANTIN
Pl. de la Fontaine aux Lions
MUSIQUE
PORTE DE PANTIN
LYCÉE TECHNIQUE D'ALEMBERT
STE CLAIRE
Rue des Sept Arpents
Imp. des Sept Arpents
R. Charles
R. J. B. Clément
Béranger
Cité Rabelais
R. Marx Dormoy
R. de la Grenade
R. Franklin
Nodier
Pré St Gervais
R. Vaucanson
Rue Baudin
Stalingrad
Carnot
Joineau
R. Marceau
R. Lamartine
R. des Cheminets
Sqre de la Marseillaise
R. de la Marseillaise
R. du Noyer Durand
R. du Progrès
R. du 14 Juillet
STE FAMILLE
Square du 14 Juillet
R. P. de Kock
R. Jacquard
R. P. J.
Henri
BD SÉRURIER
BOULEVARD
Sqre d'Aquitaine
Sente des Dorées
R. Eugène Jumin
Pl. du Gal Cochet
Avenue de la Porte Chaumont
Petit Allée de Fontainebleau
Manin
BOULEVARD D'INDOCHINE
Av. de Cahors
R. de Toulouse
PORTE CHAUMONT
Chaumont
T.E.P.
R. d'Estienne D'Orves
R. Simonnot
Ambroise
R. des Carrières d'Amérique
p. 23
J.B.
LE PRÉ SAINT GERV

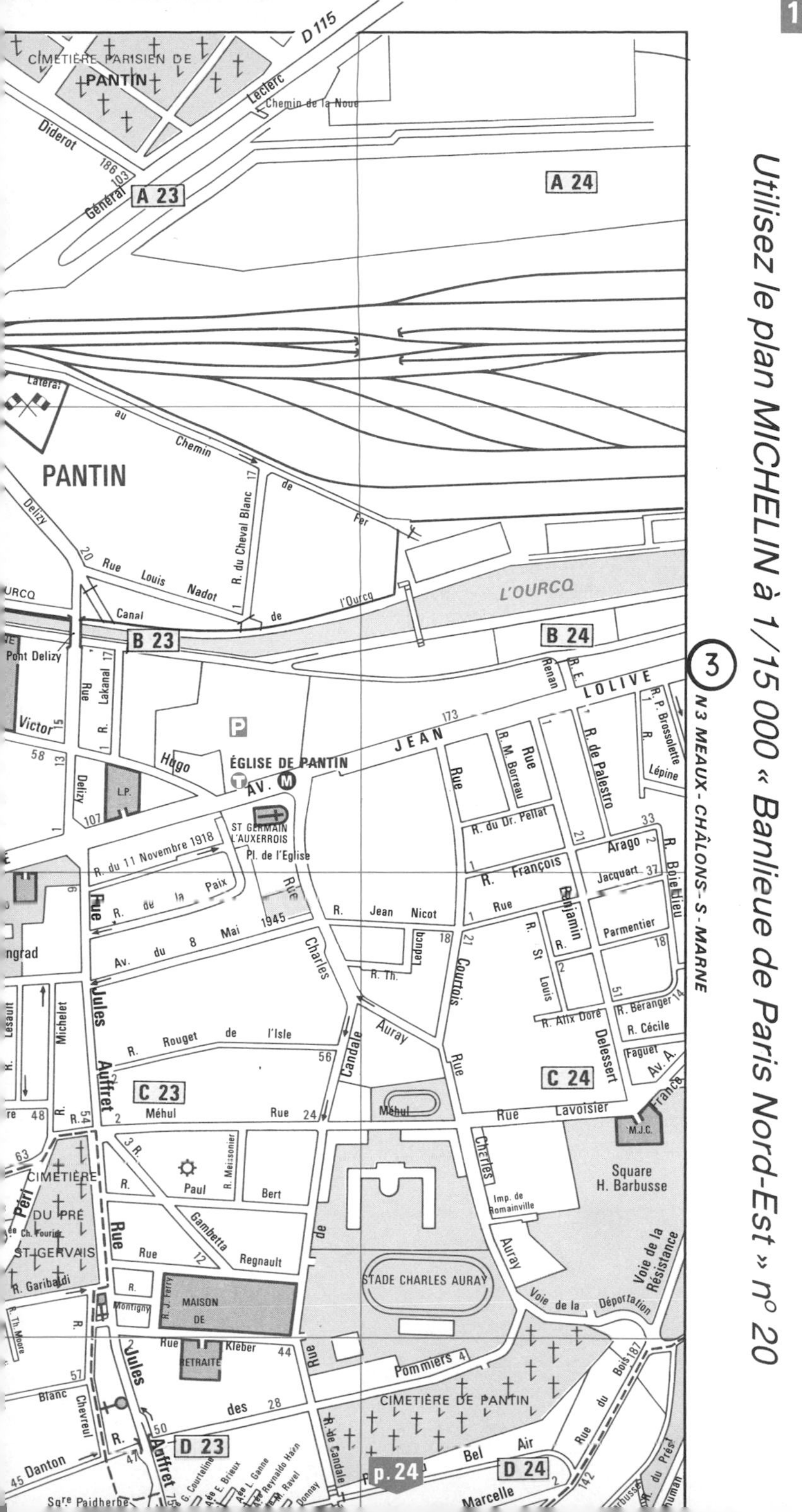
CIMETIÈRE PARISIEN DE PANTIN
D 115
Lecterc
Chemin de la Noue
Diderot
186
103
Général
A 23
A 24
Latéral
au
Chemin
de
Fer
PANTIN
Delizy
R. du Cheval Blanc
17
20 Rue Louis Nadot
Canal
de
l'Ourcq
L'OURCQ
B 23
B 24
Pont Delizy
Rue Lakanal
Victor
Hugo
P
ÉGLISE DE PANTIN
AV.
JEAN
LOLIVE
173
R. E. Renan
R. P. Brossolette
R. Lépine
R. de Palestro
Rue R. M. Borreau
Rue
R. du Dr. Pellat
ST GERMAIN L'AUXERROIS
Pl. de l'Eglise
R. du 11 Novembre 1918
R. de la Paix
Av. du 8 Mai 1945
R. Jean Nicot
R. François
Arago
Jacquart
R. Boieldieu
Rue Benjamin
Parmentier
R. St Louis
R. Th. Leducq
Courtois
Charles
Auray
Candale
R. Béranger
R. Cécile
R. Alix Doré
Delessert
Faguet
Av. A. France
Jules
Auffret
Michelet
Lesault
R. Rouget de l'Isle
C 23
C 24
Méhul
Rue
Rue Lavoisier
M.J.C.
Square H. Barbusse
CIMETIÈRE DU PRÉ ST-GERVAIS
Ch. Fourier
R. Garibaldi
R. Meissonier
R. Paul Bert
Gambetta
Rue Regnault
R. Montigny
R. J. Ferry
MAISON DE RETRAITE
Rue Kleber
STADE CHARLES AURAY
Imp. de Romainville
Voie de la Déportation
Voie de la Résistance
Rue des Pommiers
CIMETIÈRE DE PANTIN
Rue du Bois
R. de Candale
Bel Air
D 23
D 24
p. 24
R. Th. Moore
Blanc
Chevreul
Danton
Sq re Paidherbe
Marcelle
R. du Pré
G. Courteline
E. Brieux
L. Ganne
Reynaldo Hahn
Ravel
Donnay
3
N3 MEAUX - CHÂLONS - S - MARNE
Utilisez le plan MICHELIN à 1/15 000 « Banlieue de Paris Nord-Est » n° 20

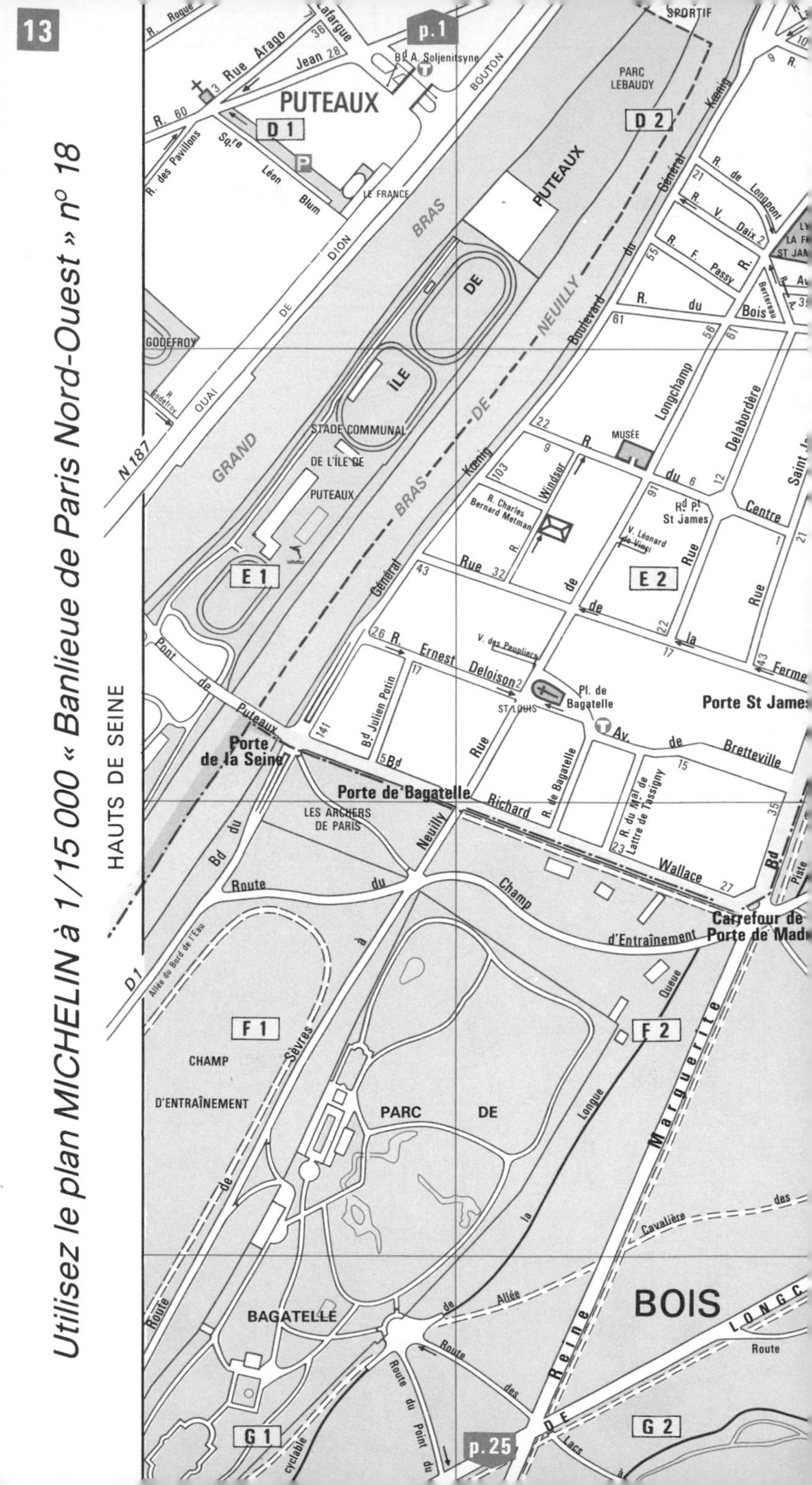
Utilisez le plan MICHELIN à 1/15 000 « Banlieue de Paris Nord-Ouest » nº 18
HAUTS DE SEINE
p.1
PUTEAUX
R. Roque
Lafargue
Rue Arago
Jean
Bd A. Soljenitsyne
BOUTON
SPORTIF
PARC LEBAUDY
D 1
D 2
R. des Pavillons
Sq. re Léon Blum
LE FRANCE
QUAI DE DION BOUTON
BRAS
PUTEAUX
DE
ÎLE
GRAND BRAS
BRAS DE NEUILLY
GODEFROY
R. Godefroy
N 187
STADE COMMUNAL DE L'ÎLE DE PUTEAUX
Boulevard du Général Kœnig
R. de Longpont
R. V. Daix
R. F. Passy
R. du Bois
R. Bertereau
R. Longchamp
Delabordère
MUSÉE
R. du Centre
R. Windsor
R. Charles Bernard Metman
Bd St James
V. Léonard de Vinci
Rue de la Ferme
Saint James
Rue
E 1
E 2
R. Ernest Deloison
V. des Peupliers
Pl. de Bagatelle
ST LOUIS
Porte St James
Av. de Bretteville
Pont de Puteaux
Porte de la Seine
Bd Julien Potin
Bd Richard Wallace
R. de Bagatelle
R. du Mal de Lattre de Tassigny
Porte de Bagatelle
LES ARCHERS DE PARIS
Bd du Neuilly
Route du Champ d'Entraînement
Carrefour de Porte de Madrid
D1
Allée du Bord de l'Eau
F 1
F 2
CHAMP D'ENTRAÎNEMENT
Route de Sèvres à Neuilly
PARC DE BAGATELLE
Allée de la Reine Marguerite
Queue
Longue
Cavalière des
Allée de Longchamp
BOIS
Route
Route des Lacs
Route du Point du
cyclable
DE
Lacs
G 1
G 2
p. 25

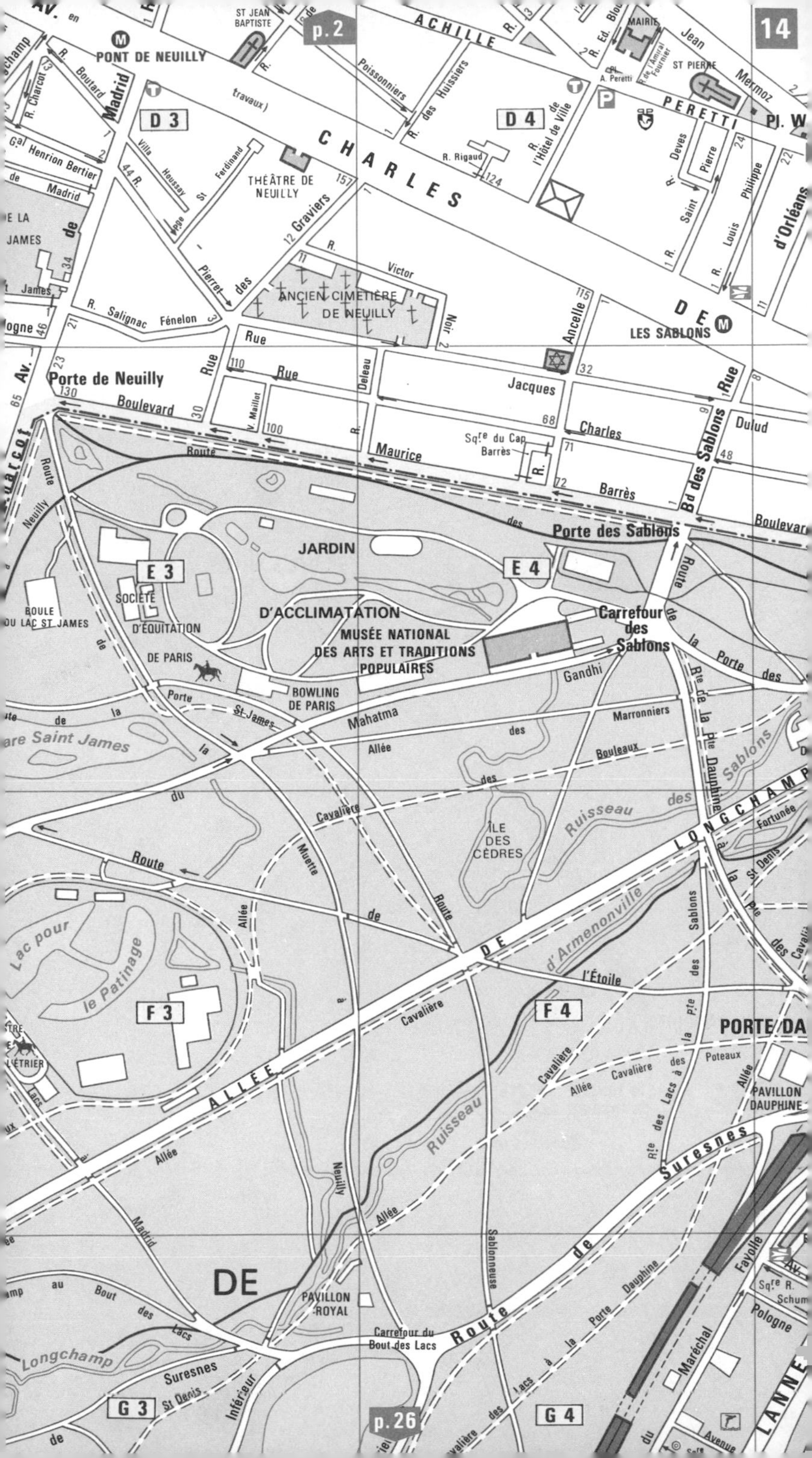
14
p. 2
p. 26
PONT DE NEUILLY
ST JEAN BAPTISTE
THÉÂTRE DE NEUILLY
ANCIEN CIMETIÈRE DE NEUILLY
MAIRIE
ST PIERRE
LES SABLONS
Porte de Neuilly
Porte des Sablons
JARDIN D'ACCLIMATATION
MUSÉE NATIONAL DES ARTS ET TRADITIONS POPULAIRES
SOCIÉTÉ D'ÉQUITATION DE PARIS
BOWLING DE PARIS
Carrefour des Sablons
ÎLE DES CÈDRES
Lac pour le Patinage
PORTE DAUPHINE
PAVILLON DAUPHINE
PAVILLON ROYAL
Carrefour du Bout des Lacs
ALLÉE DE LONGCHAMP
CHARLES DE
Route de Suresnes
D 3
D 4
E 3
E 4
F 3
F 4
G 3
G 4

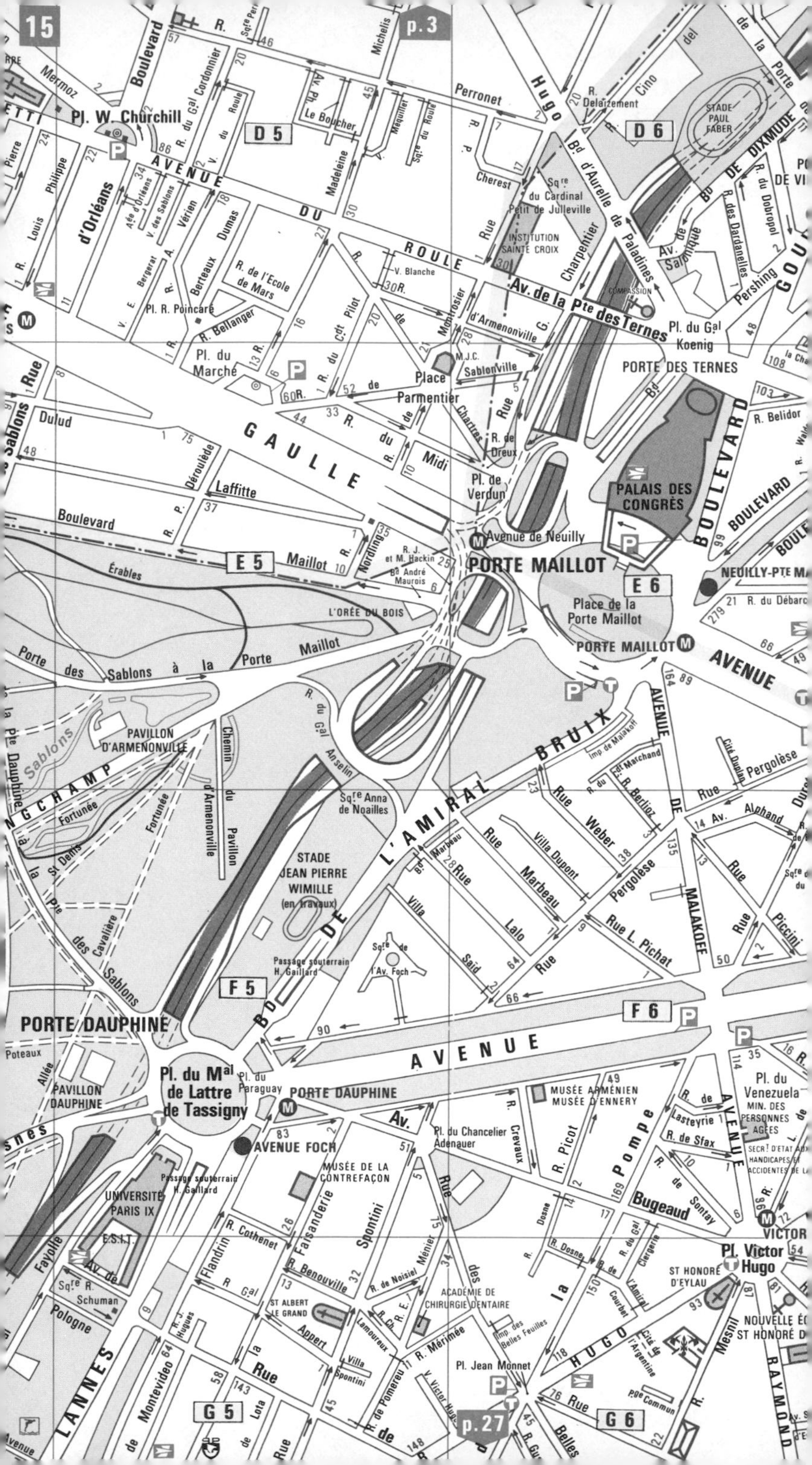
15
p. 3
Pl. W. Churchill
Boulevard
d'Orléans
AVENUE DU ROULE
Perronet
Hugo
D 5
D 6
R. Delaizement
STADE PAUL FABER
BD DE DIXMUDE
Sq^re du Cardinal Petit de Julleville
INSTITUTION SAINTE CROIX
Bd d'Aurelle de Paladines
Av. de Salonique
R. du Dobropol
R. des Dardanelles
Pershing
COMPASSION
Av. de la Pte des Ternes
Pl. du Gal Koenig
PORTE DES TERNES
R. de l'Ecole de Mars
Pl. R. Poincaré
R. Bellanger
Pl. du Marché
Place Parmentier
M.J.C.
Sablonville
R. de Chartres
R. de Dreux
Pl. de Verdun
Rue de Midi
GAULLE
Dulud
Laffitte
Boulevard
Maillot
Érables
E 5
R. J. et M. Hackin
Bd André Maurois
Avenue de Neuilly
PORTE MAILLOT
PALAIS DES CONGRÈS
BOULEVARD
R. Belidor
NEUILLY-PTE MAILLOT
E 6
Place de la Porte Maillot
R. du Débarcadère
AVENUE
L'ORÉE DU BOIS
Porte des Sablons à la Porte Maillot
PAVILLON D'ARMENONVILLE
Chemin du Pavillon d'Armenonville
R. du Gal Anselin
Sq^re Anna de Noailles
BD DE L'AMIRAL BRUIX
Imp. de Malakoff
R. Marchand
R. Berlioz
Rue Weber
Villa Dupont
Rue Marbeau
Rue Lalo
Villa Saïd
Pergolèse
Rue L. Pichat
AVENUE DE MALAKOFF
Cité Duplan
Av. Alphand
Rue Piccini
STADE JEAN PIERRE WIMILLE (en travaux)
Passage souterrain H. Gaillard
Sq^re de l'Av. Foch
F 5
F 6
Sablons
LONGCHAMP
Fortunée
St Denis
Allée de la Pte des Sablons
Cavalière
PORTE DAUPHINE
AVENUE
Pl. du M^al de Lattre de Tassigny
Pl. du Paraguay
PORTE DAUPHINE
PAVILLON DAUPHINE
Poteaux
MUSÉE ARMÉNIEN
MUSÉE D'ENNERY
R. Crevaux
R. Picot
Rue de la Pompe
Bugeaud
R. de Lasteyrie
R. de Sfax
R. de Sontay
Pl. du Venezuela
MIN. DES PERSONNES AGÉES
SECR^T D'ETAT AUX HANDICAPES ET ACCIDENTES DE LA VIE
Pl. du Chancelier Adenauer
AVENUE FOCH
MUSÉE DE LA CONTREFAÇON
Rue Spontini
UNIVERSITÉ PARIS IX
E.S.I.T.
Passage souterrain H. Gaillard
Sq^re R. Schuman
Av. de Pologne
Fayolle
R. Cothenet
R. Flandrin
R. Gal Appert
R. Benouville
R. de Noisiel
Rue Mesnil
R. Dosne
R. du Gal Clergerie
R. de l'Amiral Courbet
Pl. Victor Hugo
ST HONORÉ D'EYLAU
NOUVELLE ÉGLISE ST HONORÉ D'EYLAU
RAYMOND
ST ALBERT LE GRAND
ACADÉMIE DE CHIRURGIE DENTAIRE
Imp. des Belles Feuilles
R. Mérimée
Villa Spontini
Lamoureux
Pl. Jean Monnet
AVENUE VICTOR HUGO
Cité de l'Argentine
Pge Commun
Rue des Belles Feuilles
LANNES
R. J. Hugues
Montevideo
Lota
Rue de la Faisanderie
R. de Pomereu
G 5
G 6
p. 27

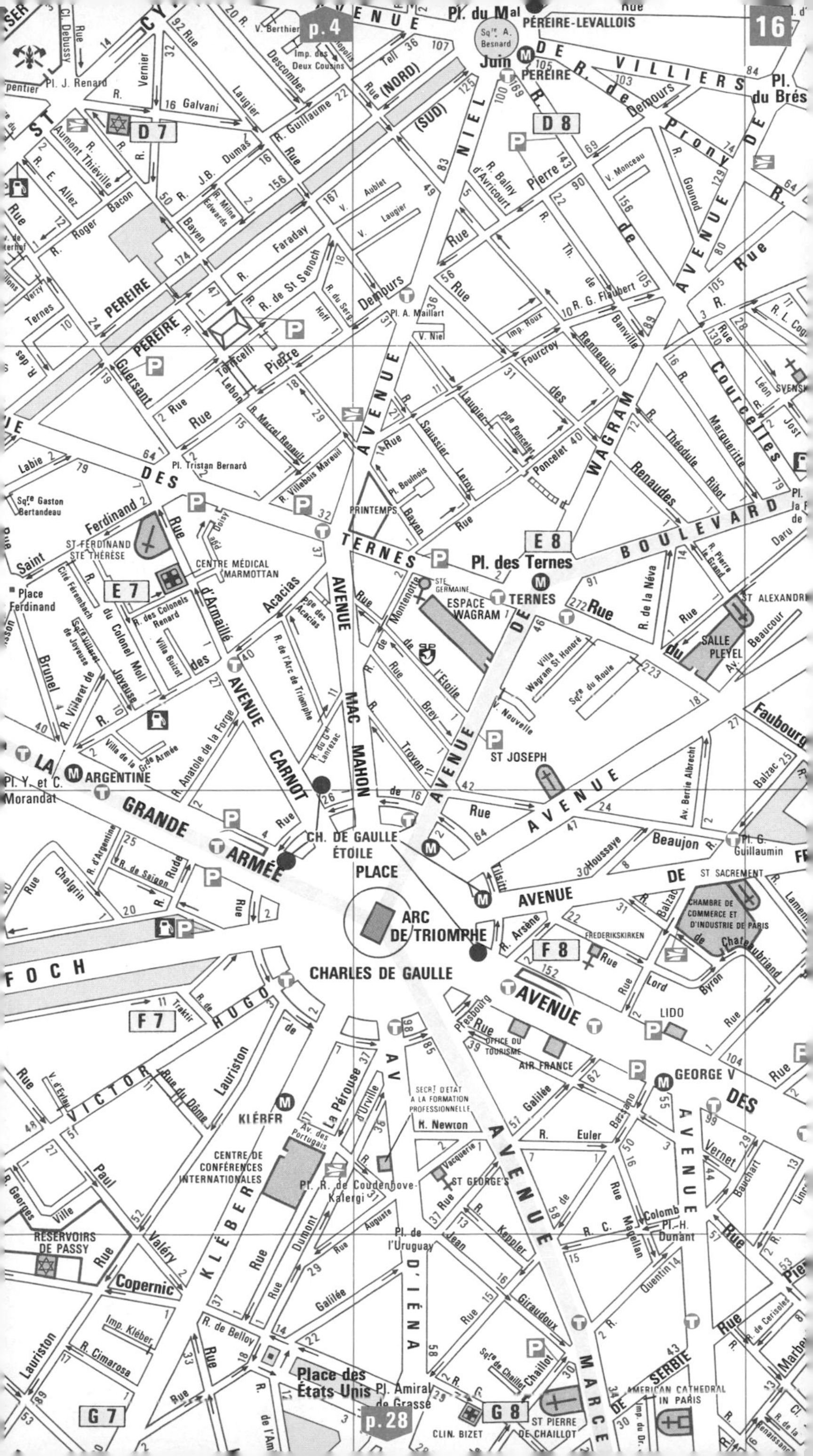
16
p. 4
p. 28
Pl. du Mal
PÉREIRE-LEVALLOIS
Sq^re A. Besnard
Juin
PÉREIRE
AVENUE DE VILLIERS
R. de Prony
Pl. du Brésil
Rue de Courcelles
AVENUE NIEL
Rue Guillaume Tell
(NORD)
(SUD)
Imp. des Deux Cousins
V. Berthier
Descombes
Laugier
Galvani
Vernier
Pl. J. Renard
Cl. Debussy
D 7
D 8
R. J.B. Dumas
R. Aumont Thiéville
R. E. Allez
R. Roger Bacon
R. Milne Edwards
Bayen
Faraday
R. de St Senoch
R. du Serg. Hoff
Dumas
V. Aublet
V. Laugier
Demours
R. Balny d'Avricourt
Pierre Demours
V. Monceau
Gounod
R. Th. de Banville
R. G. Flaubert
Pl. A. Maillart
V. Niel
Imp. Roux
Fourcroy
Rennequin
BOULEVARD PEREIRE
Ternes
Verzy
R. Guersant
Torricelli
R. Lebon
Rue Pierre Demours
R. Marcel Renault
R. Villebois Mareuil
Saussier Leroy
Rue Laugier
pge Poncelet
Poncelet
WAGRAM
R. Théodule Ribot
Renaudes
Marguerite
Rue Léon Jost
SVENSKA
Pl. Tristan Bernard
DES TERNES
Labie
Sq^re Gaston Bertandeau
Saint Ferdinand
ST FERDINAND STE THÉRÈSE
Place Ferdinand
Cité Férembach
CENTRE MÉDICAL MARMOTTAN
E 7
E 8
R. des Colonels Renard
Villa Buizot
Rue d'Armaillé
Acacias
pge des Acacias
pge Doisy
PRINTEMPS
Pl. Boulnois
Bayen
R. du Colonel Moll
Sq^re Villaret de Joyeuse
R. Villaret de Joyeuse
Brunel
Pl. des Ternes
TERNES
STE GERMAINE
ESPACE WAGRAM
R. de Montenotte
R. de l'Étoile
BOULEVARD
R. de la Néva
R. Pierre le Grand
Daru
ST ALEXANDRE
SALLE PLEYEL
Rue du Faubourg
Beaucour
Villa Wagram St Honoré
Sq^re du Roule
AVENUE CARNOT
AVENUE MAC MAHON
R. de l'Arc de Triomphe
R. du Gal Lanzerac
Rue Brey
R. Troyon
V. Nouvelle
ST JOSEPH
AVENUE DE WAGRAM
Av. Bertie Albrecht
Balzac
LA GRANDE ARMÉE
ARGENTINE
Pl. Y. et C. Morandat
R. Anatole de la Forge
Villa de la G^de Armée
CH. DE GAULLE ÉTOILE
PLACE
ARC DE TRIOMPHE
CHARLES DE GAULLE
AVENUE HOCHE
Beaujon
Houssaye
Tilsitt
Pl. G. Guillaumin
AVENUE DE FRIEDLAND
ST SACREMENT
CHAMBRE DE COMMERCE ET D'INDUSTRIE DE PARIS
Rue de Chateaubriand
Lamennais
R. d'Argentine
R. de Saïgon
Rue Rude
Chalgrin
FOCH
R. Arsène Houssaye
F 7
F 8
FREDERIKSKIRKEN
Rue Lord Byron
LIDO
Traktir
R. de Presbourg
AVENUE HUGO
AVENUE DES CHAMPS-ÉLYSÉES
OFFICE DU TOURISME
AIR FRANCE
GEORGE V
AV. VICTOR HUGO
Rue du Dôme
Lauriston
V. d'Eylau
Rue Paul Valéry
KLÉBER
AVENUE KLÉBER
CENTRE DE CONFÉRENCES INTERNATIONALES
Av. des Portugais
Rue La Pérouse
Rue d'Urville
SECR^T D'ÉTAT A LA FORMATION PROFESSIONNELLE
R. Newton
Vacquerie
ST GEORGE'S
Galilée
R. Euler
Bassano
R. de Bassano
Vernet
Bachaumont
Pl. R. de Coudenhove-Kalergi
Pl. de l'Uruguay
R. Auguste Vacquerie
Rue Dumont d'Urville
Rue Galilée
R. Keppler
Rue Jean Giraudoux
AVENUE MARCEAU
AVENUE D'IÉNA
R. C. Colomb
Pl. H. Dunant
Magellan
Quentin Bauchart
R. Georges Ville
RÉSERVOIRS DE PASSY
Copernic
Imp. Kléber
R. Cimarosa
R. de Belloy
Place des États Unis
Pl. Amiral de Grasse
G 7
G 8
CLIN. BIZET
Sq^re de Chaillot
Rue de Chaillot
ST PIERRE DE CHAILLOT
R. DE SERBIE
AMERICAN CATHEDRAL IN PARIS
R. de Cérisoles
Rue Marbeuf
R. de la Renaissance
R. Bizet

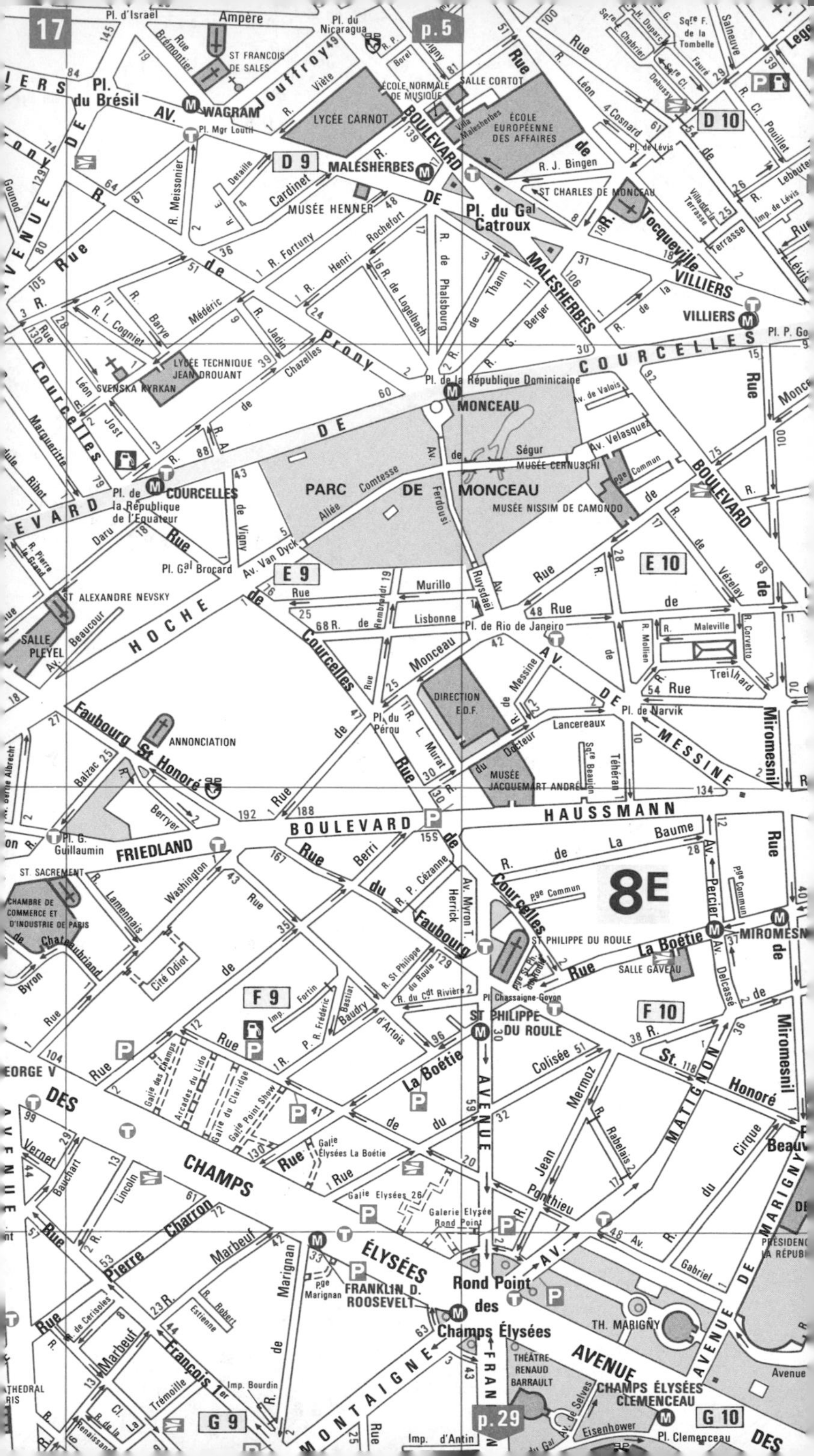
p. 5
Pl. d'Israel
Ampère
Pl. du Nicaragua
ST FRANCOIS DE SALES
Pl. du Brésil
WAGRAM
Jouffroy
LYCÉE CARNOT
ÉCOLE NORMALE DE MUSIQUE
SALLE CORTOT
ÉCOLE EUROPÉENNE DES AFFAIRES
D 9
MALESHERBES
MUSÉE HENNER
D 10
Pl. du Gal Catroux
ST CHARLES DE MONCEAU
Tocqueville
VILLIERS
Prony
COURCELLES
LYCÉE TECHNIQUE JEAN DROUANT
SVENSKA KYRKAN
Pl. de la République Dominicaine
MONCEAU
PARC DE MONCEAU
MUSÉE CERNUSCHI
MUSÉE NISSIM DE CAMONDO
Pl. de la République de l'Equateur
COURCELLES
E 9
E 10
ST ALEXANDRE NEVSKY
SALLE PLEYEL
HOCHE
Pl. de Rio de Janeiro
DIRECTION E.D.F.
MUSÉE JACQUEMART ANDRÉ
Pl. de Narvik
MESSINE
ANNONCIATION
Faubourg St Honoré
BOULEVARD HAUSSMANN
8E
FRIEDLAND
ST. SACREMENT
CHAMBRE DE COMMERCE ET D'INDUSTRIE DE PARIS
Cité Odiot
ST PHILIPPE DU ROULE
SALLE GAVEAU
MIROMESNIL
F 9
F 10
Pl. Chassaigne-Goyon
ST PHILIPPE DU ROULE
MATIGNON
GEORGE V
DES CHAMPS ÉLYSÉES
Galie Élysées La Boétie
Galerie Elysée Rond Point
Pierre Charron
Marbeuf
FRANKLIN D. ROOSEVELT
Rond Point des Champs Élysées
TH. MARIGNY
THÉATRE RENAUD BARRAULT
AVENUE DE MARIGNY
PRÉSIDENCE DE LA RÉPUB
AVENUE MONTAIGNE
François 1er
CHAMPS ÉLYSÉES CLEMENCEAU
Pl. Clemenceau
G 9
G 10
p. 29

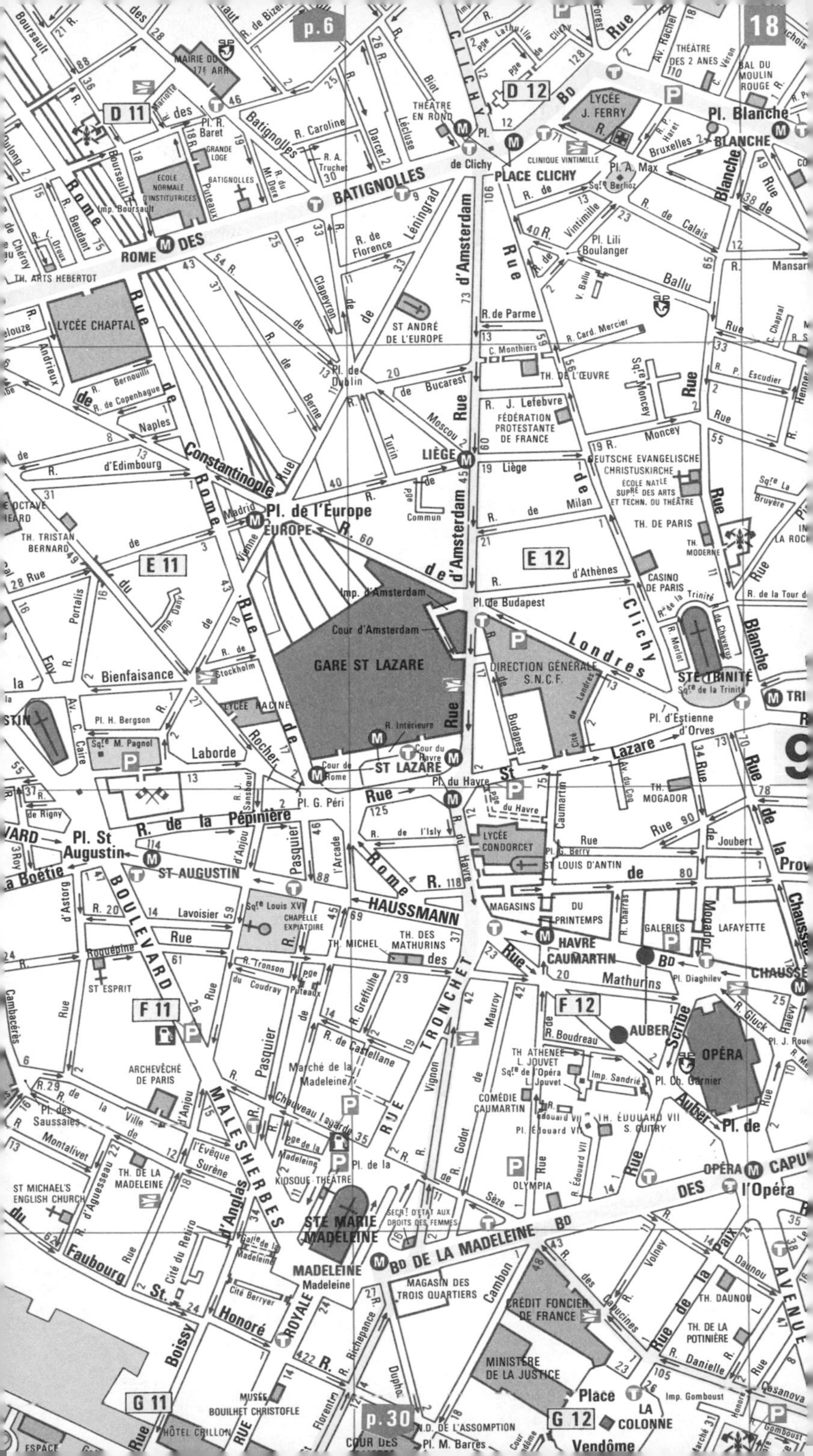

p. 6
18
D 11
D 12
E 11
E 12
F 11
F 12
G 11
G 12
p. 30
MAIRIE DU 17E ARR
THÉATRE DES 2 ANES
BAL DU MOULIN ROUGE
LYCÉE J. FERRY
Pl. Blanche
BLANCHE
THÉATRE EN ROND
PLACE CLICHY
CLINIQUE VINTIMILLE
Pl. A. Max
Sq.re Berlioz
BATIGNOLLES
R. Caroline
R. A. Truchet
GRANDE LOGE
ÉCOLE NORMALE D'INSTITUTRICES
ROME
DES
TH. ARTS HEBERTOT
LYCÉE CHAPTAL
R. de Florence
Léningrad
Rue d'Amsterdam
R. de Calais
Pl. Lili Boulanger
Ballu
R. Card. Mercier
ST ANDRÉ DE L'EUROPE
R.de Parme
C. Monthiers
TH. DE L'ŒUVRE
Sq.re Moncey
Pl. de Dublin
de Bucarest
R. Bernoulli
R. de Copenhague
Naples
R. J. Lefebvre
FÉDÉRATION PROTESTANTE DE FRANCE
Moncey
DEUTSCHE EVANGELISCHE CHRISTUSKIRCHE
ÉCOLE NAT.LE SUP.RE DES ARTS ET TECHN. DU THÉATRE
Constantinople
d'Edimbourg
LIÈGE
Liège
R. de Milan
TH. DE PARIS
TH. MODERNE
Pl. de l'Europe
EUROPE
TH. TRISTAN BERNARD
Imp. d'Amsterdam
Cour d'Amsterdam
Pl. de Budapest
d'Athènes
CASINO DE PARIS
R. de la Trinité
GARE ST LAZARE
DIRECTION GÉNÉRALE S.N.C.F.
Londres
Clichy
STE TRINITÉ
Sq.re de la Trinité
Bienfaisance
Stockholm
LYCÉE RACINE
Pl. H. Bergson
Sq.re M. Pagnol
Laborde
R. Intérieure
Cour du Havre
Cour de Rome
ST LAZARE
Pl. d'Estienne d'Orves
Lazare
TH. MOGADOR
Pl. du Havre
Pl. G. Péri
R. de la Pépinière
Pl. St Augustin
ST AUGUSTIN
R. de l'Isly
LYCÉE CONDORCET
ST LOUIS D'ANTIN
Joubert
HAUSSMANN
MAGASINS DU PRINTEMPS
GALERIES LAFAYETTE
Sq.re Louis XVI
CHAPELLE EXPIATOIRE
Lavoisier
TH. MICHEL
TH. DES MATHURINS
HAVRE CAUMARTIN
Mathurins
Pl. Diaghilev
CHAUSSÉE
ST ESPRIT
BOULEVARD
TRONCHET
AUBER
OPÉRA
R. Boudreau
TH. ATHENÉE L. JOUVET
Sq.re de l'Opéra L. Jouvet
Imp. Sandrié
Pl. Ch. Garnier
ARCHEVÊCHÉ DE PARIS
Marché de la Madeleine
R. de Castellane
Chauveau Lagarde
COMÉDIE CAUMARTIN
TH. ÉDOUARD VII S. GUITRY
Pl. Édouard VII
Pl. de Saussaies
Montalivet
TH. DE LA MADELEINE
ST MICHAEL'S ENGLISH CHURCH
MALESHERBES
KIOSQUE THÉATRE
OLYMPIA
OPÉRA
l'Opéra
SECR.T D'ÉTAT AUX DROITS DES FEMMES
STE MARIE MADELEINE
BD DE LA MADELEINE
MADELEINE
MAGASIN DES TROIS QUARTIERS
CRÉDIT FONCIER DE FRANCE
TH. DAUNOU
TH. DE LA POTINIÈRE
Faubourg
St. Honoré
Cité Berryer
ROYALE
MINISTÈRE DE LA JUSTICE
Place Vendôme
LA COLONNE
Imp. Gomboust
MUSÉE BOUILHET CHRISTOFLE
HÔTEL CRILLON
N.D. DE L'ASSOMPTION
Pl. M. Barrès

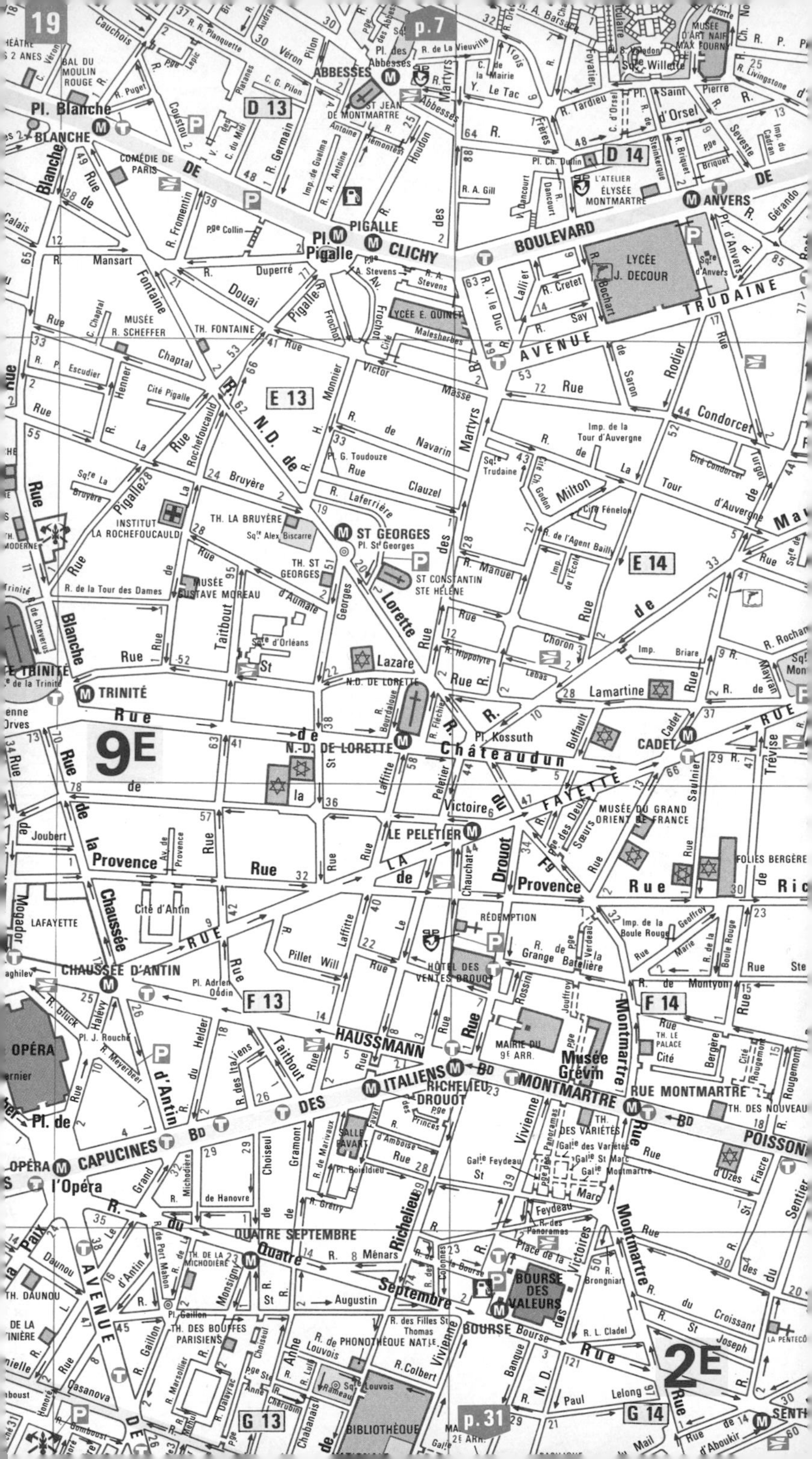
19
p. 7
D 13
D 14
E 13
E 14
F 13
F 14
G 13
G 14
p. 31
9E
2E
BAL DU MOULIN ROUGE
Pl. Blanche
BLANCHE
COMÉDIE DE PARIS
ABBESSES
Pl. des Abbesses
ST JEAN DE MONTMARTRE
R. de La Vieuville
R. A. Barsacq
MUSÉE D'ART NAIF MAX FOURNY
Sq. Willette
Pl. Saint Pierre
R. Livingstone
R. Tardieu
R. d'Orsel
R. de Steinkerque
R. Briquet
R. Seveste
Imp. du Cadran
Pl. Ch. Dullin
L'ATELIER
ÉLYSÉE MONTMARTRE
ANVERS
R. Gérando
R. Véron
R. Germain Pilon
R. Houdon
R. des Martyrs
R. A. Gill
R. Dancourt
R. Lepic
R. Puget
R. Coustou
Imp. de Guelma
R. A. Antoine
PIGALLE
Pl. Pigalle
BOULEVARD DE CLICHY
LYCÉE J. DECOUR
Sq. d'Anvers
Pl. d'Anvers
R. Mansart
R. Fromentin
Pge Collin
R. Duperré
R. de Douai
R. Fontaine
A. Stevens
LYCÉE E. QUINET
R. Frochot
R. Victor Massé
R. V. le Duc
R. Lallier
R. Cretet
R. Bochart
R. Say
AVENUE TRUDAINE
MUSÉE R. SCHEFFER
TH. FONTAINE
R. Chaptal
Cité Chaptal
R. P. Escudier
R. Henner
Cité Pigalle
R. de La Rochefoucauld
R. N.D. de Lorette
R. H. Monnier
R. de Navarin
R. Rodier
R. de Saron
R. Condorcet
Imp. de la Tour d'Auvergne
R. de la Tour d'Auvergne
Cité Condorcet
R. Turgot
Pl. G. Toudouze
R. Clauzel
Sq. Trudaine
R. Milton
Cité Fénelon
Sq. La Bruyère
R. La Bruyère
R. Pigalle
INSTITUT LA ROCHEFOUCAULD
TH. LA BRUYÈRE
Sq. Alex Biscarre
R. Laferrière
ST GEORGES
Pl. St Georges
R. Manuel
R. de l'Agent Bailly
Imp. de l'École
TH. ST GEORGES
ST CONSTANTIN STE HÉLÈNE
R. de la Tour des Dames
MUSÉE GUSTAVE MOREAU
R. d'Aumale
R. Taitbout
R. Choron
R. Hippolyte Lebas
Imp. Briare
R. Rochechouart
R. de Maubeuge
R. Blanche
Sq. d'Orléans
R. St Lazare
N.D. DE LORETTE
R. Bourdaloue
R. Fléchier
Pl. Kossuth
R. Lamartine
R. Mayran
TRINITÉ
Sq. de la Trinité
R. de Châteaudun
R. Buffault
CADET
R. Cadet
R. de Trévise
R. de Provence
R. Laffitte
R. Le Peletier
R. de la Victoire
R. du Fg Montmartre
R. La Fayette
MUSÉE DU GRAND ORIENT DE FRANCE
R. Saulnier
FOLIES BERGÈRE
R. Richer
R. Joubert
R. de la Chaussée d'Antin
Cité d'Antin
LE PELETIER
R. Chauchat
R. Drouot
Pge des Deux Sœurs
LAFAYETTE
R. Mogador
CHAUSSÉE D'ANTIN
R. Pillet Will
RÉDEMPTION
HÔTEL DES VENTES DROUOT
Imp. de la Boule Rouge
R. Geoffroy Marie
R. de la Boule Rouge
R. de la Grange Batelière
Pge Verdeau
Pl. Adrien Oudin
R. Halévy
R. Gluck
OPÉRA Garnier
Pl. J. Rouché
R. Meyerbeer
R. du Helder
R. des Italiens
HAUSSMANN
R. Rossini
Pge Jouffroy
MAIRIE DU 9E ARR.
Musée Grévin
R. de Montyon
TH. LE PALACE
Cité Bergère
Cité Rougemont
R. Rougemont
ITALIENS
RICHELIEU DROUOT
BD MONTMARTRE
RUE MONTMARTRE
TH. DES NOUVEAUTÉS
BD POISSONNIÈRE
BD DES CAPUCINES
Pl. de l'Opéra
OPÉRA
R. Grand
R. de la Michodière
R. Choiseul
R. Gramont
SALLE FAVART
R. de Marivaux
R. d'Amboise
Pge des Princes
Pl. Boïeldieu
R. de Hanovre
R. Grétry
R. Vivienne
Galie Feydeau
R. St Marc
Pge des Panoramas
TH. DES VARIÉTÉS
Galie des Variétés
Galie St Marc
Galie Montmartre
R. d'Uzès
R. du Sentier
R. du Fiacre
R. Feydeau
R. des Panoramas
QUATRE SEPTEMBRE
R. du Quatre Septembre
R. Ménars
R. de Port Mahon
TH. DE LA MICHODIÈRE
R. de la Paix
R. Daunou
R. Monsigny
R. St Augustin
R. des Colonnes
Place de la Bourse
BOURSE DES VALEURS
R. Brongniart
R. des Victoires
R. du Croissant
R. St Joseph
TH. DAUNOU
AVENUE DE L'OPÉRA
Pl. Gaillon
R. Gaillon
TH. DES BOUFFES PARISIENS
R. des Filles St Thomas
BOURSE
R. de la Banque
R. N.D. des Victoires
R. L. Cladel
R. de la Lune
R. Marsollier
R. Dalayrac
R. Ste Anne
R. de Louvois
PHONOTHÈQUE NATLE
R. Colbert
R. Paul Lelong
R. du Mail
R. d'Aboukir
SENTIER
R. Casanova
R. Chérubini
R. Rameau
Sq. Louvois
R. Chabanais
BIBLIOTHÈQUE
MAIRIE 2E ARR.
LA PENTECÔTE

p. 8

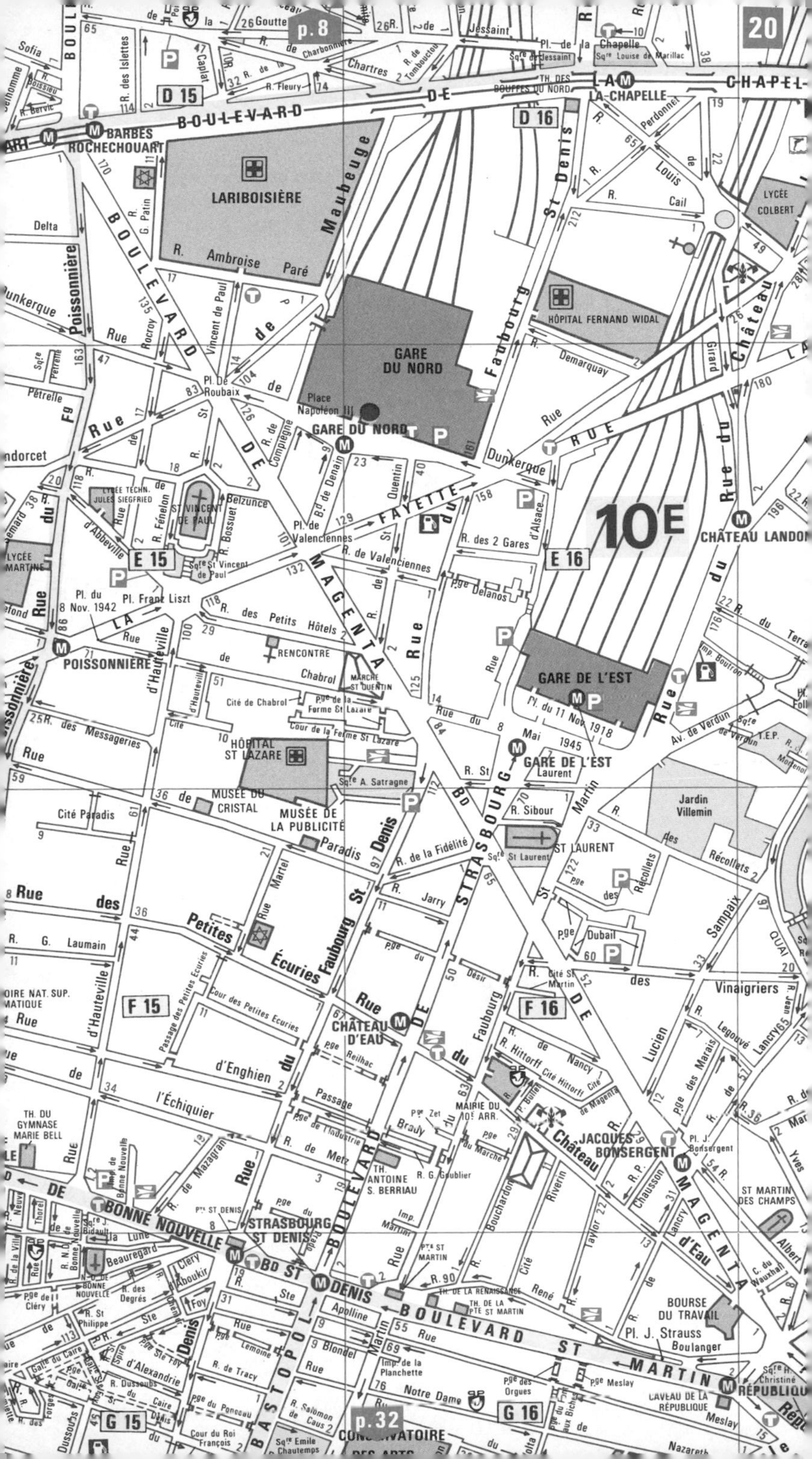
10E
BOULEVARD DE LA CHAPELLE
LA CHAPELLE
BARBES ROCHECHOUART
LARIBOISIÈRE
R. Ambroise Paré
Rue de Maubeuge
GARE DU NORD
Place Napoléon III
Rue La Fayette
Rue de Dunkerque
Rue du Faubourg St Denis
HÔPITAL FERNAND WIDAL
LYCÉE COLBERT
CHÂTEAU LANDON
Rue du Château Landon
R. Louis Blanc
R. Cail
R. Perdonnet
R. Demarquay
BOULEVARD DE MAGENTA
R. de Valenciennes
Pl. de Valenciennes
R. des 2 Gares
R. d'Alsace
GARE DE L'EST
Pl. du 11 Nov. 1918
Rue du 8 Mai 1945
Av. de Verdun
Jardin Villemin
R. des Récollets
Rue des Petits Hôtels
Rue de Chabrol
MARCHÉ ST QUENTIN
HÔPITAL ST LAZARE
MUSÉE DU CRISTAL
MUSÉE DE LA PUBLICITÉ
Rue de Paradis
POISSONNIÈRE
Pl. Franz Liszt
Pl. du 8 Nov. 1942
ST VINCENT DE PAUL
LYCÉE TECHN. JULES SIEGFRIED
Rue d'Hauteville
Cité Paradis
R. des Messageries
Rue des Petites Écuries
Cour des Petites Écuries
Passage des Petites Écuries
Rue d'Enghien
Rue de l'Échiquier
BD DE STRASBOURG
CHÂTEAU D'EAU
Rue du Château d'Eau
Rue du Faubourg St Martin
MAIRIE DU 10E ARR.
ST LAURENT
GARE DE L'EST
R. Lucien Sampaix
QUAI DE JEMMAPES
Rue des Vinaigriers
R. de Nancy
R. Hittorff
JACQUES BONSERGENT
Pl. J. Bonsergent
R. de Lancry
R. Bouchardon
Cité Riverin
R. René Boulanger
BOURSE DU TRAVAIL
Pl. J. Strauss
ST MARTIN DES CHAMPS
BOULEVARD ST MARTIN
RÉPUBLIQUE
CAVEAU DE LA RÉPUBLIQUE
R. Meslay
R. Notre Dame de Nazareth
TH. DE LA RENAISSANCE
TH. DE LA PTE ST MARTIN
PTE ST MARTIN
PTE ST DENIS
STRASBOURG ST DENIS
BD ST DENIS
BD DE BONNE NOUVELLE
BONNE NOUVELLE
TH. DU GYMNASE MARIE BELL
TH. ANTOINE S. BERRIAU
BOULEVARD DE SÉBASTOPOL
R. Blondel
R. d'Alexandrie
R. de Tracy
R. du Caire
CONSERVATOIRE DES ARTS
D 15
D 16
E 15
E 16
F 15
F 16
G 15
G 16

p. 32

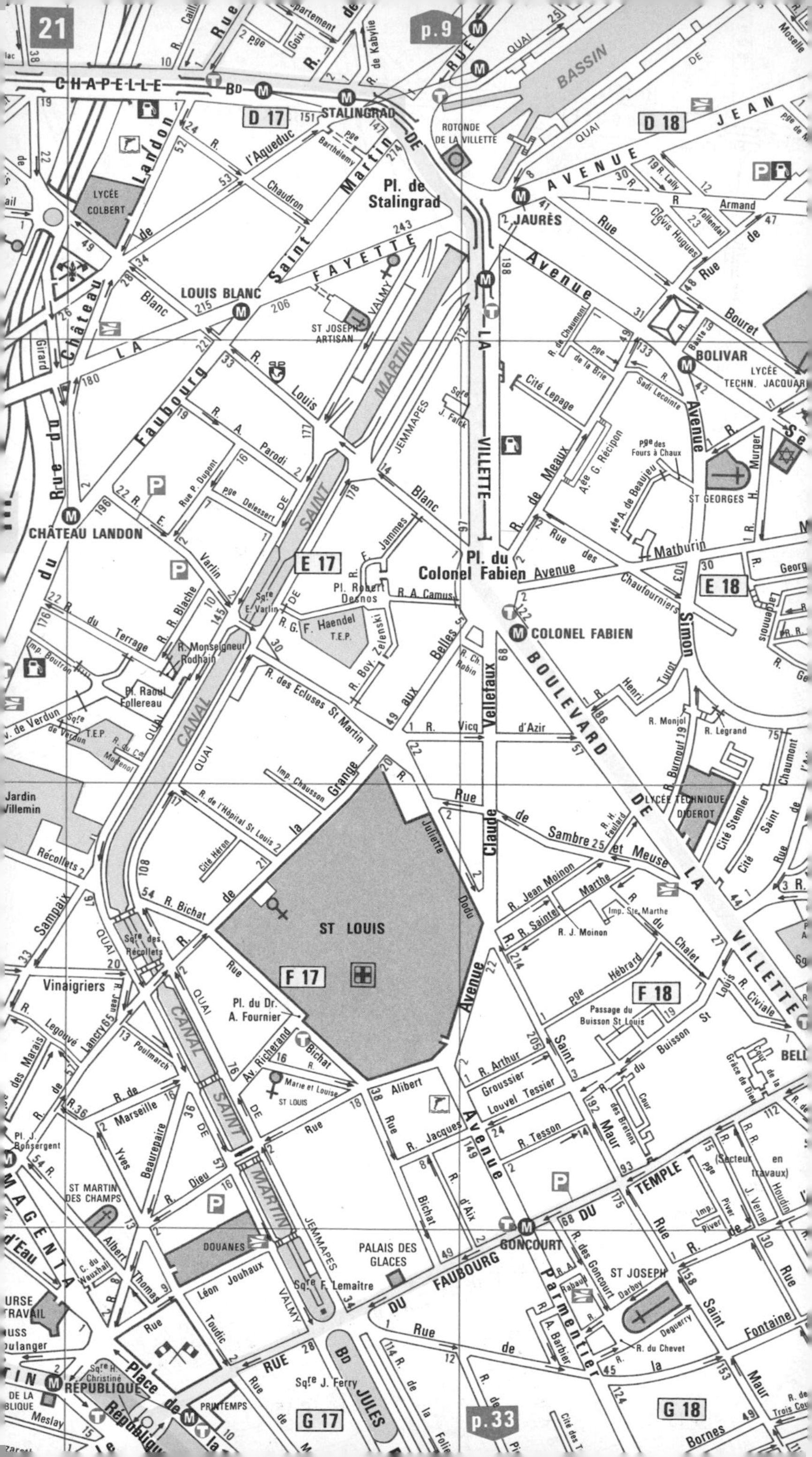
21
p. 9
p. 33
D 17
D 18
E 17
E 18
F 17
F 18
G 17
G 18
BASSIN
ROTONDE
DE LA VILLETTE
STALINGRAD
Pl. de
Stalingrad
JAURÈS
LOUIS BLANC
ST JOSEPH
ARTISAN
BOLIVAR
LYCÉE
TECHN. JACQUARD
LYCÉE
COLBERT
ST GEORGES
CHÂTEAU LANDON
Pl. du
Colonel Fabien
COLONEL FABIEN
Pl. Robert
Desnos
F. Haendel
T.E.P.
Pl. Raoul
Follereau
Jardin
Villemin
ST LOUIS
LYCÉE TECHNIQUE
DIDEROT
Passage du
Buisson St Louis
Pl. du Dr.
A. Fournier
ST MARTIN
DES CHAMPS
DOUANES
PALAIS DES
GLACES
GONCOURT
ST JOSEPH
Sq.re F. Lemaître
Sq.re J. Ferry
RÉPUBLIQUE
PRINTEMPS
(Secteur en
travaux)
CHAPELLE
BD
QUAI
AVENUE
JEAN
R. Lally
R. Armand
Clovis Hugues
R. Tollendal
Rue Bouret
R. de Chaumont
Pge de la Brie
Sadi Lecointe
Cité Lepage
Pge des
Fours à Chaux
A.ée G. Récipon
A.ée A. de Beaujeu
R. Mathurin
Rue des
Chaufourniers
Simon
Avenue
R. de Meaux
Rue de la Villette
JEMMAPES
VALMY
Faubourg Saint Martin
LA FAYETTE
R. Louis Blanc
Chaudron
R. l'Aqueduc
Landon
Château
Rue du Château Landon
Girard
R. A. Parodi
R. E. Varlin
Rue P. Dupont
Pge Delessert
R. Blache
R. Monseigneur
Rodhain
R. du Terrage
Imp. Boutron
Av. de Verdun
Sq.re de Verdun
CANAL SAINT MARTIN
QUAI DE JEMMAPES
QUAI DE VALMY
R. F. Jammes
R. A. Camus
R. G.
R. Boy. Zelenski
R. des Ecluses St Martin
Rue Grange aux Belles
R. Vicq d'Azir
Vellefaux
R. Ch. Robin
Imp. Chausson
R. de l'Hôpital St Louis
Cité Héron
R. Bichat
Rue Juliette Dodu
Rue Claude Vellefaux
Rue de Sambre et Meuse
R. Jean Moinon
R. Sainte Marthe
R. J. Moinon
Imp. Ste Marthe
R. du Chalet
Pge Hébrard
Henri Turot
R. Monjol
R. Legrand
R. Burnouf
R. H. Feulard
Cité Stemler
Cité Saint Chaumont
BOULEVARD DE LA VILLETTE
R. Civiale
Récollets
Sampaix
Sq.re des Récollets
Vinaigriers
R. Legouvé
Lancry
R. Jean
R. Poulmarch
R. de Marseille
Yves
Beaurepaire
R. Dieu
Rue des Marais
Av. Richerand
Marie et Louise
ST LOUIS
Rue Alibert
R. Jacques
R. Arthur Groussier
Louvel Tessier
R. Tesson
Avenue Parmentier
R. Bichat
R. d'Aix
Saint Maur
Cour des Bretons
Rue du Buisson St Louis
Grâce de Dieu
FAUBOURG DU TEMPLE
Pge Piver
Imp. Piver
J. Verne
Houdin
R. des Goncourt
Rabaud
Darboy
Deguerry
R. du Chevet
A. Barbier
Rue de la Fontaine
Saint Maur
Bornes
R. de Trois Couronnes
Rue Léon Jouhaux
Toudic
R. Dieu
Pl. J. Bonsergent
MAGENTA
C. du Wauxhall
Thomas
Albert
BOURSE
TRAVAIL
BD JULES
RUE
Place de la République
Sq.re H. Christiné
Meslay
Rue de la Folie
Cité des T

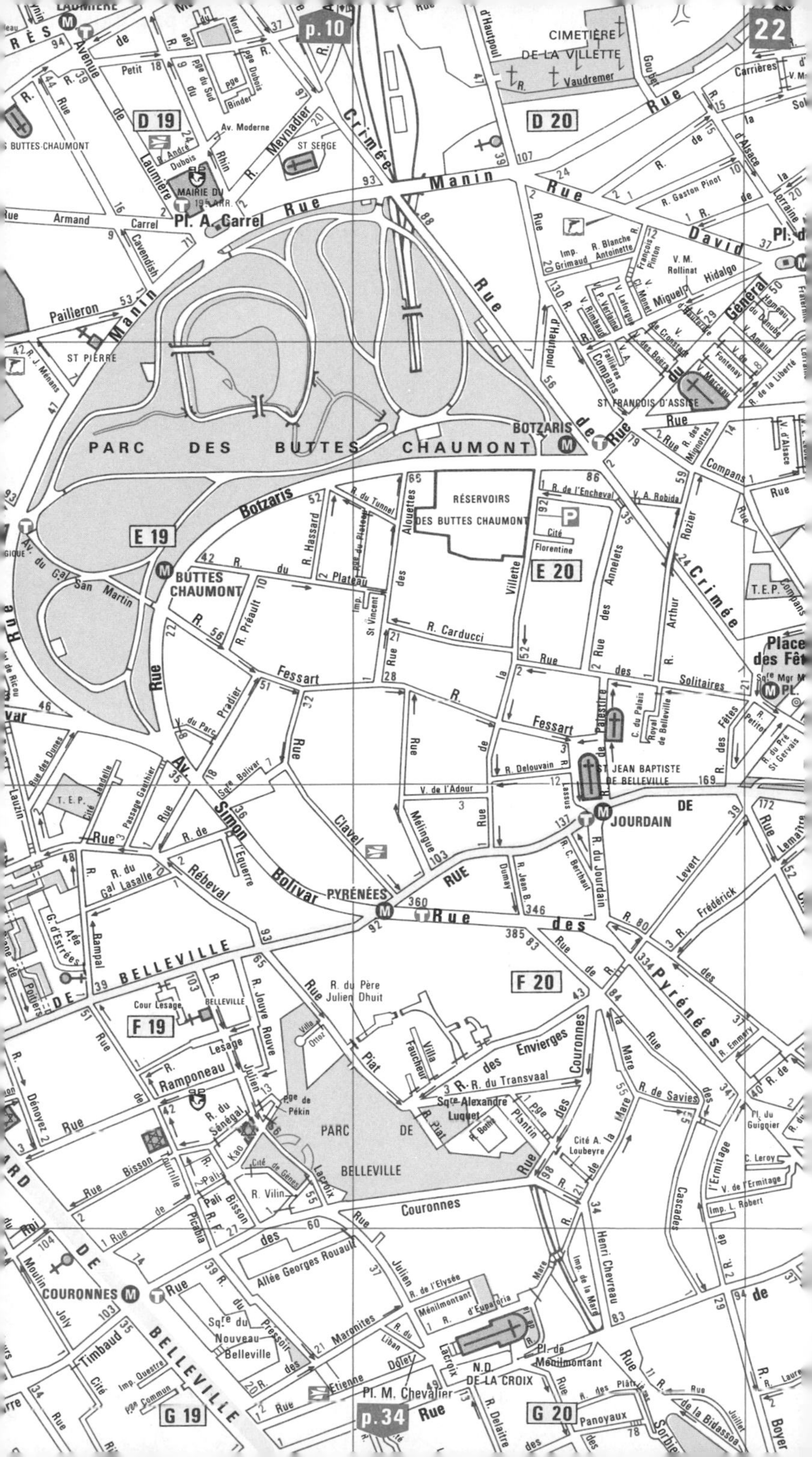

22
p. 10
CIMETIÈRE DE LA VILLETTE
D 19
D 20
E 19
E 20
F 19
F 20
G 19
G 20
p. 34
MAIRIE DU 19e ARR.
Pl. A. Carrel
ST SERGE
ST PIERRE
PARC DES BUTTES CHAUMONT
BOTZARIS
BUTTES CHAUMONT
RÉSERVOIRS DES BUTTES CHAUMONT
Cité Florentine
ST FRANÇOIS D'ASSISE
ST JEAN BAPTISTE DE BELLEVILLE
JOURDAIN
PYRÉNÉES
Place des Fêtes
T.E.P.
BELLEVILLE
PARC DE BELLEVILLE
Sqre Alexandre Luquet
Cité A. Loubeyre
Allée Georges Rouault
Sqre du Nouveau Belleville
COURONNES
N.D DE LA CROIX
Pl. de Ménilmontant
Pl. M. Chevalier
Rue Manin
Rue de Crimée
Rue Botzaris
Rue David d'Angers
Rue d'Hautpoul
Rue Compans
Rue Fessart
Rue de la Villette
Rue des Pyrénées
Rue de Belleville
Av. Simon Bolivar
Rue Rébeval
Rue Clavel
Rue Armand Carrel
Rue Pailleron
Rue de Meaux
Av. du Gal San Martin
Rue des Annelets
Rue Arthur Rozier
Rue des Solitaires
Rue Jouye Rouve
Rue Piat
Rue des Envierges
Rue des Couronnes
Rue Julien Lacroix
Rue de la Mare
Rue Henri Chevreau
Rue des Cascades
Rue de l'Ermitage
Rue Ramponeau
Rue Bisson
Rue Dénoyez
Rue Rampal
Rue Lauzin
Rue du Pressoir
Rue des Maronites
Rue Timbaud
Rue Delaitre
Rue Boyer
Rue Sorbier
Rue Levert
Rue Frédérick Lemaître
Rue Mélingue
Rue de l'Équerre
Rue Pradier
Rue Préault
Rue Carducci
Rue du Plateau
Rue Hassard
Rue des Alouettes
Rue du Jourdain
Rue Lassus
Rue Jean B. Dumay
Rue Gaston Pinot
Rue Miguel Hidalgo
Rue de Lorraine
Rue d'Alsace
Rue des Dunes
Passage Gauthier
Rue du Gal Lasalle
Rue de Savies
BOULEVARD DE BELLEVILLE

23
p. 11
LE PRÉ SAINT GERV
D 21
D 22
PORTE BRUNET
BOULEVARD
PORTE DU PRÉ ST GERVAIS
Square de la Butte
du Chapeau Rouge
Pl. de Rhin et Danube
DANUBE
Brunet
SÉRURIER
d'Angers
Général
R. de Périgueux
Avenue de la Porte Brunet
R. de la Solidarité
Prévoyance
R. d'Alsace Lorraine
R. des Carrières d'Amérique
Pl. du Gal Leclerc
MAIRIE
R. A. France
Pl. A. France
R. Émile Augier
Grande Avenue
R. J.B. Sémanaz
Pge de la Mairie
Sente Geneste
Av. Alexander Fleming
R. de l'Egalité
R. de Mouzaïa
PRÉ ST GERVAIS
SÉRURIER
D'ALGÉRIE
Av. de la Pte du Pré St Gervais
ROBERT DEBRÉ
RÉSERVOIRS DES LILAS
N. D. DE FATIMA
R. Janssen
R. de Bellevue
Rue Eugénie Cotton
R. Compans
R. du Pré Saint Gervais
R. de l'Inspecteur Allès
Rue du Bois
BD SÉRURIER
E 21
E 22
Crimée
T.E.P.
R. L. Thuliez
Place des Fêtes
PL. DES FÊTES
R. J. Quarré
R. A. Thierry
Jardin du Regard de la Lanterne
R. Carolus Duran
Romainville
R. de Romainville
Pge des Mauxins
CLIN. DES MAUSSINS
Pge du Montenegro
Haxo
BELLEVILLE
RUE DE BELLEVILLE
R. du Docteur Potain
R. Emile Desvaux
R. Paul de Kock
TÉLÉGRAPHE
CIMETIÈRE DE BELLEVILLE
RÉSERVOIRS DE BELLEVILLE
Villa Gagliardini
Villa des Otages
N.D. DES OTAGES
R. des Tourelles
GAMBETTA
AVENUE GAMBETTA
Rue Pelleport
Rue du Soleil
R. Pixérécourt
F 21
F 22
Rue Borrego
R. Henri Dubouillon
STADE HENRI PATE
Rue Olivier Métra
Rue Lemaître
Frédérick
R. des Rigoles
R. de l'Ermitage
R. Ch. Friedel
Imp. Pixérécourt
R. des Pavillons
Rue du Télégraphe
Rue de la Duée
R. Devéria
Rue St Fargeau
ST FARGEAU
Pl. St Fargeau
THÉATRE DE L'EST PARISIEN
RÉSERVOIRS
R. de l'Est
Sq. re de Ménilmontant
Rue Ménilmontant
N.D. DE LOURDES
Rue Henri Poincaré
Passage Planchart
R. du Groupe Manouchian
R. Darcy
R. E. Lefèvre
Rue Surmelin
R. Jules Dumien
R. Laurence Savart
Rue Boyer
R. du Retrait
Rue des Rondeaux
Rue de l'Isle Adam
Orfila
Pl. Paul Signac
PELLEPORT
G 21
G 22
p. 35
R. Bretonneau
Capitaine
R. de la Dhuys
R. Le Bua

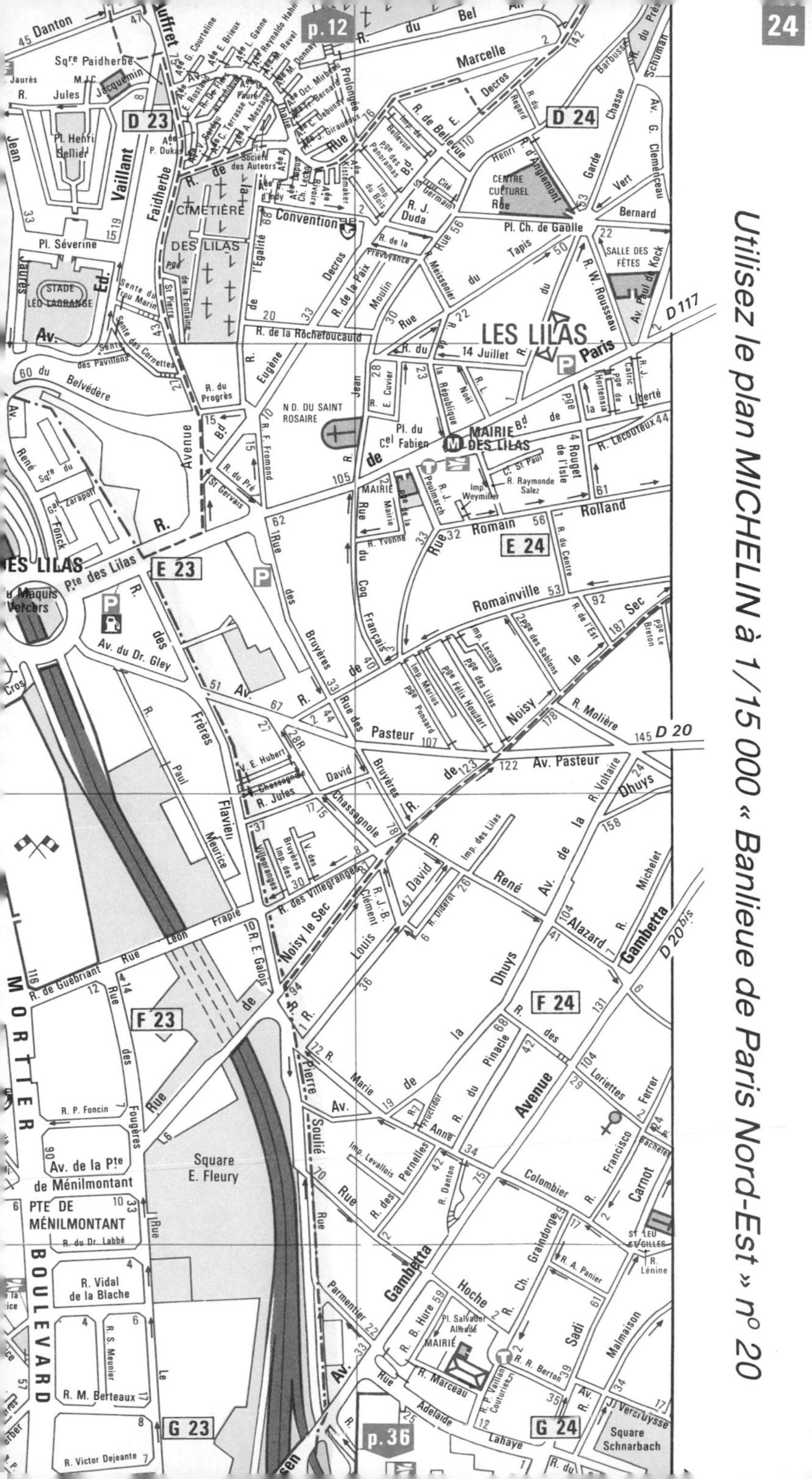
p. 12
D 23
D 24
E 23
E 24
F 23
F 24
G 23
G 24
p. 36
LES LILAS
DES LILAS
CIMETIÈRE DES LILAS
STADE LÉO LAGRANGE
Pl. Henri Sellier
Sq^re Paidherbe
M.J.C.
Pl. Séverine
CENTRE CULTUREL
Pl. Ch. de Gaulle
SALLE DES FÊTES
N.D. DU SAINT ROSAIRE
MAIRIE DES LILAS
MAIRIE
Pl. du C^el Fabien
Square E. Fleury
PTE DE MÉNILMONTANT
Pl. Salvador Allende
Square Schnarbach
ST LEU ST GILLES
BOULEVARD MORTIER
Av. de la P^te de Ménilmontant
R. de Belleville
R. de Paris
Av. Pasteur
Av. Gambetta
R. de Romainville
Av. de la Dhuys
R. de Noisy le Sec
R. des Bruyères
R. du Coq Français
R. Romain Rolland
Av. Faidherbe
Av. Jean Jaurès
R. des Frères Flavien
R. Léon Frapié
R. Sadi Carnot
R. Paul de Kock
R. Ch. Graindorge
R. Hoche
R. Marcelle
R. de la Convention
R. de Guébriant
R. des Fougères
R. Le Vau
D 117
D 20
D 20 bis
Utilisez le plan MICHELIN à 1/15 000 « Banlieue de Paris Nord-Est » n° 20

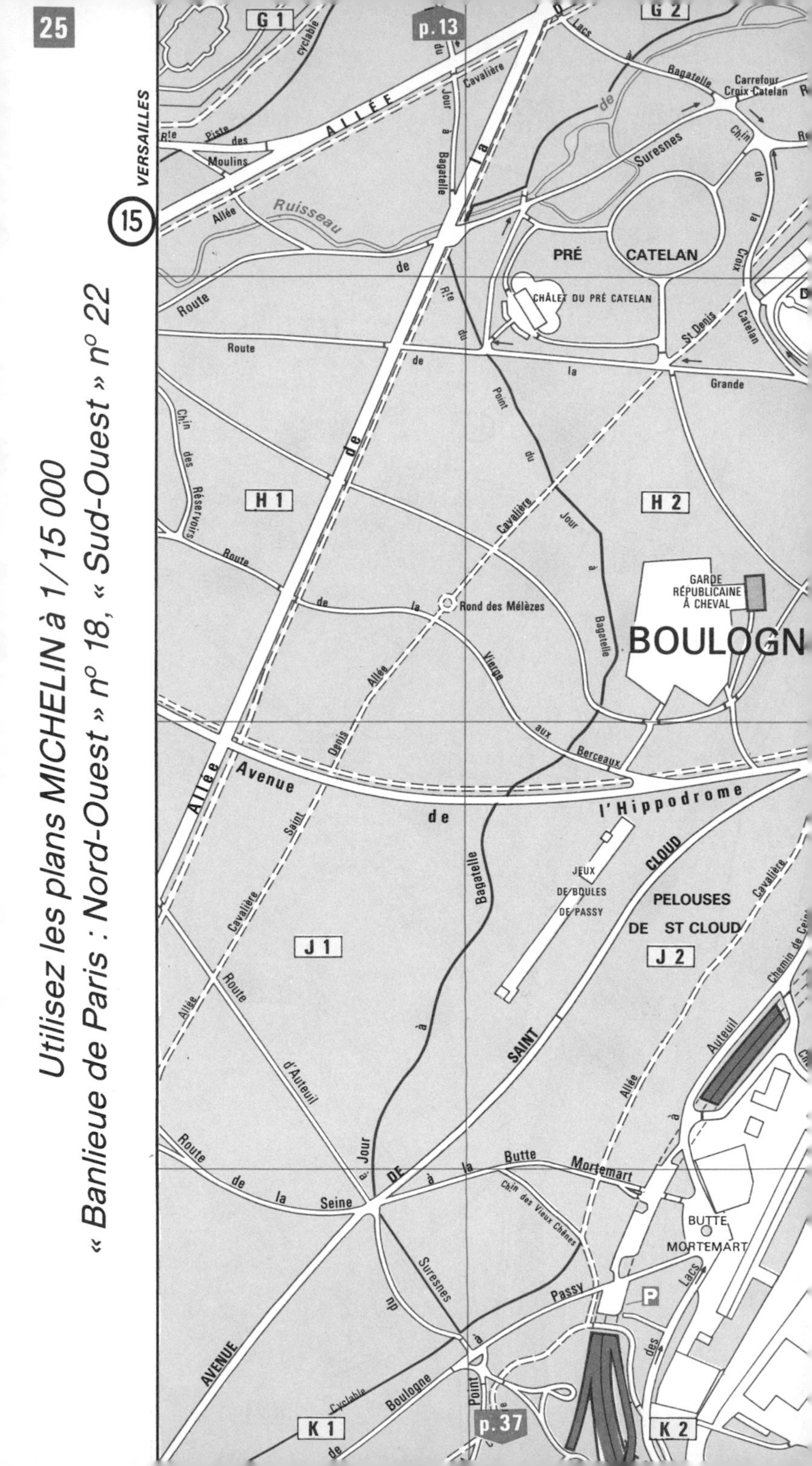
VERSAILLES
15
Utilisez les plans MICHELIN à 1/15 000
« Banlieue de Paris : Nord-Ouest » nº 18, « Sud-Ouest » nº 22
G 1
p. 13
G 2
H 1
H 2
J 1
J 2
K 1
p. 37
K 2
ALLÉE
Piste cyclable des Moulins
Allée
Ruisseau
Route de
Route
Route de la
Lacs
Bagatelle
Carrefour Croix Catelan
Suresnes
Ch.in de la Croix Catelan
PRÉ CATELAN
CHÂLET DU PRÉ CATELAN
St Denis
Grande
Cavalière
Rte du Point du Jour à Bagatelle
Ch.in des Réservoirs
Route de la Vierge aux Berceaux
Rond des Mélèzes
Allée Cavalière
GARDE RÉPUBLICAINE À CHEVAL
BOULOGN
Allée Saint Denis
Allée de
Avenue de l'Hippodrome
CLOUD
SAINT
JEUX DE BOULES DE PASSY
PELOUSES DE ST CLOUD
Cavalière
Chemin de Ceinture
Bagatelle à Jour
Allée Cavalière
Route d'Auteuil
Auteuil
Allée à
Route de la Seine
DE
Butte Mortemart
Ch.in des Vieux Chênes
BUTTE MORTEMART
Passy
P
Lacs
des
Suresnes du
AVENUE
Cyclable
Boulogne
Point
de

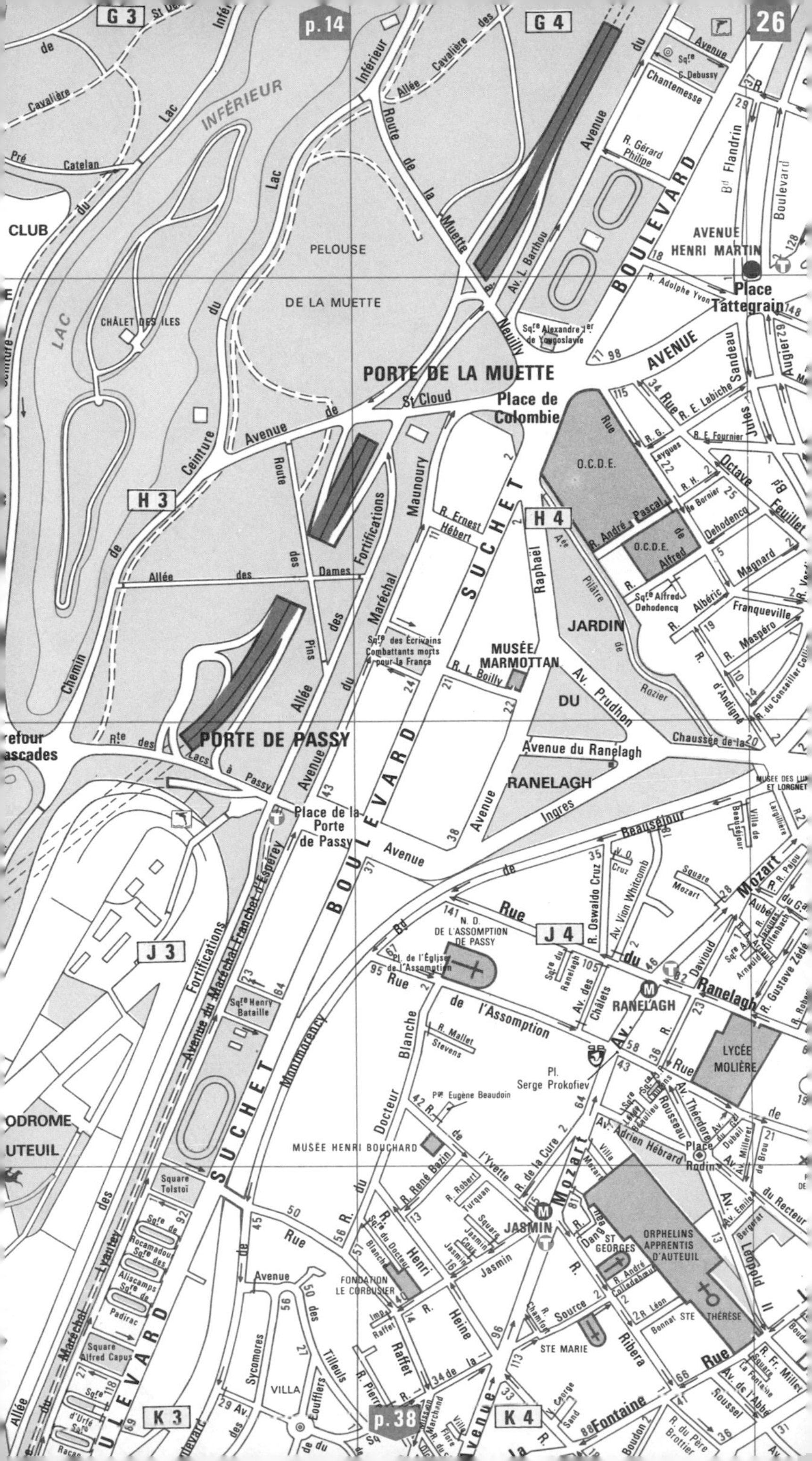
G 3
p. 14
G 4
INFÉRIEUR
LAC
CLUB
PELOUSE
DE LA MUETTE
CHÂLET DES ÎLES
PORTE DE LA MUETTE
Place de Colombie
Avenue Henri Martin
Place Tattegrain
BOULEVARD
AVENUE
O.C.D.E.
H 3
H 4
SUCHET
JARDIN
DU
RANELAGH
MUSÉE MARMOTTAN
Avenue du Ranelagh
PORTE DE PASSY
Place de la Porte de Passy
Allée des Dames
Allée des Pins
Route de la Muette
Av. L. Barthou
Bd Flandrin
Avenue Ingres
Rue de Boulainvilliers
Sqre des Écrivains Combattants morts pour la France
N. D. DE L'ASSOMPTION DE PASSY
Pl. de l'Église de l'Assomption
Rue de l'Assomption
J 3
J 4
Rue du Ranelagh
RANELAGH
LYCÉE MOLIÈRE
Pl. Serge Prokofiev
Avenue du Maréchal Franchet d'Esperey
Bd Montmorency
Fortifications
MUSÉE HENRI BOUCHARD
FONDATION LE CORBUSIER
Square Tolstoï
ODROME
UTEUIL
JASMIN
ST GEORGES
ORPHELINS APPRENTIS D'AUTEUIL
STE THÉRÈSE
STE MARIE
Rue La Fontaine
Place Rodin
Av. Adrien Hébrard
Mozart
Rue Ribera
Rue Jasmin
Rue Henri Heine
Rue Raffet
Avenue des Sycomores
VILLA
Av. Léopold II
Boulevard Lyautey
Square Alfred Capus
K 3
p. 38
K 4
MUSÉE DES LUNETTES ET LORGNETTES

p. 15

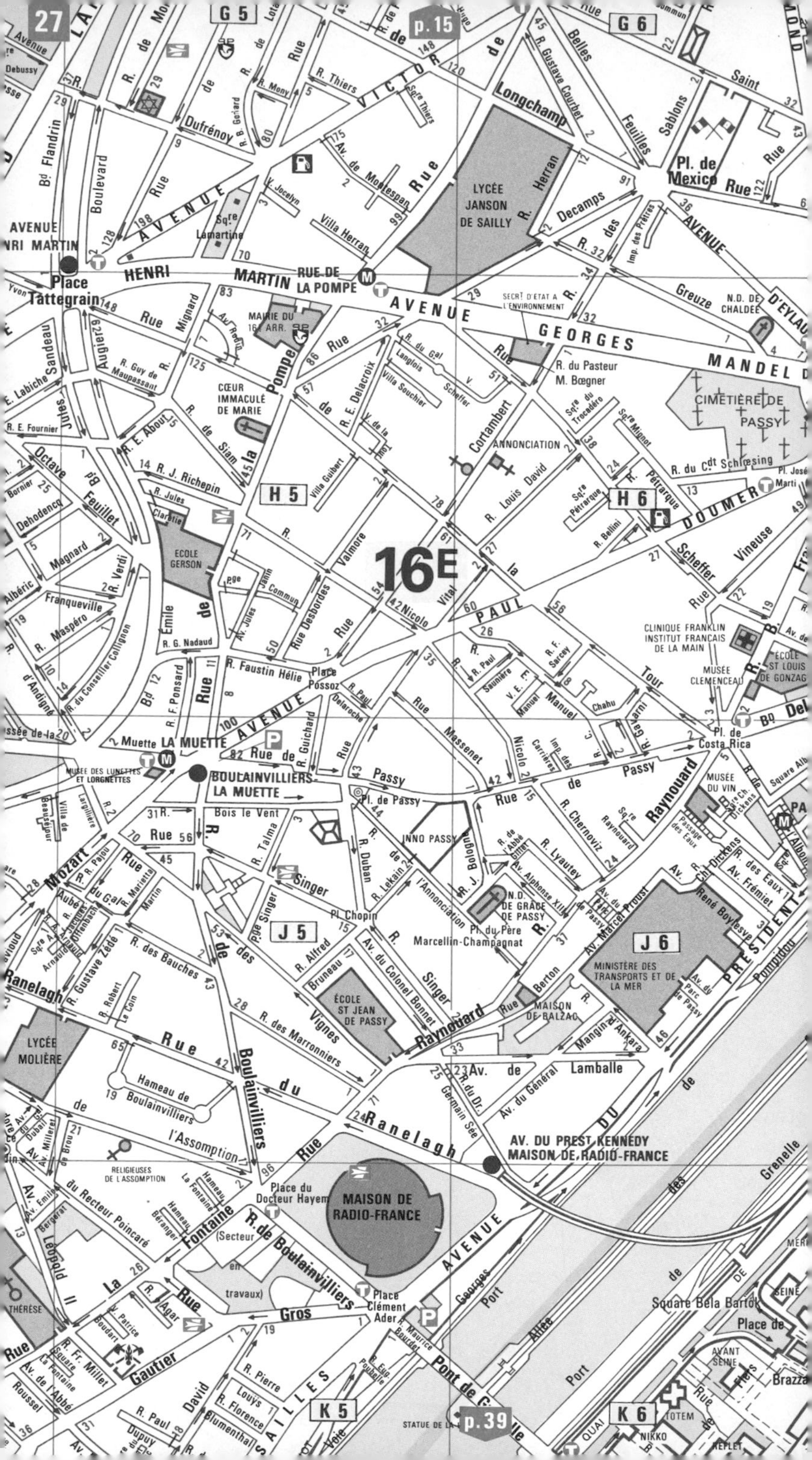
G 5
G 6
H 5
H 6
J 5
J 6
K 5
K 6
16E
Avenue Victor Hugo
Rue de Longchamp
Rue des Belles Feuilles
Rue des Sablons
R. Gustave Courbet
Rue Saint
Pl. de Mexico
Rue Decamps
Avenue d'Eylau
LYCÉE JANSON DE SAILLY
R. Herran
R. Thiers
Sq. Thiers
Av. de Montespan
Villa Herran
V. Jocelyn
Sq. Lamartine
Rue Dufrénoy
R. B. Goriard
R. Mony
Rue de la Pompe
Bd. Flandrin
Boulevard
Avenue Henri Martin
Place Tattegrain
RUE DE LA POMPE
Avenue Georges Mandel
SECRT D'ETAT A L'ENVIRONNEMENT
Rue Greuze
N.D. DE CHALDÉE
CIMETIÈRE DE PASSY
R. du Pasteur M. Bœgner
Sq. du Trocadéro
Sq. Mignot
R. du Cdt Schlœsing
Pl. José Marti
Imp. des Prêtres
Rue Mignard
MAIRIE DU 16E ARR.
Av. Rodin
R. Guy de Maupassant
Rue Sandeau
Augier
R. E. Labiche
R. E. Fournier
Jules
Octave Feuillet
Bd.
CŒUR IMMACULÉ DE MARIE
R. de Siam
R. E. About
R. J. Richepin
R. Jules Claretie
ECOLE GERSON
R. E. Delacroix
R. du Gal Langlois
Villa Souchier
V. Scheffer
V. de la Tour
Villa Guibert
R. Valmore
R. Cortambert
ANNONCIATION
R. Louis David
Sq. Pétrarque
R. Pétrarque
R. Bellini
Avenue Paul Doumer
Scheffer
Vineuse
Rue de la Tour
CLINIQUE FRANKLIN INSTITUT FRANÇAIS DE LA MAIN
MUSÉE CLEMENCEAU
ÉCOLE ST LOUIS DE GONZAG
Bd. Delessert
Pl. de Costa Rica
Bornier
Dehodencq
Magnard
R. Verdi
Albéric
Franqueville
R. Maspéro
Émile Augier
R. G. Nadaud
Av. Jules Janin
Pge Commun
Rue Desbordes
Nicolo
Vital
R. Paul Saunière
V. E. F.
R. F. Sarcey
Manuel
Chahu
Gavarni
R. du Conseiller Collignon
d'Andigné
R. Faustin Hélie
Place Possoz
R. F. Ponsard
Rue
Avenue
Muette
LA MUETTE
MUSÉE DES LUNETTES ET LORGNETTES
BOULAINVILLIERS LA MUETTE
Rue de Passy
R. Paul Delaroche
R. Guichard
Rue Massenet
Rue de l'Annonciation
Pl. de Passy
INNO PASSY
R. Duban
R. Lekain
R. J. Bologne
R. de l'Abbé Gillet
Av. Alphonse XII
N.D. DE GRÂCE DE PASSY
Pl. du Père Marcellin-Champagnat
Imp. des Carrières
R. Chernoviz
Sq. Raynouard
R. Lyautey
Rue Raynouard
MUSÉE DU VIN
Passage des Eaux
Sq. Ch. Dickens
Av. Marcel Proust
MINISTÈRE DES TRANSPORTS ET DE LA MER
René Boylesve
Av. Frémiet
R. des Eaux
Av. du Président Pompidou
Rue Bois le Vent
Rue Mozart
R. Talma
Singer
Pl. Chopin
Pge Singer
R. Alfred Bruneau
Av. du Colonel Bonnet
ÉCOLE ST JEAN DE PASSY
Rue Berton
MAISON DE BALZAC
R. d'Ankara
Mangin
R. Pajou
Aubé
R. Mariette
Martin
Offenbach
Sq. Arnauld
R. Gustave Zédé
R. des Bauches
Rue de Ranelagh
R. Robert Le Coin
Ranelagh
LYCÉE MOLIÈRE
Hameau de Boulainvilliers
Rue de l'Assomption
R. des Vignes
R. des Marronniers
Rue de Boulainvilliers
Av. de Lamballe
Av. du Général Mangin
R. du Dr. Germain Sée
AV. DU PREST KENNEDY MAISON DE RADIO-FRANCE
Quai de Grenelle
RELIGIEUSES DE L'ASSOMPTION
Hameau La Fontaine
Hameau Béranger
Place du Docteur Hayem
MAISON DE RADIO-FRANCE
Rue Fontaine
(Secteur en travaux)
R. de Boulainvilliers
Place Clément Ader
Avenue
Port
Allée
Square Bela Bartok
Place de Brazza
AVANT SEINE
Rue Léopold II
Av. Emile Bergerat
R. du Recteur Poincaré
Rue La
R. Agar
R. Patrice Boudart
Rue Gros
R. Pierre
Louys
R. Florence Blumenthal
R. Paul Dupuy
Rue David
Gautier
R. Fr. Millet
Square La Fontaine
Av. de l'Abbé Roussel
Versailles
R. Maurice Bourdet
R. Eug. Poubelle
Pont de Grenelle
STATUE DE LA LIBERTÉ
Quai
TOTEM
NIKKO
Rue de Reflet
THÉRÈSE
Rue

p. 39

28
G 7
G 8
p. 16
BOISSIÈRE
R. Léo Delibes
Hamelin
Boissière
de l'Amiral d'Estaing
Lübeck
CLIN. BIZET
ST PIERRE DE CHAILLOT
MIN. DU TOURISME
MUSÉE GUIMET
Place Rochambeau
PALAIS GALLIERA
Sq. Brignole Galliera
ST ÉTIENNE
R. Goethe
R. Léonce Reynaud
Freycinet
Galliera
Pl. P. Brisson
Imp. du Dr. J. Bertillon
CRAZY HORSE
TH. DES CHAMPS ÉLYSÉES
GEORGE V
ALMA MARCEAU
WILSON
Pl. de l'Alma
AVENUE DE LONGCHAMP
V. de Longchamp
V. Boissière
R. du Bouquet de Longchamp
Pl. d'Iéna
IÉNA
AVENUE D'IÉNA
PIERRE 1ER DE SERBIE
AVENUE DU PRÉSIDENT WILSON
PALAIS DE TOKYO
MUSÉE D'ART MODERNE
R. de la Manutention
R. Debrousse
Frères Périer
Rue Gaston de St Paul
NEW YORK
Debilly
Pont de l'Alma
R. de Magdebourg
UNION DE L'EUROPE OCCIDENTALE
CONSEIL ÉCONOMIQUE ET SOCIAL
Fresnel
R. Foucault
AV. ALBERT DE MUN
TROCADÉRO
PALAIS DE CHAILLOT
JARDINS DU TROCADÉRO
Av. Gustave V de Suède
Av. Albert 1er de Monaco
H 7
Nations Unies
Passerelle Debilly
Bourdonnais
PT DE L'ALMA
Port de la Bourdonnais
Pl. de la Résistance
BRANLY
H 8
MINISTÈRE DU COMMERCE EXTÉRIEUR
Pl. de Varsovie
Pont d'Iéna
QUAI BRANLY
Av. Franco Russe
AVENUE RAPP
Cité de l'Alma
R. E. Valentin
Rue de Monttessuy
Avenue des Nations Unies
Le Nôtre
Passy
Port de Suffren
Port de Passy
TOUR EIFFEL
Allée Paul Deschanel
Allée Jean Paulhan
Av. S. de Sacy
Av. Gustave Eiffel
Av. Élisée Reclus
R. Mal Harispe
R. du Gal Camou
Rue Duront des Loges
Sq. Rapp
Sédillot
Pl. du Général Gouraud
Av. E. Pouvillon
Allée Léon Bourgeois
Allée des Refuzniks
R. de Buenos Aires
CHAMP DE MARS TOUR EIFFEL
STADE ÉMILE ANTHOINE
Av. Octave Gréard
DATAR
PARC DU CHAMP DE MARS
Avenue du Gal Ferrié
Bouvard
Av. Barbey d'Aurevilly
Av. de La Motte-Picquet
R. Marinoni
Av. Émile Deschanel
Adrienne
Pl. Jacques Rueff
J 8
J 7
Anatole
Gal Marguerite
R. de Belgrade
R. du Gros Caillou
Augereau
R. de l'Exposition
R. du Gal Lambert
Av. du Dr. Brouardel
Avenue de Suffren
Av. Pierre Loti
Rue Jean Rey
Hakeim
Avenue Charles Risler
Lecouvreur
Allée Thomy Thierry
France
Léa
Pl. des Martyrs Juifs du Vélodrome d'Hiver
T.E.P.
BIR HAKEIM
Saint Saëns
R. du Cap. Scott
Desaix
Av. du Gal Tripier
Av. Charles Floquet
R. Champfleury
SECRT D'ÉTAT A L'ACTION HUMANITAIRE
DIRECTION JOURNAUX OFFICIELS
R. Alexis Carrel
Av. du Gal Détrie
Cité Morieux
Imp. de Presles
Rue de Presles
Fédération
Square Desaix
Rue (Secteur en travaux)
Dupleix
R. Jean Carriès
Av. E. Acollas
Place de Fontenoy
BOULEVARD DE GRENELLE
Docteur Finlay
R. Sextius Michel
Charles
Viala
R. Clodion
Daniel Stern
R. Humblot
R. Auguste Bartholdi
Place Dupleix
ST LÉON
Sq. du Cardinal Amette
R. Alasseur
Sq. G. de Guingand
VILLAGE SUISSE
Av. de Champaubert
R. du Gal Baratier
R. du Gal de Larminat
Av. P. Déroulède
R. de la Cavalerie
R. de Castelnau
R. de l'Abbé Roger Derry
R. Dupleix
DUPLEIX
p. 40
K 7
K 8
Rue Juge
Pondichéry
R. du Quesnay
R. Lowendal

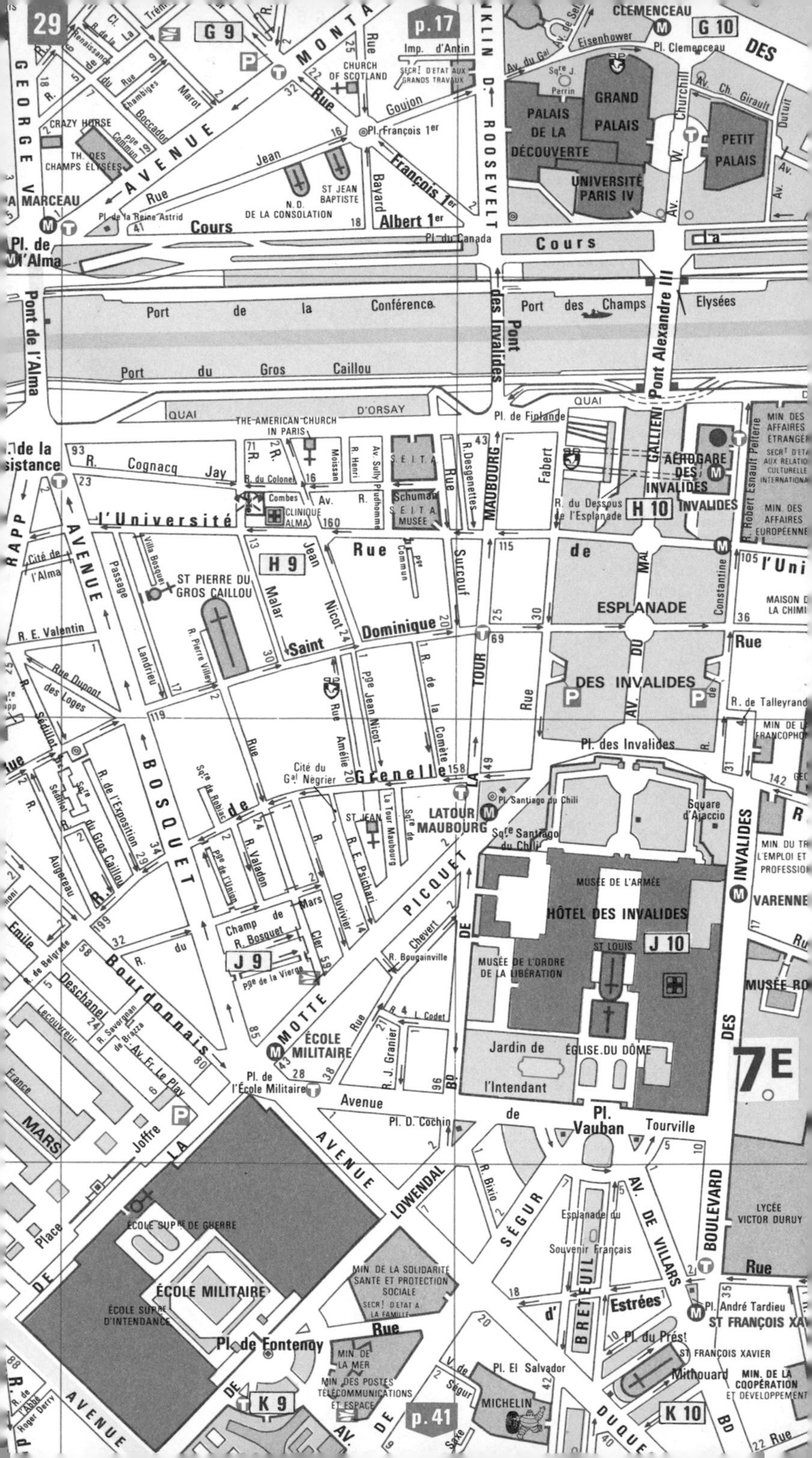
G 9
p. 17
G 10
CLEMENCEAU
Pl. Clemenceau
Eisenhower
DES
MONTA
CHURCH OF SCOTLAND
Imp. d'Antin
SECRT D'ETAT AUX GRANDS TRAVAUX
Goujon
Pl. François 1er
CRAZY HORSE
TH. DES CHAMPS ELYSÉES
AVENUE
Jean
Rue
ST JEAN BAPTISTE
N.D. DE LA CONSOLATION
Bayard
François 1er
Albert 1er
ROOSEVELT
A MARCEAU
Pl. de la Reine Astrid
Cours
Pl. du Canada
Pl. de l'Alma
GEORGE V
PALAIS DE LA DÉCOUVERTE
GRAND PALAIS
PETIT PALAIS
UNIVERSITÉ PARIS IV
Av. Ch. Girault
Churchill
Dutuit
Sqre J. Perrin
Cours
la
Port de la Conférence
Port des Champs
Elysées
Pont des Invalides
Pont Alexandre III
Pont de l'Alma
Port du Gros Caillou
QUAI
D'ORSAY
QUAI
Pl. de Finlande
THE AMERICAN CHURCH IN PARIS
R. Cognacq Jay
R. du Colonel Combes
CLINIQUE ALMA
Moissan
R. Henri
Av. Sully Prudhomme
S.E.I.T.A.
Schuman
S.E.I.T.A. MUSEE
R. Desgenettes
MAUBOURG
Fabert
Rue
AÉROGARE DES INVALIDES
INVALIDES
GALLIENI
R. du Dessous de l'Esplanade
H 10
MIN. DES AFFAIRES ETRANGÈ
SECRT D'ETA AUX RELATIO CULTURELLE INTERNATIONA
MIN. DES AFFAIRES EUROPÉENNE
R. Robert Esnault Pelterie
de la Résistance
RAPP
AVENUE
l'Université
Cité de l'Alma
Passage
Villa Bosquet
ST PIERRE DU GROS CAILLOU
H 9
Jean Nicot
Malar
Rue
Pge Commun
Surcouf
de
ESPLANADE
Constantine
l'Uni
MAISON DE LA CHIMI
R. E. Valentin
R. Pierre Villey
Landrieu
Saint Dominique
TOUR
Rue
DES INVALIDES
AV. DU MAL
Rue
R. de Talleyrand
Rue Dupont des Loges
R. Sédillot
Rue
Pge Jean Nicot
R. de la Comète
Rue Amélie
Pl. des Invalides
MIN. DE LA FRANCOPHO
R. de l'Exposition
BOSQUET
Sqre de Robiac
Cité du Gal Négrier
Grenelle
LA
Pl. Santiago du Chili
Square d'Ajaccio
Sqre du Gros Caillou
de
R. Valadon
ST JEAN
La Tour Maubourg
Sqre de
LATOUR MAUBOURG
Sqre Santiago du Chili
INVALIDES
MIN. DU TR L'EMPLOI ET PROFESSION
Augereau
Pge de l'Union
R. E. Psichari
Mars
Duvivier
PICQUET
MUSÉE DE L'ARMÉE
HÔTEL DES INVALIDES
VARENNE
Emile
Champ de Mars
R. Bosquet
Cler
Chevert
DE
ST LOUIS
J 10
R. de Belgrade
Deschanel
Bourdonnais
R. du
J 9
Pge de la Vierge
R. Bougainville
MUSÉE DE L'ORDRE DE LA LIBÉRATION
MUSÉE RO
Lecouvreur
R. Savorgnan de Brazza
Av. Fr. Le Play
MOTTE
ÉCOLE MILITAIRE
Rue
R. J. Granier
L. Codet
BD
Jardin de l'Intendant
ÉGLISE DU DÔME
DES
7E
France
MARS
Joffre
LA
Pl. de l'École Militaire
Avenue
Pl. D. Cochin
de
Pl. Vauban
Tourville
AVENUE
LOWENDAL
R. Bixio
SÉGUR
Esplanade du Souvenir Français
AV. DE VILLARS
BOULEVARD
LYCÉE VICTOR DURUY
Place
DE
ÉCOLE SUPRE DE GUERRE
ÉCOLE MILITAIRE
ÉCOLE SUPRE D'INTENDANCE
MIN. DE LA SOLIDARITÉ SANTE ET PROTECTION SOCIALE
SECRT D'ETAT A LA FAMILLE
Rue
BRETEUIL
d'
Estrées
Pl. André Tardieu
ST FRANÇOIS XAV
Pl. de Fontenoy
MIN. DE LA MER
MIN. DES POSTES TÉLÉCOMMUNICATIONS ET ESPACE
Pl. du Prést
ST FRANÇOIS XAVIER
Mithouard
MIN. DE LA COOPÉRATION ET DÉVELOPPEMENT
Pl. El Salvador
V. de Ségur
MICHELIN
R. de l'Abbé Roger Derry
AVENUE
DE
K 9
AV. DE
p. 41
Saxe
DUQUE
K 10
BD
Rue

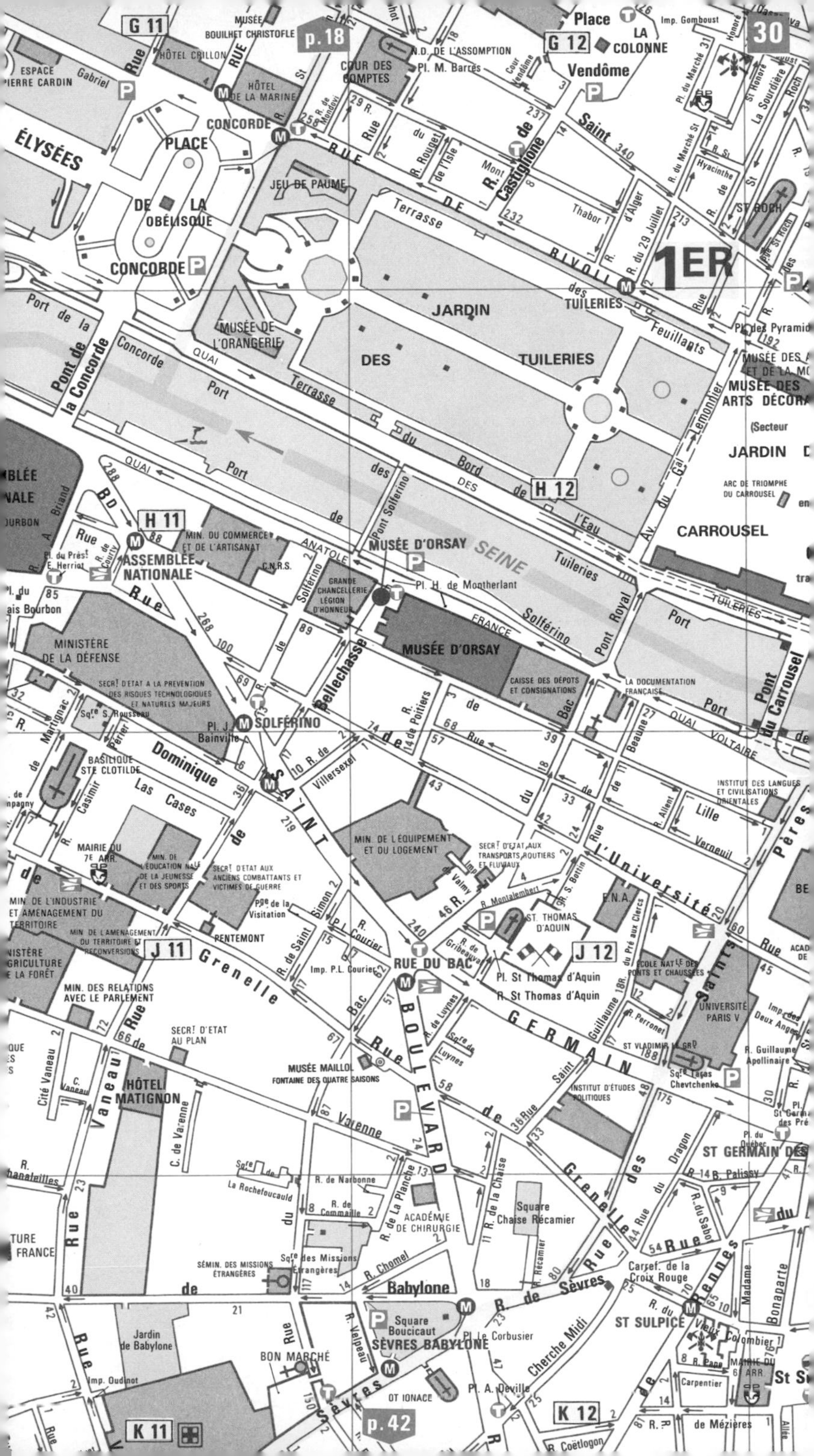

G 11
p. 18
G 12
H 11
H 12
J 11
J 12
K 11
K 12
p. 42
1ER
PLACE DE LA CONCORDE
JARDIN DES TUILERIES
MUSÉE D'ORSAY
MUSÉE DE L'ORANGERIE
JEU DE PAUME
ASSEMBLÉE NATIONALE
MINISTÈRE DE LA DÉFENSE
MIN. DE L'ÉQUIPEMENT ET DU LOGEMENT
HÔTEL MATIGNON
BASILIQUE STE CLOTILDE
ST THOMAS D'AQUIN
UNIVERSITÉ PARIS V
SÈVRES BABYLONE
BON MARCHÉ
RUE DU BAC
SOLFÉRINO
ST SULPICE
CARROUSEL
SEINE
Place Vendôme
LA COLONNE
ST ROCH
MUSÉE MAILLOL
FONTAINE DES QUATRE SAISONS
ACADÉMIE DE CHIRURGIE
Square Boucicaut
Square Chaise Récamier
Jardin de Babylone

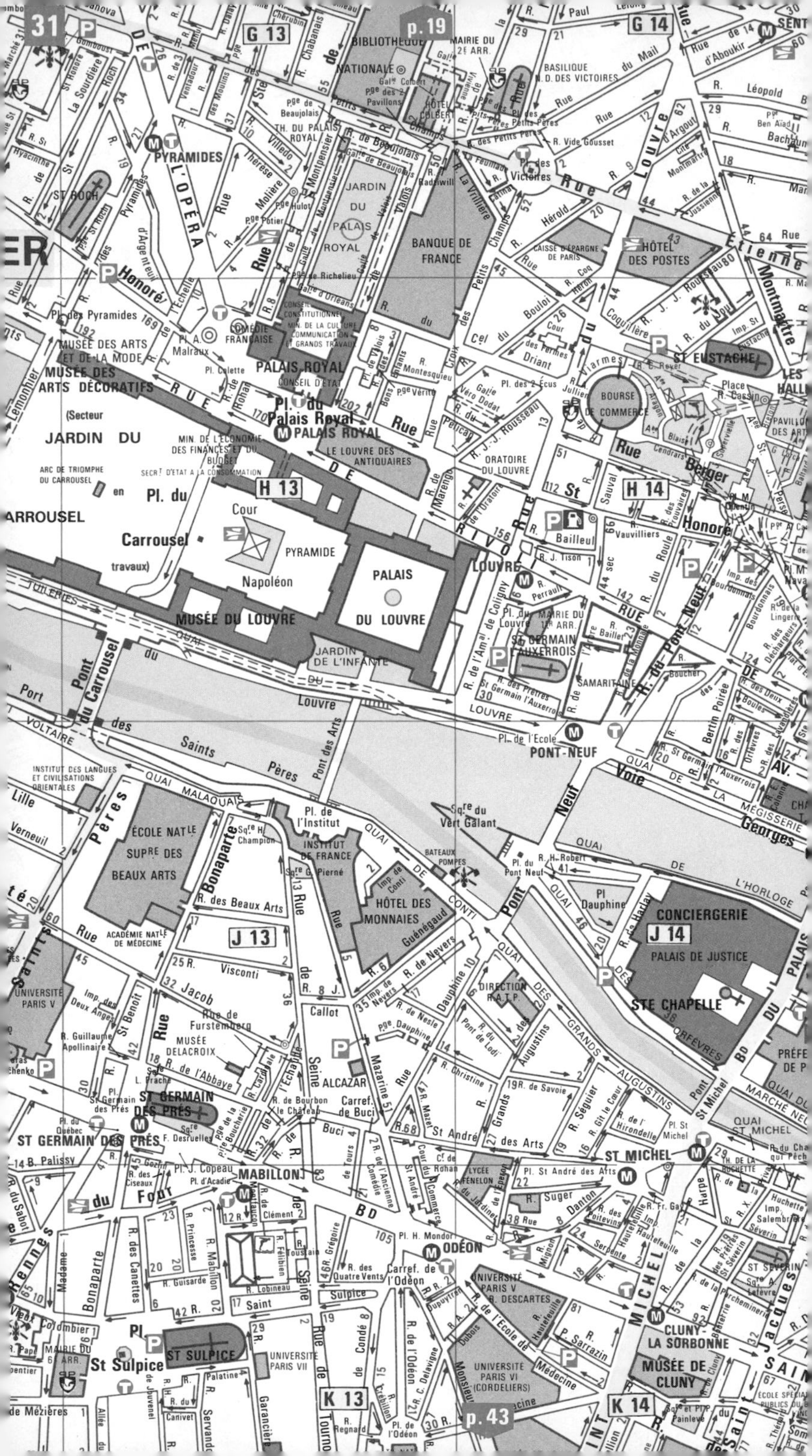
31
p. 19
G 13
G 14
BIBLIOTHÈQUE NATIONALE
MAIRIE DU 2E ARR.
BASILIQUE N.D. DES VICTOIRES
HÔTEL COLBERT
TH. DU PALAIS ROYAL
PYRAMIDES
L'OPÉRA
ST ROCH
JARDIN DU PALAIS ROYAL
BANQUE DE FRANCE
Pl. des Victoires
CAISSE D'EPARGNE DE PARIS
HÔTEL DES POSTES
Rue Étienne Marcel
Montmartre
Pl. des Pyramides
MUSÉE DES ARTS ET DE LA MODE
MUSÉE DES ARTS DÉCORATIFS
COMÉDIE FRANÇAISE
Pl. A. Malraux
CONSEIL CONSTITUTIONNEL
MIN. DE LA CULTURE COMMUNICATION ET GRANDS TRAVAUX
PALAIS ROYAL
CONSEIL D'ÉTAT
Pl. du Palais Royal
PALAIS ROYAL
ST EUSTACHE
LES HALLES
BOURSE DE COMMERCE
Place R. Cassin
Pl. des 2 Écus
(Secteur
JARDIN DU
CARROUSEL
en
travaux)
Pl. du Carrousel
MIN. DE L'ÉCONOMIE DES FINANCES ET DU BUDGET
SECRT D'ÉTAT À LA CONSOMMATION
LE LOUVRE DES ANTIQUAIRES
ARC DE TRIOMPHE DU CARROUSEL
ORATOIRE DU LOUVRE
H 13
H 14
Rue de Rivoli
Rue St Honoré
Cour Napoléon
PYRAMIDE
PALAIS DU LOUVRE
MUSÉE DU LOUVRE
JARDIN DE L'INFANTE
LOUVRE
MAIRIE DU 1ER ARR.
ST GERMAIN L'AUXERROIS
SAMARITAINE
Rue du Pont Neuf
Quai du Louvre
Pont du Carrousel
Port des Saints Pères
Quai Voltaire
Pont des Arts
Pl. de l'École
PONT-NEUF
Voie Georges Pompidou
Quai de la Mégisserie
INSTITUT DES LANGUES ET CIVILISATIONS ORIENTALES
Quai Malaquais
Pl. de l'Institut
INSTITUT DE FRANCE
Sq.re du Vert Galant
BATEAUX POMPES
Pl. du Pont Neuf
Pl. Dauphine
Quai de l'Horloge
CONCIERGERIE
J 13
J 14
PALAIS DE JUSTICE
STE CHAPELLE
ÉCOLE NATLE SUPRE DES BEAUX ARTS
ACADÉMIE NATLE DE MÉDECINE
R. des Beaux Arts
HÔTEL DES MONNAIES
Quai de Conti
Quai des Grands Augustins
DIRECTION R.A.T.P.
UNIVERSITÉ PARIS V
Rue Jacob
R. Visconti
Rue de Furstemberg
MUSÉE DELACROIX
R. de l'Abbaye
ST GERMAIN DES PRÉS
ALCAZAR
Carref. de Buci
R. St André des Arts
Pl. St Michel
ST MICHEL
TH. DE LA HUCHETTE
Quai St Michel
PRÉFECTURE DE POLICE
Pl. St André des Arts
LYCÉE FÉNELON
MABILLON
Pl. J. Copeau
Pl. d'Acadie
ODÉON
Pl. H. Mondor
Carref. de l'Odéon
UNIVERSITÉ PARIS V R. DESCARTES
ST SÉVERIN
Bd St Germain
Bd St Michel
R. des Canettes
R. Princesse
R. Mabillon
R. Guisarde
R. Lobineau
Rue Saint Sulpice
Pl. St Sulpice
ST SULPICE
MAIRIE DU 6E ARR.
UNIVERSITÉ PARIS VII
UNIVERSITÉ PARIS VI (CORDELIERS)
R. de l'École de Médecine
CLUNY-LA SORBONNE
MUSÉE DE CLUNY
K 13
K 14
p. 43
Pl. de l'Odéon
Rue de Tournon
Rue de Vaugirard
Rue de Rennes
R. Bonaparte
R. de Seine
R. Mazarine
R. Dauphine
Rue St Jacques

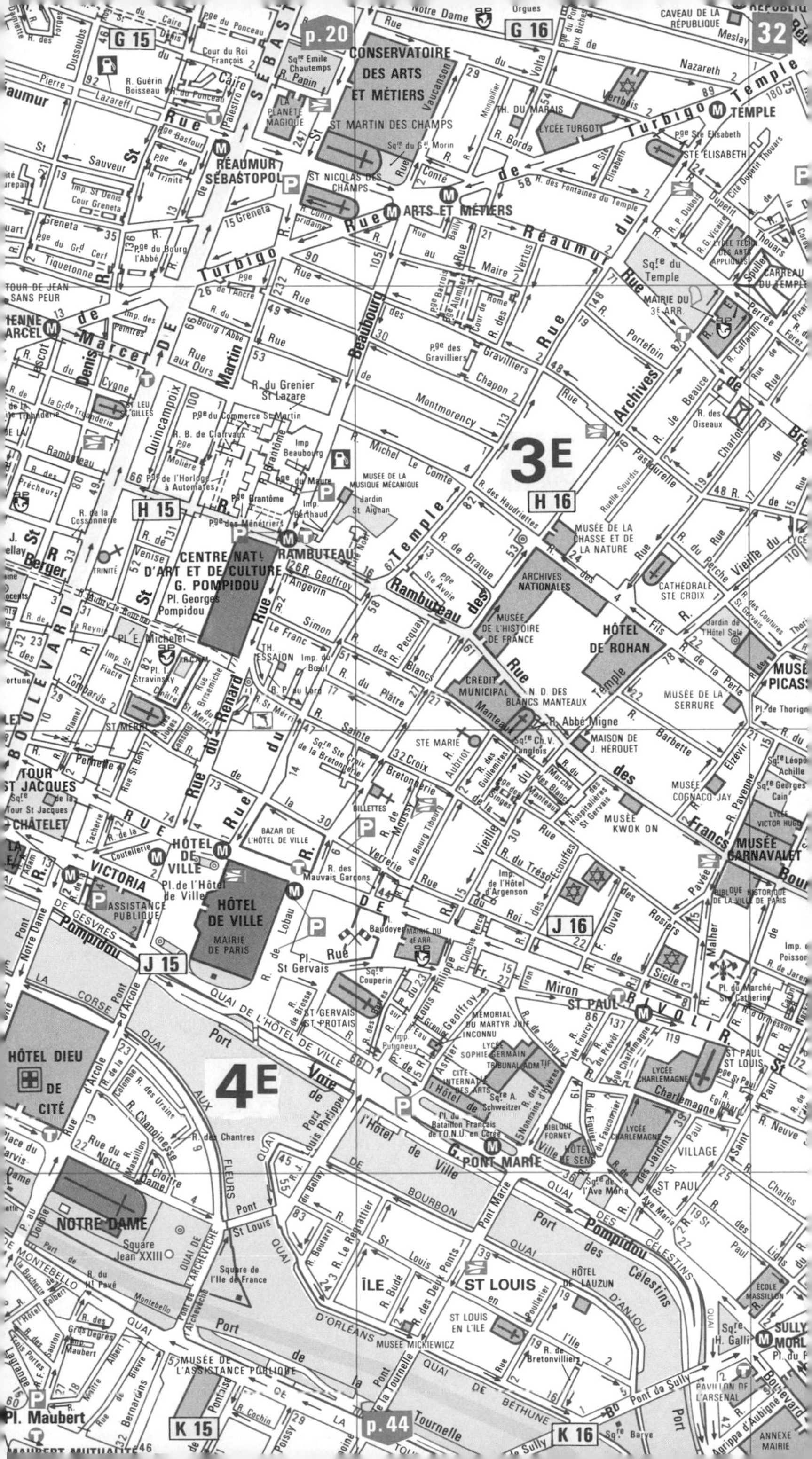
G 15
G 16
p. 20
CONSERVATOIRE DES ARTS ET MÉTIERS
ST MARTIN DES CHAMPS
LA PLANÈTE MAGIQUE
Sq.re Emile Chautemps
CAVEAU DE LA RÉPUBLIQUE
TH. DU MARAIS
LYCÉE TURGOT
TEMPLE
STE ÉLISABETH
RÉAUMUR SÉBASTOPOL
ST NICOLAS DES CHAMPS
ARTS ET MÉTIERS
Rue Réaumur
Rue de Turbigo
Rue du Temple
Sq.re du Temple
MAIRIE DU 3E ARR.
CARREAU DU TEMPLE
TOUR DE JEAN SANS PEUR
ÉTIENNE MARCEL
Rue Étienne Marcel
Rue St Denis
Rue St Martin
Rue Beaubourg
Rue des Gravilliers
Rue Chapon
Rue de Montmorency
Rue des Archives
3E
H 15
H 16
MUSÉE DE LA MUSIQUE MÉCANIQUE
Jardin St Aignan
RAMBUTEAU
Rue Rambuteau
CENTRE NATl D'ART ET DE CULTURE G. POMPIDOU
Pl. Georges Pompidou
MUSÉE DE LA CHASSE ET DE LA NATURE
ARCHIVES NATIONALES
MUSÉE DE L'HISTOIRE DE FRANCE
HÔTEL DE ROHAN
CATHÉDRALE STE CROIX
MUSÉE PICASSO
MUSÉE DE LA SERRURE
CRÉDIT MUNICIPAL
N. D. DES BLANCS MANTEAUX
MAISON DE J. HÉROUET
MUSÉE COGNACQ-JAY
MUSÉE KWOK ON
MUSÉE CARNAVALET
BIBLIOTHÈQUE HISTORIQUE DE LA VILLE DE PARIS
Rue des Francs Bourgeois
Rue Vieille du Temple
TRINITÉ
ST LEU ST GILLES
ST MERRI
Pl. I. Stravinsky
IRCAM
Pl. E. Michelet
TH. ESSAION
Rue du Renard
BOULEVARD DE SÉBASTOPOL
TOUR ST JACQUES
CHÂTELET
VICTORIA
ASSISTANCE PUBLIQUE
HÔTEL DE VILLE
MAIRIE DE PARIS
Pl. de l'Hôtel de Ville
BAZAR DE L'HÔTEL DE VILLE
BILLETTES
Rue de Rivoli
J 15
J 16
Pl. St Gervais
ST GERVAIS ST PROTAIS
MAIRIE DU 4E ARR.
MÉMORIAL DU MARTYR JUIF INCONNU
LYCÉE SOPHIE GERMAIN
TRIBUNAL ADMtif
CITÉ INTERNATle DES ARTS
ST PAUL
LYCÉE CHARLEMAGNE
ST PAUL ST LOUIS
VILLAGE ST PAUL
Pl. du Marché Ste Catherine
QUAI DE L'HÔTEL DE VILLE
4E
HÔTEL DIEU
CITÉ
NOTRE DAME
Square Jean XXIII
Square de l'Ile de France
PONT MARIE
BIBLIOTHÈQUE FORNEY
HÔTEL DE SENS
ÎLE ST LOUIS
ST LOUIS EN L'ILE
HÔTEL DE LAUZUN
QUAI DE BOURBON
QUAI D'ANJOU
QUAI D'ORLÉANS
QUAI DE BÉTHUNE
QUAI DES CÉLESTINS
MUSÉE MICKIEWICZ
MUSÉE DE L'ASSISTANCE PUBLIQUE
ÉCOLE MASSILLON
SULLY MORLAND
PAVILLON DE L'ARSENAL
ANNEXE MAIRIE
Pl. Maubert
MAUBERT MUTUALITÉ
K 15
p. 44
K 16
Bd Pont de Sully

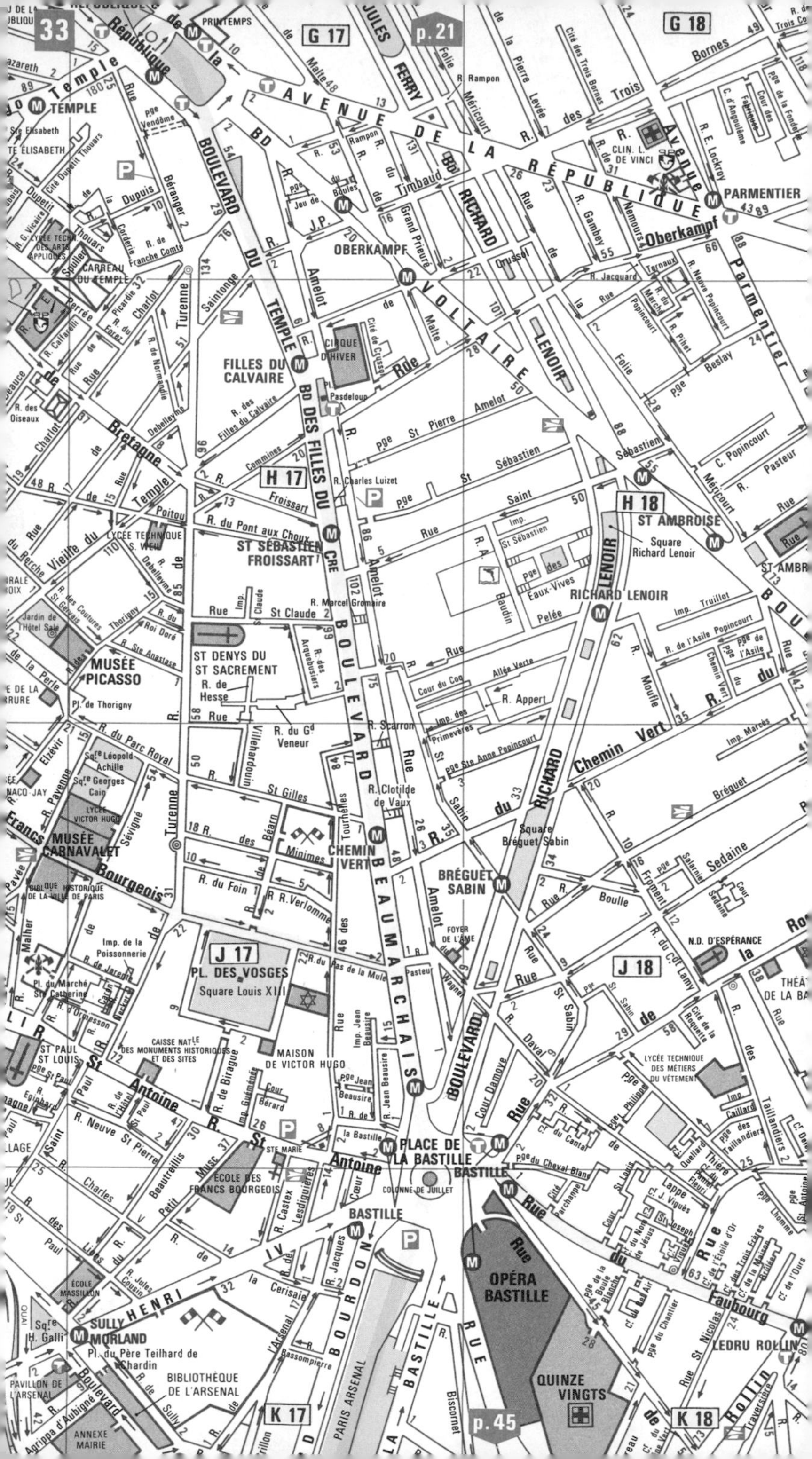

33
G 17
p. 21
G 18
H 17
H 18
J 17
J 18
K 17
K 18
p. 45
République
PRINTEMPS
TEMPLE
Temple
AVENUE DE LA RÉPUBLIQUE
BOULEVARD DU TEMPLE
BD DES FILLES DU CALVAIRE
BOULEVARD BEAUMARCHAIS
BD RICHARD LENOIR
BOULEVARD RICHARD LENOIR
Ste Elisabeth
STE ELISABETH
Cité Dupetit Thouars
R. Dupetit Thouars
Béranger
Dupuis
P.ge Vendôme
R. de Franche Comté
Corderie
LYCÉE TECHN. DES ARTS APPLIQUÉS
Spuller
CARREAU DU TEMPLE
Picardie
R. du Forez
Charlot
R. Caffarelli
Perrée
Turenne
Saintonge
R. de Normandie
Debelleyme
R. des Filles du Calvaire
FILLES DU CALVAIRE
CIRQUE D'HIVER
Cité de Crussol
Pl. Pasdeloup
OBERKAMPF
Amelot
Jeu de Boules
J.P. Timbaud
R. Rampon
Folie Méricourt
Grand Prieuré
Crussol
VOLTAIRE
LENOIR
R. de la Pierre Levée
Cité des Trois Bornes
R. des Trois Bornes
Bornes
CLIN. L. DE VINCI
Avenue Parmentier
PARMENTIER
R. Gambey
Nemours
Oberkampf
R. Jacquard
Ternaux
R. Neuve Popincourt
Popincourt
R. du Marché Popincourt
R. Pihet
Beslay
Folie
C. Popincourt
R. Pasteur
St Sébastien
Sébastien
ST AMBROISE
Square Richard Lenoir
RICHARD LENOIR
R. Moufle
Chemin Vert
Allée Verte
R. Appert
Cour du Coq
P.ge St Pierre Amelot
R. Charles Luizet
Froissart
R. du Pont aux Choux
ST SÉBASTIEN FROISSART
Poitou
LYCÉE TECHNIQUE S. WEIL
Vieille du Temple
Bretagne
R. des Oiseaux
R. Charlot
Perche
R. des Coutures St Gervais
Jardin de l'Hôtel Salé
MUSÉE PICASSO
Pl. de Thorigny
Thorigny
R. du Roi Doré
R. Ste Anastase
R. de la Perle
St Claude
R. Marcel Gromaire
ST DENYS DU ST SACREMENT
R. de Hesse
R. des Arquebusiers
R. du Gd Veneur
Villehardouin
R. du Parc Royal
Sq.re Léopold Achille
Sq.re Georges Cain
LYCÉE VICTOR HUGO
MUSÉE CARNAVALET
Sévigné
R. Payenne
Elzévir
St Gilles
R. des Béarn
Minimes
Tournelles
CHEMIN VERT
R. Scarron
R. Clotilde de Vaux
Imp. des Primevères
P.ge Ste Anne Popincourt
St Sabin
Square Bréguet Sabin
BRÉGUET SABIN
Bréguet
Froment
Sedaine
Boulle
Cour Sedaine
R. du Foin
R. Verlomme
Francs Bourgeois
BIBLIOTHÈQUE HISTORIQUE DE LA VILLE DE PARIS
Pavée
Malher
Imp. de la Poissonnerie
R. de Jarente
Pl. du Marché Ste Catherine
R. d'Ormesson
PL. DES VOSGES
Square Louis XIII
R. du Pas de la Mule
Imp. Jean Beausire
R. Jean Beausire
MAISON DE VICTOR HUGO
CAISSE NAT.LE DES MONUMENTS HISTORIQUES ET DES SITES
R. de Birague
Imp. Guéménée
Cour Bérard
ST PAUL ST LOUIS
St Antoine
R. de l'Hôtel St Paul
R. Neuve St Pierre
R. St Antoine
Beautreillis
ÉCOLE DES FRANCS BOURGEOIS
STE MARIE
R. Castex
Lesdiguières
Cour
FOYER DE L'ÂME
Pasteur Wagner
Cour Damoye
R. Daval
N.D. D'ESPÉRANCE
R. du Cdt Lamy
Cité de la Roquette
LYCÉE TECHNIQUE DES MÉTIERS DU VÊTEMENT
Imp. Caillard
P.ge des Taillandiers
Taillandiers
Thière
R. du Cantal
P.ge du Cheval Blanc
Cité Parchappe
Cour St Louis
C.r J. Viguès
C.r du Nom de Jésus
C.r St Joseph
C.r de l'Étoile d'Or
C.r des Trois Frères
C.r de la Maison Brûlée
C.r de l'Ours
P.ge de la Boule Blanche
C.r du Bel Air
P.ge du Chantier
Faubourg St Antoine
LEDRU ROLLIN
Rue St Nicolas
Traversière
Rollin
Lappe
Keller
PLACE DE LA BASTILLE
BASTILLE
COLONNE DE JUILLET
Antoine
Charles
Petit Musc
Lions
ÉCOLE MASSILLON
Henri IV
la Cerisaie
R. Jacques Cœur
BOURDON
Bd de la Bastille
PARIS ARSENAL
Bassompierre
l'Arsenal
Mornay
OPÉRA BASTILLE
Rue de Lyon
QUINZE VINGTS
SULLY MORLAND
Sq.re H. Galli
Pl. du Père Teilhard de Chardin
BIBLIOTHÈQUE DE L'ARSENAL
PAVILLON DE L'ARSENAL
R. de Sully
Agrippa d'Aubigné
ANNEXE MAIRIE
Boulevard
QUAI
R. Jules Cousin
Bisconnet

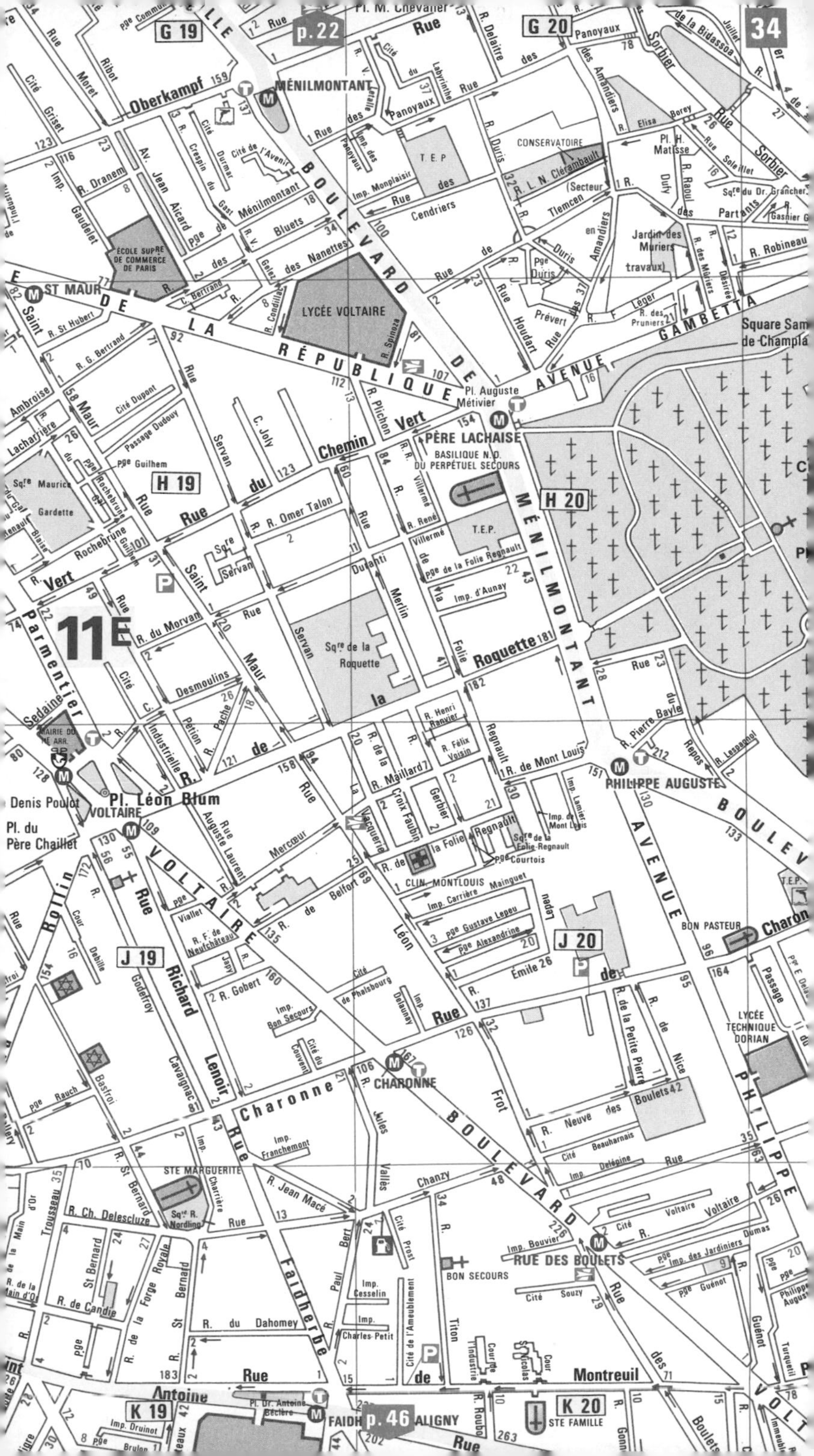
G 19
G 20
H 19
H 20
J 19
J 20
K 19
K 20
11E
Pl. M. Chevalier
Oberkampf
MÉNILMONTANT
Rue Delaitre
Panoyaux
Sorbier
de la Bidassoa
Juillet
Rue des Amandiers
Cité du Labyrinthe
Imp. des Panoyaux
Imp. Monplaisir
T.E.P.
Rue des Cendriers
CONSERVATOIRE
R. L. N. Clérambault
Pl. H. Matisse
R. Duris
Rue de Tlemcen
R. Dufy
R. Raoul
Soleillet
Sq re du Dr. Grancher
R. Gasnier Guy
Rue des Partants
Jardin des Muriers
R. des Mûriers
R. Robineau
R. Désirée
Rue Houdart
Prévert
R. F. Léger
R. des Pruniers
Square Samuel de Champlain
Av. Jean Aicard
R. Crespin du Gast
Cité Durmar
Cité de l'Avenir
R. Dranem
Imp. Gaudelet
Rue Moret
Rue Ribot
Cité Griset
R. des Bluets
R. des Nanettes
ÉCOLE SUPRE DE COMMERCE DE PARIS
ST MAUR
R. St Hubert
R. G. Bertrand
C. Bertrand
R. Condillac
LYCÉE VOLTAIRE
R. Spinoza
AVENUE DE LA RÉPUBLIQUE
BOULEVARD DE MÉNILMONTANT
AVENUE GAMBETTA
Pl. Auguste Métivier
PÈRE LACHAISE
BASILIQUE N.D. DU PERPÉTUEL SECOURS
Chemin Vert
R. Plichon
R. Villermé
R. René Villermé
Rue Servan
C. Joly
Passage Dudouy
Cité Dupont
Maur
Ambroise
Lacharrière
Pge Guilhem
Sq re Maurice Gardette
Rue Rochebrune
R. Omer Talon
Sq re Servan
Rue Saint Maur
Rue Duranti
Merlin
Pge de la Folie Regnault
Imp. d'Aunay
Rue de la Roquette
Sq re de la Roquette
Folie Regnault
R. du Morvan
Rue Parmentier
Sedaine
MAIRIE DU XIE ARR.
Cité Industrielle
R. Desmoulins
R. Pétion
R. Pache
R. Henri Ranvier
R. Félix Voisin
R. de la Croix Faubin
R. Maillard
Gerbier
R. de Mont Louis
Imp. Lamier
Imp. de Mont Louis
Sq re de la Folie-Regnault
Pge Courtois
R. Pierre Bayle
Rue du Repos
R. Lespagnol
PHILIPPE AUGUSTE
BOULEVARD
Denis Poulot
Pl. Léon Blum
VOLTAIRE
Pl. du Père Chaillet
Rue Auguste Laurent
Rue Mercœur
Vacquerie
R. de la Folie Regnault
CLIN. MONTLOUIS
Imp. Carrière Mainguet
Pge Gustave Lepeu
Pge Alexandrine
Laplace
Émile Lepeu
R. de Belfort
Rue Léon Frot
BON PASTEUR
Charonne
Passage
LYCÉE TECHNIQUE DORIAN
BOULEVARD VOLTAIRE
Rollin
Cour Debille
Rue Richard Lenoir
Rue Godefroy Cavaignac
R. F. de Neufchâteau
Viallet
Japy
R. Gobert
Imp. Bon Secours
Cité du Couvent
Cité de Phalsbourg
Imp. Delaunay
R. de la Petite Pierre
R. de Nice
R. Neuve des Boulets
Cité Beauharnais
Imp. Delépine
Rue Charonne
CHARONNE
Pge Rauch
Basfroi
Imp. Franchemont
Rue Jules Vallès
R. Jean Macé
Chanzy
STE MARGUERITE
Sq re R. Nordling
Imp. Charrière
Trousseau
R. Ch. Delescluze
R. St Bernard
St Bernard
R. de la Forge Royale
R. de Candie
R. du Dahomey
Rue Faidherbe
Rue Paul Bert
Cité Prost
Imp. Cesselin
Imp. Charles Petit
Cité de l'Ameublement
R. Titon
BON SECOURS
Imp. Bouvier
RUE DES BOULETS
Cité Souzy
Cour de l'Industrie
Cour St Nicolas
Rue de Montreuil
Rue des Boulets
Cité Voltaire
R. Voltaire
R. Dumas
Imp. des Jardiniers
Pge Guénot
Guénot
Turquetil
Philippe Auguste
Antoine
Pl. Dr. Antoine Béclère
FAIDHERBE CHALIGNY
R. Roubo
STE FAMILLE
Imp. Druinot
Pge Brulon
Rue
p. 22
p. 46

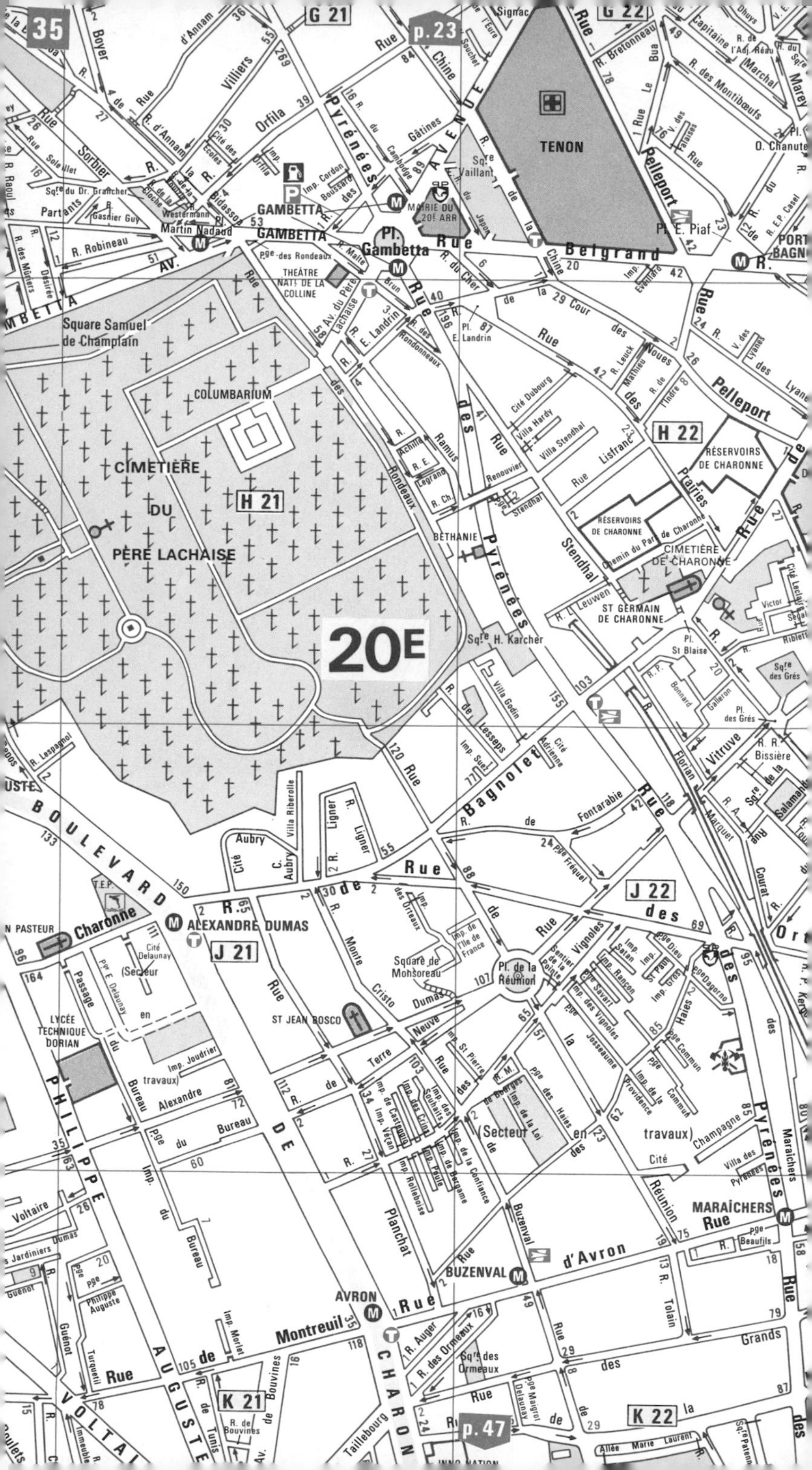
35
G 21
p. 23
G 22
H 21
H 22
J 21
J 22
K 21
K 22
p. 47
TENON
GAMBETTA
Pl. Gambetta
MAIRIE DU 20E ARR
Sq.re Vaillant
Avenue
Rue Belgrand
Pl. E. Piaf
Rue Pelleport
Rue d'Annam
Rue Villiers
Rue Orfila
Rue Sorbier
Rue Boyer
Rue des Pyrénées
Rue de la Chine
Rue Désirée
R. Robineau
Av. Gambetta
Square Samuel de Champlain
COLUMBARIUM
CIMETIÈRE DU PÈRE LACHAISE
20E
THÉATRE NAT. DE LA COLLINE
Av. du Père Lachaise
Rue des Rondeaux
Rue Ramus
Rue Renouvier
Villa Hardy
Villa Stendhal
Rue Lisfranc
Rue Stendhal
Cour des Noues
RÉSERVOIRS DE CHARONNE
Chemin du Parc de Charonne
CIMETIÈRE DE CHARONNE
ST GERMAIN DE CHARONNE
Rue des Prairies
BÉTHANIE
Sq.re H. Karcher
Pl. St Blaise
Pl. des Grès
Sq.re des Grès
Rue Vitruve
Rue Florian
Rue de Bagnolet
R. de Fontarabie
Pge Fréquel
Villa Godin
R. de Lesseps
Imp. Suez
Cité Adrienne
R. Lespagnol
Boulevard de Charonne
Charonne
ALEXANDRE DUMAS
R. Alexandre Dumas
T.E.P.
Cité Delaunay
Villa Riberolle
Cité Aubry
R. Ligner
Rue de Monte Cristo
Square de Monsoreau
Pl. de la Réunion
Rue des Vignoles
Rue des Haies
ST JEAN BOSCO
LYCÉE TECHNIQUE DORIAN
Passage du Bureau
Imp. Joudrier
Rue Neuve
Rue Planchat
Rue des Maraîchers
MARAÎCHERS
Rue Buzenval
BUZENVAL
Rue d'Avron
AVRON
Rue de Montreuil
Rue Charonne
R. des Ormeaux
Sq.re des Ormeaux
R. Tolain
Rue des Grands Champs
Rue de la Réunion
Bd Philippe Auguste
Bd Voltaire
Av. de Bouvines
R. de Tunis
Rue Guénot
Rue de Taillebourg
Allée Marie Laurent
(Secteur en travaux)

Utilisez les plans MICHELIN à 1/15 000 « Banlieue de Paris Nord-Est » nº 20
« Banlieue de Paris Sud-Est » nº 24

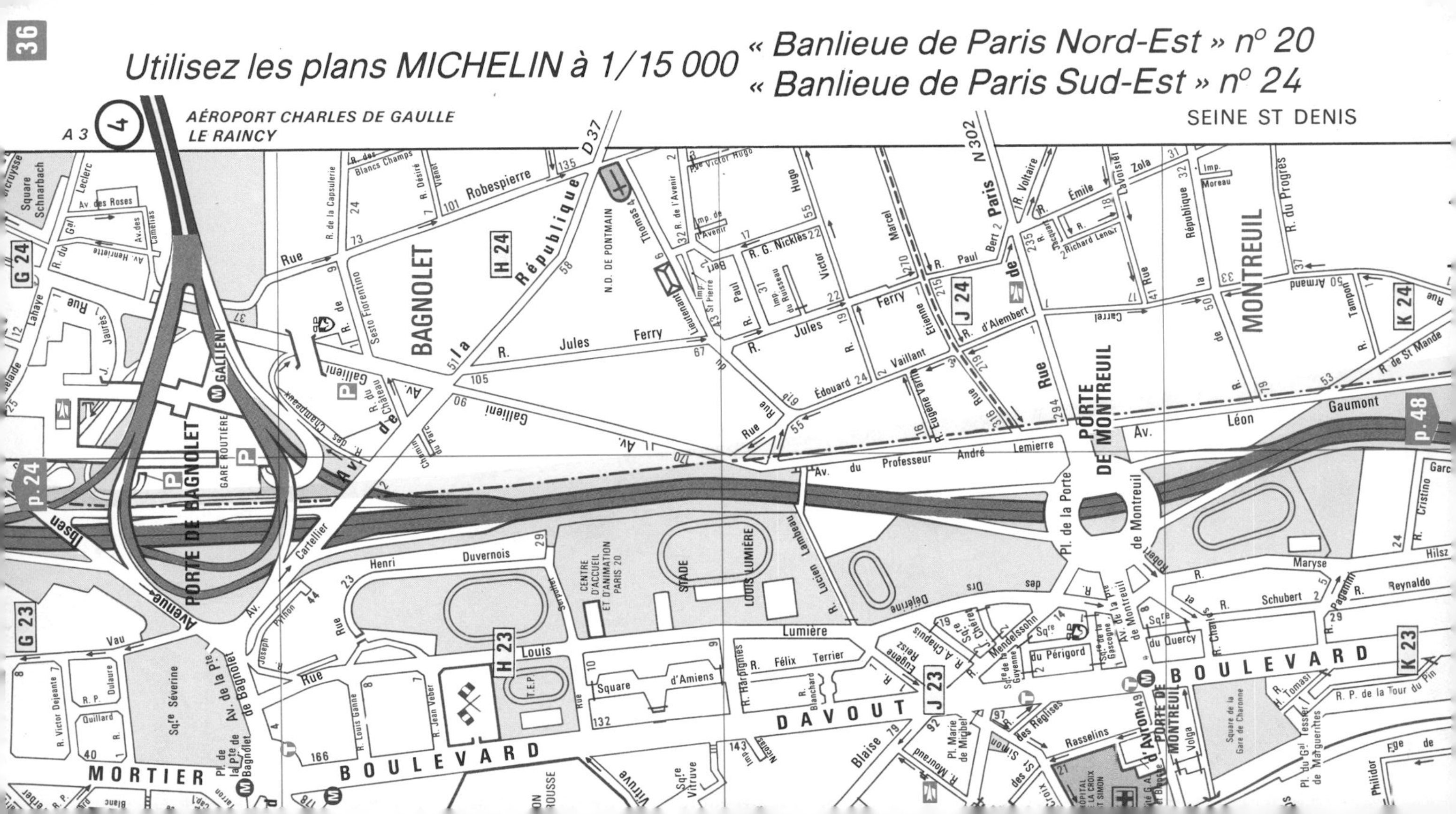

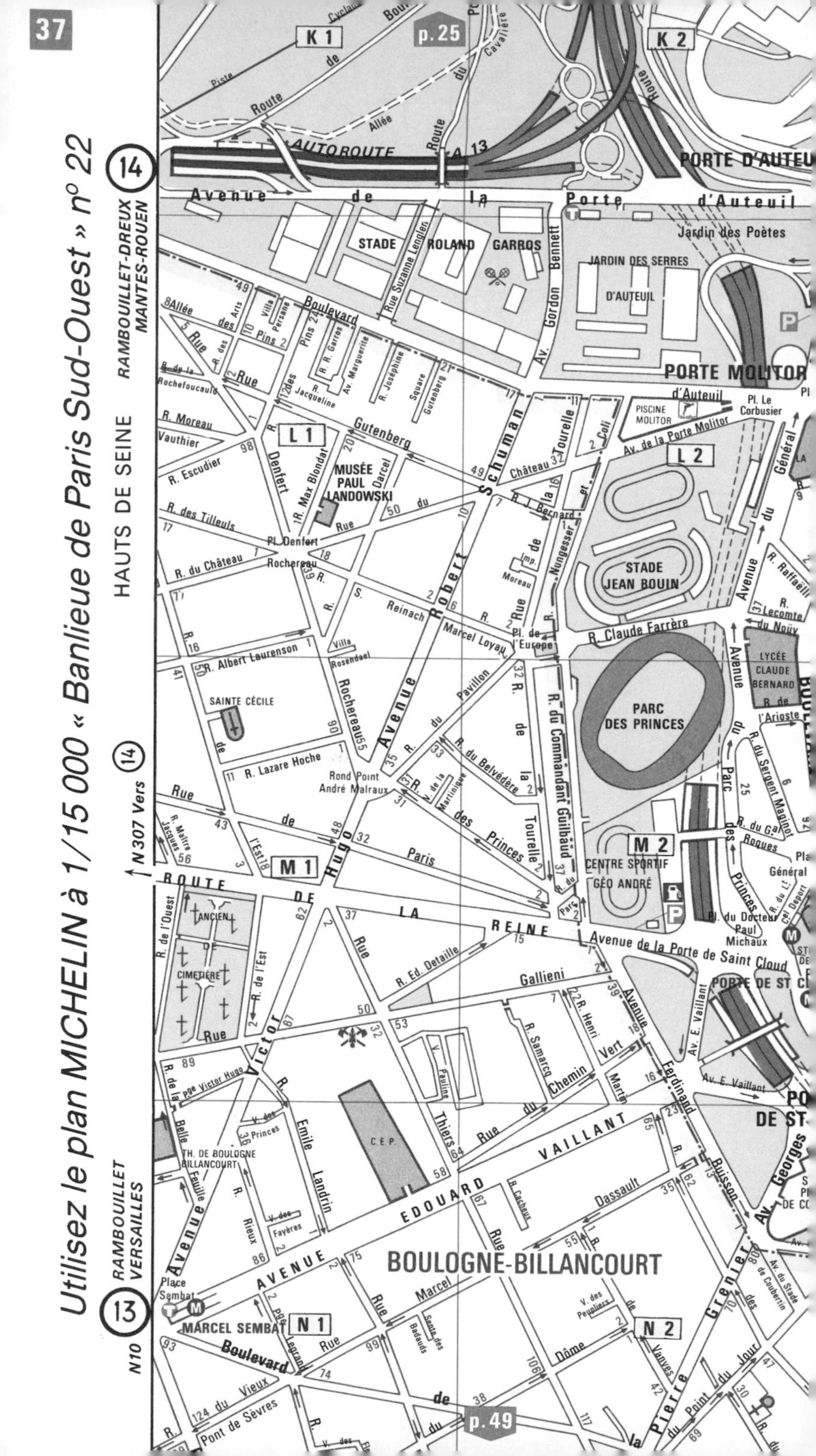
Utilisez le plan MICHELIN à 1/15 000 « Banlieue de Paris Sud-Ouest » n° 22
14
RAMBOUILLET-DREUX
MANTES-ROUEN
HAUTS DE SEINE
N 307 Vers 14
13 RAMBOUILLET VERSAILLES N10
K 1
p. 25
K 2
AUTOROUTE A 13
PORTE D'AUTEUIL
Avenue de la Porte d'Auteuil
Jardin des Poètes
STADE ROLAND GARROS
JARDIN DES SERRES D'AUTEUIL
Av. Gordon Bennett
Rue Suzanne Lenglen
Boulevard des Pins
PORTE MOLITOR
Boulevard d'Auteuil
PISCINE MOLITOR
Pl. Le Corbusier
Av. de la Porte Molitor
L 1
L 2
MUSÉE PAUL LANDOWSKI
Rue Gutenberg
Rue Denfert Rochereau
Pl. Denfert Rochereau
Avenue Robert Schuman
STADE JEAN BOUIN
R. Claude Farrère
LYCÉE CLAUDE BERNARD
PARC DES PRINCES
R. du Commandant Guilbaud
Rue de la Tourelle
R. des Princes
SAINTE CÉCILE
R. Albert Laurenson
R. Lazare Hoche
Rond Point André Malraux
Avenue Victor Hugo
Rue de Paris
M 1
M 2
CENTRE SPORTIF GÉO ANDRÉ
ROUTE DE LA REINE
Avenue de la Porte de Saint Cloud
PORTE DE ST CLOUD
ANCIEN CIMETIÈRE
Rue Gallieni
Rue du Vieux Pont de Sèvres
TH. DE BOULOGNE BILLANCOURT
C.E.P.
AVENUE EDOUARD VAILLANT
BOULOGNE-BILLANCOURT
Av. Ferdinand Buisson
Rue Pierre Grenier
Place Marcel Sembat
MARCEL SEMBAT
N 1
N 2
Boulevard de la République
Rue du Point du Jour
p. 49

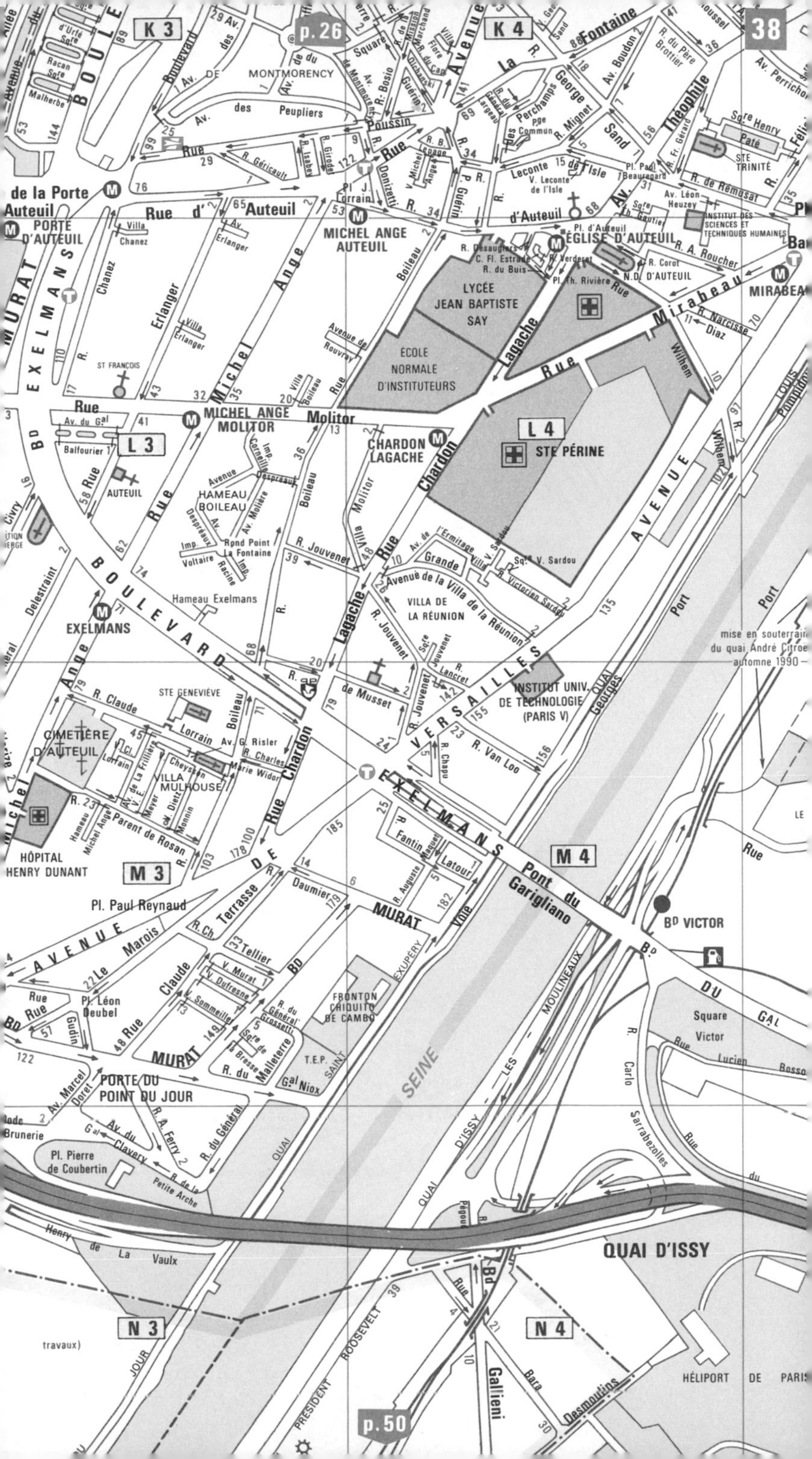
K 3
p. 26
K 4
L 3
L 4
M 3
M 4
N 3
N 4
p. 50
Av. de Montmorency
Av. des Peupliers
Rue Poussin
R. Géricault
R. Girodet
R. Isabey
R. Bosio
Rue La Fontaine
Rue George Sand
Av. Perchamps
Pge Commun
R. Mignet
Av. Boudon
R. du Père Brottier
Rue Théophile
Sq. Henry Paté
STE TRINITÉ
R. de Rémusat
Rue Leconte de l'Isle
V. Leconte de l'Isle
Pl. Paul Beauregard
Av. Léon Heuzey
INSTITUT DES SCIENCES ET TECHNIQUES HUMAINES
Boulevard de la Porte d'Auteuil
PORTE D'AUTEUIL
Rue d'Auteuil
MICHEL ANGE AUTEUIL
Pl. J. Lorrain
R. Donizetti
R. P. Guérin
ÉGLISE D'AUTEUIL
Pl. d'Auteuil
R. A. Roucher
R. Corot
N.D. D'AUTEUIL
R. Desaugiers
C. Fl. Estrade
R. du Buis
R. Verderet
Pl. Th. Rivière
Rue Mirabeau
MIRABEAU
R. Narcisse Diaz
Villa Chanez
R. Chanez
Av. Erlanger
Villa Erlanger
R. Erlanger
Rue Michel Ange
Avenue de Rouvray
Villa Boileau
Rue Boileau
LYCÉE JEAN BAPTISTE SAY
ÉCOLE NORMALE D'INSTITUTEURS
Rue Lagache
Rue Wilhem
ST FRANÇOIS
BD EXELMANS
BD MURAT
Rue Molitor
Av. du Gal Balfourier
MICHEL ANGE MOLITOR
CHARDON LAGACHE
STE PÉRINE
AVENUE DE VERSAILLES
Rue Chardon Lagache
AUTEUIL
HAMEAU BOILEAU
Imp. Corneille
Avenue Despréaux
Av. Molière
Rond Point La Fontaine
Imp. Voltaire
Imp. Racine
Villa Molitor
R. Jouvenet
Av. de l'Ermitage
Grande Villa
Sq. V. Sardou
R. Victorien Sardou
Avenue de la Villa de la Réunion
VILLA DE LA RÉUNION
Hameau Exelmans
EXELMANS
BOULEVARD EXELMANS
R. Delestraint
R. Claude Lorrain
STE GENEVIÈVE
CIMETIÈRE D'AUTEUIL
Av. G. Risler
R. Charles Marie Widor
VILLA MULHOUSE
R. Parent de Rosan
Hameau Michel Ange
HÔPITAL HENRY DUNANT
de Musset
R. Lancret
INSTITUT UNIV. DE TECHNOLOGIE (PARIS V)
R. Chapu
R. Van Loo
R. Fantin Latour
R. Auguste Maquet
Pont du Garigliano
QUAI Georges Pompidou
Port
mise en souterrain du quai André Citroën automne 1990
BD VICTOR
BD DU GAL
Square Victor
Rue Lucien Bossoutrot
R. Carlo Sarrabezolles
Pl. Paul Reynaud
Terrasse
Daumier
R. Ch. Tellier
V. Murat
V. Dufresne
V. Sommeiller
R. du Général Grossetti
Sq. de la Bresse
R. du Malleterre
AVENUE DE VERSAILLES
Le Marois
Rue Claude Terrasse
Pl. Léon Deubel
Rue Gudin
PORTE DU POINT DU JOUR
Av. Marcel Doret
Av. du Gal Clavery
R. A. Ferry
R. du Général
R. de la Petite Arche
Pl. Pierre de Coubertin
FRONTON CHIQUITO DE CAMBO
T.E.P.
Gal Niox
SAINT EXUPÉRY
Voie
SEINE
QUAI
LES MOULINEAUX
QUAI D'ISSY
Henry de La Vaulx
travaux)
JOUR
PRESIDENT ROOSEVELT
Bd Gallieni
Bara
Desmoulins
HÉLIPORT DE PARIS

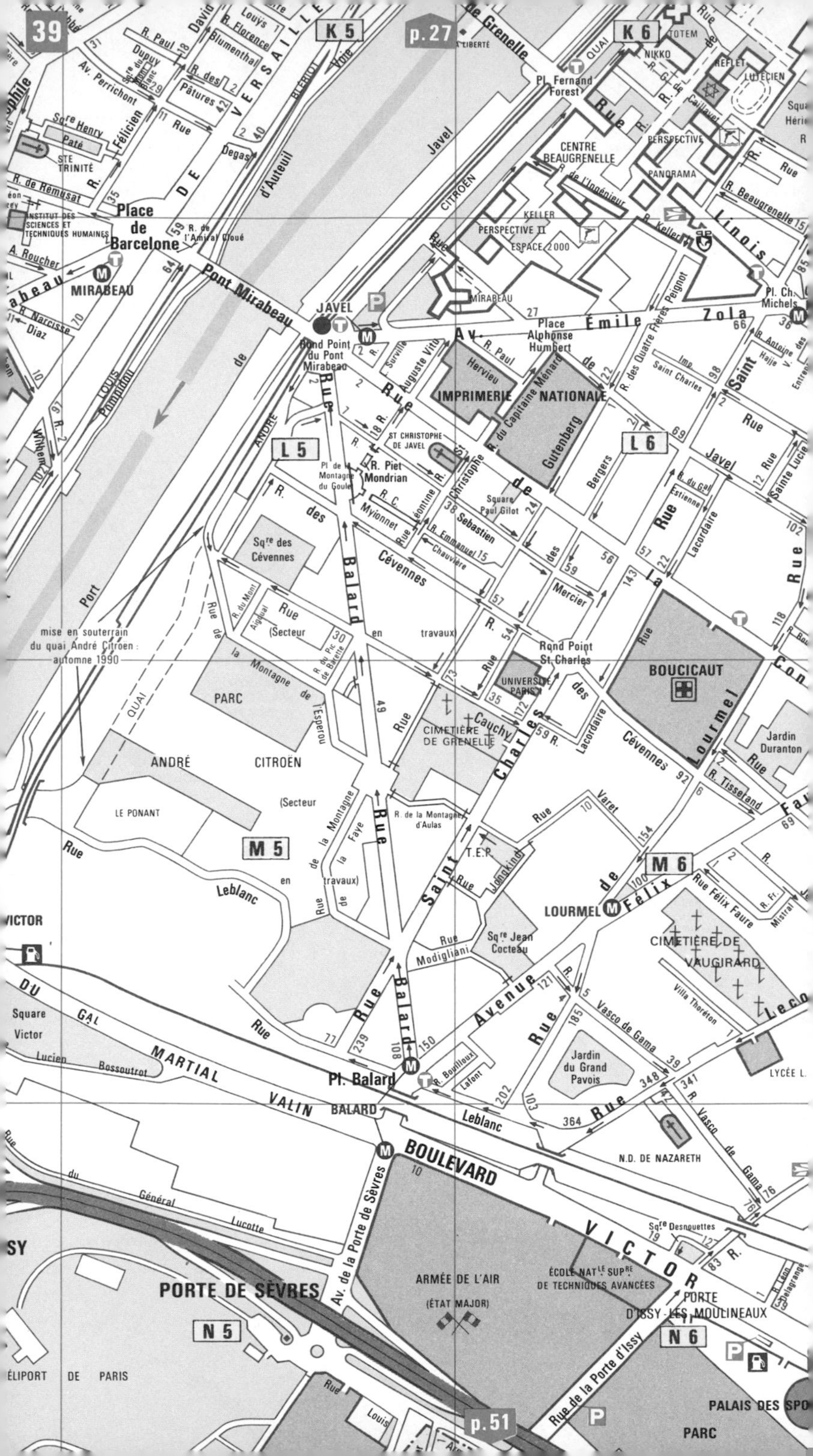
K 5
K 6
L 5
L 6
M 5
M 6
N 5
N 6
Place de Barcelone
MIRABEAU
Pont Mirabeau
JAVEL
Rond Point du Pont Mirabeau
Pl. Fernand Forest
CENTRE BEAUGRENELLE
TOTEM
NIKKO
REFLET
LUTECIEN
PERSPECTIVE
PANORAMA
KELLER
PERSPECTIVE II
ESPACE 2000
R. Beaugrenelle
Linois
Pl. Ch. Michels
Av. Émile Zola
Place Alphonse Humbert
IMPRIMERIE NATIONALE
Hervieu
R. du Capitaine Ménard
Gutenberg
R. des Quatre Frères Peignot
Imp. Saint Charles
ST CHRISTOPHE DE JAVEL
R. Piet Mondrian
Pl de Montagne du Goule
Sqre des Cévennes
R. des Cévennes
Rue Balard
Square Paul Gilot
R. Emmanuel Chauvière
Sébastien Mercier
Rond Point St. Charles
UNIVERSITÉ PARIS I
CIMETIÈRE DE GRENELLE
Cauchy
Rue Saint Charles
BOUCICAUT
Rue de Lourmel
Jardin Duranton
R. Tisserand
Rue Varet
Rue de la Montagne de l'Espérou
PARC ANDRÉ CITROËN
LE PONANT
(Secteur en travaux)
mise en souterrain du quai André Citroen : automne 1990
QUAI ANDRÉ CITROËN
Port de Javel
Voie Bleriot
Quai d'Auteuil
DE VERSAILLES
Rue Leblanc
LOURMEL
Rue Félix Faure
CIMETIÈRE DE VAUGIRARD
Villa Thoréton
Sqre Jean Cocteau
Rue Modigliani
Avenue de Félix Faure
Rue Vasco de Gama
Jardin du Grand Pavois
Pl. Balard
BALARD
BOULEVARD VICTOR
DU GAL MARTIAL VALIN
Square Victor
Rue du Général Lucotte
PORTE DE SÈVRES
Av. de la Porte de Sèvres
ARMÉE DE L'AIR (ÉTAT MAJOR)
ÉCOLE NATLE SUPRE DE TECHNIQUES AVANCÉES
N.D. DE NAZARETH
Sqre Desnouettes
PORTE D'ISSY-LES MOULINEAUX
Rue de la Porte d'Issy
PALAIS DES SPO
PARC
HÉLIPORT DE PARIS
LYCÉE L.
Rue Lecourbe

p. 27
p. 51

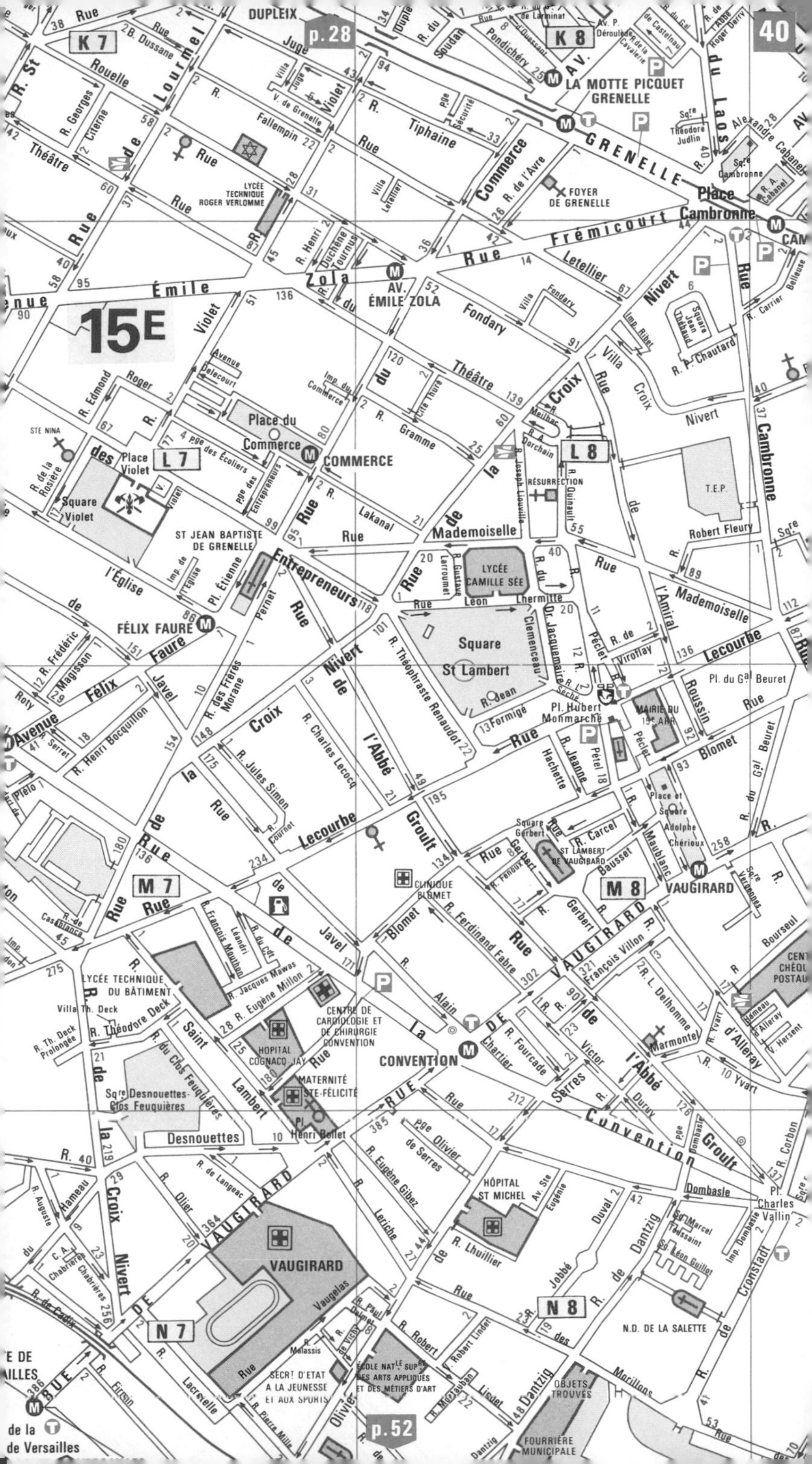
p. 28
p. 52
K 7
K 8
L 7
L 8
M 7
M 8
N 7
N 8
15E
DUPLEIX
LA MOTTE PICQUET GRENELLE
AV. DE LA MOTTE PICQUET
Av. P. Déroulède
R. de Laminat
R. de Castelnau
R. de la Cavalerie
Rue Pondichéry
R. du Laos
R. Alexandre Cabanel
Sq.re Théodore Judlin
Sq.re Cambronne
R. A. Cabanel
Place Cambronne
CAMBRONNE
Rue Dupleix
R. du Soudan
Rue Juge
Villa Juge
V. de Grenelle
Rue Violet
R. Tiphaine
Pge Sécurité
Rue du Commerce
R. de l'Avre
FOYER DE GRENELLE
GRENELLE
Rue Frémicourt
Rue Letellier
Rue Nivert
Square Jean Thébaud
R. Carrier Belleuse
Imp. Ribet
R. P. Chautard
Villa Croix Nivert
Rue Cambronne
Rue de Lourmel
R. St Charles
Rue Rouelle
R. Georges Citerne
Rue du Théâtre
R. Fallempin
LYCÉE TECHNIQUE ROGER VERLOMME
Villa Letellier
R. Henri Duchêne
R. Tournus
Avenue Émile Zola
AV. ÉMILE ZOLA
Rue Fondary
Villa Fondary
Rue du Théâtre
Imp. du Commerce
Cité Thuré
R. Gramme
R. Edmond Roger
Avenue Delecourt
Place du Commerce
COMMERCE
pge des Écoliers
pge des Entrepreneurs
Rue de la Croix Nivert
Rue de Mademoiselle
R. Meilhac
R. A. Dorchain
R. Joseph Liouville
RÉSURRECTION
R. Quinault
T.E.P.
R. Robert Fleury
STE NINA
R. de la Rosière
Place Violet
Square Violet
R. Lakanal
ST JEAN BAPTISTE DE GRENELLE
Rue de l'Église
Imp. de l'Église
Pl. Étienne Pernet
Rue des Entrepreneurs
R. Gustave Larroumet
LYCÉE CAMILLE SÉE
Rue Léon Lhermitte
R. du Dr. Jacquemaire Clemenceau
Rue Péclet
Rue de l'Amiral Roussin
Rue Mademoiselle
Rue Lecourbe
FÉLIX FAURE
Avenue Félix Faure
R. Frédéric Magisson
Rue de Javel
R. des Frères Morane
Square St Lambert
R. Théophraste Renaudot
R. Jean Formigé
R. de Vouillé
Rue de l'Abbé Groult
R. de Virofflay
R. L. Séché
Pl. du Gal Beuret
Pl. Hubert Monmarché
MAIRIE DU 15e ARR
Rue Blomet
R. du Gal Beuret
Roty
R. Serret
R. Henri Bocquillon
R. Jules Simon
R. Charles Lecocq
R. Cournot
R. Hachette
R. Jeanne Hachette
Pétel
Place et Square Adolphe Chérioux
Pielo
Square Gerbert
Rue Gerbert
ST LAMBERT DE VAUGIRARD
R. Carcel
R. Fenoux
R. Bausset
R. Maublanc
VAUGIRARD
Sq.re Vergennes
CLINIQUE BLOMET
R. Ferdinand Fabre
Rue de Vaugirard
R. François Villon
R. L. Delhomme
Bourseul
CENTRE CHÈQUES POSTAUX
R. de Casablanca
Imp.
R. François Mouthon
Léandri
R. du Cdt
R. Jacques Mawas
R. Eugène Millon
LYCÉE TECHNIQUE DU BÂTIMENT
Villa Th. Deck
R. Théodore Deck
R. Th. Deck Prolongée
CENTRE DE CARDIOLOGIE ET DE CHIRURGIE CONVENTION
R. Alain Chartier
R. Fourcade
Marmontel
Hameau d'Alleray
R. Yvart
V. Hersent
HOPITAL COGNACQ-JAY
Rue Saint Lambert
R. du Clos Feuquières
Sq.re Desnouettes-Clos Feuquières
MATERNITÉ STE-FÉLICITÉ
Pl. Henri Rollet
CONVENTION
Rue de la Convention
Rue Olivier de Serres
Rue Desnouettes
R. Victor Duruy
Pge Dombasle
R. Corbon
R. de Langeac
R. Olier
R. Eugène Gibez
HÔPITAL ST MICHEL
Av. Ste Eugénie
Duval
Dombasle
Pl. Charles Vallin
Imp. Dombasle
Sq. Marcel Toussaint
R. Léon Guillot
R. Auguste Chabrières
Hameau du Rue de la Croix Nivert
C.A. Chabrières
R. Leriche
R. Lhuillier
R. de Dantzig
Rue de Cronstadt
N.D. DE LA SALETTE
R. de Cadix
BD. VAUGIRARD
R. Jobbé Duval
VAUGIRARD
Rue de Vaugelas
R. Paul Delmet
R. Malassis
R. de Vichy
R. Robert Lindet
Rue des Morillons
PORTE DE VERSAILLES
RUE DE VAUGIRARD
R. Firmin Gillot
Rue Lacretelle
R. Pierre Mille
SECR.T D'ETAT A LA JEUNESSE ET AUX SPORTS
ÉCOLE NAT.LE SUP.RE DES ARTS APPLIQUÉS ET DES MÉTIERS D'ART
R. Montauban
Rue Lisfet
Dantzig
OBJETS TROUVÉS
FOURRIÈRE MUNICIPALE
de la Porte de Versailles

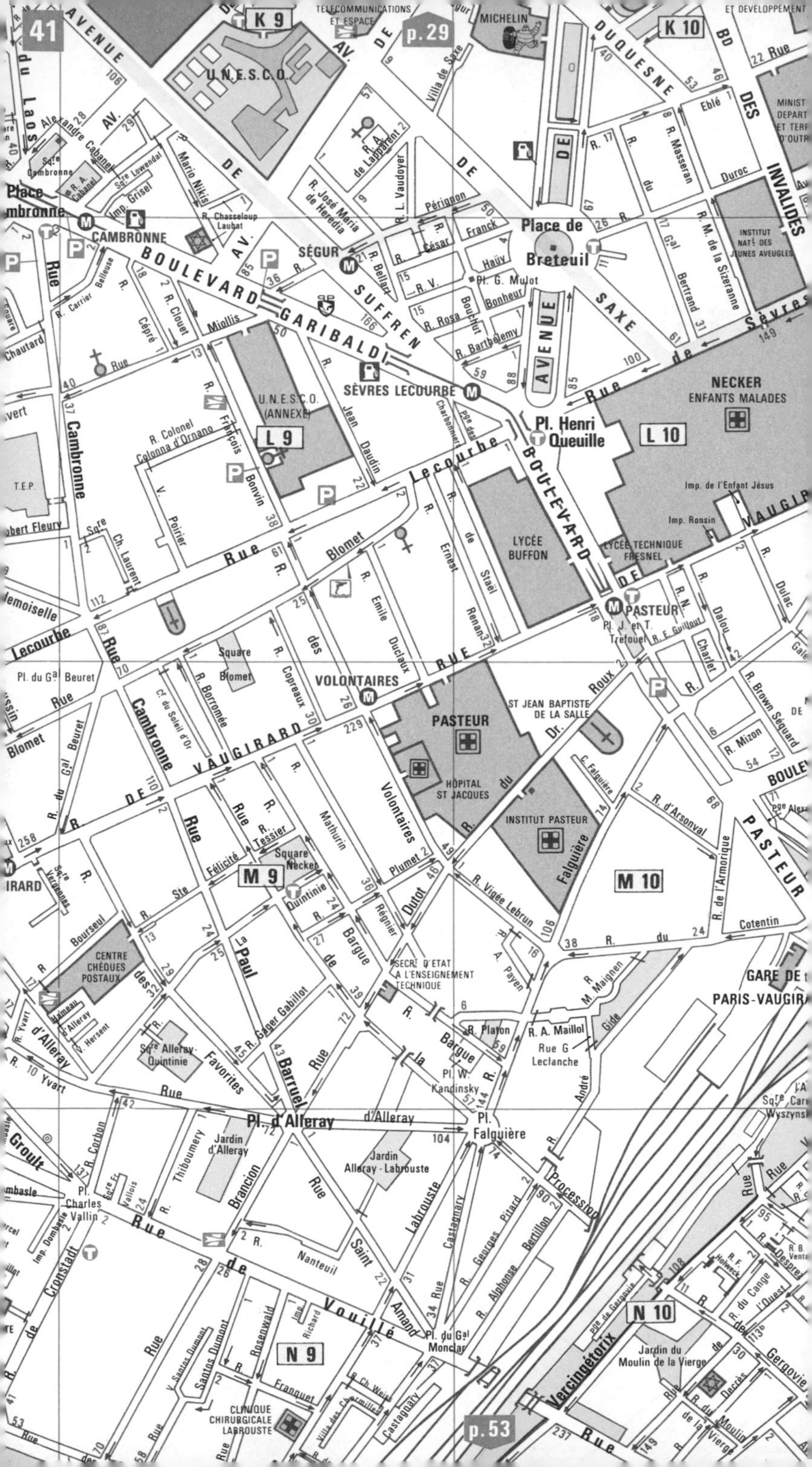

K 9
K 10
L 9
L 10
M 9
M 10
N 9
N 10
p. 29
p. 53
TELECOMMUNICATIONS ET ESPACE
ET DEVELOPPEMENT
MICHELIN
U.N.E.S.C.O.
U.N.E.S.C.O. (ANNEXE)
AVENUE DE SUFFREN
AV. DE SAXE
AV. DE SÉGUR
Villa de Saxe
DUQUESNE
AVENUE DUQUESNE
BD DES INVALIDES
MINIST DEPART ET TERR D'OUTR
INSTITUT NATL DES JEUNES AVEUGLES
Place Cambronne
CAMBRONNE
SÉGUR
Place de Breteuil
AVENUE DE BRETEUIL
BOULEVARD GARIBALDI
SÈVRES LECOURBE
Rue de Sèvres
NECKER ENFANTS MALADES
Pl. Henri Queuille
BOULEVARD PASTEUR
Imp. de l'Enfant Jésus
Imp. Ronsin
LYCÉE TECHNIQUE FRESNEL
LYCÉE BUFFON
PASTEUR
Pl. J. et T. Trefouel
Rue Lecourbe
Rue Cambronne
Rue Blomet
Square Blomet
VOLONTAIRES
Rue des Volontaires
RUE DE VAUGIRARD
PASTEUR
HÔPITAL ST JACQUES
ST JEAN BAPTISTE DE LA SALLE
R. du Dr. Roux
INSTITUT PASTEUR
Rue Falguière
R. Vigée Lebrun
R. d'Arsonval
R. de l'Armorique
R. du Cotentin
GARE DE PARIS-VAUGIRARD
T.E.P.
Pl. du Gal Beuret
Square Necker
Quintinie
CENTRE CHÈQUES POSTAUX
SECRT D'ETAT A L'ENSEIGNEMENT TECHNIQUE
Sqre Allerav-Quintinie
Rue des Favorites
Rue Barruel
Pl. d'Alleray
Rue d'Alleray
Jardin d'Alleray
Jardin Alleray-Labrouste
Pl. Falguière
Pl. W. Kandinsky
R. Platon
R. A. Maillol
Rue G Leclanche
R. André Gide
R. de la Procession
Rue Brancion
Rue Labrouste
Rue Castagnary
R. Georges Pitard
R. Alphonse Bertillon
Rue Saint Amand
Pl. du Gal Monclar
Rue de Vouillé
R. Nanteuil
Pl. Charles Vallin
Rue de Cronstadt
Rue Santos Dumont
R. Rosenwald
R. Franquet
CLINIQUE CHIRURGICALE LABROUSTE
R. Vercingétorix
Jardin du Moulin de la Vierge
Rue de Gergovie
Sqre Card Wyszynski

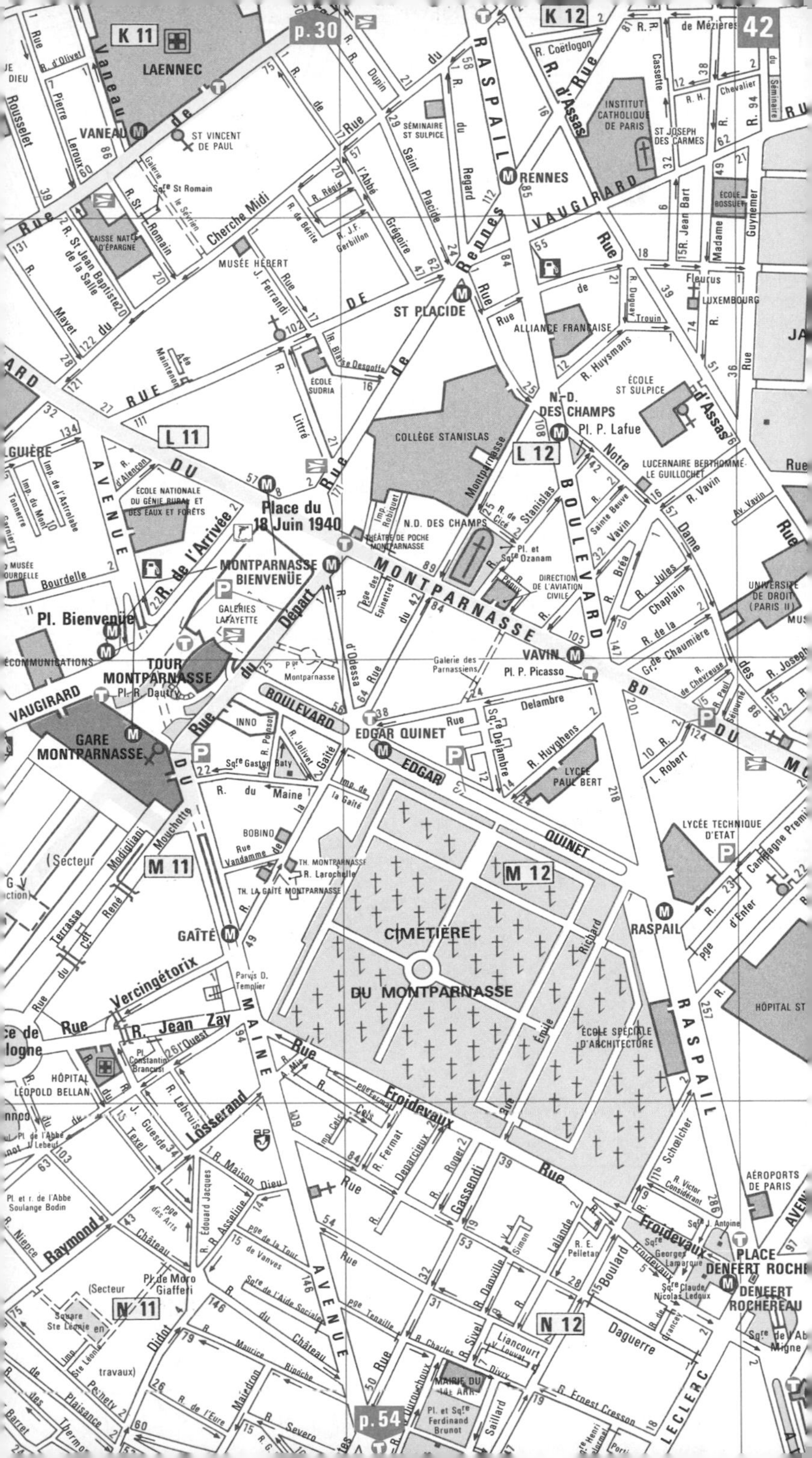
K 11
p. 30
K 12
LAENNEC
VANEAU
ST VINCENT DE PAUL
SÉMINAIRE ST SULPICE
RENNES
INSTITUT CATHOLIQUE DE PARIS
ST JOSEPH DES CARMES
ÉCOLE BOSSUET
CAISSE NATLE D'ÉPARGNE
MUSÉE HÉBERT
ST PLACIDE
ALLIANCE FRANÇAISE
LUXEMBOURG
ÉCOLE SUDRIA
ÉCOLE ST SULPICE
COLLÈGE STANISLAS
N.-D. DES CHAMPS
Pl. P. Lafue
L 11
L 12
LUCERNAIRE BERTHOMMÉ LE GUILLOCHET
ÉCOLE NATIONALE DU GÉNIE RURAL ET DES EAUX ET FORÊTS
Place du 18 Juin 1940
N.D. DES CHAMPS
THÉÂTRE DE POCHE MONTPARNASSE
MUSÉE BOURDELLE
MONTPARNASSE BIENVENÜE
GALERIES LAFAYETTE
DIRECTION DE L'AVIATION CIVILE
UNIVERSITÉ DE DROIT (PARIS II)
Pl. Bienvenüe
TOUR MONTPARNASSE
Pl. R. Dautry
VAVIN
Pl. P. Picasso
Galerie des Parnassiens
GARE MONTPARNASSE
INNO
EDGAR QUINET
LYCÉE PAUL BERT
BOBINO
TH. MONTPARNASSE
TH. LA GAITÉ MONTPARNASSE
LYCÉE TECHNIQUE D'ETAT
M 11
M 12
GAITÉ
CIMETIÈRE DU MONTPARNASSE
RASPAIL
Parvis D. Templier
HÔPITAL ST
ÉCOLE SPÉCIALE D'ARCHITECTURE
HÔPITAL LÉOPOLD BELLAN
Pl Constantin Brancusi
AÉROPORTS DE PARIS
PLACE DENFERT ROCHEREAU
DENFERT ROCHEREAU
Pl de Moro Giafferi
N 11
N 12
Square Ste Léonie
MAIRIE DU XIVe ARRt
Pl. et Sq. Ferdinand Brunot
p. 54
BOULEVARD DU MONTPARNASSE
BOULEVARD RASPAIL
AVENUE DU MAINE
Rue de Vaugirard
Rue de Rennes
Rue Froidevaux
Rue Daguerre
Rue Raymond Losserand
Rue Vercingétorix
Rue d'Assas
Rue Notre Dame des Champs
Rue du Cherche Midi
Rue de l'Arrivée
Rue du Départ
Rue d'Odessa
Rue de la Gaité
Rue Delambre
Bd Edgar Quinet
Bd Raspail
Bd Saint Michel
Av. Denfert Rochereau
Rue Boulard
Rue Gassendi
Rue Mouchotte
Rue Didot
Rue du Château
Rue Maison Dieu
Rue Huysmans
Rue Vavin
Rue Bréa
Rue Jules Chaplain
Rue de la Grande Chaumière
Rue Campagne Première
Rue d'Enfer
Rue Schœlcher
Rue Victor Considérant
Rue Ernest Cresson
Rue Liancourt
Rue Fermat
Rue Deparcieux
Rue Lalande
Rue Saint Placide
Rue du Regard
Rue Littré
Rue Bourdelle
Rue Jean Zay
Rue Vandamme
Rue Larochelle
Rue Poinsot
Rue Jolivet
Rue Huyghens
Rue Léopold Robert
Rue Rousselet
Rue Mayet
Rue Dupin
Rue Grégoire de Tours
Rue Coëtlogon
Rue de Mézières
Rue Cassette
Rue de Fleurus
Rue Guynemer
Rue Madame
Rue Jean Bart
Rue Duguay Trouin
Rue de Stanislas
Rue Sainte Beuve
Rue de Chevreuse
Rue Texel
Rue J. Guesde
Rue Lebouis
Rue Édouard Jacques
Rue Asseline
Rue de Vanves
Rue Maurice Ripoche
Rue Severo
Rue de Plaisance
Rue Niepce
Rue Danville
Rue Durouchoux
Rue Sivel
Rue Saillard
Rue Charles Divry
Rue Émile Richard
Rue Mouton Duvernet
Rue Daguerre
Rue Poulet
Rue Le Brun

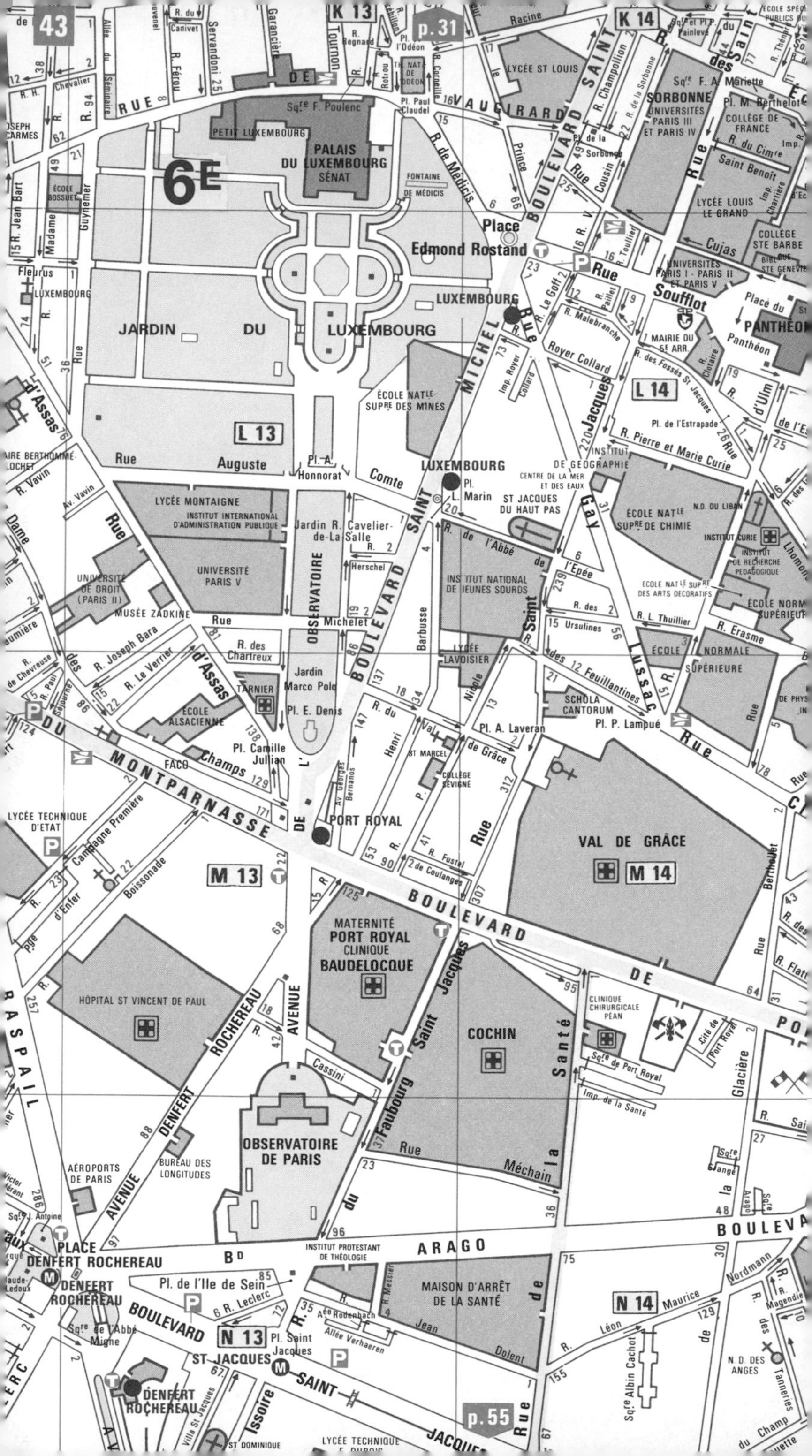

43
K 13
p. 31
K 14
6E
PALAIS DU LUXEMBOURG SÉNAT
PETIT LUXEMBOURG
Sq.re F. Poulenc
FONTAINE DE MÉDICIS
LYCÉE ST LOUIS
SORBONNE UNIVERSITÉS PARIS III ET PARIS IV
COLLÈGE DE FRANCE
LYCÉE LOUIS LE GRAND
COLLÈGE STE BARBE
UNIVERSITÉS PARIS I - PARIS II ET PARIS V
Place Edmond Rostand
LUXEMBOURG
JARDIN DU LUXEMBOURG
PANTHÉON
MAIRIE DU 5E ARR.
L 14
L 13
ÉCOLE NAT.LE SUP.RE DES MINES
LUXEMBOURG
INSTITUT DE GÉOGRAPHIE
CENTRE DE LA MER ET DES EAUX
ST JACQUES DU HAUT PAS
ÉCOLE NAT.LE SUP.RE DE CHIMIE
N.D. DU LIBAN
INSTITUT CURIE
INSTITUT DE RECHERCHE PÉDAGOGIQUE
ÉCOLE NAT.LE SUP.RE DES ARTS DÉCORATIFS
ÉCOLE NORMALE SUPÉRIEURE
LYCÉE MONTAIGNE
INSTITUT INTERNATIONAL D'ADMINISTRATION PUBLIQUE
UNIVERSITÉ PARIS V
UNIVERSITÉ DE DROIT (PARIS II)
MUSÉE ZADKINE
INSTITUT NATIONAL DE JEUNES SOURDS
LYCÉE LAVOISIER
SCHOLA CANTORUM
Jardin R. Cavelier-de-La Salle
OBSERVATOIRE
Jardin Marco Polo
Pl. E. Denis
TARNIER
ÉCOLE ALSACIENNE
PORT ROYAL
COLLÈGE SÉVIGNÉ
ST MARCEL
VAL DE GRÂCE
M 13
M 14
LYCÉE TECHNIQUE D'ÉTAT
BOULEVARD DU MONTPARNASSE
BOULEVARD DE PORT ROYAL
MATERNITÉ PORT ROYAL CLINIQUE BAUDELOCQUE
COCHIN
CLINIQUE CHIRURGICALE PÉAN
HÔPITAL ST VINCENT DE PAUL
OBSERVATOIRE DE PARIS
BUREAU DES LONGITUDES
AÉROPORTS DE PARIS
PLACE DENFERT ROCHEREAU
INSTITUT PROTESTANT DE THÉOLOGIE
MAISON D'ARRÊT DE LA SANTÉ
BD ARAGO
N 13
N 14
N.D. DES ANGES
DENFERT ROCHEREAU
ST-JACQUES
p. 55
LYCÉE TECHNIQUE
BOULEVARD SAINT MICHEL
RUE VAUGIRARD
Rue Soufflot
Rue Gay Lussac
Rue Saint Jacques
Rue du Faubourg Saint Jacques
Rue de la Santé
AVENUE DENFERT ROCHEREAU
RASPAIL

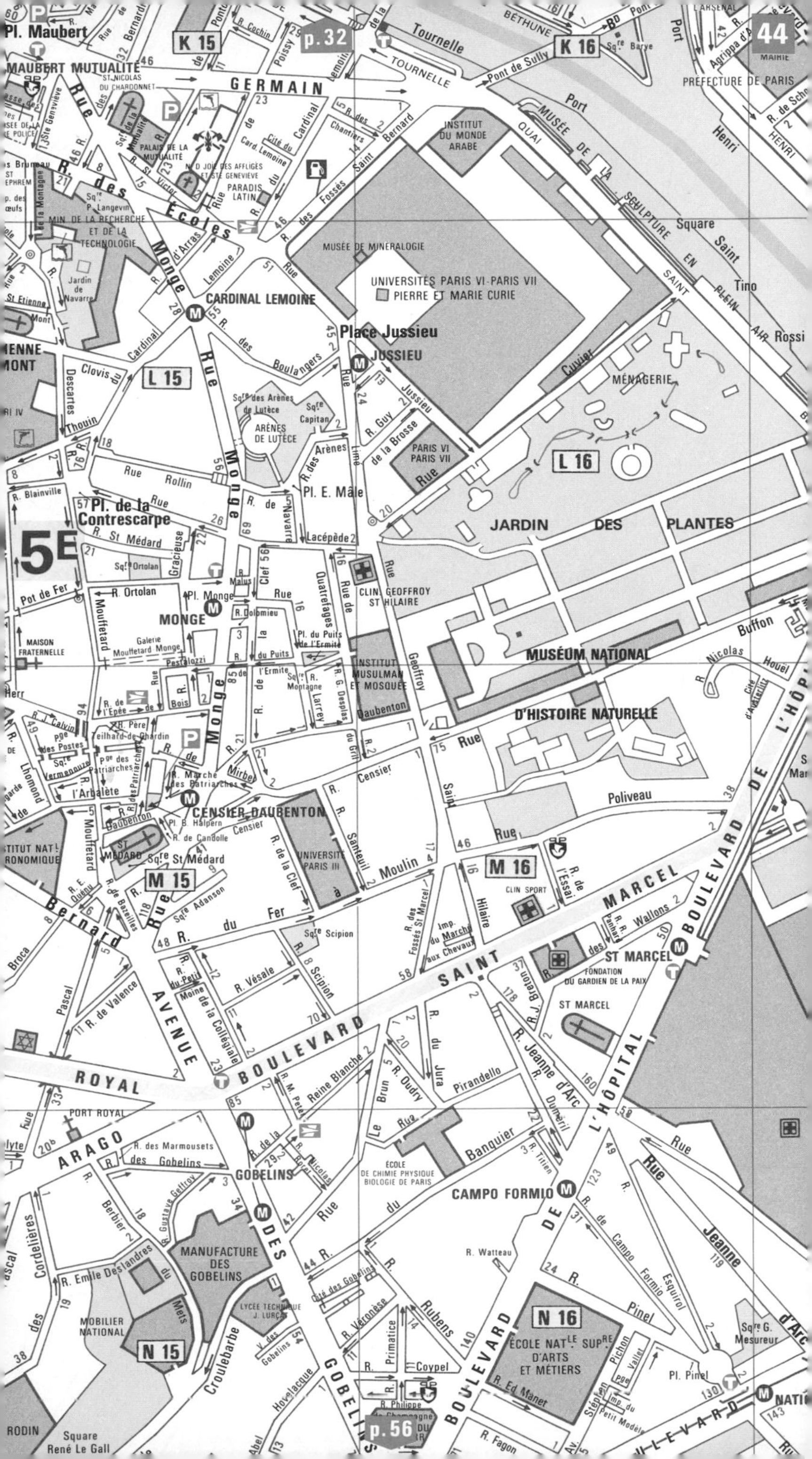

44
p. 32
p. 56
K 15
K 16
L 15
L 16
M 15
M 16
N 15
N 16
5E
Pl. Maubert
MAUBERT MUTUALITÉ
ST NICOLAS DU CHARDONNET
GERMAIN
Tournelle
TOURNELLE
Pont de Sully
BÉTHUNE
Sq.re Barye
PRÉFECTURE DE PARIS
Henri
Port
QUAI
MUSÉE DE LA SCULPTURE EN PLEIN AIR
SAINT
Square Saint Tino Rossi
INSTITUT DU MONDE ARABE
PALAIS DE LA MUTUALITÉ
N.D. JOIE DES AFFLIGÉS ET STE GENEVIÈVE
PARADIS LATIN
Card. Lemoine
Cité du Cardinal
Chantiers
R. des Fossés Saint Bernard
R. des Écoles
Sq.re P. Langevin
MIN. DE LA RECHERCHE ET DE LA TECHNOLOGIE
Jardin de Navarre
R. St Victor
Rue d'Arras
Lemoine
Monge
CARDINAL LEMOINE
MUSÉE DE MINÉRALOGIE
UNIVERSITÉS PARIS VI-PARIS VII PIERRE ET MARIE CURIE
Place Jussieu
JUSSIEU
R. des Boulangers
Cuvier
MÉNAGERIE
Clovis
Descartes
Thouin
Sq.re des Arènes de Lutèce
Sq.re Capitan
ARÈNES DE LUTÈCE
R. des Arènes
R. Guy
de la Brosse
PARIS VI PARIS VII
Linné
Rue Rollin
R. Blainville
Pl. de la Contrescarpe
R. St Médard
Sq.re Ortolan
R. Ortolan
Pl. E. Mâle
R. de Navarre
Lacépède
JARDIN DES PLANTES
Pot de Fer
Mouffetard
Pl. Monge
MONGE
R. Dolomieu
Clef
Quatrefages
CLIN. GEOFFROY ST HILAIRE
Rue de Buffon
MAISON FRATERNELLE
Galerie Mouffetard Monge
Pestalozzi
Pl. du Puits de l'Ermite
INSTITUT MUSULMAN ET MOSQUÉE
Geoffroy
MUSÉUM NATIONAL D'HISTOIRE NATURELLE
R. Nicolas Houël
Cité d'Austerlitz
R. de l'Épée de Bois
Sq.re Montagne
R. G. Desplas
Daubenton
R. Calvin
P.ge des Postes
R. Père Teilhard-de-Chardin
Sq.re Vermenouze
P.ge des Patriarches
Lhomond
l'Arbalète
R. Marché des Patriarches
Mirbel
CENSIER DAUBENTON
Censier
Rue Saint
Poliveau
Pl. B. Halpern
R. de Candolle
St MÉDARD
Sq.re St Médard
UNIVERSITÉ PARIS III
R. de la Clef
Santeuil
Moulin
Hilaire
CLIN SPORT
R. de l'Essai
Broca
Bernard
R. de Bazeilles
Sq.re Adanson
R. du Fer à Moulin
Sq.re Scipion
R. des Fossés St Marcel
Imp. du Marché aux Chevaux
MARCEL
Wallons
BOULEVARD DE L'HÔPITAL
ST MARCEL
FONDATION DU GARDIEN DE LA PAIX
R. Vésale
Scipion
R. du Petit Moine
de la Collégiale
SAINT
Pascal
R. de Valence
AVENUE
BOULEVARD
ROYAL
PORT ROYAL
ARAGO
R. des Marmousets
des Gobelins
Reine Blanche
R. M. Petel
R. Oudry
Brun
R. du Jura
Pirandello
R. Jeanne d'Arc
Dumeril
L'HÔPITAL
Le Brun
ÉCOLE DE CHIMIE PHYSIQUE BIOLOGIE DE PARIS
Banquier
R. Titien
CAMPO FORMIO
R. de la Reine Blanche
R. Nicolas
GOBELINS
R. Gustave Geffroy
Berbier
MANUFACTURE DES GOBELINS
DES
Rue du
R. Watteau
DE
R. de Campo Formio
Esquirol
Rue Jeanne d'Arc
Cordelières
R. Émile Deslandres
Cité des Gobelins
R. Rubens
R. Pinel
MOBILIER NATIONAL
LYCÉE TECHNIQUE J. LURÇAT
R. Véronèse
Primatice
BOULEVARD
ÉCOLE NAT.LE SUP.RE D'ARTS ET MÉTIERS
Pichon
Vallet
Sq.re G. Mesureur
Croulebarbe
des Gobelins
R. Coypel
GOBELINS
R. Ed. Manet
Pl. Pinel
RODIN
Square René Le Gall
Hovelacque
Abel
R. Philippe de Champagne
R. Fagon
Stéphen
Imp. du Petit Modèle
BOULEVARD
NATI

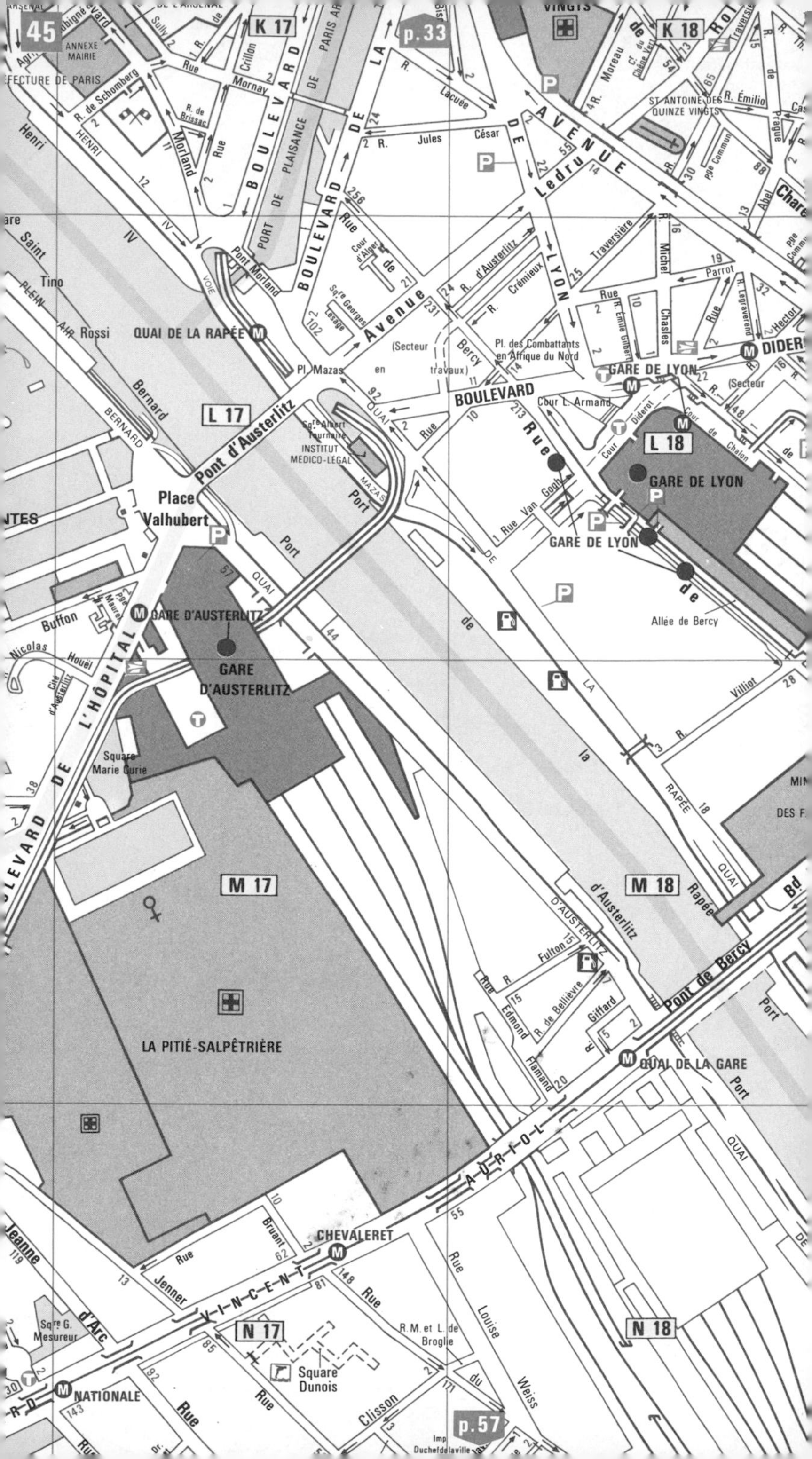
K 17
K 18
L 17
L 18
M 17
M 18
N 17
N 18
p. 33
p. 57
ANNEXE MAIRIE
PRÉFECTURE DE PARIS
BOULEVARD DE LA BASTILLE
PORT DE PLAISANCE
Pont Morland
QUAI DE LA RAPÉE
Pl. Mazas
Avenue Daumesnil
AVENUE LEDRU-ROLLIN
Rue de Lyon
BOULEVARD DIDEROT
GARE DE LYON
Cour L. Armand
Pl. des Combattants en Afrique du Nord
ST ANTOINE DES QUINZE VINGTS
INSTITUT MEDICO-LEGAL
Pont d'Austerlitz
Place Valhubert
GARE D'AUSTERLITZ
Quai de la Rapée
Port de la Rapée
Allée de Bercy
Rue Villiot
Quai de la Rapée
Rue Van Gogh
BOULEVARD DE L'HÔPITAL
Square Marie Curie
LA PITIÉ-SALPÊTRIÈRE
Quai d'Austerlitz
Pont de Bercy
QUAI DE LA GARE
Rue Fulton
Rue Edmond Flamand
R. de Bellièvre
R. Giffard
AURIOL
CHEVALERET
VINCENT
Rue Jenner
Rue Bruant
R.M. et L. de Broglie
Rue Louise Weiss
Square Dunois
Rue Clisson
NATIONALE
Sq.re G. Mesureur
Jeanne d'Arc
Rue du Chevaleret
Imp. Duchefdelaville

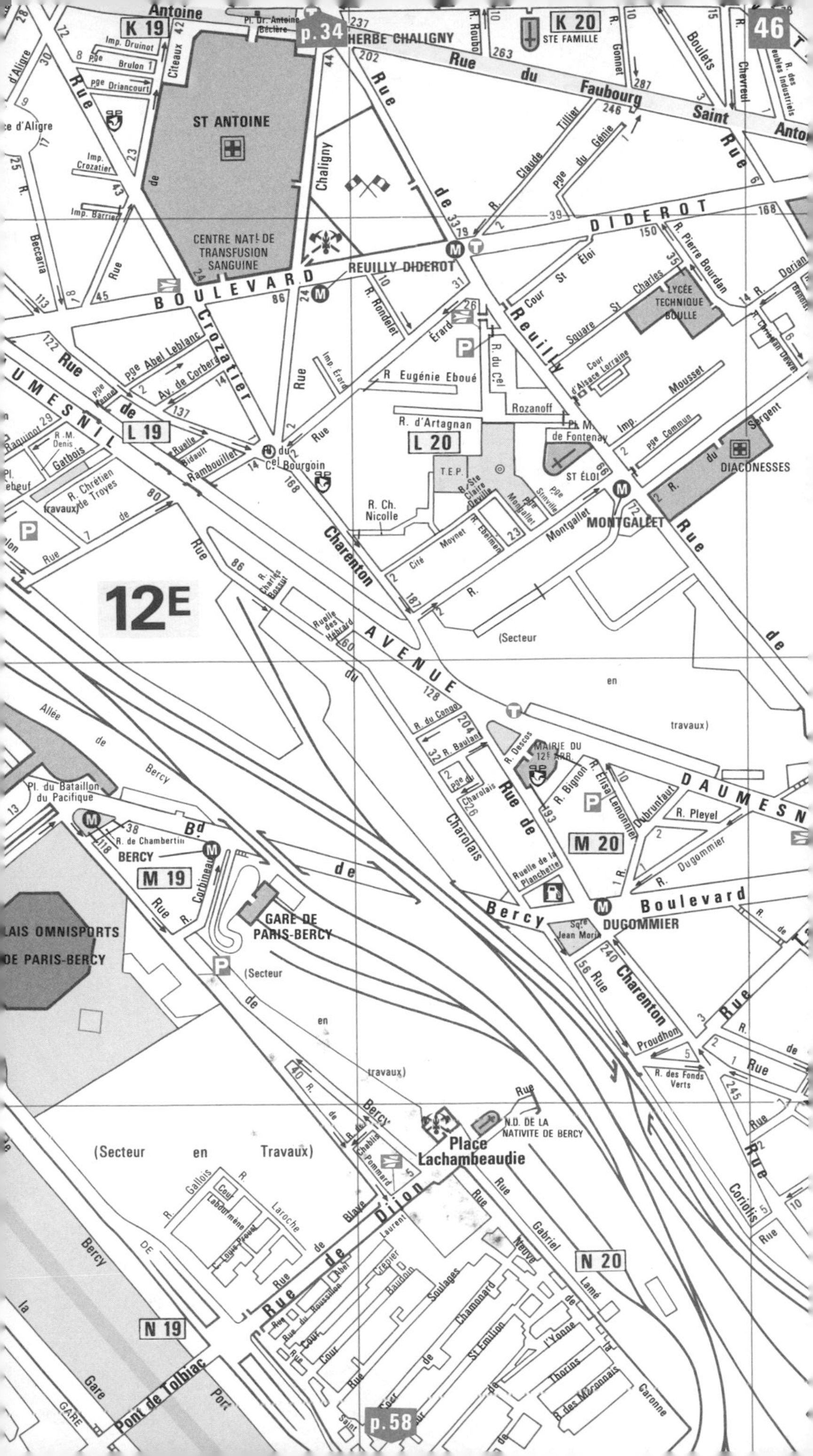

12E
ST ANTOINE
CENTRE NATL DE TRANSFUSION SANGUINE
REUILLY DIDEROT
BOULEVARD DIDEROT
Rue du Faubourg Saint Antoine
HERBE CHALIGNY
STE FAMILLE
K 19
K 20
L 19
L 20
M 19
M 20
N 19
N 20
Rue de Reuilly
Rue Crozatier
Rue de Charenton
AVENUE DAUMESNIL
LYCÉE TECHNIQUE BOULLE
DIACONESSES
ST ÉLOI
MONTGALLET
DUGOMMIER
MAIRIE DU 12E ARR.
Boulevard de Bercy
GARE DE PARIS-BERCY
BERCY
PALAIS OMNISPORTS DE PARIS-BERCY
Pl. du Bataillon du Pacifique
Allée de Bercy
(Secteur en travaux)
(Secteur en Travaux)
Place Lachambeaudie
N.D. DE LA NATIVITE DE BERCY
Rue de Dijon
Pont de Tolbiac
Port de la Gare
R. Eugénie Eboué
R. d'Artagnan
Rozanoff
Square St Charles
Cour St Éloi
R. Pierre Bourdan
R. Dorian
Sq. Jean Morin
R. Pleyel
R. Dugommier
R. Proudhon
R. des Fonds Verts
Rue Coriolis
Rue Gabriel Lamé
Rue de Chambertin
R. Corbineau
Charolais
R. Baulant
R. du Congo
R. Descos
R. Bignon
R. Elisa Lemonnier
R. Dubrunfaut
Rue de Cîteaux
Rue Chaligny
Rue Erard
R. Rondelet
Rue Claude Tillier
Pge du Génie
Rue Montgallet
Cité Moynet
R. Charles Bossut
R. de Rambouillet
R. Chrétien de Troyes
R. Gatbois
p. 34
p. 58

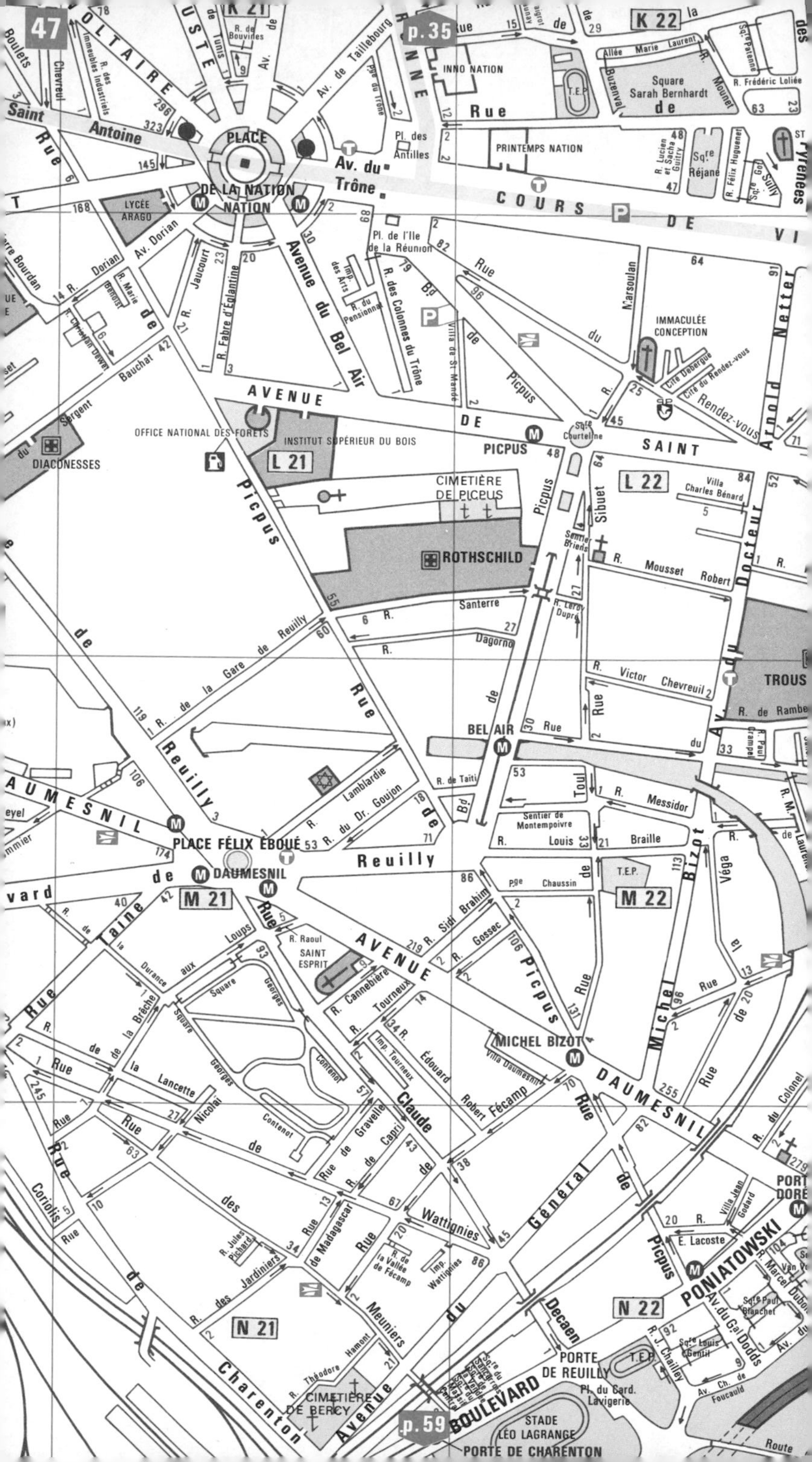

PLACE DE LA NATION
NATION
Av. du Trône
COURS DE VINCENNES
AVENUE DE SAINT MANDÉ
INNO NATION
PRINTEMPS NATION
LYCÉE ARAGO
OFFICE NATIONAL DES FORETS
INSTITUT SUPÉRIEUR DU BOIS
DIACONESSES
CIMETIÈRE DE PICPUS
ROTHSCHILD
IMMACULÉE CONCEPTION
PICPUS
BEL AIR
PLACE FÉLIX ÉBOUÉ
DAUMESNIL
SAINT ESPRIT
MICHEL BIZOT
PORTE DORÉE
PORTE DE REUILLY
STADE LÉO LAGRANGE
PORTE DE CHARENTON
CIMETIÈRE DE BERCY
BOULEVARD POINIATOWSKI
Square Sarah Bernhardt
Avenue du Bel Air
Rue de Picpus
Rue de Reuilly
Rue Claude Decaen
Avenue du Général Michel Bizot
Rue de Charenton
K 22
L 21
L 22
M 21
M 22
N 21
N 22

p. 35
p. 59

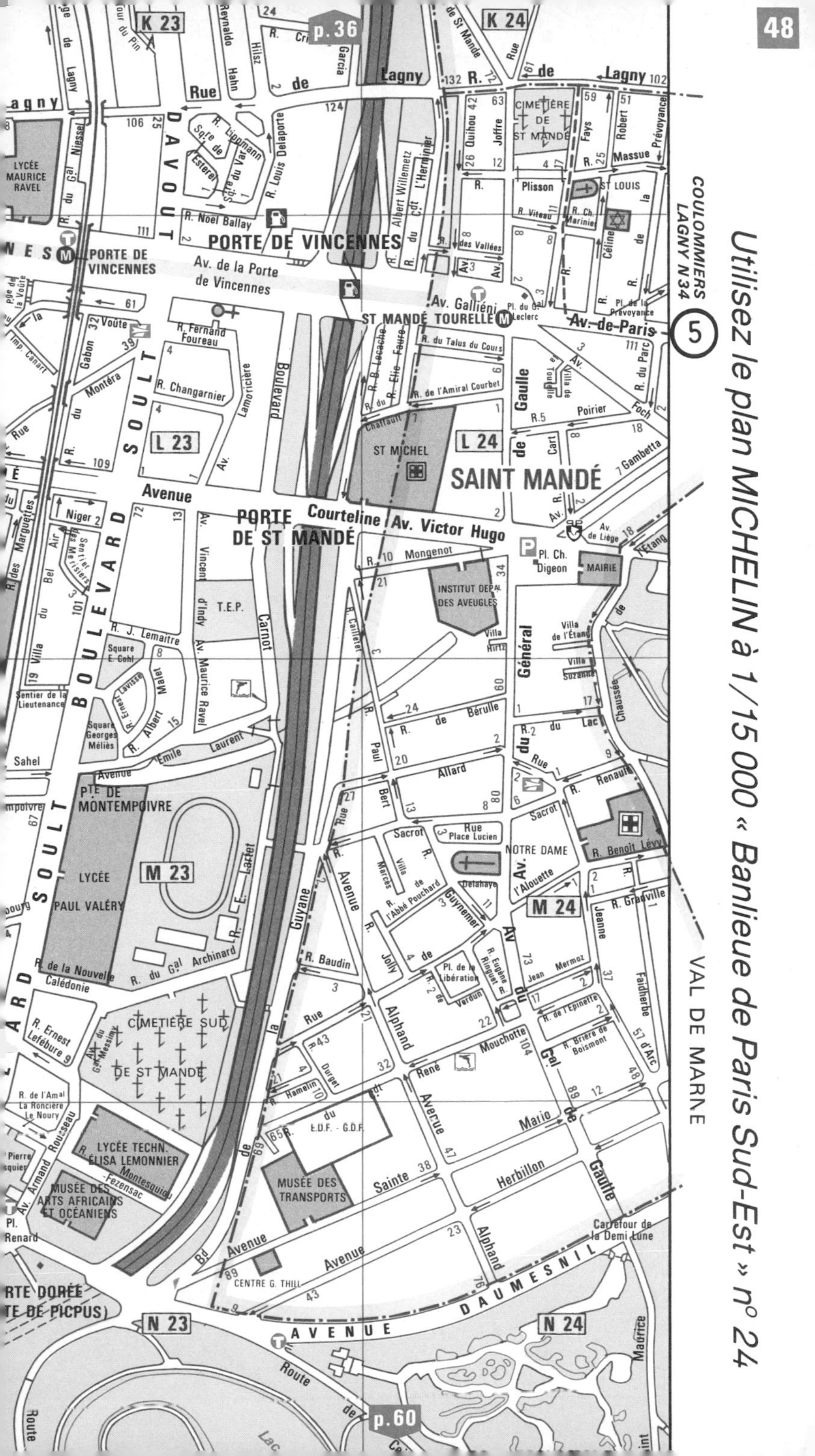

Utilisez le plan MICHELIN à 1/15 000 « Banlieue de Paris Sud-Est » n° 24

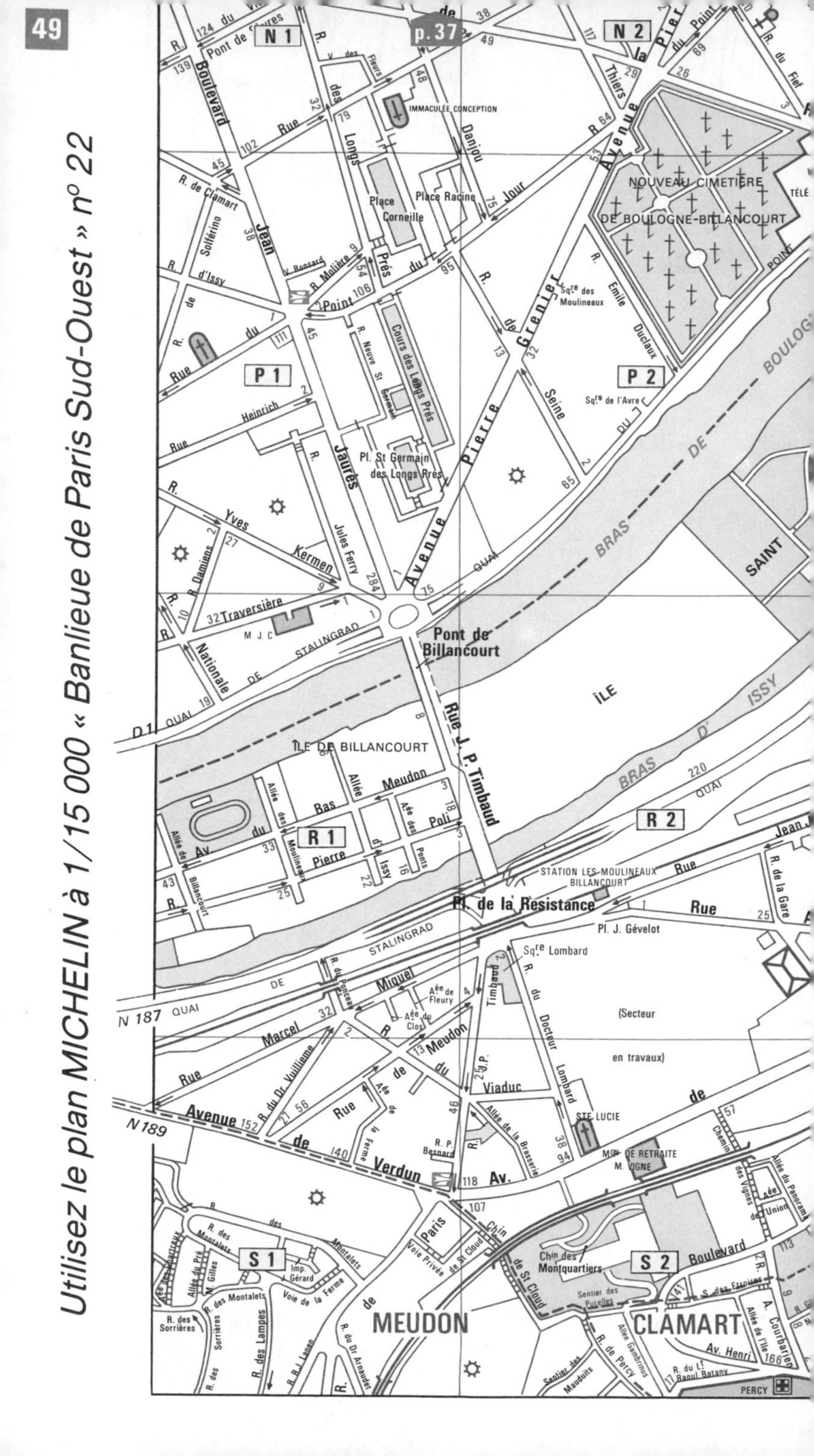

49
Utilisez le plan MICHELIN à 1/15 000 « Banlieue de Paris Sud-Ouest » n° 22
p. 37
N 1
N 2
P 1
P 2
R 1
R 2
S 1
S 2
IMMACULÉE CONCEPTION
NOUVEAU CIMETIÈRE DE BOULOGNE-BILLANCOURT
Place Corneille
Place Racine
Pl. St Germain des Longs Prés
Cours des Longs Prés
Sq.re des Moulineaux
Sq.re de l'Avre
M. J. C.
Pont de Billancourt
ÎLE DE BILLANCOURT
ÎLE
BRAS DE BOULOGNE
BRAS D' ISSY
SAINT
STATION LES MOULINEAUX BILLANCOURT
Pl. de la Resistance
Pl. J. Gévelot
Sq.re Lombard
(Secteur en travaux)
STE LUCIE
MON DE RETRAITE M. VIGNE
Rue J. P. Timbaud
Avenue Jean Jaurès
Avenue Pierre Grenier
R. de Seine
R. Emile Duclaux
Quai de Stalingrad
Rue Traversière
R. Nationale
Rue Yves Kermen
R. Damiens
Jules Ferry
Rue Heinrich
R. Neuve St Germain
R. Molière
V. Ronsard
R. de Clamart
R. Solférino
R. d'Issy
Boulevard
Pont de Sèvres
R. des Fleurs
Rue Danjou
Rue du Point du Jour
Avenue Thiers
R. de la Pierre
R. du Fief
Allée de Meudon
Allée des Moulineaux
Av. du Bas Pierre
Aée des Poli
Aée des Ponts
d'Issy
R. de Billancourt
N 187
QUAI DE STALINGRAD
R. du Ponceau
R. Miquel
Aée de Fleury
Aée du Clos
R. de Meudon
Rue Marcel
R. du Dr. Vuillième
Rue de Viaduc
Aée de la Ferme
R. P. Besnard
Allée de la Brasserie
R. du Docteur Lombard
N 189
Avenue de Verdun
Av. de Paris
Voie Privée de St Cloud
Ch.in de St Cloud
Ch.in des Montquartiers
Sentier des Pucelles
Chemin des Vignes
Allée du Panorama
Aée de l'Union
Boulevard
R. des Montalets
Allée du Pré
R. M. Gilles
Imp. J. Gérard
Voie de la Ferme
R. des Sorrières
R. des Lampes
R. du Dr Arnaudet
MEUDON
CLAMART
R. de Percy
Allée Gambrinus
Sentier des Mauduits
R. du Lt Raoul Batany
Av. Henri
A. Courbarien
Allée de l'Ile
PERCY
Rue de la Gare
D 1

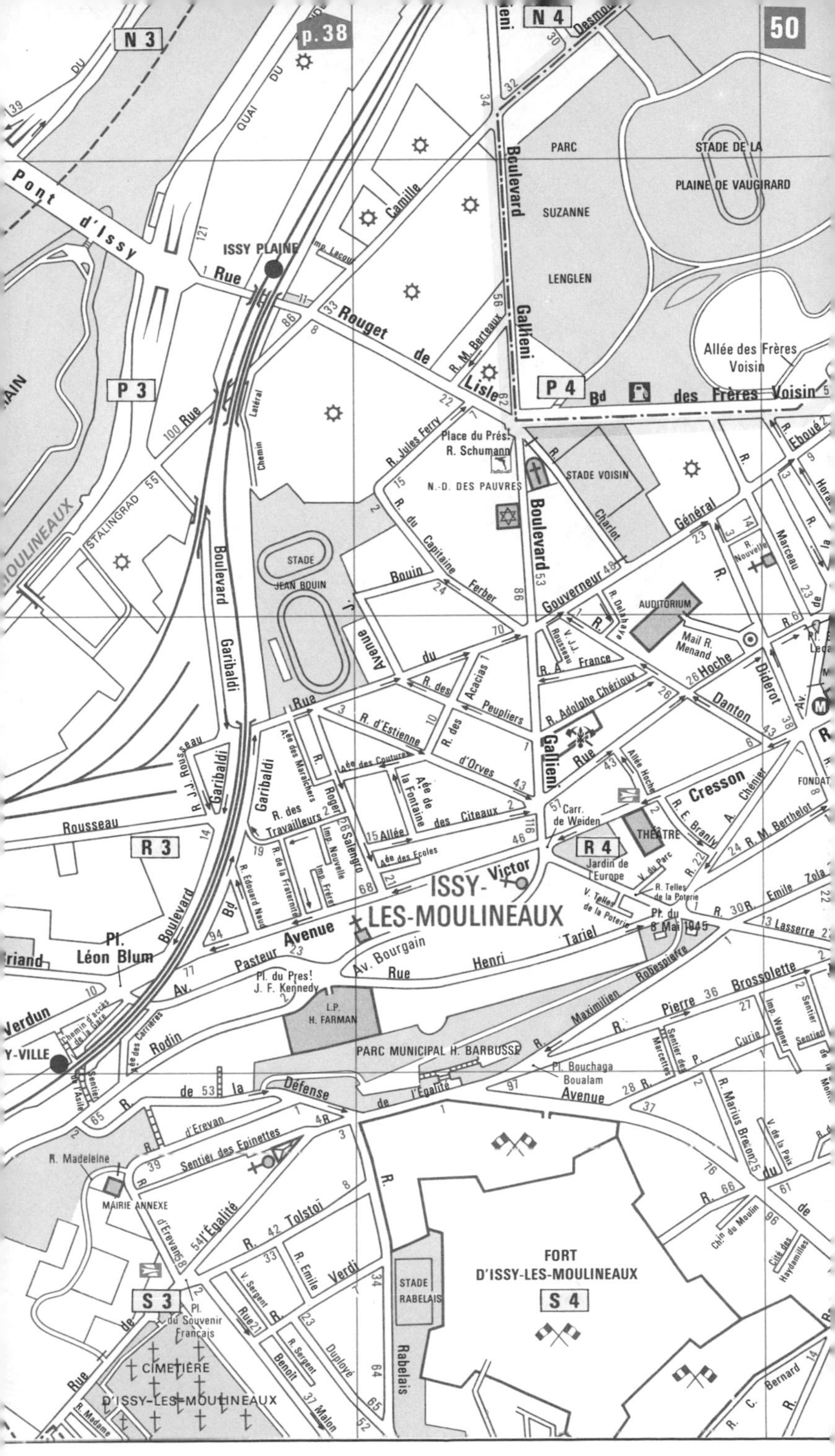
N 3
p. 38
N 4
P 3
P 4
R 3
R 4
S 3
S 4
Pont d'Issy
ISSY PLAINE
Rue Rouget de Lisle
PARC SUZANNE LENGLEN
STADE DE LA PLAINE DE VAUGIRARD
Allée des Frères Voisin
Bd des Frères Voisin
Boulevard Gallieni
Boulevard Garibaldi
STADE JEAN BOUIN
Place du Prés! R. Schumann
N.-D. DES PAUVRES
STADE VOISIN
AUDITORIUM
Mail R. Menand
THÉATRE
Jardin de l'Europe
ISSY-LES-MOULINEAUX
Pl. Léon Blum
Avenue Pasteur
Rue Henri Tariel
Pl. du Pres! J. F. Kennedy
L.P. H. FARMAN
PARC MUNICIPAL H. BARBUSSE
Pl. du 8 Mai 1945
Rue Cresson
Rue Danton
R. Diderot
R. Maximilien Robespierre
R. Pierre Brossolette
Avenue de la Défense
de l'Égalité
FORT D'ISSY-LES-MOULINEAUX
STADE RABELAIS
MAIRIE ANNEXE
CIMETIÈRE D'ISSY-LES-MOULINEAUX
Pl. du Souvenir Français
R. Madeleine
Rousseau
Verdun
Rue Rodin
R. Tolstoi
R. Emile Verdi
R. Marius Brécon
R. Emile Zola
Lasserre

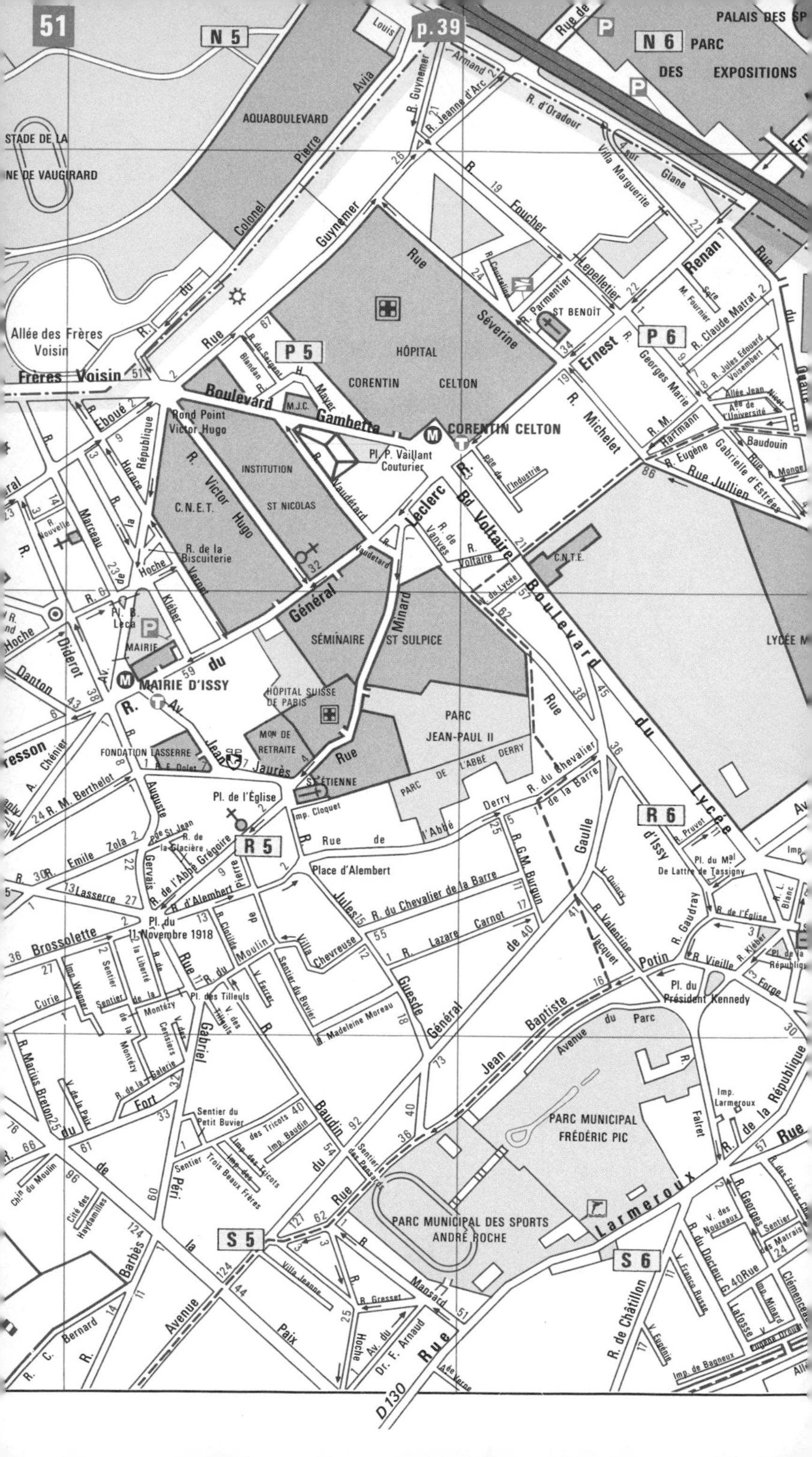
51
N 5
p. 39
N 6
PARC
DES EXPOSITIONS
PALAIS DES SP
AQUABOULEVARD
STADE DE LA
NE DE VAUGIRARD
Allée des Frères
Voisin
Frères Voisin
Rue du Colonel Pierre Avia
Rue Gynemer
R. Guynemer
R. Jeanne d'Arc
Armand
Louis
R. d'Oradour
Villa Marguerite
Glane
R. Foucher
R. Courteline
Lepelletier
R. Parmentier
ST BENOÎT
Rue Séverine
HÔPITAL
CORENTIN
CELTON
P 5
P 6
Ernest Renan
R. Georges Marie
R. Claude Matrat
M. Fournier
R. Jules Edouard Voisembert
Allée Jean Nicot
Ade de l'Université
R. M. Hartmann
R. Eugène
Gabrielle d'Estrées
Baudouin
Rue Jullien
R. Monge
R. Michelet
Boulevard Gambetta
M.J.C.
H. Mayer
R. du Sergent Blandan
CORENTIN CELTON
Pl. P. Vaillant Couturier
Rond Point Victor Hugo
INSTITUTION
ST NICOLAS
C.N.E.T.
R. Victor Hugo
R. de la Biscuiterie
R. Vernet
R. Naudétard
R. Leclerc
Bd Voltaire
R. de l'Industrie
R. de Vanves
R. Voltaire
R. du Lycée
C.N.T.E.
Boulevard du Lycée
LYCÉE M
Eboué
R. République
R. Horace
R. Marceau
R. Nouvelle
R. Hoche
R. Kléber
Pl. B. Leca
MAIRIE
MAIRIE D'ISSY
Diderot
Danton
Général
SÉMINAIRE
ST SULPICE
Minard
HÔPITAL SUISSE DE PARIS
PARC
JEAN-PAUL II
Mon DE RETRAITE
Rue St ÉTIENNE
PARC DE L'ABBÉ DERRY
R. du Chevalier de la Barre
Rue de l'Abbé Derry
FONDATION LASSERRE
R. E. Dolet
Av. Jean Jaurès
Pl. de l'Église
R 5
R 6
A. Chénier
R. M. Berthelot
Auguste Gervais
R. de la Glacière
R. de l'Abbé Grégoire
R. Emile Zola
Lasserre
R. d'Alembert
Pierre
Place d'Alembert
Rue de Gaulle
d'Issy
R. Pruvot
Pl. du Mal De Lattre de Tassigny
R. G.M. Burgun
R. du Chevalier de la Barre
Jules Guesde
R. Lazare Carnot
Villa Chevreuse
Général de
V. Quincy
R. Valentine Jacquet
R. Gaudray
R. de l'Église
R. Vieille Forge
R. Kléber
Potin
Pl. du Président Kennedy
Pl. de la République
Pl. du 11 Novembre 1918
Brossolette
Curie
Imp. Wagner
Sentier de la Montézy
Pl. des Tilleuls
V. des Tilleuls
Rue du Moulin
V. Ferrer
Sentier du Buvier
R. Madeleine Moreau
Jean Baptiste
Avenue du Parc
PARC MUNICIPAL
FRÉDÉRIC PIC
Imp. Larmeroux
Rue de la République
Falret
Gabriel Péri
R. de la Galerie
Fort
R. Marius Breton
V. de la Paix
Sentier du Petit Buvier
des Tricots
Imp. Baudin
Imp. des Tricots
Sentier Trois Beaux Frères
Rue du Baudin
Sentier des Pansards
Chin du Moulin
Cité des Haydamilles
Barbès
PARC MUNICIPAL DES SPORTS
ANDRÉ ROCHE
Larmeroux
S 5
S 6
R. des Frères Chau
R. Georges Sentier des Matrais
V. des Nouzeaux
R. du Docteur G Lafosse
V. France Russe
Imp. Minard
Clémenceau
Eugène Dupuis
R. de Châtillon
V. Eugénie
Imp. de Bagneux
Villa Jeanne
R. Gresset
Mansard
Avenue de la Paix
Hoche
Av. du Dr. F. Arnaud
Rue
Ade Verne
D130
R. C. Bernard

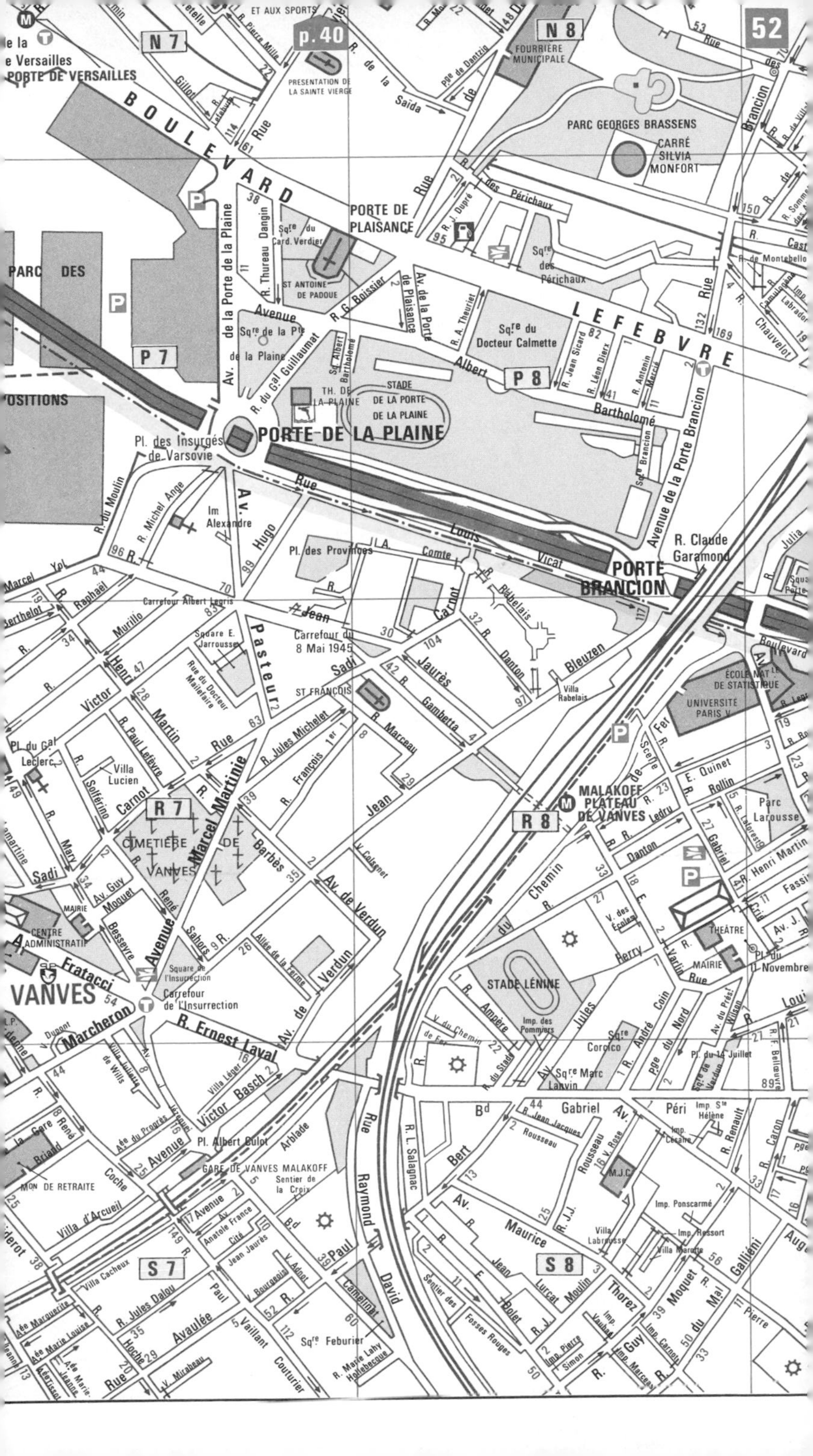
p. 40
N 7
N 8
P 7
P 8
R 7
R 8
S 7
S 8
PORTE DE VERSAILLES
ET AUX SPORTS
R. Pierre Mille
PRESENTATION DE LA SAINTE VIERGE
R. de la Saïda
Pge de Dantzig
FOURRIÈRE MUNICIPALE
PARC GEORGES BRASSENS
CARRÉ SILVIA MONFORT
Rue Brancion
BOULEVARD LEFEBVRE
PORTE DE PLAISANCE
R. des Périchaux
Sqre des Périchaux
R. J. Dupré
Sqre du Card. Verdier
ST ANTOINE DE PADOUE
R. Thureau Dangin
Av. de la Porte de la Plaine
R. G. Boissier
Av. de Plaisance
Av. de la Porte de Plaisance
R. A. Theuriet
Sqre du Docteur Calmette
R. Jean Sicard
R. Léon Dierx
R. Antonin Mercié
R. de Montebello
R. Chauvelot
PARC DES EXPOSITIONS
Avenue Sqre de la Pte de la Plaine
R. du Gal Guillaumat
Sq. Albert Bartholomé
TH. DE LA PLAINE
STADE DE LA PORTE DE LA PLAINE
Albert Bartholomé
Sqre Brancion
Avenue de la Porte Brancion
PORTE DE LA PLAINE
Pl. des Insurgés de Varsovie
R. du Moulin
R. Michel Ange
Im Alexandre
Av. Hugo
Rue Louis Vicat
Pl. des Provinces
R. A. Comte
R. Rabelais
PORTE BRANCION
R. Claude Garamond
Marcel Yol
R. Raphaël
Carrefour Albert Legris
R. Murillo
Square E. Jarrousse
Pasteur
Rue Jean Jaurès
Carrefour du 8 Mai 1945
R. Carnot
R. Danton
Bleuzen
Villa Rabelais
Boulevard
ÉCOLE NAT. LE DE STATISTIQUE
UNIVERSITE PARIS V
R. Henri Martin
Victor
Rue du Docteur Maillefaire
Sadi
ST FRANÇOIS
R. Gambetta
R. Jules Michelet
R. Marceau
R. Paul Lefèvre
Villa Lucien
R. François 1er
R. Jean
Pl. du Gal Leclerc
R. Solférino
Carnot
Marcel Martinie
R. Fer
R. de Scelle
E. Quinet
R. Rollin
MALAKOFF PLATEAU DE VANVES
R. Ledru
R. Danton
R. Gabriel
R. Laforest
Parc Larousse
R. Mary
CIMETIÈRE DE VANVES
Barbès
V. Colsener
Av. de Verdun
Chemin
V. des Écoles
R. Henri Martin
Sadi
Av. Guy Mocquet
R. René
MAIRIE
CENTRE ADMINISTRATIF
R. Besseyre
Avenue
R. Sabors
Allée de la Ferme
Verdun
du
STADE LÉNINE
Berry
Varlin
Rue
THÉATRE
MAIRIE
Pl. du 11 Novembre
VANVES
Fratacci
Square de l'Insurrection
Carrefour de l'Insurrection
Av. de Verdun
Ampère
Imp. des Pommiers
Jules
Sqre Corcico
R. André Coin
Pge du Nord
Av. du Prés.t Wilson
Pl. du 14 Juillet
R. F. Bellevue
Marcheron
R. Ernest Laval
V. du Chemin de Fer
R. du Stade
Sqre Marc Lanvin
Villa Juliette de Wills
Villa Léger
Victor Basch
Bd Gabriel Péri
Imp. Ste Hélène
R. Jean Jacques Rousseau
Imp. Césaire
R. Renault
R. Caron
Aée du Progrès
Pl. Albert Culot
Arblade
Rue Raymond
R. L. Salagnac
Bert
16 V. Rose
M.J.C.
Avenue
GARE DE VANVES MALAKOFF
Mon DE RETRAITE
Coche
Villa d'Arcueil
Sentier de la Croix
Av. Anatole France
Cité Jean Jaurès
Av. Maurice
R. J.J.
Imp. Ponscarmé
Villa Labrousse
Imp. Ressort
Villa Marotte
Gallieni
Villa Cacheux
R. Jules Dalou
Paul
V. Bourgeois
V. Adnet
Bd Paul
Camelinat
David
Jean Lurçat
Moulin
Thorez
Moquet
du Mal
Pierre
Aée Marguerite
Aée Marie Louise
Aée Marie Jeanne
Hoche
Avaulée
Vaillant Couturier
Sqre Feburier
R. Marie Lahy Hollebecque
Sentier des Fosses Rouges
R. E. Bolet
Imp. Pierre Simon
Imp. Vauban
R. Guy
Imp. Carnot
Imp. Marceau
R. Tissot
V. Mirabeau
Rue

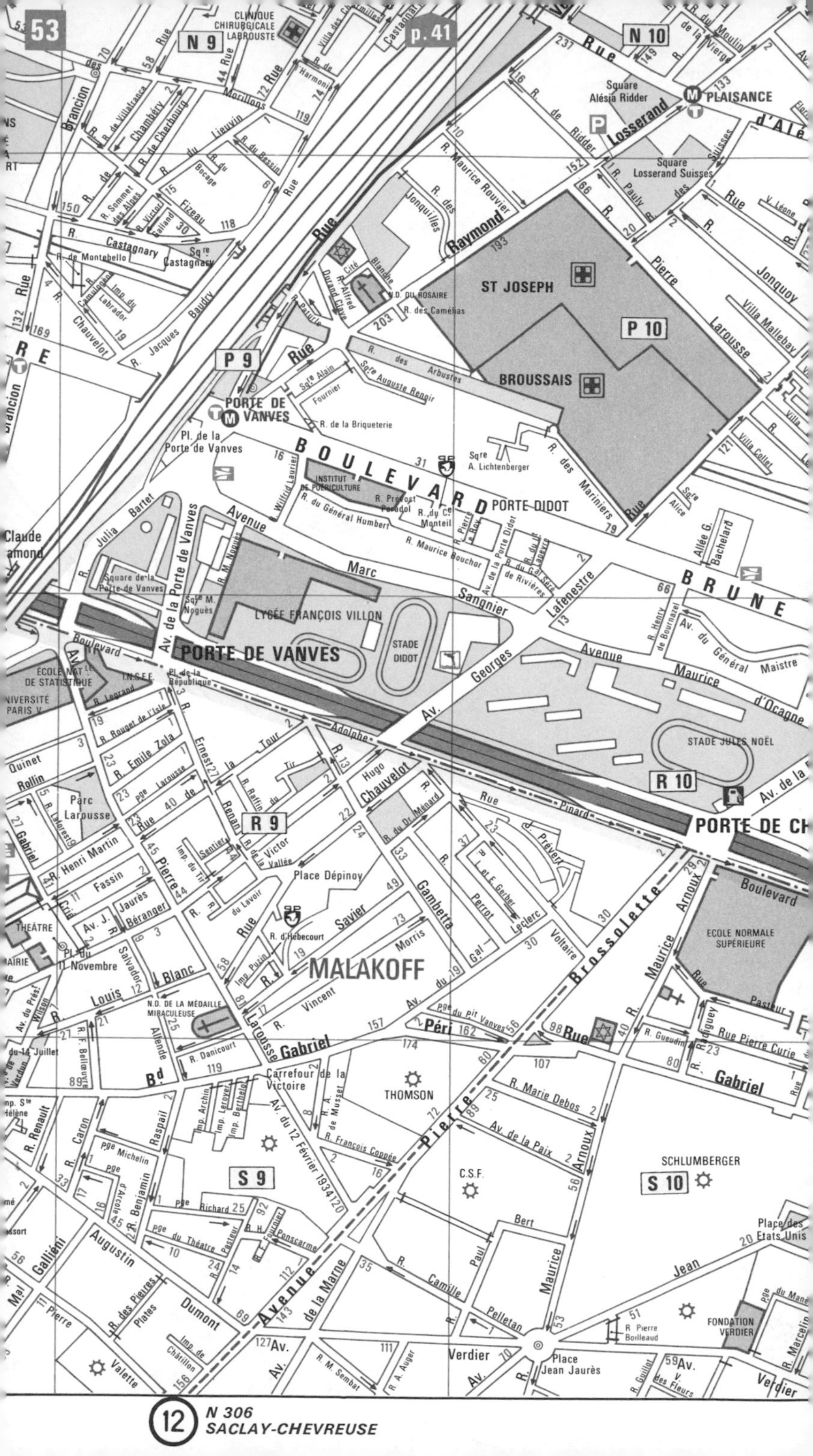
53
p. 41
N 9
N 10
P 9
P 10
R 9
R 10
S 9
S 10
CLINIQUE CHIRURGICALE LABROUSTE
PLAISANCE
Square Alésia Ridder
Square Losserand Suisses
Rue Losserand
Rue Raymond Losserand
R. Maurice Rouvier
R. des Jonquilles
ST JOSEPH
BROUSSAIS
N.D. DU ROSAIRE
R. des Camélias
Cité Blanche
R. Alfred Durand Claye
R. Pierre Larousse
Rue Jonquoy
Villa Mallebay
Villa Collet
R. des Arbustes
Sq. Auguste Renoir
Sq. Alain Fournier
R. de la Briqueterie
PORTE DE VANVES
Pl. de la Porte de Vanves
BOULEVARD BRUNE
INSTITUT DE PUÉRICULTURE
R. Prévost Paradol
R. du Général Humbert
R. Maurice Bouchor
Sq. A. Lichtenberger
PORTE DIDOT
R. des Mariniers
Avenue Marc Sangnier
Av. de la Porte de Vanves
Square de la Porte de Vanves
Sq. M. Nogues
LYCÉE FRANÇOIS VILLON
STADE DIDOT
Av. Georges Lafenestre
Avenue Maurice d'Ocagne
Av. du Général Maistre
STADE JULES NOËL
Allée G. Bachelard
R. Henry de Bournazel
Boulevard Adolphe Pinard
ÉCOLE NAT. DE STATISTIQUE
I.N.S.E.E.
UNIVERSITÉ PARIS V
Pl. de la République
R. Legrand
R. Rouget de l'Isle
R. Émile Zola
R. Ernest Renan
Rue de la Tour
R. Raffin
R. Hugo
Chauvelot
R. du Dr. Ménard
Rue Jacques Prévert
R. L. et E. Gerber
R. Perrot
R. Gambetta
R. Gal Leclerc
Rue Voltaire
PORTE DE CH
Av. de la P
Brossolette
Arnoux
Maurice
Boulevard
ÉCOLE NORMALE SUPÉRIEURE
Rue Pasteur
Rue Pierre Curie
Rue Gabriel
Parc Larousse
Rue Pierre Larousse
R. Henri Martin
R. Fassin
Av. J. Jaurès
R. Béranger
Imp. du Tir
Sentier
R. de la Victor Vallée
Place Dépinoy
R. d'Hébécourt
R. Savier
R. Morris
MALAKOFF
Rue Vincent
Av. du 19
Péri
Pge du Pt Vanves
Rue Guesde
THÉÂTRE
MAIRIE
Pl. du 11 Novembre
Salvador Allende
Bd Louis Blanc
N.D. DE LA MÉDAILLE MIRACULEUSE
R. Danicourt
Gabriel
Carrefour de la Victoire
THOMSON
Av. du 12 Février 1934
R. A. de Musset
R. François Coppée
R. Marie Debos
Av. de la Paix
SCHLUMBERGER
C.S.F.
Bert
Place des Etats Unis
R. Renault
R. Caron
Pge Michelin
Pge d'Arcole
R. Benjamin Raspail
Imp. Archin
Imp. Leroyer
Imp. Berthelot
Pge Richard
Pge du Théâtre
R. H. Fournier
Ponscarme
Avenue de la Marne
R. Camille Pelletan
Paul
Maurice
Jean
Pge du Manet
FONDATION VERDIER
R. Pierre Boilleaud
Place Jean Jaurès
Av. Verdier
Av. des Fleurs
R. Guillot
R. A. Auger
R. M. Sembat
Mal Galliéni
Augustin Dumont
R. des Pierres Plates
Imp. de Châtillon
Valette
R. Marcelin
12 N 306 SACLAY-CHEVREUSE

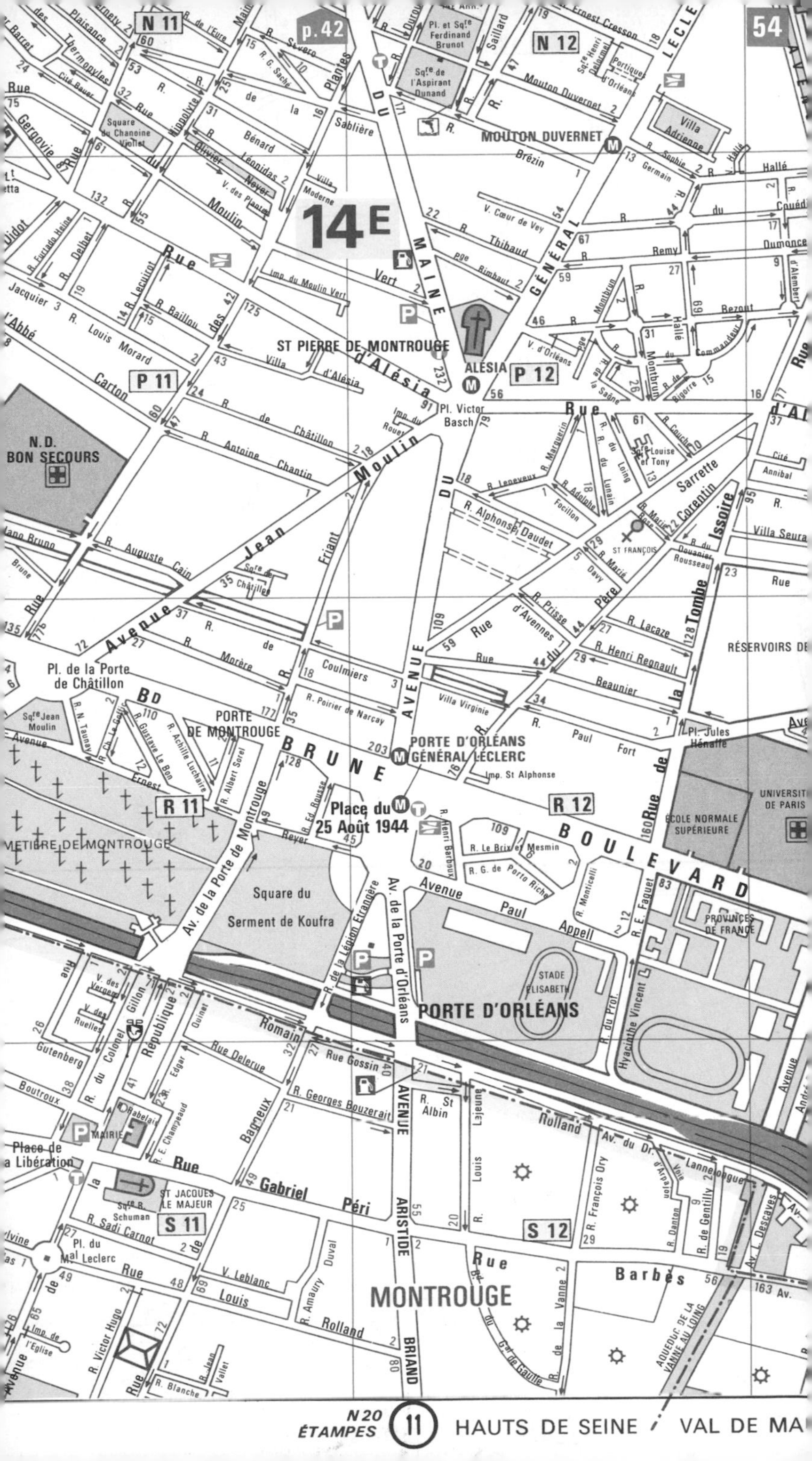
p. 42
N 11
N 12
14E
MOUTON DUVERNET
ST PIERRE DE MONTROUGE
ALÉSIA
P 11
P 12
N.D. BON SECOURS
Pl. Victor Basch
ST FRANÇOIS
RÉSERVOIRS DE
Pl. de la Porte de Châtillon
PORTE DE MONTROUGE
PORTE D'ORLÉANS GÉNÉRAL LECLERC
Place du 25 Août 1944
R 11
R 12
BOULEVARD BRUNE
CIMETIÈRE DE MONTROUGE
Square du Serment de Koufra
STADE ÉLISABETH
PORTE D'ORLÉANS
UNIVERSITÉ DE PARIS
ÉCOLE NORMALE SUPÉRIEURE
PROVINCES DE FRANCE
Pl. Jules Hénaffe
Place de la Libération
MAIRIE
ST JACQUES LE MAJEUR
S 11
S 12
MONTROUGE
Pl. du Mal Leclerc
AQUEDUC DE LA VANNE AU LOING
AVENUE ARISTIDE BRIAND
Rue Gabriel Péri
Avenue Paul Appell
Av. de la Porte d'Orléans
Av. de la Porte de Montrouge
Avenue Jean Moulin
Avenue du Maine
Rue d'Alésia
Rue de la Tombe Issoire
Rue du Père Corentin
Rue Barbès

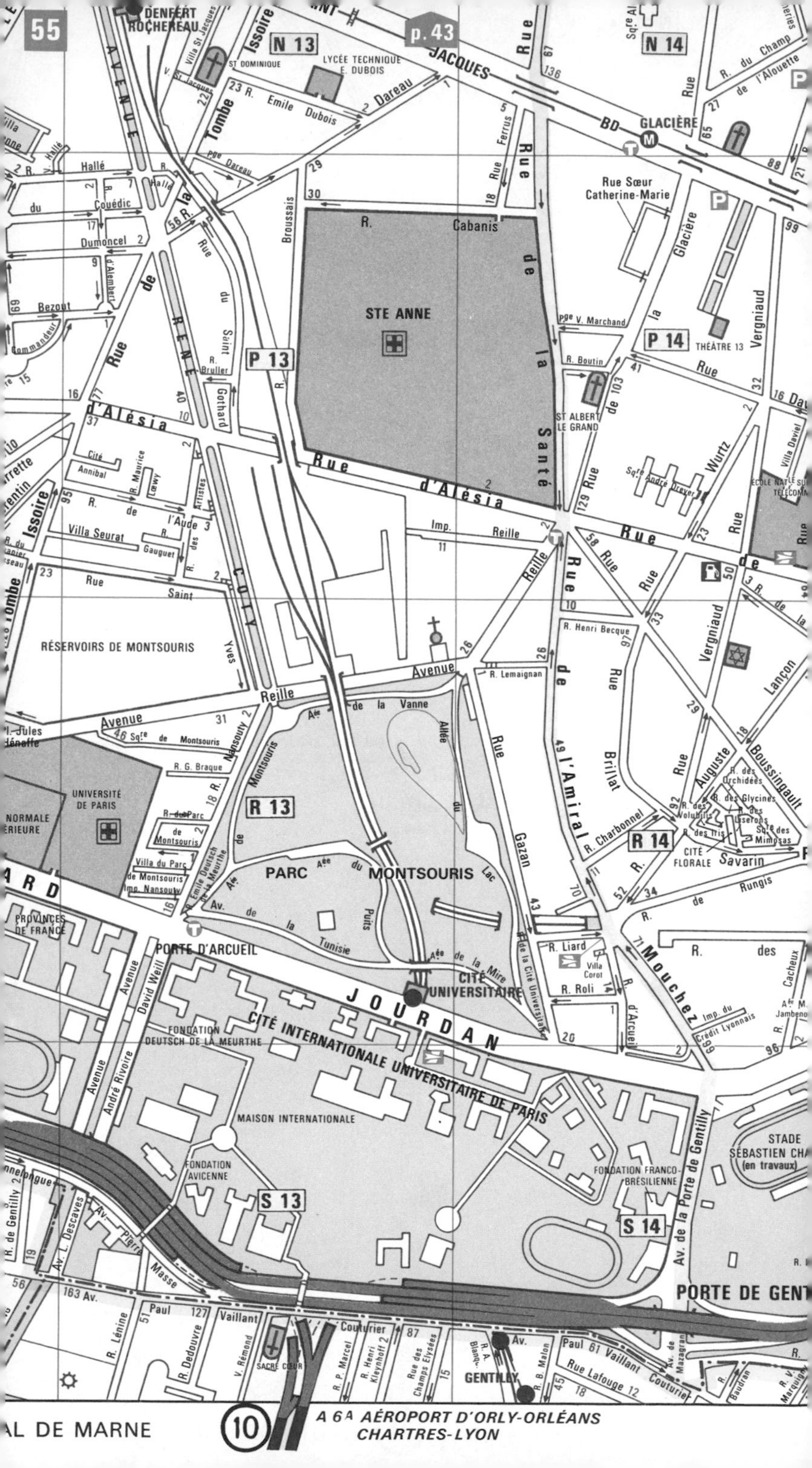
DENFERT ROCHEREAU
p. 43
N 13
N 14
ST DOMINIQUE
LYCÉE TECHNIQUE E. DUBOIS
BD JACQUES
GLACIÈRE
Avenue René Coty
R. Emile Dubois
Dareau
Pge Dareau
Rue Ferrus
Rue de la Santé
Tombe Issoire
Villa St Jacques
Rue Sœur Catherine-Marie
R. Cabanis
Broussais
R. Hallé
Villa Hallé
du Couédic
Dumoncel
d'Alembert
Bezout
Commandeur
STE ANNE
P 13
P 14
Pge V. Marchand
R. Boutin
THÉATRE 13
Rue Vergniaud
Rue de la Glacière
Rue du Saint Gothard
R. Bruller
Rue d'Alésia
ST ALBERT LE GRAND
Rue Wurtz
Sq. re André Dreyer
Villa Daviel
ÉCOLE NAT.LE SUP. TÉLÉCOMM.
Cité Annibal
R. Maurice Lœwy
R. de l'Aude
R. des Artistes
Villa Seurat
R. Gauguet
Rue Saint Yves
Imp. Reille
Avenue Reille
Rue de l'Amiral Mouchez
RÉSERVOIRS DE MONTSOURIS
R. Henri Becque
R. Lemaignan
Rue Brillat Savarin
Rue Gazan
Rue Auguste Lançon
Rue Boussingault
R. des Orchidées
R. des Glycines
R. des Volubilis
R. des Liserons
R. des Iris
Sq.re des Mimosas
CITÉ FLORALE
R. Charbonnel
R 13
R 14
Avenue Jules Hénaffe
Sq.re de Montsouris
R. Nansouty
R. G. Braque
UNIVERSITÉ DE PARIS
NORMALE SUPÉRIEURE
R. du Parc de Montsouris
Villa du Parc de Montsouris
Imp. Nansouty
R. Emile Deutsch de la Meurthe
Allée de la Vanne
Allée du Lac
Allée de Montsouris
PARC MONTSOURIS
Allée du Puits
Av. de la Tunisie
Allée de la Mire
R. de Rungis
R. des Cacheux
R. Liard
Villa Corot
R. Roli
R. d'Arcueil
Imp. du Crédit Lyonnais
Allée M. Jambenoire
PORTE D'ARCUEIL
PROVINCES DE FRANCE
BD JOURDAN
CITÉ UNIVERSITAIRE
Av. de la Cité Universitaire
Avenue David Weill
Avenue André Rivoire
FONDATION DEUTSCH DE LA MEURTHE
CITÉ INTERNATIONALE UNIVERSITAIRE DE PARIS
MAISON INTERNATIONALE
FONDATION AVICENNE
FONDATION FRANCO-BRÉSILIENNE
STADE SÉBASTIEN CH
(en travaux)
S 13
S 14
Av. de la Porte de Gentilly
PORTE DE GENT
R. de Gentilly
Av. L. Descaves
Av. Pierre Masse
163 Av. Paul Vaillant Couturier
R. Lénine
R. Dedouvre
V. Rémond
SACRÉ CŒUR
R. P. Marcel
R. Henri Kleynhoff
Rue des Champs Elysées
R. A. Blanqui
R. B. Malon
GENTILLY
Av. Paul Vaillant Couturier
Rue Lafouge
Av. de Mazagran
R. Baudran
AL DE MARNE
10
A 6A AÉROPORT D'ORLY-ORLÉANS
CHARTRES-LYON

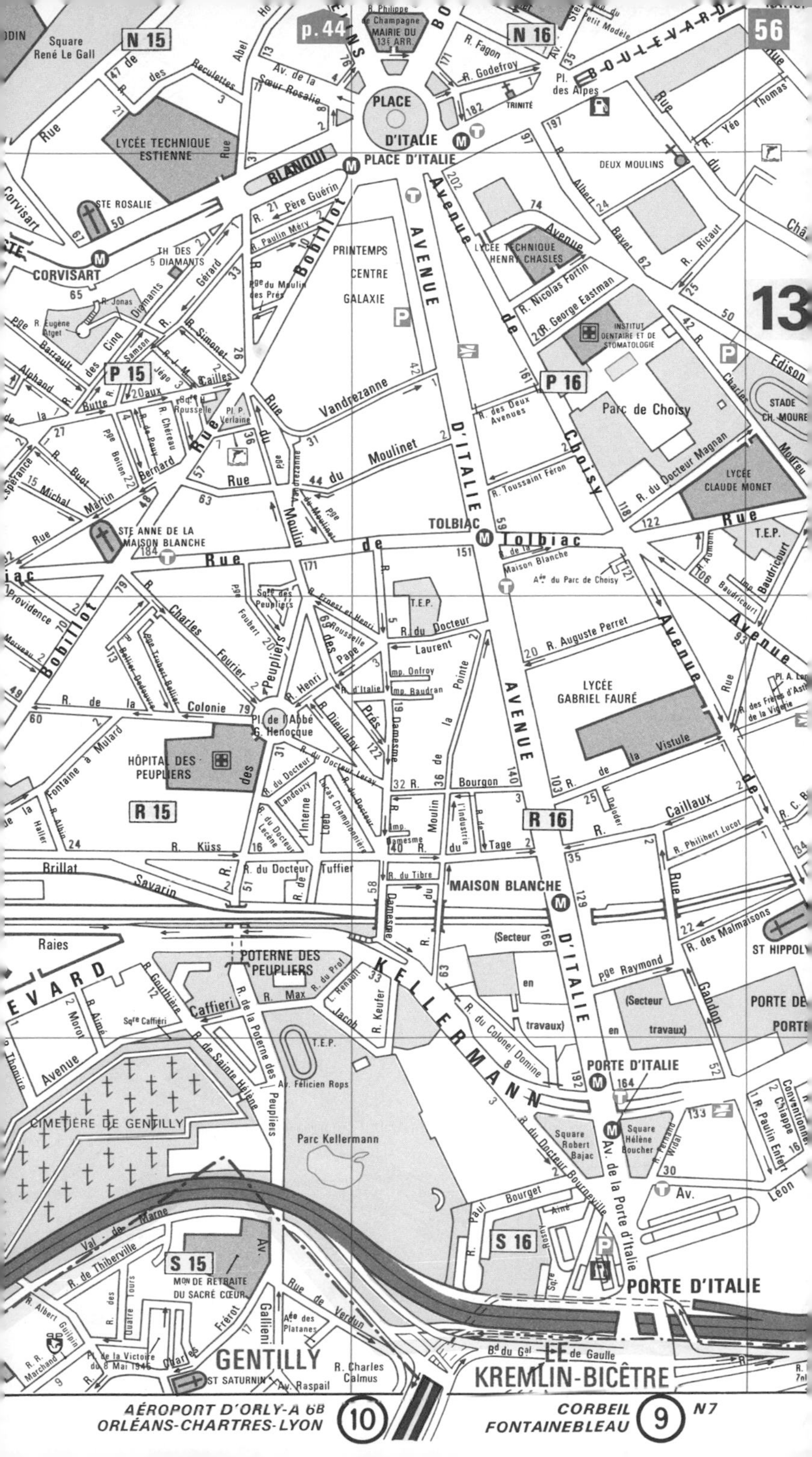
p. 44
N 15
N 16
13
Square René Le Gall
LYCÉE TECHNIQUE ESTIENNE
STE ROSALIE
Corvisart
CORVISART
TH DES 5 DIAMANTS
R. Eugène Atget
R. Jonas
Rue des Reculettes
Av. de la Sœur Rosalie
Abel
R. Philippe de Champagne
MAIRIE DU 13E ARR.
PLACE D'ITALIE
PLACE D'ITALIE
BLANQUI
R. Père Guérin
R. Paulin Méry
Pge du Moulin des Prés
Bobillot
PRINTEMPS CENTRE GALAXIE
AVENUE D'ITALIE
Avenue de Choisy
R. Fagon
R. Godefroy
TRINITÉ
Pl. des Alpes
BOULEVARD
DEUX MOULINS
Rue Jeanne d'Arc
R. Yéo Thomas
Albert
Bayet
R. Ricaut
Châ
LYCÉE TECHNIQUE HENRI CHASLES
R. Nicolas Fortin
R. George Eastman
INSTITUT DENTAIRE ET DE STOMATOLOGIE
P 15
P 16
Parc de Choisy
STADE CH. MOUREU
Edison
Charles
Moureu
LYCÉE CLAUDE MONET
R. du Docteur Magnan
R. Toussaint Féron
R. des Deux Avenues
Vandrezanne
Rue du Moulinet
Rue des Cinq Diamants
R. Simonet
Gérard
R. Samson
R. Jégo
Cailles
Butte
Barrault
Alphand
Pge Boiton
R. Buot
R. Michal
Martin
R. Chéreau
R. de Pouy
Bernard
Rue
Sqre H. Rousselle
Pl. P. Verlaine
Pge du Moulin
Moulin
STE ANNE DE LA MAISON BLANCHE
Rue de Tolbiac
TOLBIAC
R. de la Maison Blanche
Ave du Parc de Choisy
T.E.P.
Rue Baudricourt
Aumont
Imp. Baudricourt
Providence
Morveau
R. Charles Fourier
Pge Trubert Bellier
Bellier Dedouvre
Sqre des Peupliers
Fourbert
Peupliers
R. Ernest et Henri Rousselle
Pl. de l'Abbé G. Henocque
R. Henri Pape
R. Dieulafoy
R. du Docteur
Laurent
Imp. Onfroy
R. d'Italie
Imp. Baudran
Prés
Damesme
R. Auguste Perret
LYCÉE GABRIEL FAURÉ
R. de la Vistule
Pl. A. Le
R. des Frères d'Astier de la Vigerie
R. de la Colonie
HÔPITAL DES PEUPLIERS
Fontaine à Mulard
R. du Docteur Leray
R. du Docteur Landouzy
Interne Loeb
Lucas Championnière
R. du Docteur Lecène
R. Bourgon
R. de l'Industrie
R. du Tage
R 15
R 16
Dalloder
R. Caillaux
R. Philibert Lucot
R. C. B.
R. Küss
R. Albin Haller
Brillat Savarin
R. du Docteur Tuffier
R. du Tibre
MAISON BLANCHE
Raies
BOULEVARD
POTERNE DES PEUPLIERS
R. Gouthière
Caffieri
R. de la Poterne des Peupliers
R. Max Jacob
R. du Prof. L. Renault
R. Keufer
KELLERMANN
(Secteur en travaux)
Pge Raymond
R. des Malmaisons
Gandon
ST HIPPOLYTE
PORTE DE
R. Morot
R. Aimé
Sqre Caffieri
R. de Sainte Hélène
Avenue
Thomire
T.E.P.
Av. Félicien Rops
R. du Colonel Dominé
PORTE D'ITALIE
Convention
Chiappe
R. Paulin Enfert
Léon
CIMETIÈRE DE GENTILLY
Parc Kellermann
R. du Docteur Bourneville
Square Robert Bajac
Av. de la Porte d'Italie
Square Hélène Boucher
R. Fernand Widal
Av.
Val de Marne
R. de Thiberville
S 15
S 16
Mon DE RETRAITE DU SACRÉ CŒUR
R. Paul Bourget
R. Aimé
Sqre Rosny
PORTE D'ITALIE
R. des Quatre Tours
Frérot
Gallieni
Rue de Verdun
Aée des Platanes
R. Albert Guilpin
R. R. Marchand
Pl. de la Victoire du 8 Mai 1945
Charles
ST SATURNIN
Av. Raspail
R. Charles Calmus
GENTILLY
Bd du Gal de Gaulle
LE KREMLIN-BICÊTRE
AÉROPORT D'ORLY-A 6B
ORLÉANS-CHARTRES-LYON
10
CORBEIL
FONTAINEBLEAU
9
N7

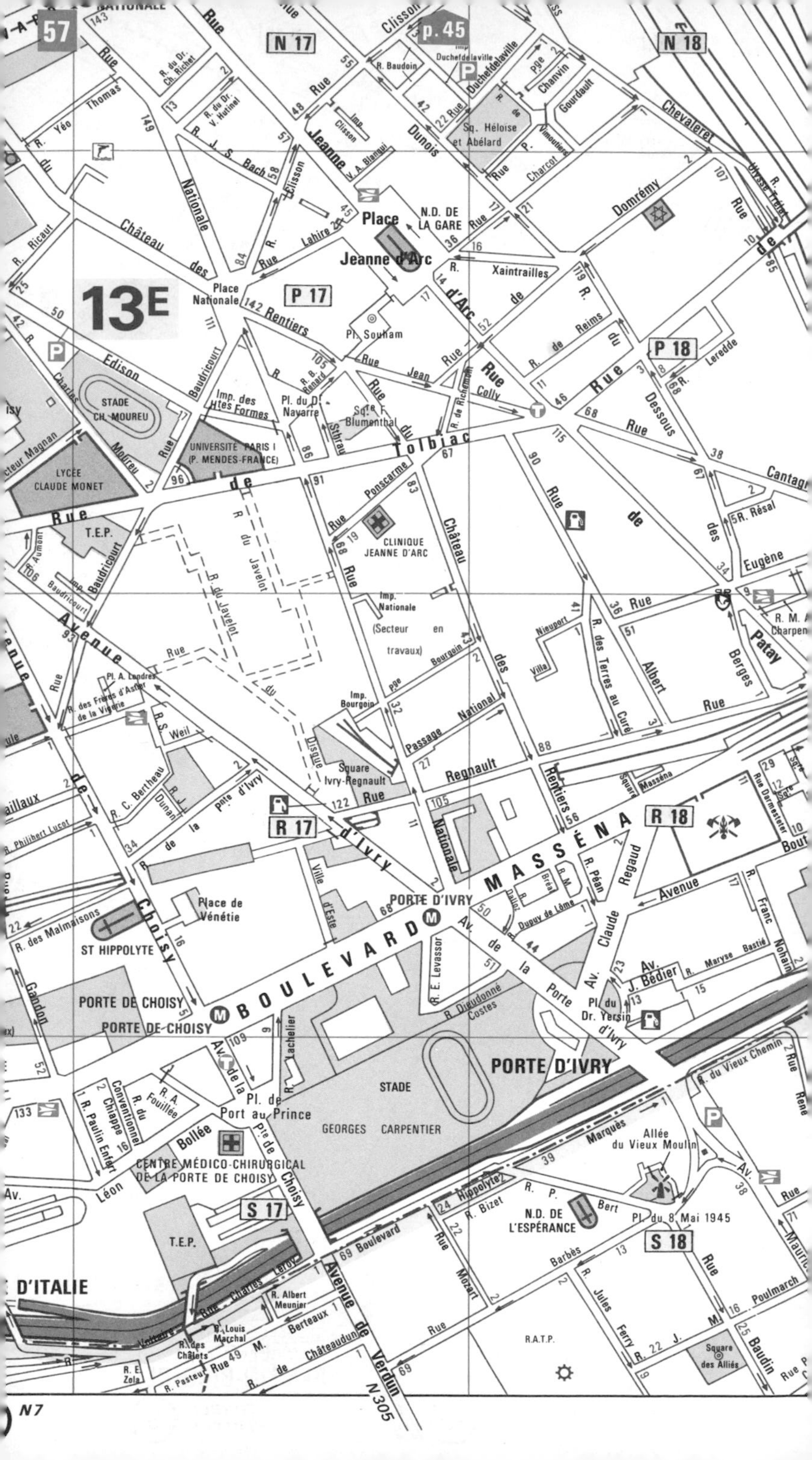
p. 45
N 17
N 18
P 17
P 18
R 17
R 18
S 17
S 18
13E
Place Jeanne d'Arc
N.D. DE LA GARE
Place Nationale
Pl. Souham
Sq. Héloise et Abélard
Sq. F. Blumenthal
STADE CH. MOUREU
UNIVERSITÉ PARIS I (P. MENDES-FRANCE)
LYCÉE CLAUDE MONET
T.E.P.
CLINIQUE JEANNE D'ARC
(Secteur en travaux)
Square Ivry-Regnault
Place de Vénétie
ST HIPPOLYTE
PORTE DE CHOISY
PORTE D'IVRY
BOULEVARD MASSÉNA
STADE GEORGES CARPENTIER
Pl. de Port au Prince
CENTRE MÉDICO-CHIRURGICAL DE LA PORTE DE CHOISY
Allée du Vieux Moulin
N.D. DE L'ESPÉRANCE
Pl. du 8 Mai 1945
Square des Alliés
R.A.T.P.
D'ITALIE
Rue Nationale
Rue du Château des Rentiers
Rue de Tolbiac
Rue Jeanne d'Arc
Rue Dunois
Rue Clisson
Rue du Chevaleret
Rue de Domrémy
Rue Xaintrailles
Rue de Patay
Rue Regnault
Avenue de Choisy
Avenue d'Ivry
Avenue de la Porte d'Ivry
Avenue de la Porte de Choisy
Rue Charles Leroy
Rue Albert
Rue Eugène Oudiné
Rue du Dessous des Berges
Rue Ponscarme
Passage National
Rue Edison
Rue Baudricourt
Rue Charles Moureu
Rue du Javelot
Rue du Disque
Avenue Claude Regaud
Avenue de Verdun
N 305
N 7
Rue Mozart
Rue Jules Ferry
Rue Barbès
Rue Paul Bert
Rue Bizet
Rue Poulmarch
Rue Baudin
R. de Châteaudun
R. Pasteur
R. E. Zola
R. des Châlets
R. Louis Marchal
R. Albert Meunier
R. Berteaux
R. Paulin Enfert
R. Chiappe
R. A. Fouillée
R. Bollée
Rue Léon
R. Philibert Lucot
R. des Malmaisons
R. Gandon
R. C. Bertheau
R. S. Weil
Pl. A. Londres
R. des Frères d'Astier de la Vigerie
Imp. Nationale
Imp. Bourgoin
Pl. du Dr Navarre
Imp. des Htes Formes
R. de Reims
Rue Jean Colly
R. Leredde
Rue Cantagrel
R. Résal
R. des Terres au Curé
Villa Nieuport
R. Péan
Dupuy de Lôme
Av. J. Bédier
R. Maryse Bastié
R. Franc Nohain
R. du Vieux Chemin
Pl. du Dr. Yersin
R. E. Levassor
R. Dieudonné Costes
R. Vachelier
Marquès
Rue Thomas
R. Yéo Thomas
R. Ricaut
R. J. S. Bach
R. Lahire
Rue Charcot
Rue Gourdault
R. Baudoin
Imp. Duchefdelaville
Pge Chanvin
R. Ulysse Trélat
Rue Darmesteter
R. du Dr. Ch. Richet
R. du Dr. V. Hutinel
Rue des Malmaisons
Ville d'Este
R. Dunan
Square Masséna

p. 46

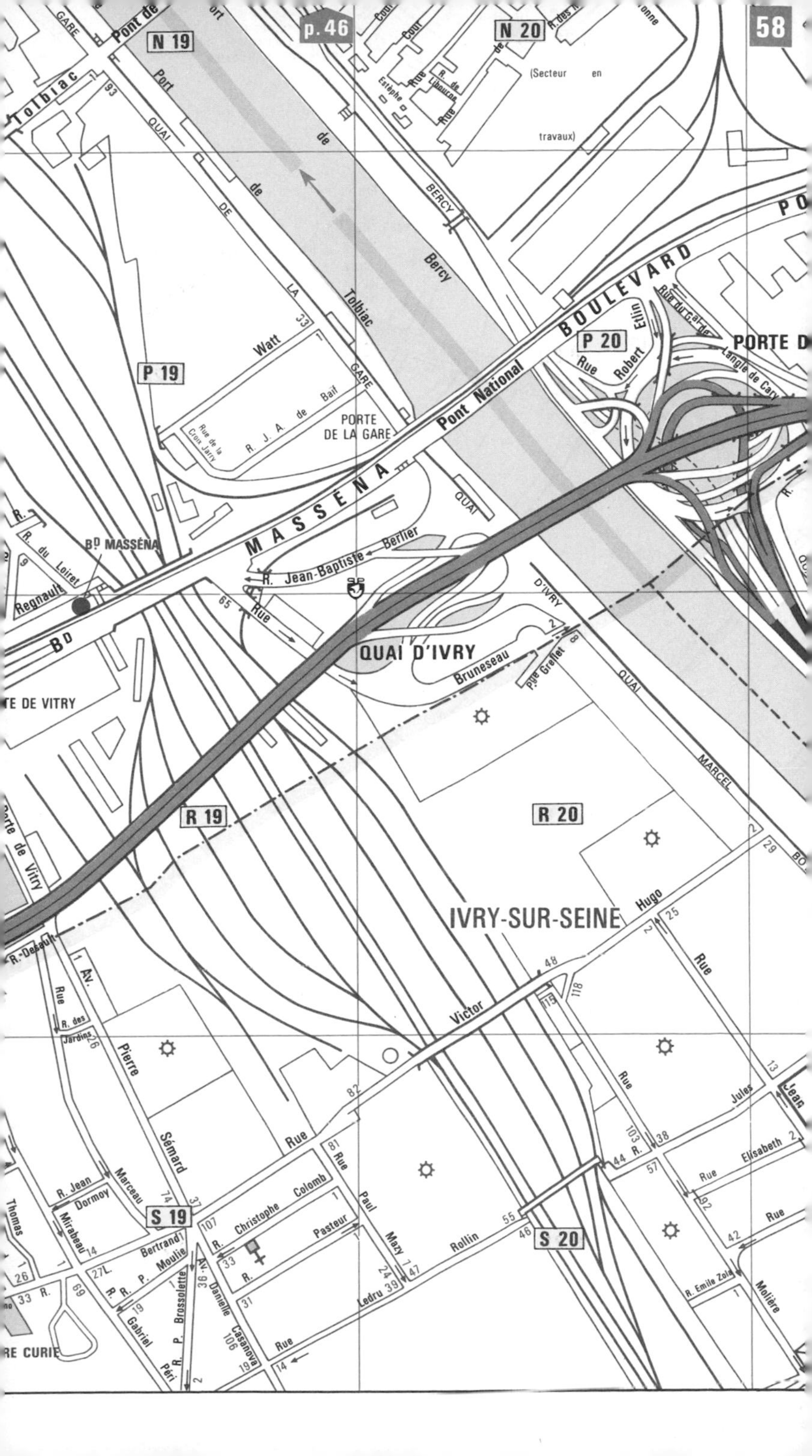
N 19
N 20
Pont de
GARE
Tolbiac
Port de Tolbiac
QUAI DE LA GARE
Watt
P 19
Rue de la Croix Jarry
R. J. A. de Baïf
PORTE DE LA GARE
Pont National
BOULEVARD MASSÉNA
Port de Bercy
BERCY
(Secteur en travaux)
Rue de Libourne
Estèphe
Cour
P 20
Rue Robert Etlin
Rue du Gal de Langle de Cary
PORTE D
Bd MASSÉNA
R. du Loiret
Regnault
BD
Rue Jean-Baptiste Berlier
QUAI D'IVRY
Bruneseau
Rue Grellet
QUAI D'IVRY
QUAI MARCEL
TE DE VITRY
Porte de Vitry
R 19
R 20
IVRY-SUR-SEINE
Rue Victor Hugo
R. Desault
Av. Pierre Sémard
Rue
R. des Jardins
Rue Jules
Rue Elisabeth
Rue
R. Emile Zola
Molière
Jean
Rue Paul Mazy
Rue Rollin
R. Ledru
Rue Pasteur
R. Christophe Colomb
S 19
S 20
R. Jean Dormoy
Mirabeau
Marceau
Thomas
L. Bertrand
R. P. Moulie
R. P. Brossolette
R. P. Péri
R. Gabriel
Av. Danielle Casanova
RE CURIE

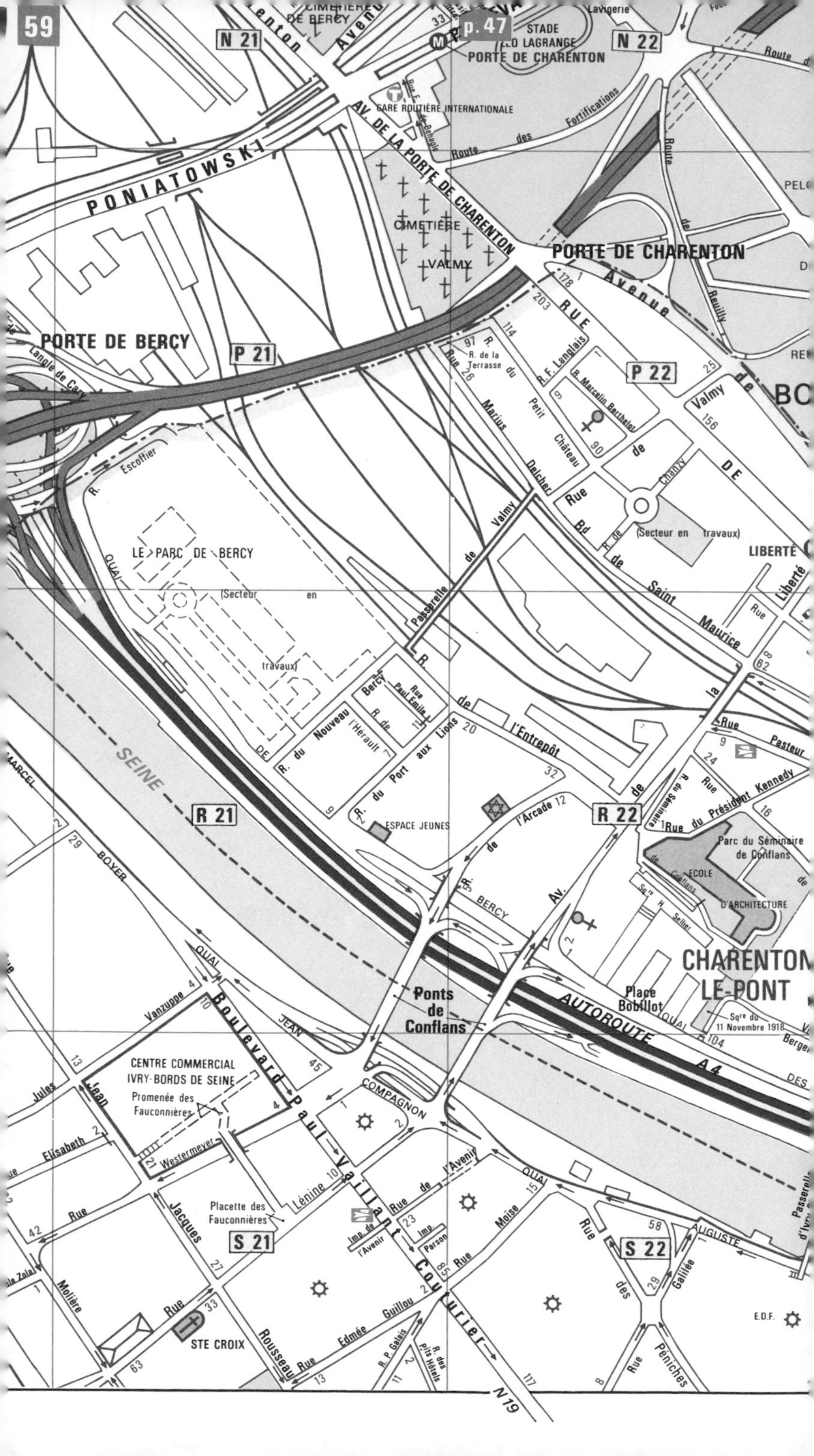

p. 47
N 21
N 22
CIMETIÈRE DE BERCY
STADE LÉO LAGRANGE
PORTE DE CHARENTON
GARE ROUTIÈRE INTERNATIONALE
Route des Fortifications
PONIATOWSKI
AV. DE LA PORTE DE CHARENTON
CIMETIÈRE VALMY
PORTE DE CHARENTON
PORTE DE BERCY
P 21
P 22
R. de la Terrasse
Rue Marius Delcher
R. du Petit Château
R. F. Langlais
R. Marcelin Berthelot
Rue de Valmy
Bd de Saint Maurice
Rue de Chanzy
(Secteur en travaux)
LIBERTÉ
R. Escoffier
LE PARC DE BERCY
(Secteur en travaux)
QUAI DE BERCY
Passerelle de Valmy
R. de l'Entrepôt
R. du Nouveau Bercy
R. de l'Hérault
Rue Paul Emile
R. du Port aux Lions
R. de l'Arcade
ESPACE JEUNES
SEINE
R 21
R 22
Rue Pasteur
R. du Séminaire
Rue du Président Kennedy
Parc du Séminaire de Conflans
ÉCOLE D'ARCHITECTURE
Sq. H. Sellier
CHARENTON LE-PONT
Place Bobillot
Sq. du 11 Novembre 1918
Ponts de Conflans
AUTOROUTE A4
BOYER
Vanzuppe
CENTRE COMMERCIAL IVRY-BORDS DE SEINE
Promenée des Fauconnières
Boulevard Paul Vaillant Couturier
Rue Jean Jacques Rousseau
Elisabeth
Westermeyer
Lénine
Rue de l'Avenir
Imp. de l'Avenir
Imp. Parson
Placette des Fauconnières
S 21
S 22
Rue Moïse
QUAI AUGUSTE
Rue Galilée
Rue des Péniches
Rue Edmée Guillou
R. P. Galais
R. des pts Hôtels
STE CROIX
Rue Molière
E.D.F.
N 19

60
p. 48
N 23
N 24
ÎLE DE BERCY
Lac
ÎLE DE
REUILLY
Daumesnil
PARC ZOOLOGIQUE
Ceinture du Lac Daumesnil
Av. de Saint
Route de Ceinture du Lac
TEMPLE BOUDDHIQUE
Route du Bac
Route des Glacières
P 23
P 24
DE VINCENNES
Daumesnil
Carrefour de la Conservation
Route de la Plaine
Route du Bac
Route du Parc
VÉLODROME JACQUES ANQUETIL
CIMETIÈRE DE CHARENTON
Chemin du Cimetière
Avenue de Gravelle
Av. de St Maurice
L.P. JEAN-JAURÈS
R. d'Estienne d'Orves
Av. Stinville
R. Victor Basch
R. des Ormes
R. du Bac
Leclerc
Général
République
Tassigny
THÉATRE DE CHARENTON
Av. Anatole France
Jean Jaurès
R. Nocard
de Bordeaux
R. du Cdt Delmas
Ruel du
Villa des Fleurs
Rue de
Guérin
la
R 23
R 24
RUE
Conflans
Rue du Parc
Thiébault
Lattre
CENTRE CULTUREL
Pl. A. Briand
Pl. de l'Église
ST PIERRE
Alfred
Savouré
Pl. Henri IV
Rue Labouret
Pl. Ramon
MUSÉE DU PAIN
CHARENTON ÉCOLES
Rue Gabrielle
Hugo
ESP. TOFFOLI
R. du Cadran
R. Arthur Croquette
DE
Rue Marty
Rue du Sully
R. de la Cerisaie
Pierre
R. P. A. JEANNE D'ALBRET
Rue Paul Eluard
Victor
Sqre de la Cerisaie
Villa
Pl. Arthur Dussault
MAIRIE
TRIBUNAL
Rue Gabriel Péri
Imp. des Quatre Vents
Av. du Maréchal
Square Jules Noël
Sqre J. Mermoz
PARIS
R. de la Mairie
R. du Séjour
Rue Schuman
R. de l'Embarcadère
Sqre du 8 Mai 1945
CENTRE DE LOISIRS
CARRIÈRES
QUAI
18 DES
Rue de l'Abreuvoir
CARRIÈRES
R. du Pont
Pont de Charenton
R. E. Delacroix
Av. de Verdun
R. E. Nocard
V. des Epinettes
R. des Epinettes
R. de la Pompe
R. Cuif
R. du Mal Leclerc
Pont Martinet
ÎLE MARTINET
S 23
S 24
STADE HENRI GUÉRIN
Passerelle d'Alfortville
MARNE
QUAI DU DR. MASS
ALFORT ÉCOLE VÉTÉRINAIRE
R. A. Maire
R. Bourgelat
R. Vaillant Couturier
R. du Parc
QUAI D'ALFORTVILLE
R. Véron
COSMI
Marne
Dressée par la Manufacture Française des Pneumatiques MICHELIN
© MICHELIN et Cie, propriétaires-éditeurs, 1989
Sté en commandite par actions au capital de 875 millions de francs
R.C.S. Clermont-Ferrand B 855 200 507 - Place des Carmes-Dechaux 63 Clermont-Ferrand (France)
Imprimé en France - A. RAFFY Père et Fils 75003 Paris - Made in France - DL : 1989 - 3e Trimestre
Utilisez le plan MICHELIN à 1/15 000
« Banlieue de Paris Sud-Est » n° 24
6
VAL DE MARNE
6
NANCY
METZ-REIMS A 4
7
TROYES
PROVINS
N 19
8
MELUN N 6
FONTAINEBLEAU

BOIS DE BOULOGNE
0
500 m
Voir légende pages suivantes
See key following pages
Zeichenerklärung s. folgende Seiten
Ver signos convencionales páginas siguientes
A
B
V
X
Y
Z
PUTEAUX
SURESNES
SAINT CLOUD
BOULOGNE-BILLANCOURT
Bd Richard Wallace
R. Godefroy Bouton
R. A. Blanche
STADE COMMUNAL DE L'ILE DE PUTEAUX
Pont de Puteaux
Quai de Dion
N 187
Av. G. Pompidou
Rue de Verdun
PARC INTERDEPARTEMENTAL DES SPORTS
ILE
Bd du Pte de la Seine
Bd Richard Wallace
ST LOUIS
CŒUR IMMACULÉ DE MARIE
Av. F. Roosevelt
R. du Mt Valérien
FOCH
Av. Ch. de Gaulle
R. du Bac
Quai Gallieni
Bge de Suresnes
CAMPING PARIS OUEST
CHAMP D'ENTRAINEMENT
TERRAINS DE SPORTS
PARC DE BAGATELLE
Route de Sèvres à Neuilly
Bord de l'Eau
N 185
Bd Henri Sellier
Pont de Suresnes
POLO DE PARIS
ETANG DE L'ABBAYE
ETANG DE LONGCHAMP
CENTRE INTERNATIONAL DE L'ENFANCE
ETANG DE SURESNES
Rte de Suresnes
Quai Léon Blum
SEINE
Piste Cyclable
Allée de Longchamp
Route de la Reine
PRE CATELAN
GRANDE CASCADE
Châlet de la Grande Cascade
Route des Tribunes
HIPPODROME DE LONGCHAMP
Quai Dassault
Quai Marcel
ETANG DES TRIBUNES
Route d'Auteuil
Route de l'Hippodrome
JEU DE BOULES DE PASSY
Sentier de la Nature
Route de Suresnes
Rte de Saint Cloud
C.N.S.C.
YACHT MOTO-CLUB DE FRANCE
PÉPINIÈRE
ETANG DE BOULOGNE
S.N.C.P.
Passerelle de l'Avre
Boulevard Anatole France
Quatre Septembre
PARC ED. DE ROTHSCHILD
Porte de l'Hippodrome
Av. de Boulogne à Passy
Rte de Boulogne
AMBROISE PARÉ
Quai Carnot
Autoroute A13
Porte de Boulogne
Av. de la Porte d'Auteuil
STADE ROLAND GARROS
R. de l'Abreuvoir
R. des Abondances
Quai du
Av. J.B. Clément
R. de La Rochefoucault
R. Denfert Rochereau
R. Gutenberg
R. A. Jacquin

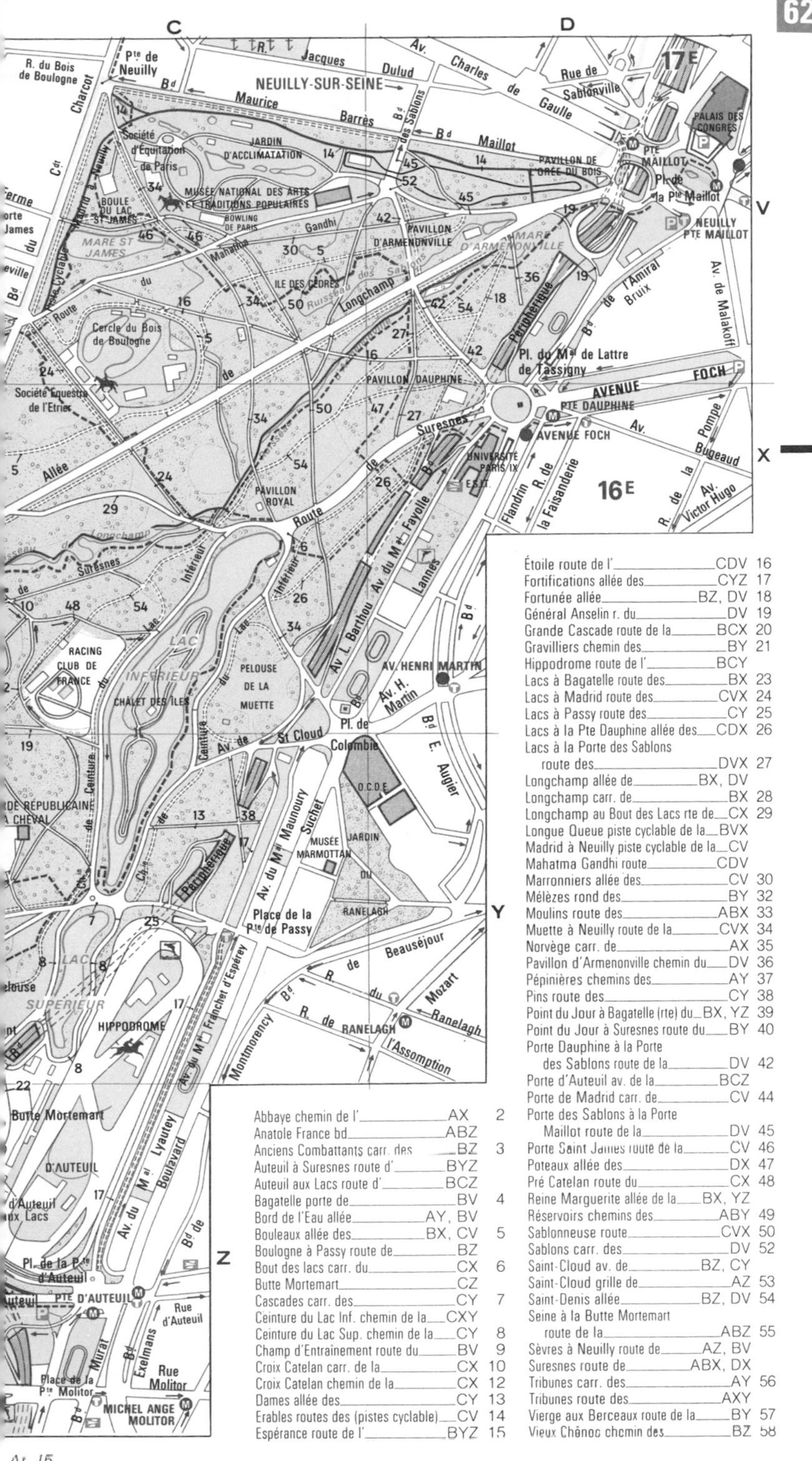
C
D
NEUILLY-SUR-SEINE
Pte de Neuilly
R. du Bois de Boulogne
Bd Maurice Barrès
Av. Charles de Gaulle
Rue de Sablonville
17E
PALAIS DES CONGRES
Bd Maillot
PTE MAILLOT
Pl. de la Pte Maillot
NEUILLY PTE MAILLOT
PAVILLON DE L'ORÉE DU BOIS
JARDIN D'ACCLIMATATION
Société d'Equitation de Paris
MUSÉE NATIONAL DES ARTS ET TRADITIONS POPULAIRES
BOWLING DE PARIS
BOULE DU LAC ST JAMES
MARE ST JAMES
PAVILLON D'ARMENONVILLE
MARE D'ARMENONVILLE
ILE DES CÈDRES
Cercle du Bois de Boulogne
Société Equestre de l'Etrier
PAVILLON DAUPHINE
Pl. du Mal de Lattre de Tassigny
AVENUE FOCH
PTE DAUPHINE
Av. de Malakoff
Bd de l'Amiral Bruix
Périphérique
UNIVERSITÉ PARIS IX
PAVILLON ROYAL
Allée de Longchamp
Route de Suresnes
Av. du Mal Fayolle
Av. L. Barthou
Bd Lannes
16E
Av. Bugeaud
R. de la Pompe
Av. Victor Hugo
R. de la Faisanderie
Flandrin
RACING CLUB DE FRANCE
LAC INFERIEUR
CHALET DES ILES
PELOUSE DE LA MUETTE
AV. HENRI MARTIN
Av. H. Martin
Bd E. Augier
Pl. de Colombie
O.C.D.E.
Av. de St Cloud
Av. du Mal Maunoury
Suchet
MUSÉE MARMOTTAN
JARDIN DU RANELAGH
Place de la Pte de Passy
R. de Beauséjour
R. du Ranelagh
R. de RANELAGH
Mozart
l'Assomption
Bd Montmorency
Av. du Mal Franchet d'Espérey
LAC SUPÉRIEUR
HIPPODROME D'AUTEUIL
Butte Mortemart
Av. du Mal Lyautey
Boulevard
Pl. de la Pte d'Auteuil
PTE D'AUTEUIL
Rue d'Auteuil
Bd Exelmans
Murat
Rue Molitor
Place de la Pte Molitor
MICHEL ANGE MOLITOR
V
X
Y
Z

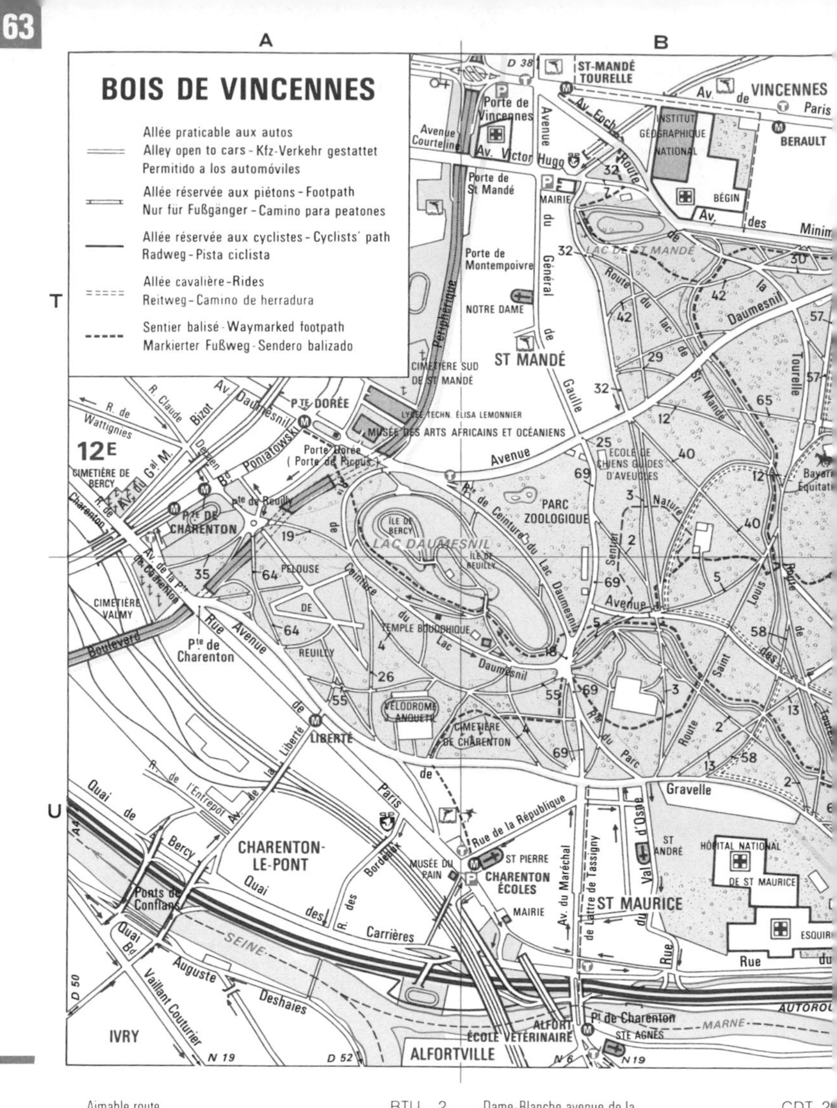
A
B
T
U
BOIS DE VINCENNES
Allée praticable aux autos
Alley open to cars - Kfz-Verkehr gestattet
Permitido a los automóviles
Allée réservée aux piétons - Footpath
Nur für Fußgänger - Camino para peatones
Allée réservée aux cyclistes - Cyclists' path
Radweg - Pista ciclista
Allée cavalière - Rides
Reitweg - Camino de herradura
Sentier balisé - Waymarked footpath
Markierter Fußweg - Sendero balizado
ST-MANDÉ TOURELLE
Av. de VINCENNES
Paris
BERAULT
INSTITUT GÉOGRAPHIQUE NATIONAL
BÉGIN
Av. des Minimes
Porte de Vincennes
Avenue Courteline
Av. Victor Hugo
Av. Foch
Route de la Tourelle
Porte de St Mandé
MAIRIE
Avenue du Général de Gaulle
Porte de Montempoivre
NOTRE DAME
LAC DE ST MANDÉ
Route du lac de St Mandé
Route de la Daumesnil
Tourelle
CIMETIÈRE SUD DE ST MANDÉ
ST MANDÉ
P^{TE} DORÉE
LYCÉE TECHN. ÉLISA LEMONNIER
MUSÉE DES ARTS AFRICAINS ET OCÉANIENS
Avenue
ÉCOLE DE CHIENS GUIDES D'AVEUGLES
R. de Wattignies
R. Claude Decaen
Bizot
Av. Daumesnil
Bd Poniatowski
12E
CIMETIÈRE DE BERCY
R. de Charenton
Av. du Gal M.
Porte Dorée (Porte de Picpus)
Pte de Reuilly
P^{TE} DE CHARENTON
ÎLE DE BERCY
LAC DAUMESNIL
ÎLE DE REUILLY
Rte de Ceinture du Lac Daumesnil
PARC ZOOLOGIQUE
Sentier Nature
Avenue
Bayard Équitation
Route de la Tourelle
Louis
Saint
Route de la Pyramide
PELOUSE DE REUILLY
Ceinture du Lac Daumesnil
TEMPLE BOUDDHIQUE
CIMETIÈRE VALMY
Av. de la Pte de Charenton
Boulevard
Pte de Charenton
Rue de Paris
Avenue
VÉLODROME J. ANQUETIL
CIMETIÈRE DE CHARENTON
Rte du Parc
Route
Gravelle
LIBERTÉ
R. de l'Entrepôt
Av. de la Liberté
Quai de Bercy
CHARENTON-LE-PONT
Rue de la République
ST PIERRE
CHARENTON ÉCOLES
MUSÉE DU PAIN
MAIRIE
R. des Bordeaux
Quai des Carrières
Av. du Maréchal de Lattre de Tassigny
Rue du Val d'Osne
ST ANDRÉ
HÔPITAL NATIONAL DE ST MAURICE
ST MAURICE
ESQUIROL
Rue du
Ponts de Conflans
SEINE
Quai Bd Auguste
Vaillant Couturier
Deshaies
D 50
IVRY
N 19
D 52
ALFORTVILLE
ALFORT ÉCOLE VÉTÉRINAIRE
Pt de Charenton
STE AGNÈS
MARNE
AUTOROUTE
N 6
N 19
A 4
D 38

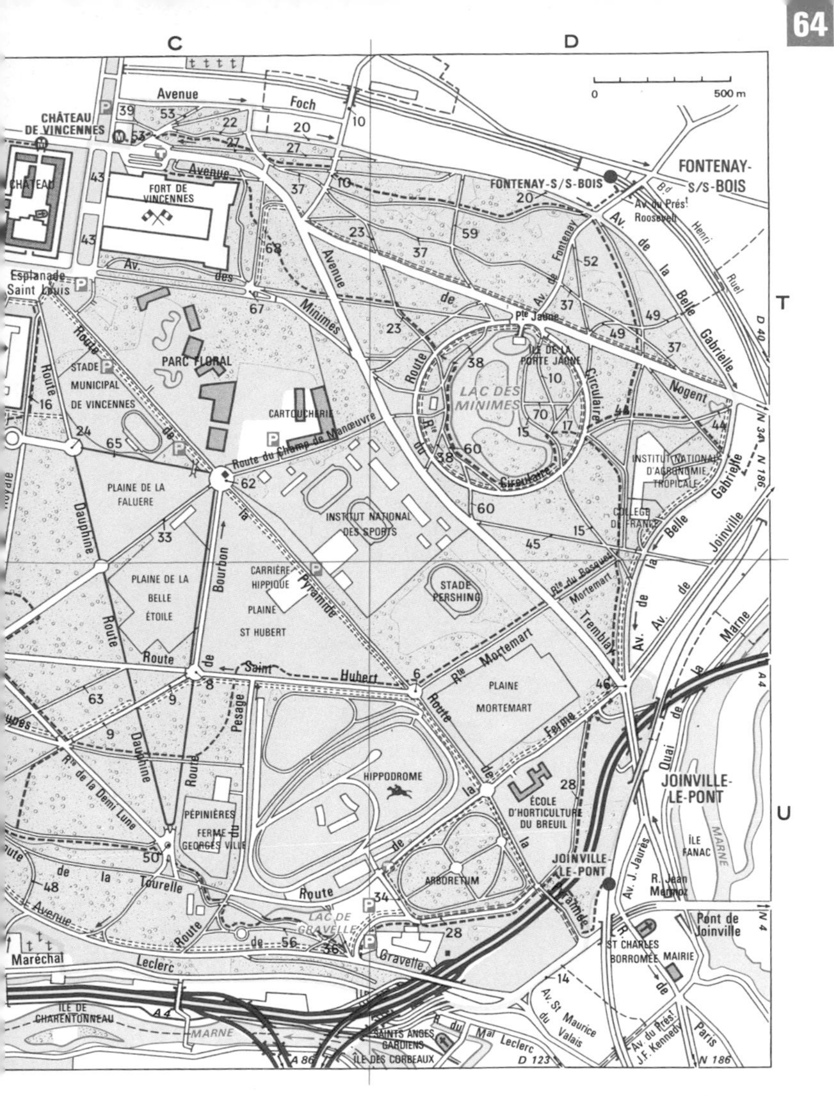
C
D
0
500 m
T
U
Avenue
Foch
CHÂTEAU
DE VINCENNES
CHÂTEAU
FORT DE
VINCENNES
Avenue
Av.
des
Esplanade
Saint Louis
Minimes
Avenue
de
FONTENAY-S/S-BOIS
FONTENAY-
S/S-BOIS
Av. du Prés.t Roosevelt
Bd Henri Ruel
Av. de Fontenay
Av. de la Belle Gabrielle
Pte Jaune
ÎLE DE LA
PORTE JAUNE
LAC DES
MINIMES
Circulaire
Nogent
D 40
N 34
N 186
INSTITUT NATIONAL
D'AGRONOMIE
TROPICALE
COLLÈGE
DE FRANCE
Belle
Gabrielle
Joinville
PARC FLORAL
STADE
MUNICIPAL
DE VINCENNES
CARTOUCHERIE
Route du Champ de Manœuvre
Route de la Pyramide
PLAINE DE LA
FALUERE
INSTITUT NATIONAL
DES SPORTS
Dauphine
Route
Bourbon
CARRIÈRE
HIPPIQUE
PLAINE
ST HUBERT
PLAINE DE LA
BELLE
ÉTOILE
STADE
PERSHING
Rte du Bosquet
Mortemart
Tremblay
Av. de
Av. de
Marne
Route de Saint Hubert
Rte Mortemart
PLAINE
MORTEMART
Route de la Ferme
Pesage
HIPPODROME
Rte de la Demi Lune
PÉPINIÈRES
FERME
GEORGES VILLE
Route du Pesage
Route de la Tourelle
ÉCOLE
D'HORTICULTURE
DU BREUIL
ARBORETUM
JOINVILLE-
LE-PONT
Quai de la Marne
JOINVILLE-
LE-PONT
ÎLE
FANAC
MARNE
Av. J. Jaurès
R. Jean Mermoz
Pont de
Joinville
ST CHARLES
BORROMÉE
MAIRIE
LAC DE
GRAVELLE
Route de Gravelle
Avenue
Maréchal
Leclerc
ÎLE DE
CHARENTONNEAU
A 4
MARNE
SAINTS ANGES
GARDIENS
ÎLE DES CORBEAUX
A 86
R. du Mal Leclerc
D 123
Av. St Maurice du Valais
Av. du Prés.t J.F. Kennedy
R. de Paris
N 186
N 4
A 4

LA DÉFENSE

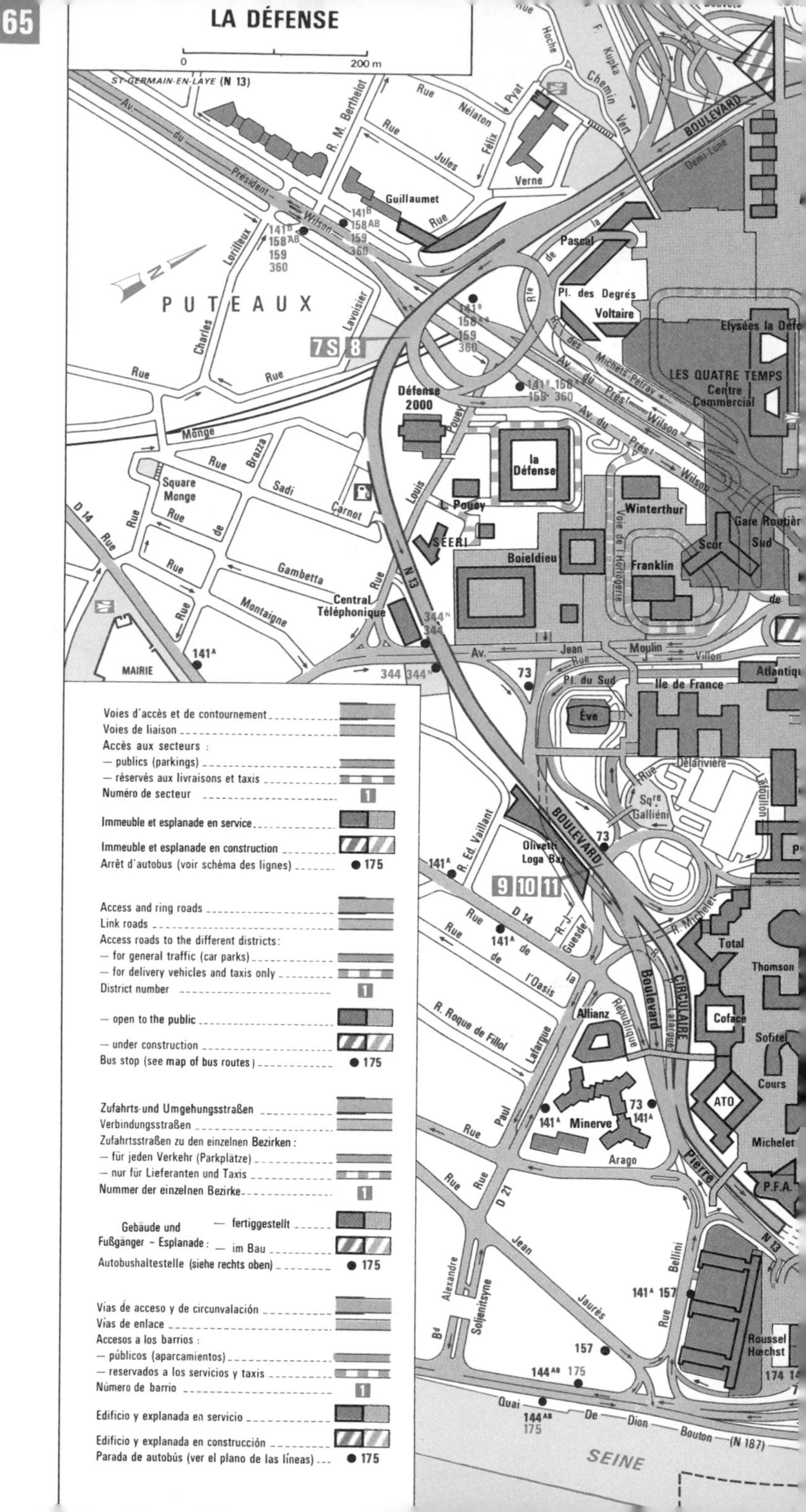

0
200 m
ST-GERMAIN-EN-LAYE (N 13)
Av. du Président Wilson
R. M. Berthelot
Rue Nélaton
Rue Jules Félix
Pyat
Hoche
F. Kupka
Chemin Vert
Verne
Guillaumet
BOULEVARD
Demi-Lune
Pascal
Rte de la
Pl. des Degrés
Voltaire
Elysées la Défense
LES QUATRE TEMPS
Centre Commercial
R. des Michels-Pétray
Av. du Prést Wilson
PUTEAUX
Lorilleux
Charles
Lavoisier
7S
8
Rue Monge
Rue Brazza
Défense 2000
Pouey
la Défense
Square Monge
Rue Sadi Carnot
Louis
L. Pouey
Winterthur
Voie de l'Horlogerie
Gare Routière Sud
Scor
SEERI
Boieldieu
Franklin
D 14
Rue
Rue de Gambetta
Rue Montaigne
N 13
Central Téléphonique
MAIRIE
141A
Av. Jean Moulin
Rue Villon
Atlantique
344
344N
73
Pl. du Sud
Ile de France
Ève
Rue Délarivière
Sqre Galliéni
Lafouillon
R. Ed. Vaillant
Olivetti Loga Bay
BOULEVARD
9 10 11
Rue de l'Oasis
R. J. Guesde
R. Michelet
Total
Thomson
Coface
Sofitel
Cours
R. Roque de Fillol
Lafargue
Allianz
République
Boulevard CIRCULAIRE
ATO
Michelet
Minerve
Rue Paul
Arago
Pierre
P.F.A.
Rue D 21
Jean Jaurès
Rue Bellini
Alexandre Soljenitsyne
Bd
Roussel Hœchst
157
141A 157
144AB 175
174
Quai De Dion Bouton (N 187)
SEINE

Voies d'accès et de contournement
Voies de liaison
Accès aux secteurs :
— publics (parkings)
— réservés aux livraisons et taxis
Numéro de secteur
1
Immeuble et esplanade en service
Immeuble et esplanade en construction
Arrêt d'autobus (voir schéma des lignes)
175

Access and ring roads
Link roads
Access roads to the different districts:
— for general traffic (car parks)
— for delivery vehicles and taxis only
District number
1
— open to the public
— under construction
Bus stop (see map of bus routes)
175

Zufahrts- und Umgehungsstraßen
Verbindungsstraßen
Zufahrtsstraßen zu den einzelnen Bezirken :
— für jeden Verkehr (Parkplätze)
— nur für Lieferanten und Taxis
Nummer der einzelnen Bezirke
1
Gebäude und Fußgänger - Esplanade : — fertiggestellt
— im Bau
Autobushaltestelle (siehe rechts oben)
175

Vías de acceso y de circunvalación
Vías de enlace
Accesos a los barrios :
— públicos (aparcamientos)
— reservados a los servicios y taxis
Número de barrio
1
Edificio y explanada en servicio
Edificio y explanada en construcción
Parada de autobús (ver el plano de las líneas)
175

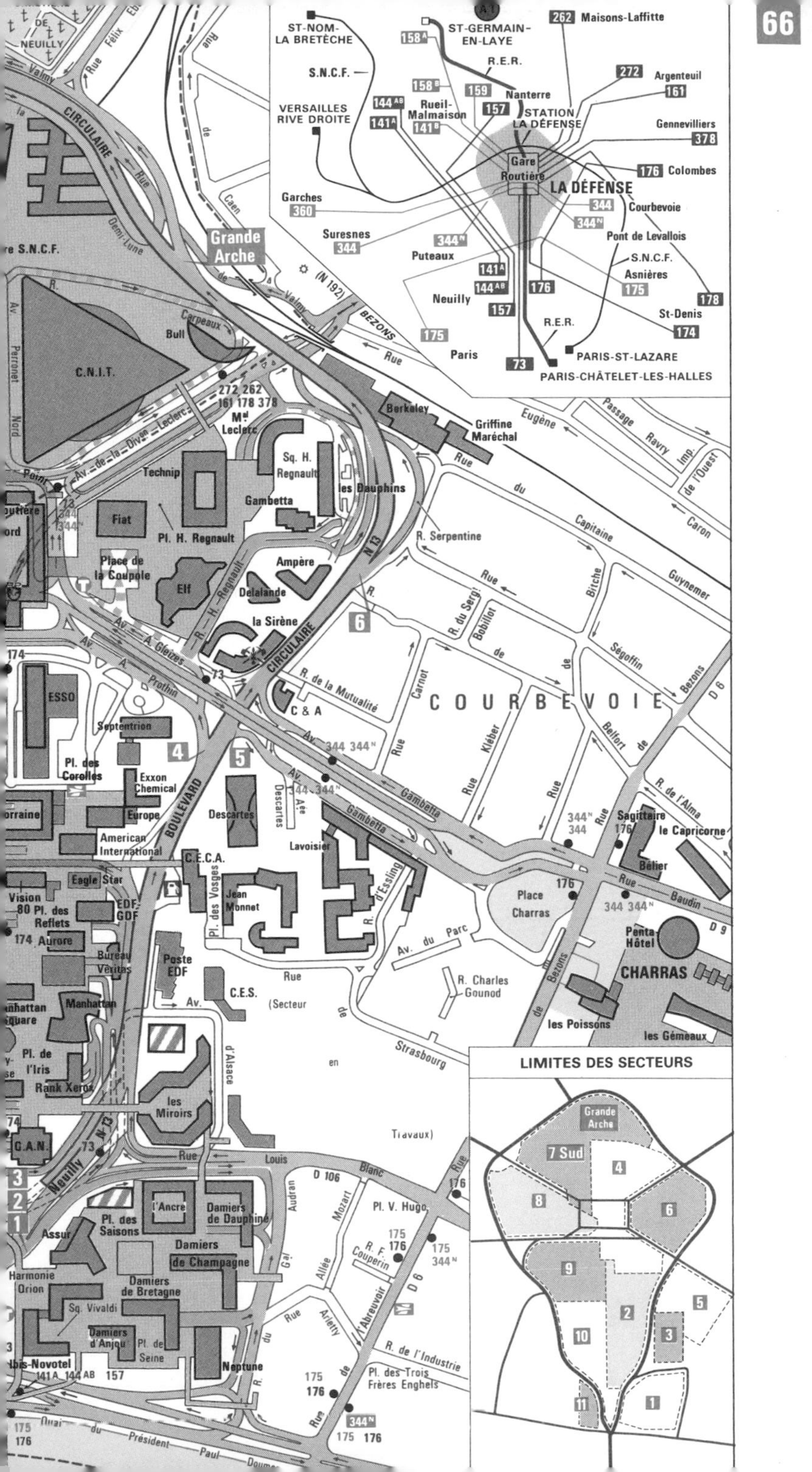
ST-NOM-
LA BRETÈCHE
ST-GERMAIN-
EN-LAYE
262 Maisons-Laffitte
R.E.R.
S.N.C.F.
158 A
158 B
159
Nanterre
272 Argenteuil
161
VERSAILLES
RIVE DROITE
144 AB
141 A
Rueil-
Malmaison
141 B
157
STATION
LA DÉFENSE
Gennevilliers
378
Gare
Routière
176 Colombes
LA DÉFENSE
Garches
360
344
Courbevoie
344 N
Suresnes
344
344 N
Puteaux
Pont de Levallois
S.N.C.F.
Asnières
175
141 A
144 AB
176
178
Neuilly
157
St-Denis
174
175
R.E.R.
Paris
73
PARIS-ST-LAZARE
PARIS-CHÂTELET-LES-HALLES
DE
NEUILLY
Rue Félix
Valmy
CIRCULAIRE
Rue
Demi-Lune
Grande
Arche
Caen
S.N.C.F.
(N 192)
BEZONS
Rue
Bull
Carpeaux
C.N.I.T.
Av. Perronet
Nord
272 262
161 178 378
Mal
Leclerc
Av. de la Divon Leclerc
Berkeley
Griffine
Maréchal
Eugène
Passage
Ravry
Imp.
de l'Ouest
Technip
Sq. H.
Regnault
les Dauphins
Rue
du
Capitaine
Caron
Guynemer
Fiat
Gambetta
Pl. H. Regnault
R. Serpentine
73
344
344 N
Place de
la Coupole
Ampère
N 13
Rue
Bitche
Elf
Delalande
R. H. Regnault
R.
6
R. du Sergt
Bobillot
Ségoffin
la Sirène
CIRCULAIRE
de
de
Bezons
174
Av. A. Gleizes
Av. A. Prothin
73
R. de la Mutualité
Carnot
C & A
COURBEVOIE
D 6
ESSO
Septentrion
Kléber
Belfort
de
4
5
Av. 344 344 N
Rue
Pl. des
Corolles
Exxon
Chemical
Descartes
Av.
344 344 N
Allée
Descartes
Gambetta
Rue
Rue
R. de l'Alma
Lorraine
Europe
BOULEVARD
Gambetta
344 N
344
Sagittaire
176
le Capricorne
American
International
Lavoisier
Bélier
C.E.C.A.
Eagle Star
R. d'Essling
Rue
Baudin
Vision
80 Pl. des
Reflets
EDF
GDF
Pl. des Vosges
Jean
Monnet
176
Place
Charras
344 344 N
Penta
Hôtel
D 9
174 Aurore
Bureau
Veritas
Poste
EDF
Av. du Parc
Rue
CHARRAS
Bezons
de
C.E.S.
R. Charles
Gounod
Manhattan
Square
Manhattan
Av.
(Secteur
de
les Poissons
les Gémeaux
Pl. de
l'Iris
d'Alsace
en
Strasbourg
LIMITES DES SECTEURS
Rank Xerox
les
Miroirs
Travaux)
Grande
Arche
7 Sud
4
C.A.N.
73
N 13
Rue
Louis
Blanc
Rue
3
Neuilly
D 106
176
8
6
2
1
l'Ancre
Damiers
de Dauphiné
Pl. V. Hugo
Audran
Mozart
Assur
Pl. des
Saisons
175
176
175
344 N
Damiers
de Champagne
R. F.
Couperin
9
Harmonie
Orion
Damiers
de Bretagne
Gal
Allée
D 6
Sq. Vivaldi
Rue
Arletty
l'Abreuvoir
5
2
Damiers
d'Anjou
Pl. de
Seine
du
R. de l'Industrie
10
3
Ibis-Novotel
141 A 144 AB 157
Neptune
175
176
de
Pl. des Trois
Frères Enghels
R.
11
1
175
176
Quai du Président Paul Doumer
Rue
344 N
175 176

AÉROPORT D'ORLY

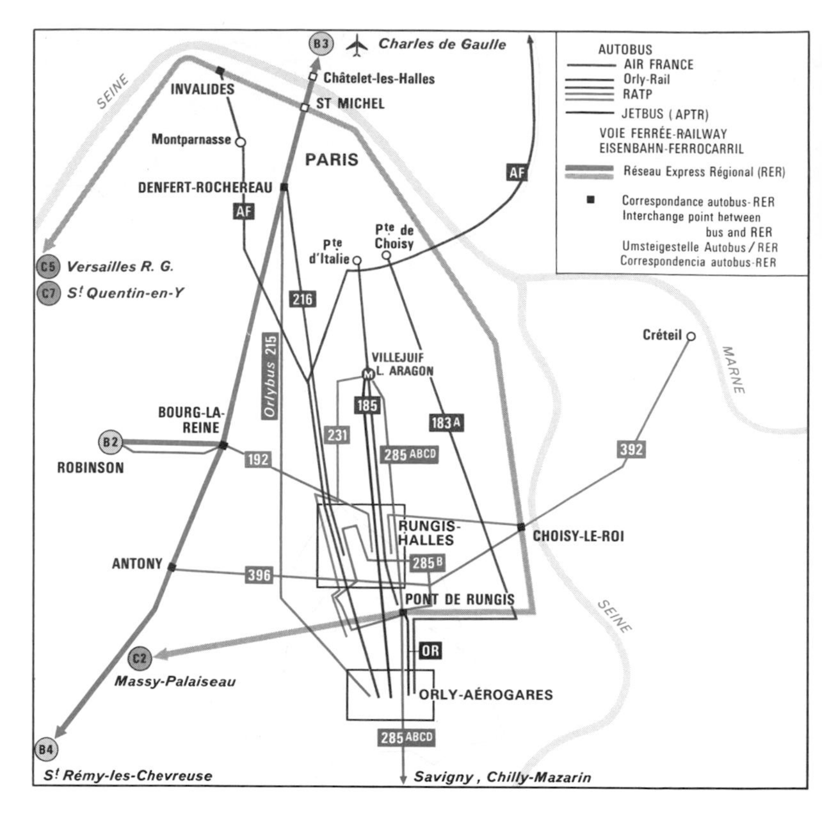

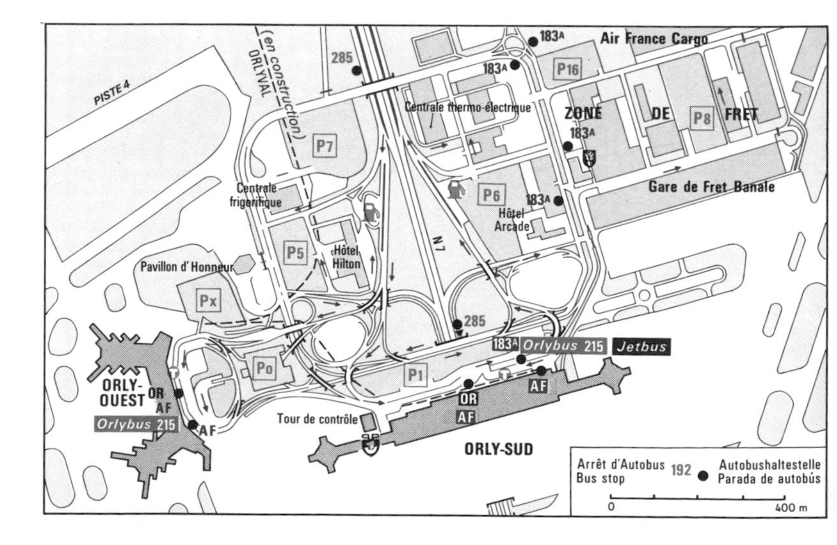

MARCHÉ DE RUNGIS (M.I.N.)

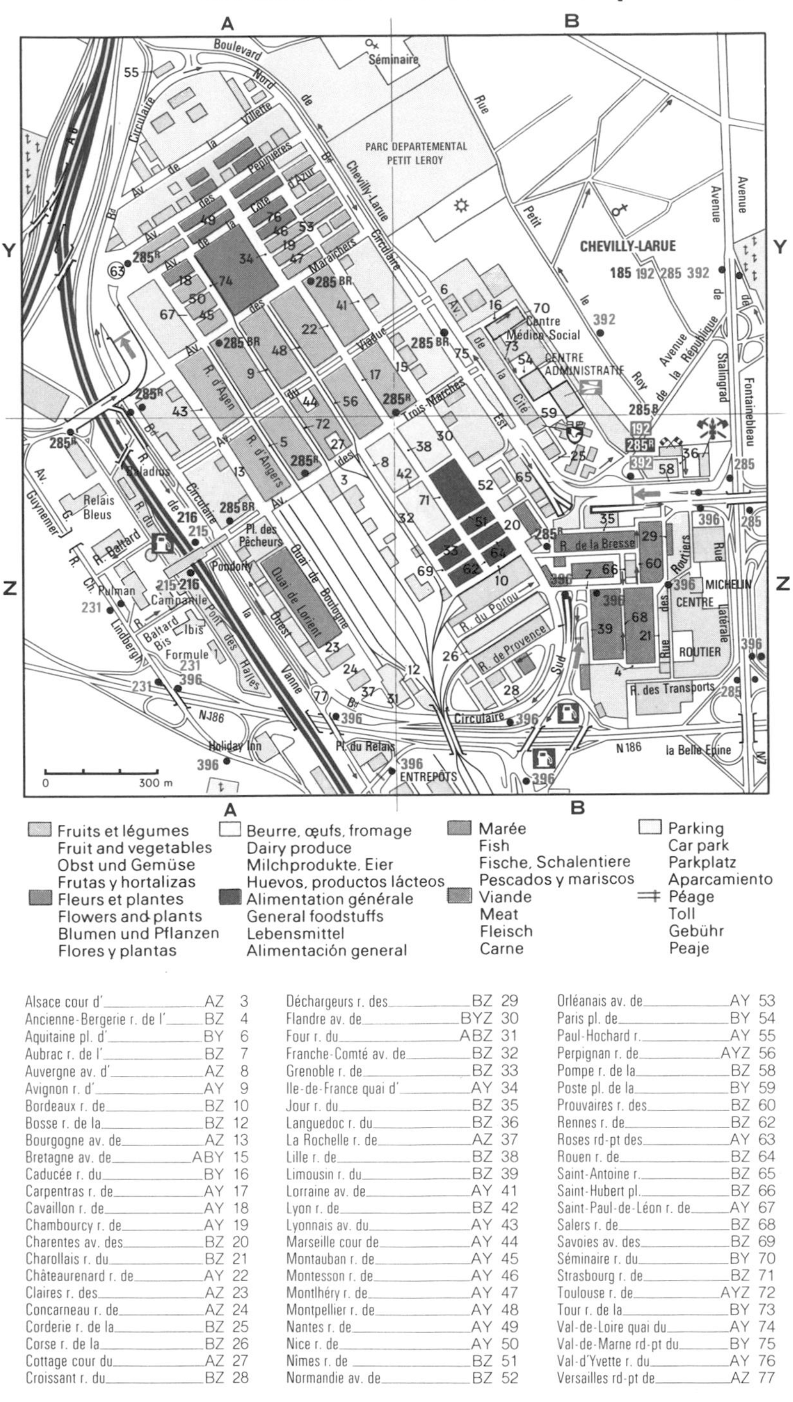

- Fruits et légumes / Fruit and vegetables / Obst und Gemüse / Frutas y hortalizas
- Fleurs et plantes / Flowers and plants / Blumen und Pflanzen / Flores y plantas
- Beurre, œufs, fromage / Dairy produce / Milchprodukte, Eier / Huevos, productos lácteos
- Alimentation générale / General foodstuffs / Lebensmittel / Alimentación general
- Marée / Fish / Fische, Schalentiere / Pescados y mariscos
- Viande / Meat / Fleisch / Carne
- Parking / Car park / Parkplatz / Aparcamiento
- Péage / Toll / Gebühr / Peaje

Rue	Carré	N°
Alsace cour d'	AZ	3
Ancienne-Bergerie r. de l'	BZ	4
Aquitaine pl. d'	BY	6
Aubrac r. de l'	BZ	7
Auvergne av. d'	AZ	8
Avignon r. d'	AY	9
Bordeaux r. de	BZ	10
Bosse r. de la	BZ	12
Bourgogne av. de	AZ	13
Bretagne av. de	ABY	15
Caducée r. du	BY	16
Carpentras r. de	AY	17
Cavaillon r. de	AY	18
Chambourcy r. de	AY	19
Charentes av. des	BZ	20
Charollais r. du	BZ	21
Châteaurenard r. de	AY	22
Claires r. des	AZ	23
Concarneau r. de	AZ	24
Corderie r. de la	BZ	25
Corse r. de la	BZ	26
Cottage cour du	AZ	27
Croissant r. du	BZ	28
Déchargeurs r. des	BZ	29
Flandre av. de	BYZ	30
Four r. du	ABZ	31
Franche-Comté av. de	BZ	32
Grenoble r. de	BZ	33
Ile-de-France quai d'	AY	34
Jour r. du	BZ	35
Languedoc r. du	BZ	36
La Rochelle r. de	AZ	37
Lille r. de	BZ	38
Limousin r. du	BZ	39
Lorraine av. de	AY	41
Lyon r. de	BZ	42
Lyonnais av. du	AY	43
Marseille cour de	AY	44
Montauban r. de	AY	45
Montesson r. de	AY	46
Montlhéry r. de	AY	47
Montpellier r. de	AY	48
Nantes r. de	AY	49
Nice r. de	AY	50
Nîmes r. de	BZ	51
Normandie av. de	BZ	52
Orléanais av. de	AY	53
Paris pl. de	BY	54
Paul-Hochard r.	AY	55
Perpignan r. de	AYZ	56
Pompe r. de la	BZ	58
Poste pl. de la	BY	59
Prouvaires r. des	BZ	60
Rennes r. de	BZ	62
Roses rd-pt des	AY	63
Rouen r. de	BZ	64
Saint-Antoine r.	BZ	65
Saint-Hubert pl.	BZ	66
Saint-Paul-de-Léon r. de	AY	67
Salers r. de	BZ	68
Savoies av. des	BZ	69
Séminaire r. du	BY	70
Strasbourg r. de	BZ	71
Toulouse r. de	AYZ	72
Tour r. de la	BY	73
Val-de-Loire quai du	AY	74
Val-de-Marne rd-pt du	BY	75
Val-d'Yvette r. du	AY	76
Versailles rd-pt de	AZ	77

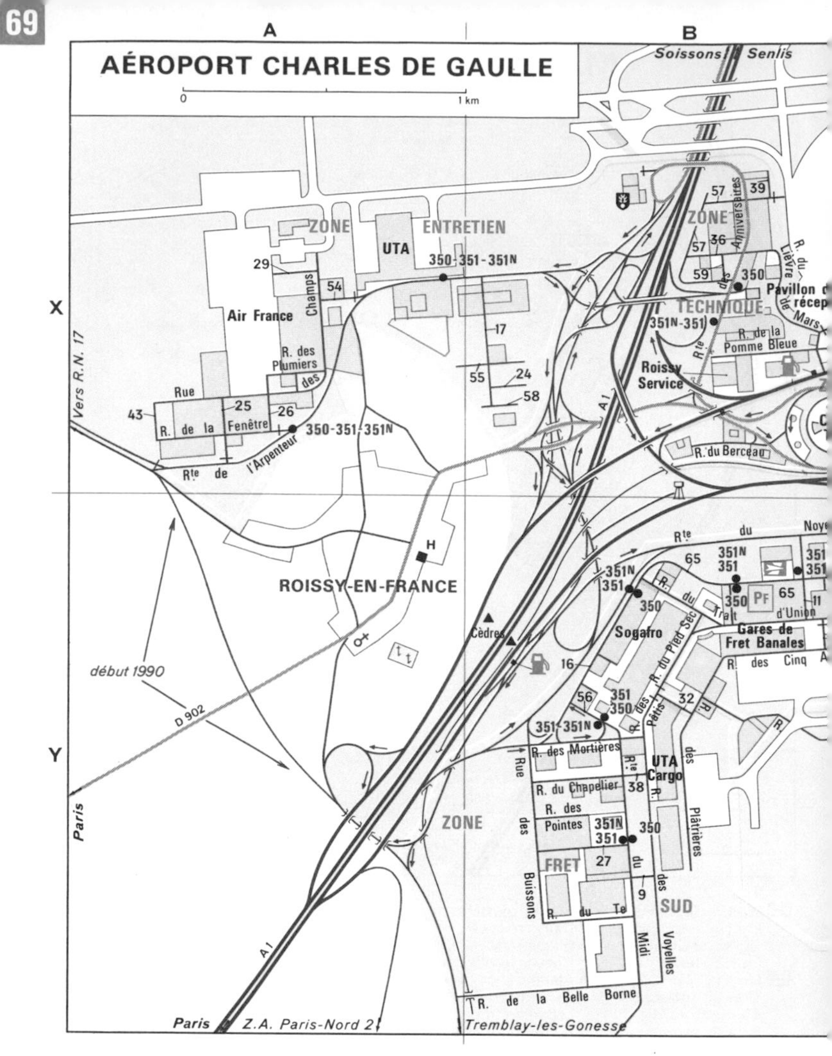

A
B
X
Y
AÉROPORT CHARLES DE GAULLE
0
1 km
Soissons
Senlis
ZONE
ENTRETIEN
UTA
350-351-351N
Air France
Champs
R. des Plumiers
des
Rue
R. de la Fenêtre
Rte de l'Arpenteur
350-351-351N
Vers R.N. 17
ROISSY-EN-FRANCE
H
début 1990
D 902
Paris
A1
ZONE
TECHNIQUE
Anniversaires
R. du Lièvre de Mars
Pavillon
Roissy Service
R. de la Pomme Bleue
R. du Berceau
Rte du Noyer
Sogafro
R. du Pied Sec
R. du Trait d'Union
Gares de Fret Banales
R. des Cinq
Cèdres
UTA Cargo
R. des Mortières
R. du Chapelier
R. des Pointes
Rue des Buissons
R. des Plâtrières
FRET
SUD
R. du Té
Midi
Voyelles
R. de la Belle Borne
Paris
Z.A. Paris-Nord 2
Tremblay-les-Gonesse

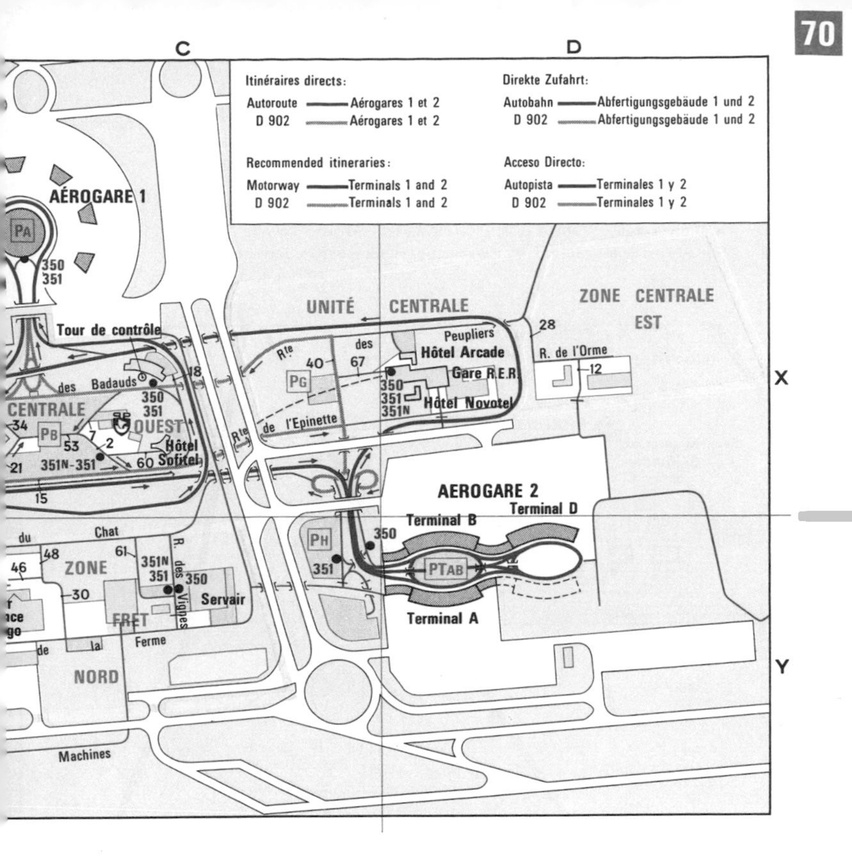

C
D
Itinéraires directs:
Autoroute — Aérogares 1 et 2
D 902 — Aérogares 1 et 2
Recommended itineraries:
Motorway — Terminals 1 and 2
D 902 — Terminals 1 and 2
Direkte Zufahrt:
Autobahn — Abfertigungsgebäude 1 und 2
D 902 — Abfertigungsgebäude 1 und 2
Acceso Directo:
Autopista — Terminales 1 y 2
D 902 — Terminales 1 y 2
AÉROGARE 1
PA
350
351
Tour de contrôle
des Badauds
CENTRALE
OUEST
PB
Hôtel Sofitel
UNITÉ CENTRALE
Rte des Peupliers
Hôtel Arcade
Gare R.E.R.
Hôtel Novotel
PG
Rte de l'Epinette
ZONE CENTRALE EST
R. de l'Orme
X
AEROGARE 2
Terminal B
Terminal D
Terminal A
PH
PTAB
ZONE
FRET
NORD
R. des Vignes
Servair
du Chat
de la Ferme
Machines
Y

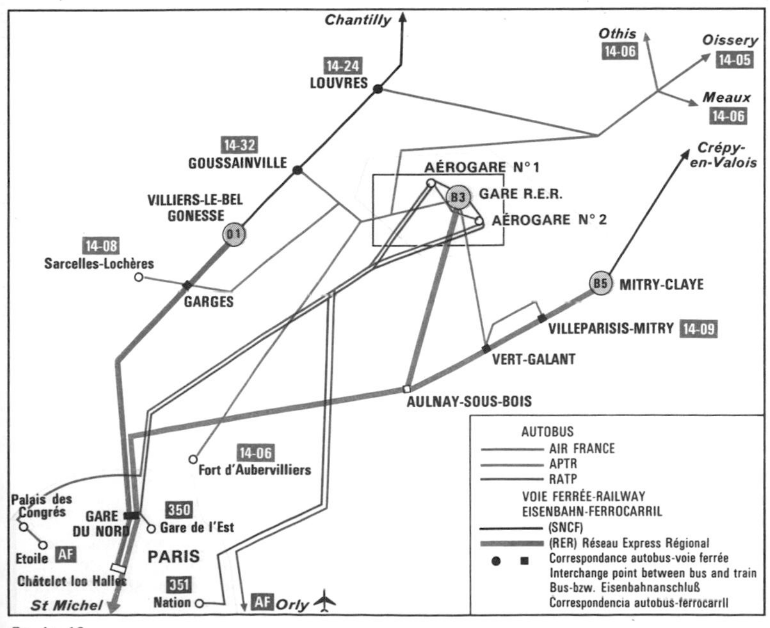

Chantilly
14-24 LOUVRES
14-32 GOUSSAINVILLE
VILLIERS-LE-BEL GONESSE
D1
14-08
Sarcelles-Lochères
GARGES
AÉROGARE N° 1
B3 GARE R.E.R.
AÉROGARE N° 2
Othis 14-06
Oissery 14-05
Meaux 14-06
Crépy-en-Valois
B5 MITRY-CLAYE
VILLEPARISIS-MITRY 14-09
VERT-GALANT
AULNAY-SOUS-BOIS
14-06 Fort d'Aubervilliers
Palais des Congrès
GARE DU NORD
350 Gare de l'Est
Etoile AF
PARIS
Châtelet les Halles
351 Nation
St Michel
AF Orly
AUTOBUS
AIR FRANCE
APTR
RATP
VOIE FERRÉE-RAILWAY
EISENBAHN-FERROCARRIL
(SNCF)
(RER) Réseau Express Régional
Correspondance autobus-voie ferrée
Interchange point between bus and train
Bus-bzw. Eisenbahnanschluß
Correspondencia autobus-ferrocarril

GARONOR

A — Dépannage tous véhicules — Vehicle repairs — Reparaturdienst für alle Fahrzeuge — Taller de reparación
B — Pièces détachées PL — Spare parts — LKW-Ersatzteile — Repuestos
C — Pneumatiques — Tyres — Reifen — Neumáticos
D — Location véhicule — Vehicle hire — Autovermietung — Coches de alquiler
E — Station lavage — Vehicle wash — Autowaschanlage — Lavado
F — Service médical — Infirmary — Ärztlicher Hilfsdienst — Servicio médico

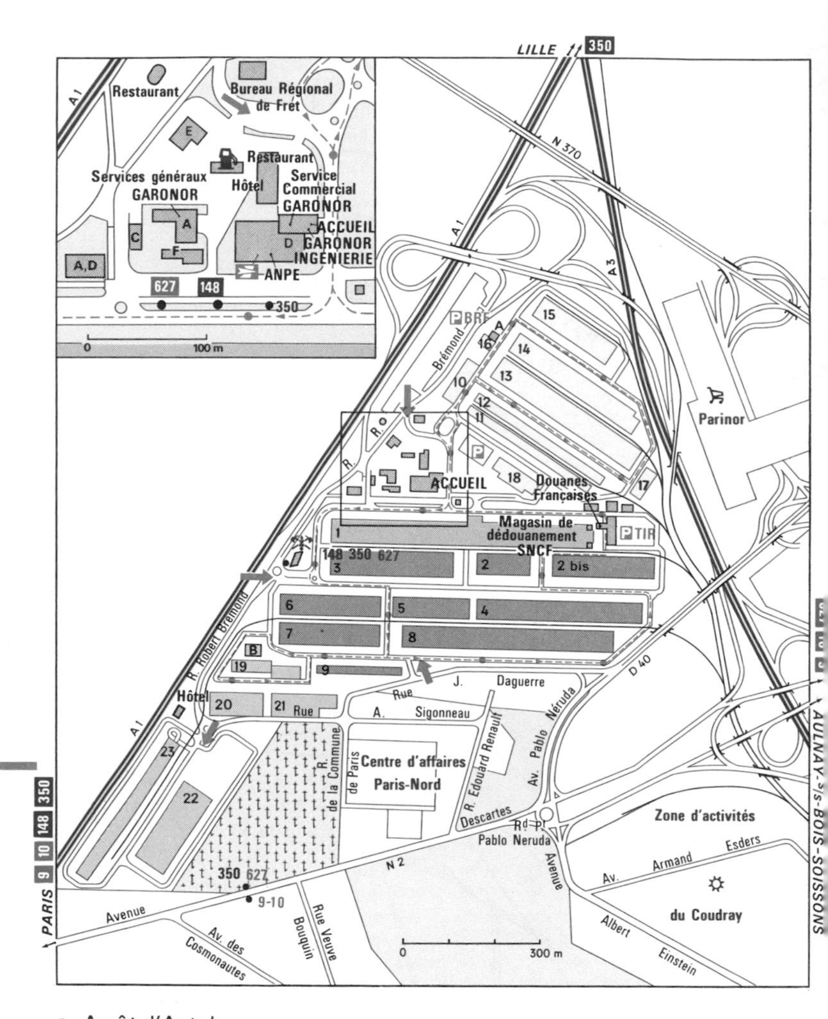

● Arrêt d'Autobus

Bus stop — Autobushaltestelle — Parada de autobús

- **148** (RATP) — Église de Pantin — GARONOR
- **350** (RATP) — Gare de l'Est — GARONOR — Aéroport Charles-de-Gaulle
- **627** (TRA-RATP) — Aulnay-sous-Bois — Blanc-Mesnil — GARONOR
- **9** (APTR) — Fort d'Aubervilliers — GARONOR — Aulnay-sous-Bois (Rose des Vents)
- **10** (APTR) — Fort d'Aubervilliers — GARONOR — Aulnay-sous-Bois (Vélodrome)
- -●- Navette intérieure — Shuttle service — Interne Autobuslinie — Autobús de Servicio interior

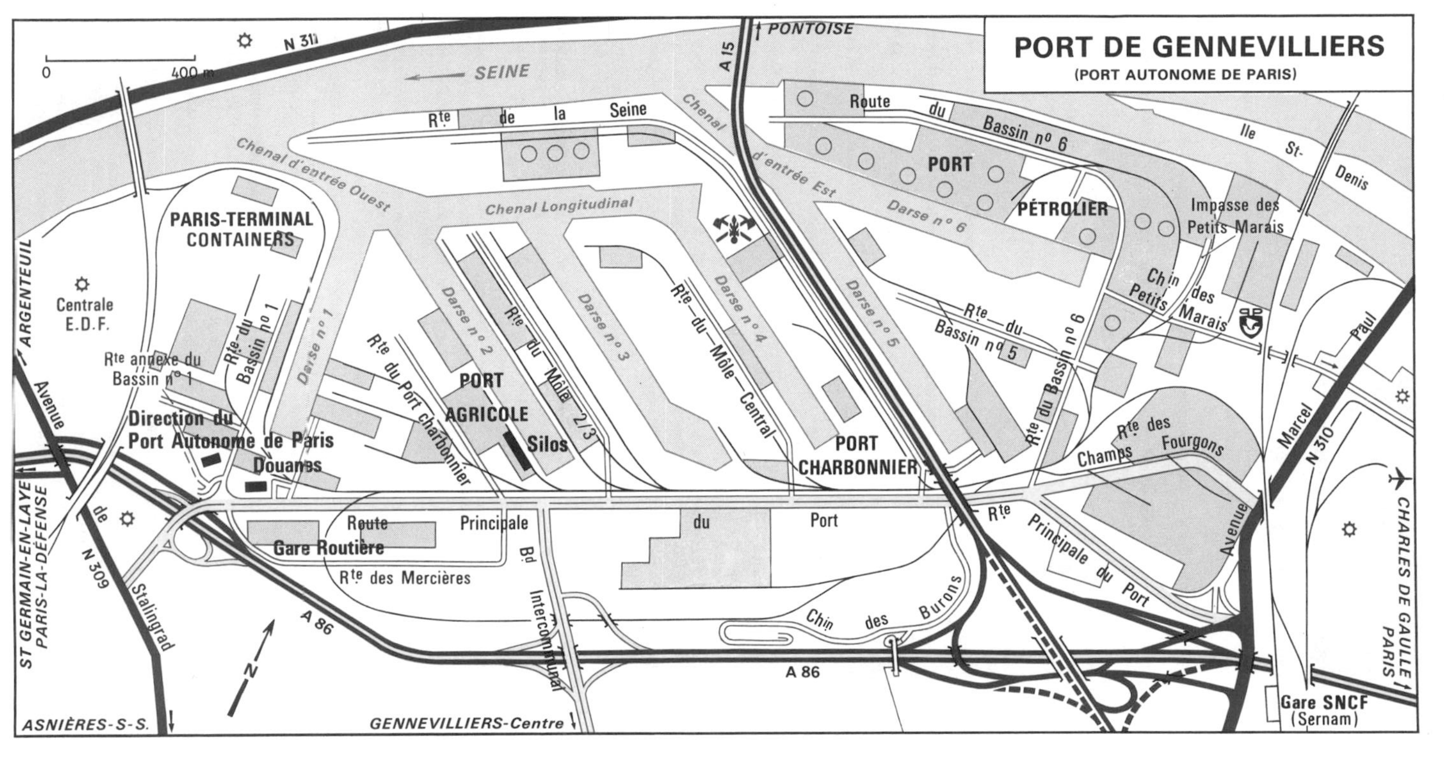
PORT DE GENNEVILLIERS
(PORT AUTONOME DE PARIS)
0
400 m
N 311
SEINE
PONTOISE
A 15
Rte de la Seine
Route du Bassin nº 6
Ile St-Denis
Chenal d'entrée Ouest
Chenal d'entrée Est
Chenal Longitudinal
PORT PÉTROLIER
Impasse des Petits Marais
Darse nº 6
Chin des Petits Marais
Paul
PARIS-TERMINAL CONTAINERS
Centrale E.D.F.
ARGENTEUIL
Rte du Bassin nº 1
Darse nº 1
Darse nº 2
Darse nº 3
Darse nº 4
Darse nº 5
Rte du Mole 2/3
Rte du Mole Central
Rte du Bassin nº 5
Rte du Bassin nº 6
Rte annexe du Bassin nº 1
Rte du Port charbonnier
PORT AGRICOLE
Silos
PORT CHARBONNIER
Direction du Port Autonome de Paris
Douanes
Avenue de Stalingrad
Rte des Fourgons
Champs
Marcel
N 310
Avenue
Route Principale du Port
Rte Principale du Port
Gare Routière
Rte des Mercières
Bd Intercommunal
Chin des Burons
N 309
A 86
N
ST GERMAIN-EN-LAYE
PARIS-LA-DÉFENSE
ASNIÈRES-S-S.
GENNEVILLIERS-Centre
CHARLES DE GAULLE
PARIS
Gare SNCF
(Sernam)

LIGNES URBAINES D'AUTOBUS (par sections)
LIST OF CITY BUSES (showing stages)

Service général de 7 h à 20 h 30 — Normal service from 7 am to 8.30 pm

service assuré jusqu'à minuit	■	buses running to midnight
service assuré les dimanches et fêtes	●	buses running on Sundays and holidays

20 ● Gare St-Lazare — Opéra — Sentier/Poissonnière-Bonne Nouvelle — République — Bastille — Gare de Lyon.

21 ■ ● Gare St-Lazare — Opéra — Palais Royal — Châtelet — Gare du Luxembourg — Berthollet-Vauquelin — Glacière-Auguste Blanqui — Pte de Gentilly.

22 Opéra — Pasquier-Anjou/Gare St-Lazare — Haussmann-Courcelles — Ch. de Gaulle-Etoile — Trocadéro — La Muette-Gare de Passy — Chardon Lagache-Molitor/Pt Mirabeau — Pte de St-Cloud.

24 Gare St-Lazare — Concorde — Pt du Carrousel/Pt Royal — Pt Neuf — Maubert-Mutualité/Pt de l'Archevêché — Gare d'Austerlitz — Bercy-Rapée — Pt National — Charenton-Pt de Conflans — Alfort-Ecole Vétérinaire.

26 ■ ● Gare St-Lazare — Carrefour de Châteaudun — La Fayette-St-Quentin-Gare du Nord/Magenta-Maubeuge-Gare du Nord — Jaurès-Stalingrad — Botzaris-Buttes Chaumont — Pyrénées-Ménilmontant — Pyrénées-Bagnolet — Cours de Vincennes.

27 ● Gare St-Lazare — Opéra — Palais Royal — Pt Neuf — Gare du Luxembourg — Berthollet-Vauquelin — Pl. d'Italie — Nationale — Pte de Vitry (■ : Pt Neuf — Pte de Vitry).

28 Gare St-Lazare — St-Philippe du Roule/Matignon-St-Honoré — Pt des Invalides — Ecole Militaire — Breteuil — Losserand — Pte d'Orléans.

29 Gare St-Lazare — Opéra — E. Marcel-Montmartre — Archives-Rambuteau/Archives-Haudriettes — Bastille — Gare de Lyon/Daumesnil-Diderot — Daumesnil-F. Eboué — Pte de Montempoivre.

30 Gare de l'Est — Barbès-Rochechouart — Pigalle — Pl. de Clichy — Malesherbes-Courcelles — Ch. de Gaulle-Etoile — Trocadéro.

31 ■ ● Gare de l'Est — Barbès-Rochechouart — Mairie du 18e — Vauvenargues — Brochant-Cardinet — Jouffroy-Malesherbes — Ch. de Gaulle-Etoile.

32 Gare de l'Est — Carrefour de Châteaudun — Gare St-Lazare — St-Philippe du Roule/Matignon-St-Honoré — Marceau-Pierre 1er de Serbie — Trocadéro — La Muette - Gare de Passy — Pte de Passy.

38 Gare de l'Est — Réaumur-Arts et Métiers/Réaumur-Sébastopol — Châtelet — Gare du Luxembourg — Denfert Rochereau — Pte d'Orléans (■ ● : Châtelet — Pte d'Orléans).

39 Gare de l'Est — Poissonnière-Bonne Nouvelle/Sentier — Richelieu-4 Septembre — Palais Royal — St-Germain des Prés — Hôp. des Enfants Malades — Mairie du 15e/Vaugirard-Favorites — Pte de Versailles.

42 Gare du Nord — Carrefour de Châteaudun/Le Peletier — Opéra — Concorde — Alma-Marceau — Champ de Mars — Charles Michels — Balard-Lecourbe.

43 Gare du Nord — Carrefour de Châteaudun — Gare St-Lazare — Haussmann-Courcelles — Ternes — Pte des Ternes — Neuilly-St-Pierre — Pt de Neuilly — Neuilly-Pl. de Bagatelle (● : Gare St-Lazare — Neuilly-Bagatelle).

46 ● Gare du Nord — Gare de l'Est — Goncourt — Voltaire-L. Blum — Faidherbe-Chaligny — Daumesnil-F. Eboué — Pte Dorée — St-Mandé-Demi Lune-Zoo (service partiel jusqu'au Parc floral d'avril à septembre).

47 Gare du Nord — Gare de l'Est — Réaumur-Arts et Métiers/Réaumur-Sébastopol — Châtelet — Maubert-Mutualité — Censier-Daubenton — Pl. d'Italie — Pte d'Italie — Le Kremlin Bicêtre-Fort.

48 Gare du Nord — Petites Ecuries/Cadet — Richelieu-4 Septembre/Réaumur-Montmartre — Palais Royal — St-Germain des Prés — Gare Montparnasse/pl. du 18 Juin 1940 — Institut Pasteur — Pte de Vanves.

49 Gare du Nord — Carrefour de Châteaudun — Gare St-Lazare — St-Philippe du Roule/Matignon-St-Honoré — Pt des Invalides — Ecole Militaire — Mairie du 15e/Vaugirard-Favorites — Pte de Versailles.

52 ● Opéra — Concorde/Boissy d'Anglas — St-Philippe du Roule — Ch. de Gaulle-Etoile — Belles Feuilles — La Muette — Pte d'Auteuil — Boulogne-Château — Pt de St-Cloud (■ : Ch. de Gaulle-Etoile — Pte d'Auteuil).

53 Opéra — Gare St-Lazare — Legendre — Pte d'Asnières — Levallois Perret-G. Eiffel.

54 République — Gare de l'Est — Barbès-Rochechouart — Pigalle — La Fourche — Pte de Clichy — Clichy-Landy-Martre/Clichy-Casanova — Asnières Gennevilliers-Gabriel Péri

56 Pte de Clignancourt — Barbès-Rochechouart — Gare de l'Est — République — Voltaire-L. Blum — Nation — Pte de St-Mandé — Vincennes-les Laitières — Chât. de Vincennes.

57 Gare de Lyon — Gare d'Austerlitz — Pl. d'Italie — Poterne des Peupliers — Mairie de Gentilly.

58 Hôtel de Ville — Pt Neuf — Palais du Luxembourg — Gare Montparnasse/pl. du 18 Juin 1940 — Château - Mairie du 14e — Pte de Vanves — Vanves-Lycée Michelet.

60 Gambetta — Borrégo — Botzaris — Ourcq-Jaurès — Crimée — Ordener-Marx Dormoy — Mairie du 18e — Pte de Montmartre.

61 Gare d'Austerlitz — Ledru Rollin-Fbg St-Antoine — Roquette-Père Lachaise — Gambetta — Pte des Lilas — Pré St-Gervais-Pl. Jean Jaurès.

62 ■ ● Cours de Vincennes — Daumesnil-F. Eboué — Pt de Tolbiac — Italie-Tolbiac — Glacière-Tolbiac — Alésia-Gal. Leclerc — Vercingétorix — Convention-Vaugirard — Convention-St-Charles — Chardon Lagache-Molitor/Michel Ange-Auteuil — Pte de St-Cloud.

63 ■ ● Gare de Lyon — Gare d'Austerlitz — Monge-Mutualité/Maubert-Mutualité — St-Sulpice/St-Germain des Prés — Solférino-Bellechasse — Pt des Invalides-Quai d'Orsay — Alma-Marceau — Trocadéro — Pte de la Muette-Henri-Martin.

STÄDTISCHE AUTOBUSLINIEN (nach Streckenabschnitten)
LÍNEAS URBANAS (por secciones)

Normaler Busverkehr von 7 bis 20.30 Uhr — Circulación general de 7 h a 20 h 30

Busverkehr bis 24 Uhr	■	servicio hasta las 24 h
Busverkehr auch an Sonn- und Feiertagen	●	servicio los domingos y festivos

65 Gare d'Austerlitz — Bastille — République — Gare de l'Est — Pl. Chapelle — Pte de la Chapelle — Aubervilliers-La Haie Coq — Mairie d'Aubervilliers (● : Pte de la Chapelle — Mairie d'Aubervilliers).

66 Opéra — Gare St-Lazare/Rome-Haussmann — Sq. des Batignolles — Pte Pouchet — Clichy-Bd V. Hugo.

67 Pigalle — Carrefour Châteaudun — Richeleu-4 Septembre/Réaumur-Montmartre — Palais Royal/Louvre-Rivoli — Hôtel de Ville — St-Germain-Cardinal Lemoine — Buffon-Mosquée — Pl. d'Italie — Pte de Gentilly.

68 Pl. de Clichy — Trinité — Opéra — Pt Royal — Sèvres-Babylone — Vavin — Denfert Rochereau — Pte d'Orléans — Montrouge-Etats Unis/Montrouge-Verdier-République — Montrouge-Cim. Bagneux (● : Pte d'Orléans — Montrouge-Cim. Bagneux).

69 Gambetta — Roquette-Père Lachaise — Bastille — Hôtel de Ville — Palais Royal/Pt Carrousel — Grenelle-Bellechasse/Solférino-Bellechasse — Invalides-La Tour Maubourg/La Tour Maubourg-St-Dominique — Champ de Mars.

70 Hôtel de Ville — Pt Neuf — St-Sulpice/St-Germain des Prés — Hôp. des Enfants Malades — Peclet — Charles Michels — Pl. du Dr Hayem-Radio-France.

72 Hôtel de Ville — Palais Royal/Pt Carrousel — Concorde — Alma-Marceau — Pt Bir Hakeim — Pt Mirabeau — Pte St-Cloud — Boulogne Billancourt-J. Jaurès — Pt St-Cloud (● : Concorde — ■ : Pte St-Cloud — Pt St-Cloud).

73 Musée d'Orsay — Concorde — Rond Point des Champs Elysées — Ch. de Gaulle-Etoile — Pte Maillot — Neuilly-Hôtel de Ville — Pt de Neuilly — La Défense.

74 Hôtel de Ville — Louvre-Rivoli — Réaumur-Montmartre/Richelieu-4 Septembre — Carrefour de Châteaudun — La Fourche — Pte de Clichy — Clichy-V. Hugo — Clichy-Hôp. Beaujon (■ ● : Pte Clichy — Hôp. Beaujon).

75 Pt Neuf — Archives-Haudriettes/Grenier St-Lazare — République — Grange aux Belles — Armand Carrel-Mairie du 19ᵉ — Pte de Pantin.

76 Louvre — Hôtel de Ville — Bastille — Charonne-Ph. Auguste — Pte de Bagnolet — Mairie de Bagnolet — Bagnolet-Malassis.

80 ■ ● Mairie du 15ᵉ — Ecole Militaire — Alma-Marceau — Matignon-St-Honoré/St-Philippe du Roule — Gare St-Lazare — Damrémont-Caulaincourt — Mairie du 18ᵉ (*les dimanches et fêtes seulement, prolongement de ligne Mairie du 18ᵉ* — Mairie du 15ᵉ *jusqu'à la* Pte de Versailles).

81 Châtelet — Palais Royal — Opéra — Trinité/Gare St-Lazare — La Fourche — Pte de St-Ouen.

82 ● Gare du Luxembourg — Pl. du 18 juin 1940 — Oudinot — Ecole Militaire — Champ de Mars — Kléber-Boissière — Pte Maillot — Neuilly-St-Pierre — Neuilly-Hôpital Américain.

83 Friedland-Haussmann — St-Philippe du Roule — Rd-Pt des Champs-Élysées — Gare des Invalides — Sèvres-Babylone — Observatoire — Les Gobelins — Pl. d'Italie — Pt d'Ivry.

84 Pl. du Panthéon — Gare du Luxembourg — Sèvres-Babylone — Solférino-Bellechasse — Concorde — St-Augustin — Courcelles — Pte de Champerret.

85 Gare du Luxembourg — Châtelet — Louvre-Rivoli — Réaumur-Montmartre/Richelieu-4 Septembre — Cadet/Carrefour de Châteaudun — Muller — Pte Clignancourt — Mairie St-Ouen (■ ● : Pte Clignancourt — Mairie St-Ouen).

86 St-Germain des Prés — Mutualité — Bastille — Faidherbe-Chaligny — Pyrénées/Pte de Vincennes — St-Mandé-Tourelle — St-Mandé-Demi Lune-Zoo.

87 Champ de Mars — Ecole Militaire — Duroc-Oudinot/Vaneau-Babylone — St-Germain des Prés/St-Sulpice — Mutualité — Bastille — Gare de Lyon — Charenton-Wattignies — Porte de Reuilly.

89 Gare d'Austerlitz — Cardinal Lemoine-Monge — Gare Luxembourg — Pl. du 18 Juin 1940 — Cambronne-Vaugirard/Vaugirard-Favorites — Pte de Plaisance — Vanves-Lycée Michelet.

91 ■ ● Gare Montparnasse — Observatoire-Port Royal — Gobelins — Gare d'Austerlitz — Bastille.

92 ■ ● Gare Montparnasse — Oudinot — Ecole Militaire — Alma-Marceau — Ch. de Gaulle-Etoile — Pte de Champerret.

93 Rd-Pt des Champs-Elysées — St-Philippe du Roule — Friedland-Haussmann — Ternes — Pte de Champerret — Levallois-Pl. de la Libération.

94 Gare Montparnasse — Sèvres-Babylone — Solférino-Bellechasse — Concorde — St-Augustin — Malesherbes-Courcelles — Pte d'Asnières — Mairie de Levallois.

95 ■ ● Gare Montparnasse — St-Germain des Prés — Palais Royal — Opéra — Gare St-Lazare — Damrémont-Caulaincourt — Pte de Montmartre.

96 ● Gare Montparnasse — St-Germain des Prés — St-Michel — Hôtel de Ville — Turenne-Francs Bourgeois — Parmentier-République — Pyrénées-Ménilmontant — Pte des Lilas (■ : Châtelet — Pte des Lilas).

PC ■ ● Pte Auteuil — Pte Passy — Longchamp — Pte Maillot — Pte Champerret — Pte Clichy — Pte St-Ouen — Pte Clignancourt — Pte Chapelle — Pte Villette — Pte Chaumont — Pte Lilas — Pte Bagnolet — Pte Vincennes — Pte Charenton — Pte Vitry — Pte Italie — Cité Universitaire — Pte Orléans — Pte Vanves — Pte Versailles — Bd Victor — Pte Auteuil.

Montmartrobus ● Pigalle — Sacré-Cœur — Mairie du 18ᵉ.

PARIS AUTOBUS

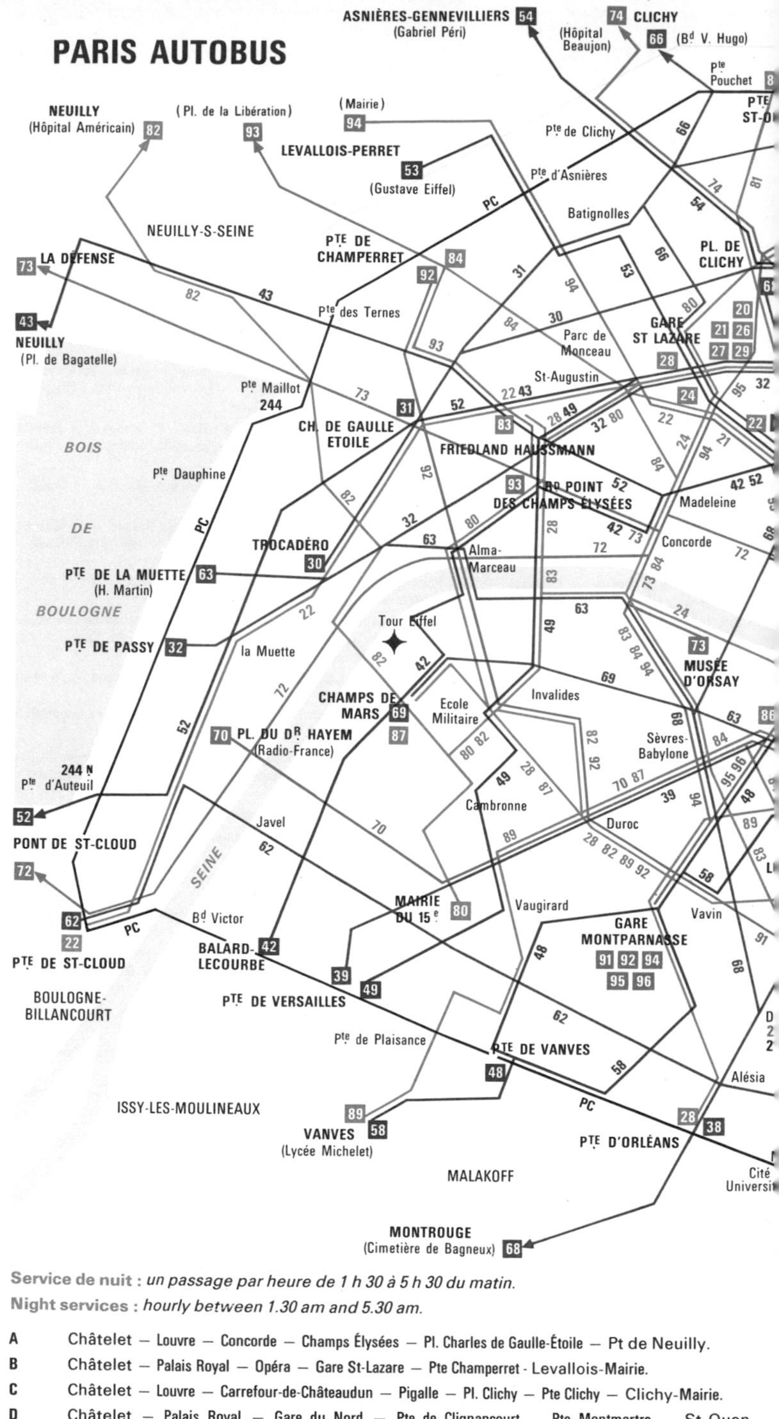

Service de nuit : *un passage par heure de 1 h 30 à 5 h 30 du matin.*

Night services : *hourly between 1.30 am and 5.30 am.*

A Châtelet — Louvre — Concorde — Champs Élysées — Pl. Charles de Gaulle-Étoile — Pt de Neuilly.

B Châtelet — Palais Royal — Opéra — Gare St-Lazare — Pte Champerret - Levallois-Mairie.

C Châtelet — Louvre — Carrefour-de-Châteaudun — Pigalle — Pl. Clichy — Pte Clichy — Clichy-Mairie.

D Châtelet — Palais Royal — Gare du Nord — Pte de Clignancourt — Pte Montmartre — St-Ouen-Mairie.

E Châtelet — Arts-et-Métiers — Gare de l'Est — Stalingrad — Pte Pantin — Pantin-Église.

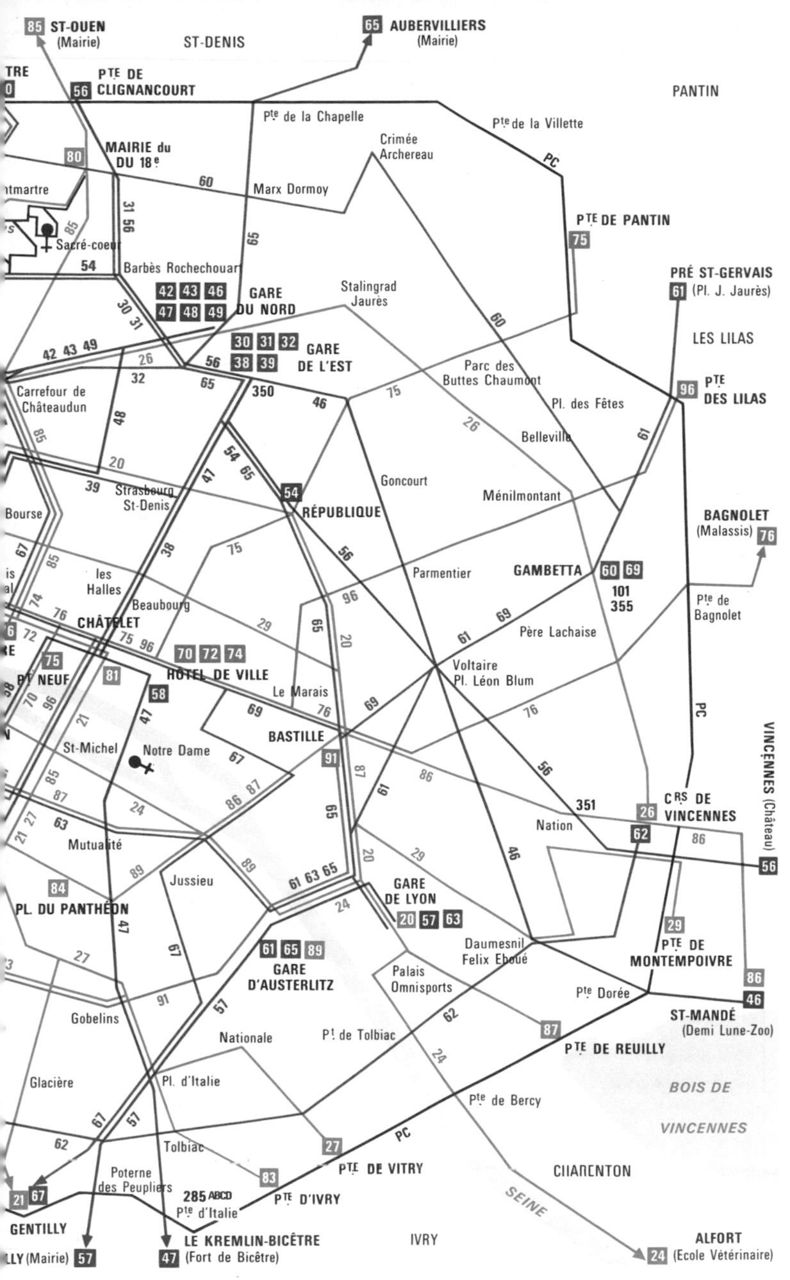

Busverkehr nachts : *eine Fahrt stündlich zwischen 1.30 Uhr und 5.30 Uhr.*

Líneas nocturnas : *todas las horas de 1 h 30 a 5 h 30 de la mañana.*

- **F** Châtelet – Arts-et-Métiers – République – Belleville – Pte des Lilas – Les Lilas-Mairie.
- **G** Châtelet – République – Voltaire – Gambetta – Pte de Bagnolet – Montreuil-Mairie.
- **H** Châtelet – Bastille – Nation – Pte de Vincennes – Vincennes-Château.
- **J** Châtelet – St-Michel – Luxembourg – Denfert Rochereau – Pte d'Orléans.
- **R** Châtelet – Maubert Mutualité – Gobelins – Pl. d'Italie – Pte d'Italie – Kremlin Bicêtre – Villejuif – Thiais – Chevilly Larue – Rungis-M.I.N. Marée.

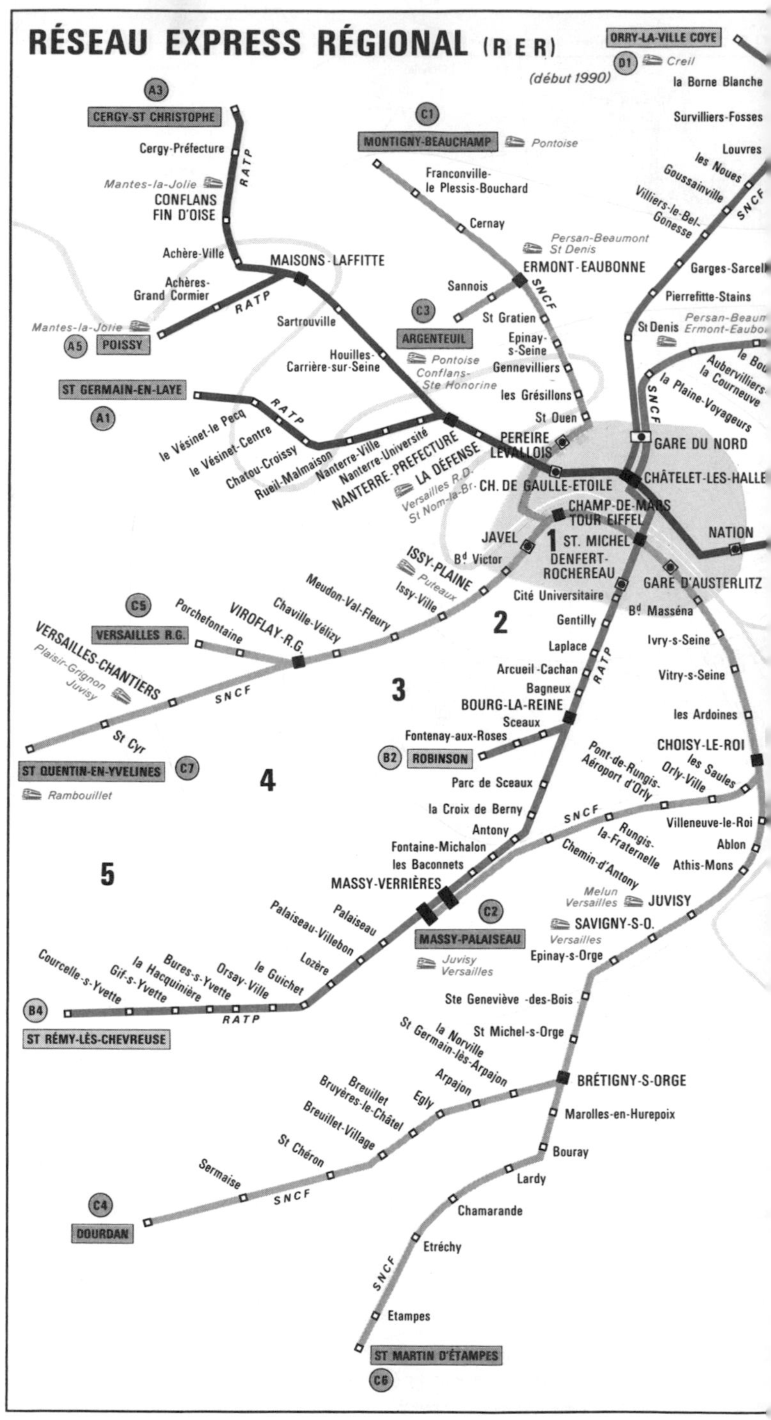
RÉSEAU EXPRESS RÉGIONAL (R E R)
(début 1990)
ORRY-LA-VILLE COYE
D1
Creil
la Borne Blanche
Survilliers-Fosses
Louvres
les Noues
Goussainville
Villiers-le-Bel-Gonesse
Garges-Sarcell
Pierrefitte-Stains
St Denis
A3
CERGY-ST CHRISTOPHE
Cergy-Préfecture
Mantes-la-Jolie
CONFLANS FIN D'OISE
Achère-Ville
MAISONS-LAFFITTE
Achères-Grand Cormier
RATP
Mantes-la-Jolie
A5
POISSY
Sartrouville
Houilles-Carrière-sur-Seine
ST GERMAIN-EN-LAYE
A1
le Vésinet-le Pecq
le Vésinet-Centre
Chatou-Croissy
Rueil-Malmaison
Nanterre-Ville
Nanterre-Université
NANTERRE-PREFECTURE
LA DÉFENSE
C1
MONTIGNY-BEAUCHAMP
Pontoise
Franconville-le Plessis-Bouchard
Cernay
Persan-Beaumont
St Denis
ERMONT-EAUBONNE
Sannois
St Gratien
Epinay-s-Seine
Gennevilliers
les Grésillons
St Ouen
C3
ARGENTEUIL
Pontoise
Conflans-Ste Honorine
PEREIRE LEVALLOIS
CH. DE GAULLE-ETOILE
Versailles R.D.
St Nom-la-Br.
GARE DU NORD
CHÂTELET-LES-HALLE
NATION
CHAMP-DE-MARS TOUR EIFFEL
ST. MICHEL
JAVEL
Bd Victor
DENFERT-ROCHEREAU
GARE D'AUSTERLITZ
Cité Universitaire
Bd Masséna
ISSY-PLAINE
Puteaux
Issy-Ville
Meudon-Val-Fleury
Chaville-Vélizy
VIROFLAY-R.G.
Porchefontaine
C5
VERSAILLES R.G.
VERSAILLES-CHANTIERS
Plaisir-Grignon
Juvisy
SNCF
St Cyr
ST QUENTIN-EN-YVELINES
C7
Rambouillet
1
2
3
4
5
Gentilly
Laplace
Arcueil-Cachan
Bagneux
BOURG-LA-REINE
Sceaux
Fontenay-aux-Roses
B2
ROBINSON
Parc de Sceaux
la Croix de Berny
Antony
Fontaine-Michalon
les Baconnets
MASSY-VERRIÈRES
C2
MASSY-PALAISEAU
Juvisy
Versailles
Palaiseau
Palaiseau-Villebon
Lozère
le Guichet
Orsay-Ville
Bures-s-Yvette
la Hacquinière
Gif-s-Yvette
Courcelle-s-Yvette
B4
ST RÉMY-LÈS-CHEVREUSE
Ivry-s-Seine
Vitry-s-Seine
les Ardoines
CHOISY-LE-ROI
les Saules
Orly-Ville
Pont-de-Rungis-Aéroport d'Orly
Villeneuve-le-Roi
Ablon
Athis-Mons
Rungis-la-Fraternelle
Chemin-d'Antony
Melun
Versailles
JUVISY
SAVIGNY-S-O.
Versailles
Epinay-s-Orge
Ste Geneviève-des-Bois
St Michel-s-Orge
la Norville
St Germain-lès-Arpajon
Arpajon
Egly
Breuillet
Bruyères-le-Châtel
Breuillet-Village
St Chéron
Sermaise
BRÉTIGNY-S-ORGE
Marolles-en-Hurepoix
Bouray
Lardy
Chamarande
Etréchy
Etampes
C4
DOURDAN
ST MARTIN D'ÉTAMPES
C6

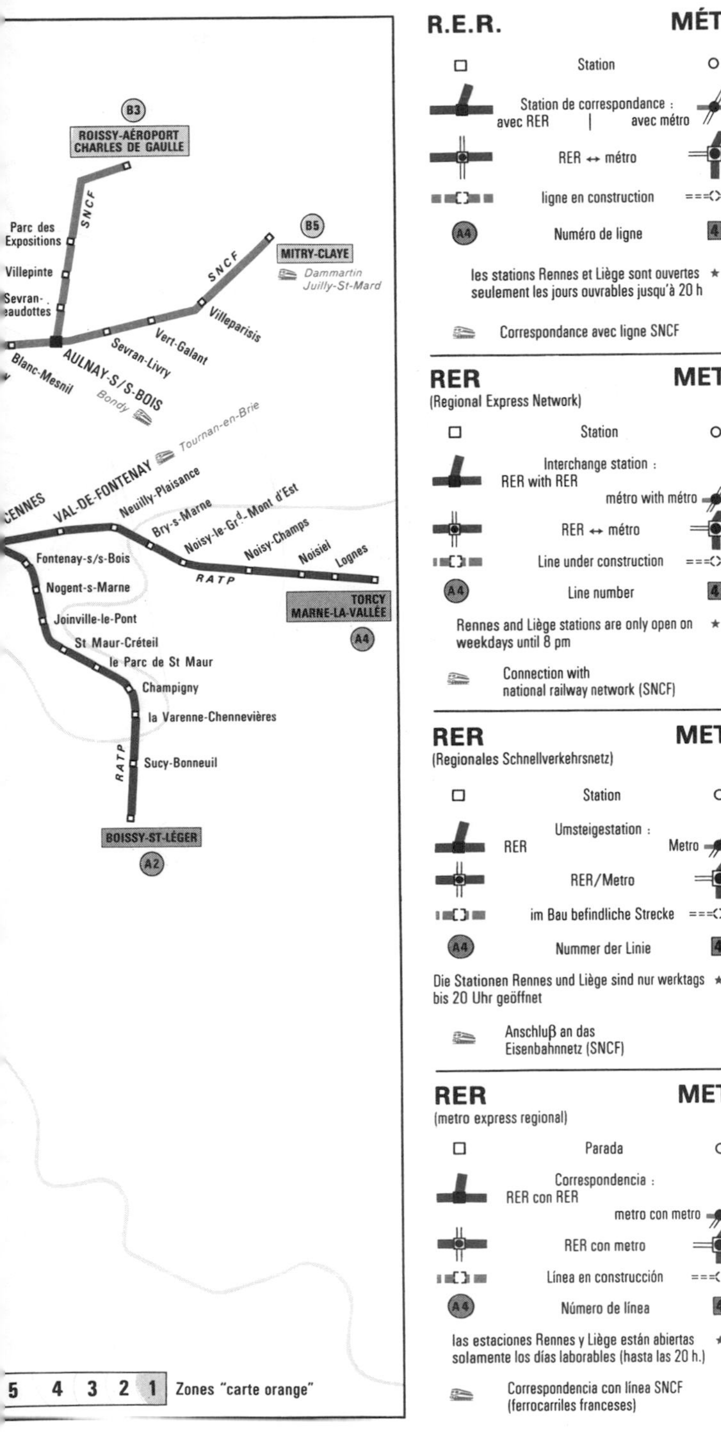

R.E.R. — MÉTRO

Station

Station de correspondance : avec RER | avec métro

RER ↔ métro

ligne en construction

Numéro de ligne

les stations Rennes et Liège sont ouvertes seulement les jours ouvrables jusqu'à 20 h ★

Correspondance avec ligne SNCF

RER — METRO

(Regional Express Network)

Station

Interchange station : RER with RER

métro with métro

RER ↔ métro

Line under construction

Line number

Rennes and Liège stations are only open on weekdays until 8 pm ★

Connection with national railway network (SNCF)

RER — METRO

(Regionales Schnellverkehrsnetz)

Station

Umsteigestation : RER | Metro

RER/Metro

im Bau befindliche Strecke

Nummer der Linie

Die Stationen Rennes und Liège sind nur werktags bis 20 Uhr geöffnet ★

Anschluβ an das Eisenbahnnetz (SNCF)

RER — METRO

(metro express regional)

Parada

Correspondencia : RER con RER

metro con metro

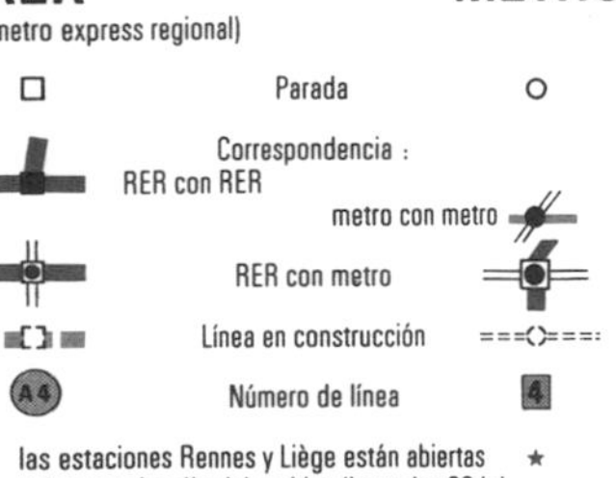

RER con metro

Línea en construcción

Número de línea

las estaciones Rennes y Liège están abiertas solamente los días laborables (hasta las 20 h.) ★

Correspondencia con línea SNCF (ferrocarriles franceses)

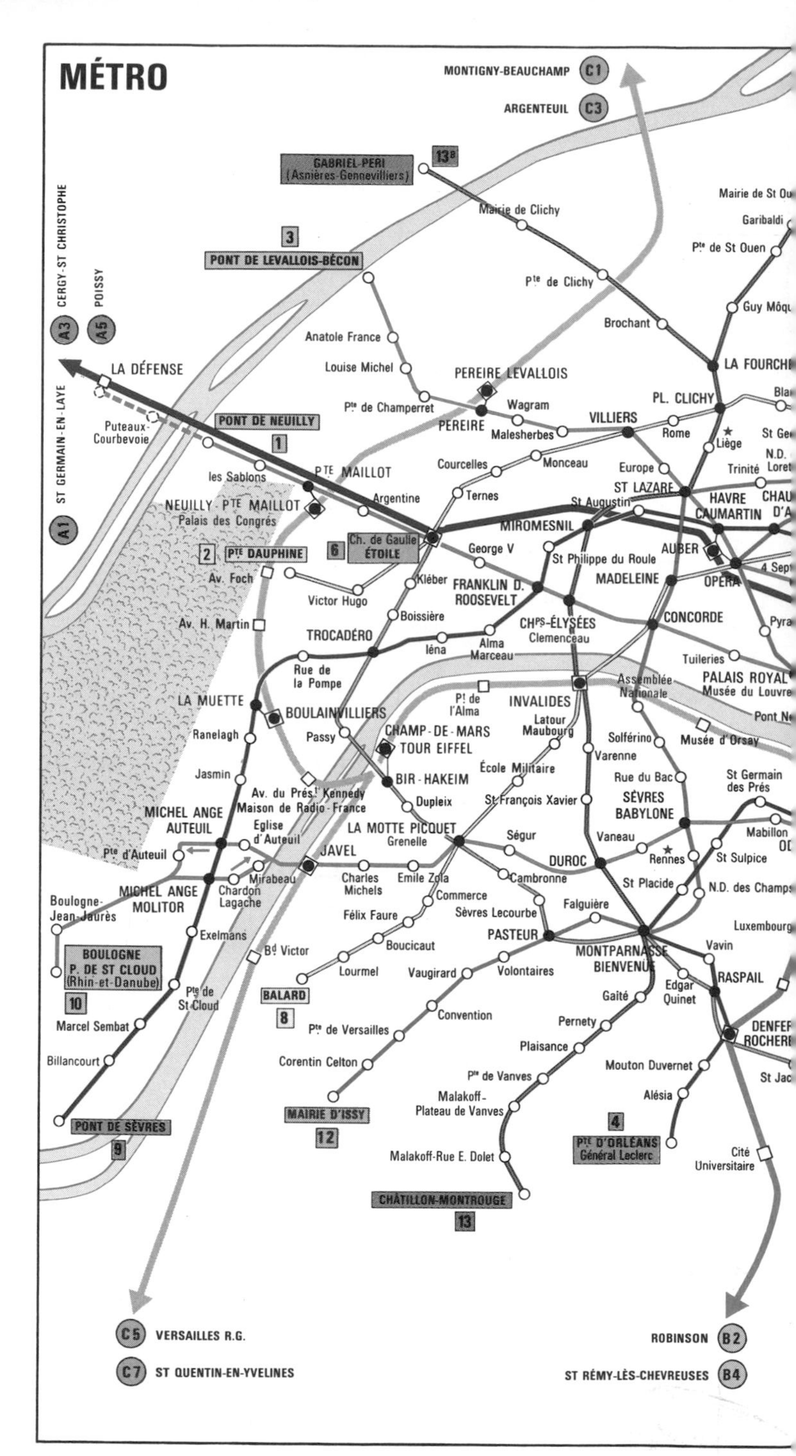
MÉTRO
MONTIGNY-BEAUCHAMP C1
ARGENTEUIL C3
A1 ST GERMAIN-EN-LAYE
A3 CERGY-ST CHRISTOPHE
A5 POISSY
GABRIEL-PERI (Asnières-Gennevilliers) 13B
3 PONT DE LEVALLOIS-BÉCON
LA DÉFENSE
Puteaux-Courbevoie
PONT DE NEUILLY 1
les Sablons
PTE MAILLOT
NEUILLY-PTE MAILLOT Palais des Congrés
2 PTE DAUPHINE
6 Ch. de Gaulle ÉTOILE
Av. Foch
Av. H. Martin
Victor Hugo
Argentine
Mairie de Clichy
Pte de Clichy
Brochant
Anatole France
Louise Michel
Pte de Champerret
PEREIRE LEVALLOIS
PEREIRE
Wagram
Malesherbes
VILLIERS
Rome
PL. CLICHY
LA FOURCHE
Guy Môquet
Pte de St Ouen
Garibaldi
Mairie de St Ouen
Liège
Europe
Trinité
ST LAZARE
HAVRE CAUMARTIN
Courcelles
Monceau
Ternes
St Augustin
MIROMESNIL
St Philippe du Roule
AUBER
OPERA
MADELEINE
CONCORDE
George V
Kléber
FRANKLIN D. ROOSEVELT
CHPS-ÉLYSÉES Clemenceau
Boissière
TROCADÉRO
Iéna
Alma Marceau
Rue de la Pompe
Tuileries
PALAIS ROYAL Musée du Louvre
Assemblée Nationale
Pt de l'Alma
INVALIDES
LA MUETTE
BOULAINVILLIERS
Passy
CHAMP-DE-MARS TOUR EIFFEL
Latour Maubourg
Solférino
Musée d'Orsay
Ranelagh
Varenne
Jasmin
BIR-HAKEIM
École Militaire
Rue du Bac
St Germain des Prés
Av. du Présᵗ Kennedy Maison de Radio-France
Dupleix
St François Xavier
SÈVRES BABYLONE
Mabillon
MICHEL ANGE AUTEUIL
Eglise d'Auteuil
LA MOTTE PICQUET Grenelle
Ségur
Vaneau
Pte d'Auteuil
JAVEL
Rennes
St Sulpice
Mirabeau
DUROC
MICHEL ANGE MOLITOR
Chardon Lagache
Charles Michels
Emile Zola
Cambronne
St Placide
N.D. des Champs
Boulogne-Jean-Jaurès
Commerce
Sèvres Lecourbe
Falguière
Félix Faure
Luxembourg
Exelmans
Boucicaut
PASTEUR
MONTPARNASSE BIENVENUE
Vavin
BOULOGNE P. DE ST CLOUD (Rhin-et-Danube)
Bd Victor
Lourmel
Vaugirard
Volontaires
RASPAIL
10
Pte de St Cloud
BALARD
Gaîté
Edgar Quinet
Marcel Sembat
8
Convention
Pte de Versailles
Pernety
DENFERT ROCHEREAU
Billancourt
Corentin Celton
Plaisance
Mouton Duvernet
Pte de Vanves
Alésia
Malakoff-Plateau de Vanves
PONT DE SÈVRES 9
MAIRIE D'ISSY 12
4
PTE D'ORLÉANS Général Leclerc
Cité Universitaire
Malakoff-Rue E. Dolet
CHÂTILLON-MONTROUGE 13
C5 VERSAILLES R.G.
C7 ST QUENTIN-EN-YVELINES
ROBINSON B2
ST RÉMY-LÈS-CHEVREUSES B4

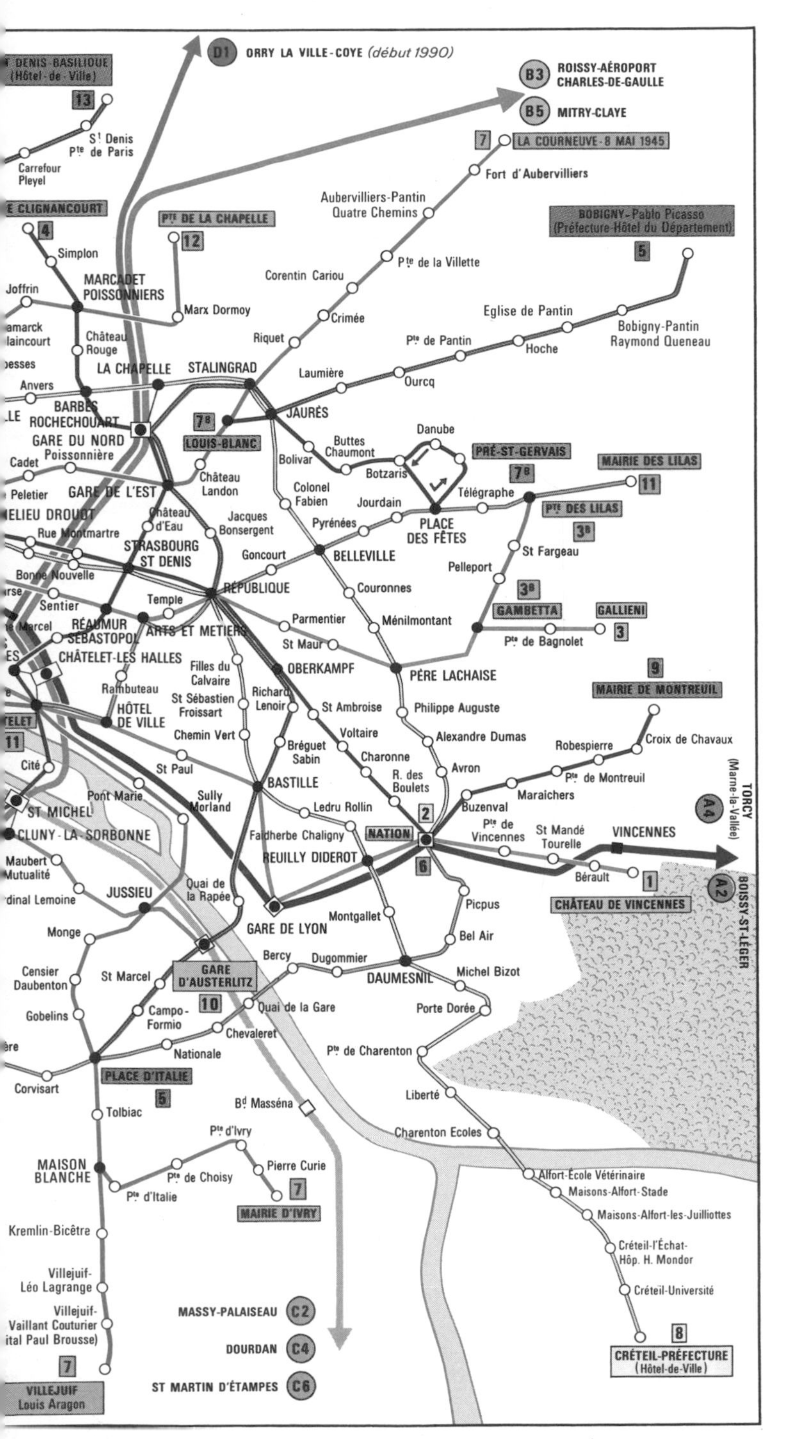
D1 ORRY LA VILLE-COYE (début 1990)
B3 ROISSY-AÉROPORT CHARLES-DE-GAULLE
B5 MITRY-CLAYE
7 LA COURNEUVE-8 MAI 1945
Fort d'Aubervilliers
Aubervilliers-Pantin Quatre Chemins
BOBIGNY-Pablo Picasso (Préfecture-Hôtel du Département)
5
Pte de la Villette
Corentin Cariou
Crimée
Riquet
Eglise de Pantin
Bobigny-Pantin Raymond Queneau
Pte de Pantin
Hoche
Laumière
Ourcq
JAURÈS
STALINGRAD
LA CHAPELLE
Pte DE LA CHAPELLE
12
Marx Dormoy
Carrefour Pleyel
St Denis Pte de Paris
13
CLIGNANCOURT
4
Simplon
MARCADET POISSONNIERS
Joffrin
Château Rouge
Anvers
BARBÈS ROCHECHOUART
GARE DU NORD
Poissonnière
Cadet
GARE DE L'EST
Château Landon
Louis-Blanc
7B
Buttes Chaumont
Bolivar
Danube
Botzaris
PRÉ-ST-GERVAIS
7B
MAIRIE DES LILAS
11
Télégraphe
Colonel Fabien
Jourdain
PLACE DES FÊTES
Pte DES LILAS
3B
Château d'Eau
Jacques Bonsergent
Pyrénées
St Fargeau
Rue Montmartre
STRASBOURG ST DENIS
Goncourt
BELLEVILLE
Pelleport
Bonne Nouvelle
RÉPUBLIQUE
Couronnes
3B
GAMBETTA
GALLIENI
3
Temple
Sentier
RÉAUMUR SÉBASTOPOL
ARTS ET MÉTIERS
Parmentier
Ménilmontant
Pte de Bagnolet
St Maur
CHÂTELET-LES HALLES
Filles du Calvaire
OBERKAMPF
PÈRE LACHAISE
9
MAIRIE DE MONTREUIL
Rambuteau
St Sébastien Froissart
Richard Lenoir
St Ambroise
Philippe Auguste
HÔTEL DE VILLE
Chemin Vert
Voltaire
Alexandre Dumas
Croix de Chavaux
Robespierre
Bréguet Sabin
Charonne
St Paul
Cité
Pte de Montreuil
Avron
R. des Boulets
BASTILLE
Pont Marie
Sully Morland
ST MICHEL
Maraichers
TORCY (Marne-la-Vallée)
A4
Buzenval
Ledru Rollin
2
CLUNY-LA-SORBONNE
Faidherbe Chaligny
NATION
Pte de Vincennes
St Mandé Tourelle
VINCENNES
Maubert Mutualité
REUILLY DIDEROT
6
Bérault
1
A2
BOISSY-ST-LÉGER
Quai de la Rapée
JUSSIEU
CHÂTEAU DE VINCENNES
Picpus
GARE DE LYON
Montgallet
Monge
Bel Air
Bercy
Dugommier
Censier Daubenton
St Marcel
GARE D'AUSTERLITZ
DAUMESNIL
Michel Bizot
10
Quai de la Gare
Porte Dorée
Gobelins
Campo-Formio
Chevaleret
Pte de Charenton
Nationale
Corvisart
PLACE D'ITALIE
5
Liberté
Bd Masséna
Tolbiac
Charenton Ecoles
Pte d'Ivry
Pierre Curie
MAISON BLANCHE
Pte de Choisy
Alfort-École Vétérinaire
7
Maisons-Alfort-Stade
Pte d'Italie
MAIRIE D'IVRY
Maisons-Alfort-les-Juilliottes
Kremlin-Bicêtre
Créteil-l'Échat-Hôp. H. Mondor
Villejuif-Léo Lagrange
Créteil-Université
Villejuif-Vaillant Couturier
MASSY-PALAISEAU C2
8
DOURDAN C4
CRÉTEIL-PRÉFECTURE (Hôtel-de-Ville)
7
VILLEJUIF Louis Aragon
ST MARTIN D'ÉTAMPES C6

Staying safe

Festivals are fun. If you're with friends, look out for each other and your belongings.

ALCOHOL

In many ways it's easier to drink a pint of cool beer than get hold of a cup of cold water at a festival. And there's always someone selling killer homebrew scrumpy for silly prices. Nothing wrong with that in itself, other than during on a hot day you can consume more alcohol than you realize, and potentially more than you can cope with. If you are outdoors in the sun or dancing in a hot tent, your body is going to need more water than usual.

If you are drunk and incapable, you're probably going to spoil your own weekend as well as that of the friends who will have to look after you. Being drunk makes you more vulnerable to robberies and assaults, and less likely to be able to find your way back to your own tent. Even if you do make it back, there's nothing worse than waking up, hungover and parched, under canvas at 10 a.m. on a hot summer morning. (Except maybe waking up parched and hungover in a tent while covered in vomit.)

Avoid alcohol on the last day altogether if you're driving. It takes two hours for each pint to leave your body and you are likely to be stopped on the way out if police suspect you may be over the drink-drive limit.

The essential guide to drinking at festivals says enjoy a drink or three, but take along a bottle of water as well so you can drink for taste and enjoyment, not to slake a festival thirst. Top up on vitamins

too – organic smoothies work wonders on hangovers and replace essential nutrients lost through over-indulgence. If you need more convincing then do the maths: the more you drink the more you're going to have to visit the festival toilets.

What was your worst experience at a festival?
Reading 95. Only a festival in name: soulless, heaps of aggro, nothing to do after the last band finished and undercover coppers in white trainers and bomber jackets ('marijuana for sale', 'LSD son?'). Topped off with being chased by a nutter with a broken bottle whilst Ice Cube entertained the back-to-front cap wearing Surrey college kids!
Dave, Chichester

DRUGS

Time was you could tell you were at a festival by smell alone, with the olfactory sensation of 1,000 sweet joints a constant background to the entire event – you could get stoned just by breathing the atmosphere. But recreational drugs are not as big a factor at festivals as they were even 10 years ago, and police now take a more robust attitude towards consumption as well as dealing.

Drugs can change your perception of festivals, and not in a good way. If you or a friend becomes ill after taking drugs, there will be medical help on site.

The best advice is not to consider drugs at all. They are illegal, you risk being easy prey to dodgy dealers and you could be arrested and miss the whole event. If you've stumped up the price of the ticket, concentrate on enjoying the bands and the atmosphere without illegal substances. Many festivalgoers now realize that they have a better time if they ignore drugs and drink moderately – most of the time.

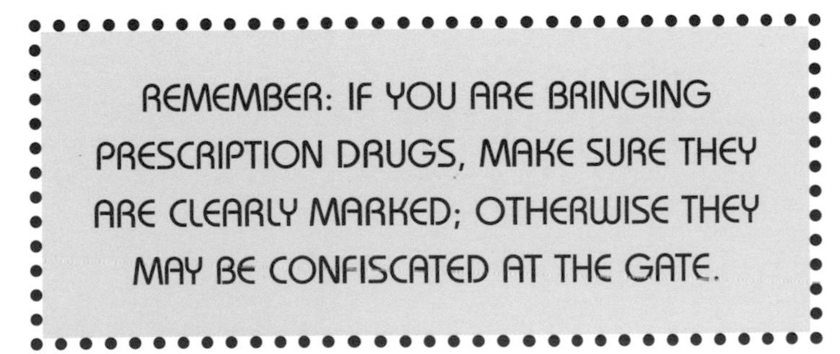

REMEMBER: IF YOU ARE BRINGING PRESCRIPTION DRUGS, MAKE SURE THEY ARE CLEARLY MARKED; OTHERWISE THEY MAY BE CONFISCATED AT THE GATE.

THEFT

The golden rule is don't take anything to a festival that you can't afford to lose; keep credit cards and other important items in a secure pocket on your person and don't bother padlocking your tent – this just makes it a magnet for thieves with Stanley knives. Keep a note of credit card numbers separate from the cards. Many festivals provide secure lock-ups so use them.

PERSONAL SAFETY TIPS

- **Stick with your friends – you will be less of a target to thieves.**
- **Avoid dark areas as much as possible, especially if you are alone.**
- **Stay in the well-lit, main drag areas at night.**
- **Move away from any dangerous or anti-social behaviour and alert security if they are not already in the area.**
- **Look after yourself and others, even people you don't know.**
- **If you suspect somebody is unwell take them to the first aid tent.**

SEX

Despite the drawbacks (personal hygiene, tiny tents, single sleeping bags for three), sex at festivals is still a popular activity by the single and coupled-up alike. Nearly 70 per cent of respondents in NME's festival poll 2007 got down and dirty at festivals last year. Living in the moment is one thing, but taking home an everlasting reminder of the festival weekend in the form of an unwanted pregnancy or an STD is quite another. Better safe than sorry: if there is the remotest possibility that you might be having sex at a festival, take condoms. Make sure your friends are sorted too, as they'll only want to take yours if they're not. A condom is the safe option that happens to be cleaner too as well as less messy afterwards. Think about what you're getting into though: if you wouldn't normally sleep with this person, are you going to feel good about it afterwards if you do at the festival? One final word on sex in tents: they are by no means soundproof. And if you have a light on inside, you could be star performers in an unscheduled shadow show.

LINKS

The Lucie Blackman Trust
www.lucieblackmantrust.org/festival.shtml

Frank's festival tips

- **Arm yourself with the facts about drugs.** Call Frank for free on 0800 77 66 00.
- **Don't cave in to pressure.** Taking drugs in a new place with large crowds is not the greatest idea. You could end up feeling stressed and lost.
- **Stick by your mates and tell them what you've taken if you do take drugs.**
- **Keep a keen eye on your drink.** Drink-spiking does happen. Don't accept alcoholic drinks from people you don't know.
- **Remember alcohol and other drugs mixed together can make for an unpredictable situation.**
- **Love water** – especially when you're in the sun. If you're silly enough to take drugs (especially ecstasy) and are moving around a lot you risk overheating and dehydration. You can reduce the risks by sipping no more than a pint of water or non-alcoholic drink every hour.
- **Take a break** because blackouts, collapsing, fainting or fits can happen when you're on pills (prescribed or not) and dancing non-stop.
- **Look after your mates.** If someone on drugs starts to panic or is experiencing a bad trip, move them to a quieter place. If, after a while, they're still feeling bad, get help.
- **Plan ahead** – make sure you know how you're getting home. You don't want to be stranded because you're too wasted to drive (drug-driving carries the same penalty as drink-driving).

www.talktofrank.com

Festival listings

All Tomorrow's Parties vs Pitchfork
Camber, East Sussex
9–11 May
www.atpfestival.com

Bath International Music Festival
Bath, Bath and North East Somerset
21 May–7 June
www.bathmusicfest.org.uk

Beautiful Days

Ottery St Mary, Devon
15–17 August
See pages 44–45
Best Grass Roots Festival

Belladrum Tartan Heart Festival
Belladrum Estate, Inverness, Highland, Scotland
8–9 August
See page 46

Bestival
Isle of Wight
5–7 September
See pages 47–48
Best Medium-to-Large Festival

Beverley & East Riding Folk Festival
Beverley, East Riding of Yorkshire
20–22 June
info@beverleyfestival.com
www.beverleyfestival.com

Bideford Folk Festival
Bideford, Devon
11–17 August
www.bidefordfolkfestival.co.uk

UK Festival Awards 2007 Winners

Big Chill
Eastnor Castle, Herefordshire
1–3 August
See page 49

Big Green Gathering
Cheddar, Somerset
6–10 August
See page 50

Big Session
Leicester, Leicestershire
13–15 June
See page 51

Blissfields
Winchester, Hampshire
4–6 July
See pages 51–52

BLOC Weekend
Hemsby, Norfolk
14–16 March
www.blocweekend.com

Bloodstock Open Air
Derby, Derbyshire
15–17 August
See page 52

Brecon Jazz Festival
Brecon, Powys, Wales
8–10 August
www.breconjazz.co.uk

Bulldog Bash
Stratford-upon-Avon, Warwickshire
7–10 August
See page 53

BunkFest
Wallingford, Oxfordshire
29–31 August
www.bunkfest.co.uk

Cambridge Folk Festival
Cambridge, Cambridgeshire
31July–3 August
See pages 53–54

Castlepalooza
County Offaly, Ireland
29–31 August
See page 55

Celtic Connections
Glasgow, Scotland
16 Jan–3 February
www.celticconnections.com

Cheltenham Folk Festival
Cheltenham, Gloucestershire
15–17 Feburary
joanne.heatley@cheltenham.gov.uk
www.cheltenhamtownhall.org.uk/folkfestival-geninfo.asp

Cheltenham Jazz Festival
Cheltenham, Gloucestershire
29 April–5 May
www.cheltenhamfestivals.com/whats_on/jazz_festival.html

Chester Folk Festival
Kelsall, Chester, Cheshire
23–26 May
www.chesterfolk.org.uk/festhome.htm

Cleethorpes Folk Festival
Cleethorpes, North East Lincolnshire
23–26 May
www.folkfestival.f9.co.uk

Connect
Inverary, Argyll & Bute, Scotland
29–31 August
See page 56

Cornbury Music Festival
Charlbury, Oxfordshire
5–6 July
www.cornburyfestival.com

Creamfields
Daresbury, Halton
23 August
See page 57

Creation Festival
Woolacombe, Devon
1–3 August
www.creationfest.org.uk

Croissant Neuf Summer Party
Usk, Monmouthshire, Wales
15–17 August
See page 57

Download Festival
Donington Park, Castle Donington, Derbyshire
13–15 June
See pages 30–31

Eastbourne Lammas Festival
Eastbourne, East Sussex
1–3 August
www.lammasfest.org

Electric Picnic
Stradbelly Hall, Stradbelly, County Laois, Ireland
29–31 August
See page 58

End of the Road Festival
Salisbury, Dorset
12–14 September
www.endoftheroadfestival.com

Endorse-It In-Dorset
Sixpenny Handley, Dorset
8–10 August
info@lgofestivals.com
www.lgofestivals.com

Fairport's Cropredy Convention
Cropredy, Banbury, Oxfordshire
7–9 August
www.fairportconvention.com

Glade Festival
Secret location, near Reading, Berkshire
18–20 July
www.gladtalk.co.uk

Glastonbudget
Wymeswold, Leicestershire
23–25 May
www.glastonbudget.co.uk

Glastonbury Festival
Pilton, Somerset
27–29 June
See pages 18–29

Glastonwick
Coombes, West Sussex
4–6 July
See pages 58–59

Global Gathering
Long Marston Airfield,
Stratford-upon-Avon, Warwickshire
25–26 July
See page 59

Gloucester Rhythm and Blues Festival
Gloucester
26 July–3 August
www.gloucesterblues.co.uk

Great Escape
Brighton, East Sussex
15–17 May
www.efestivals.co.uk/festivals/greatescape/2008

Greenbelt
Cheltenham Racecourse, Gloucestershire
22–25 August
See pages 59–60

Green Man
Glanusk Park, Brecon Beacons, Powys, Wales
15–17 August
See page 60

Guilfest
Stoke Park,
Guildford, Surrey

6–8 July
See page 61
Best Family Festival

Holmfirth Festival of Folk
West Yorkshire
9–11 May
www.efestivals.co.uk/festivals/others2008/holmfirthfolk

Hyde Park Calling
London
21–22 June
www.virtualfestivals.co.uk/Hyde_Park_Calling

Isle of Wight Festival
Isle of Wight
13–15 June
See page 32

Larmer Tree Festival
Salisbury, Wiltshire
16–20 July
www.larmertreefestival.co.uk
Best Toilets

Latitude
Henham Park, Southwold, Suffolk
17–20 July
See page 62

Leeds Festival
Wetherby, Leeds
22–24 August
See pages 34–39

Lomond Folk Festival
Balloch, West Dunbartonshire, Scotland
25–27 July
www.lomondfolkfestival.com

Loopallu
Ullapool, Highland, Scotland
19–20 September
See page 63

Moor and Coast Festival
Whitby, North Yorkshire
2–4 May
www.moorandcoast.co.uk

Newcastle Community Green Festival
Newcastle, Tyne and Wear
7–8 June
www.newcastlegreenfestival.org.uk

O2 Wireless Festival Leeds
Harewood House, Leeds
16–17 June
See page 43

Oxegen
Naas, Kildare, Ireland
11–13 July
See page 33

Oxford Folk Festival
Oxford, Oxfordshire
11–13 April
www.oxfordfolkfestival.com

Radio 1's Big Weekend
Preston, Lancashire
19–20 May
www.bbc.co.uk/radio1/bigweekend

Reading Festival
Reading, Berkshire
22–24 August
See pages 34–39

Rhythm Festival
Clapham, Bedfordshire
29–31 August
www.rhythmfestival.net

Rockness
Loch Ness, Inverness, Highland, Scotland
7–8 June
See page 64

Shepley Spring Festival
Shepley, Kirklees
16–18 May
www.shepleyspringfestival.com

Shrewsbury Folk Festival
Shrewsbury, Shropshire
22–25 August
www.shrewsburyfolkfestival.co.uk

Sidmouth Folk Week
Sidmouth, Devon
1–8 August
www.sidmouthfolkweek.co.uk

Southport Weekender
Southport, Sefton
9–11 May
www.southportweekender.co.uk

Stonehaven Folk Festival
Stonehaven, Aberdeenshire, Scotland
10–13 July
www.stonehavenfolkfestival.co.uk

Stonehenge Solstice Celebration
Stonehenge, Wiltshire
20–21 June
See page 65
Shelter Award for Most Socially Responsible Festival

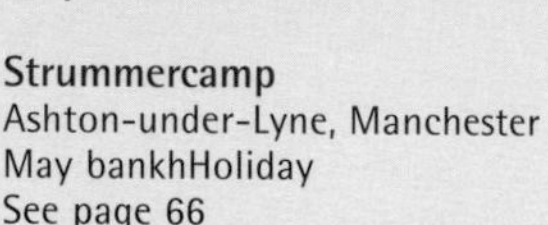

Strummercamp
Ashton-under-Lyne, Manchester
May bankhHoliday
See page 66

Summer Sundae Weekender

Leicester
8–10 August
See page 66–67
Best Small Festival

Sunrise Celebration
Tintinhull, Somerset
29 May–1 June
www.sunrisecelebration.com

Swanage Blues & Roots Festival
Swanage, Dorset
7–9 March
www.swanage-blues.org

T in the Park

Balado, Perth & Kinross, Scotland
11–13 July
See pages 40–41
Best Major Festival

Tolpuddle Martyrs Festival
Tolpuddle, Dorset
12–13 July
See pages 67–68

Towersey Village Festival
Thame, Oxfordshire
21–25 August
www.towerseyfestival.com

Tribfest
Driffield, East Riding of Yorkshire
15–17 August
www.tribfest.co.uk

Trowbridge Village Pump Festival
Farleigh Hungerford, Somerset
24–27th July
www.trowbridgefestival.co.uk

Truck Festival
Steventon, Oxfordshire
5–6 July
See page 68–69

V Festival
Hylands Park, Chelmsford, Essex;
Weston Park, Stafford, Staffordshire
16–17 August
See pages 41–43

Warwick Folk Festival
Warwickshire
25–27 July
www.warwickfolkfestival.co.uk

Weyfest
Farnham, Surrey
6–7 September
www.weyfest.co.uk

2008 dates have been given where known at the time of going to press

Calendar of events

JANUARY

Celtic Connections

FEBRUARY

Cheltenham Folk Festival

MARCH

BLOC Weekend
Swanage Blues & Roots Festival

APRIL

Cheltenham Jazz Festival
Oxford Folk Festival

MAY

All Tomorrow's Parties vs Pitchfork
Bath International Music Festival
Chester Folk Festival
Cleethorpes Folk Festival
Glastonbudget
Great Escape
Holmfirth Festival of Folk
Moor and Coast Festival
Radio 1's Big Weekend
Shepley Spring Festival
Southport Weekender
Strummercamp
Sunrise Celebration
Wychwood Music Festival

JUNE

Beverley & East Riding Folk Festival
Big Session
Download
Glastonbury
Hyde Park Calling
Isle of Wight
Newcastle Community Green
02 Wireless
Rockness
Stonehenge Solstice Celebration
Wimborne Folk Festival
3 Wishes Faery Fest

JULY

Blissfields
Cambridge Folk Festival
Cornbury Music Festival
Glade Festival

Wickerman
East Kircarswell, Dundrennan,
Dumfries & Galloway, Scotland
25–26 July
See pages 69–70

Wickham Festival
Wickham, Hampshire
31 July–3 August
www.wickhamfestival.co.uk

Wimborne Folk Festival
Wimborne, Dorset
13–15 June
www.wimbornefolkfestival.co.uk

3 Wishes Faery Fest
Bodmin Moor, Cornwall
20–22 June
See page 70

WOMAD
Malmesbury, Wiltshire
25–27 July
See pages 71–72

Wychwood Music Festival
Cheltenham, Gloucestershire
30 May–1 June
www.wychwoodfestival.com

Check annually with venues for new dates

Glastonwick
Global Gathering
Gloucester Rhythm and Blues Festival
Guilfest
Larmer Tree
Latitude
Lomond Folk Festival
Oxygen
Stonehaven Folk Festival
T in the Park
Tolpuddle Martyrs
Trowbridge Village Pump Festival
Truck Festival
Warwick Folk Festival
Wickerman
Wickham Festival
WOMAD

AUGUST

Beautiful Days
Beladrum Tartan Heart
Bideford Folk Festival
Big Chill
Big Green Gathering
Bloodstock Open Air
Brecon Jazz Festival
Bulldog Bash
BunkFest
Castlepalooza
Connect
Creamfields
Creation Festival
Croissant Neuf Summer Party
Eastbourne Lammas Festival
Electric Picnic
Endorse-It In-Dorset
Fairport's Cropredy Convention
Gloucester Rhythm and Blues Festival
Greenbelt
Green Man
Leeds
Reading
Rhythm
Shrewsbury Folk Festival
Sidmouth Folk Week
Summer Sundae Weekender
Towersey Village Festival
Tribfest
V Festival

SEPTEMBER

Bestival
End of the Road Festival
Loopallu
Weyfest

ACKNOWLEDGEMENTS
Photographs reproduced by kind permission of: Alamy: 9b, 117, BCc (Matt Cardy), 28 (Vikki Martin), 79 both (Everynight Images), 80 (Tim Cuff); Jon Brown: 44, 128; Esther Gumn: 71, 72, 76, 101 both; www.new-age.co.uk: 86, 87; P A Photos: FC, 18, 27, 85 (Toby Melville), 1, 2/3, 6b, 25, 27b, 50, 55, 77, 82, 83, 99, 100, BCt (Anthony Devlin), 4, 8/9, 14, 19, 21, 26, 27t, 34, 36, 37, 41, 73, 74, 81, 93, 116 (Yui Mok), 5, 6t (AP), 13, 33 (Niall Carson), 20/21, 30, 31 both (Jason Sheldon), 38 (Anthony Chappel-Ross), 40t (Danny Lawson), 40b, 69 (Andrew Milligan), 48 (Zak Hussein), 58 (Kenneth O Halloran), 67, 98, 106 (James Arnold), 83, 92, 97, 107 (Andy Butterton), BCb; Rex Features: 6c (James Fraser), 11 (South West News Service), 16/17 (Sipa Press), 17, 26 (John Alex Maguire), 32, 43 (Brian Rasic), 42 (Sonny Meddle), 46 both, 56 both (Andrew MacColl), 54 (Geoff Robinson), 61 both, 108 (Geoffrey Swaine), 62t (EDPPICS/N Butcher), 62b (EDPPICS/D. Bradley), 63, 78 (Nick Cunard), 103 (Tim Rooke), 104 (Hayley Madden), 105, 121 (James McCauley); Rockness website: p64 (Maia 261).

Quotes used as follows: page 81 courtesy of Pete Townshend; page 115 'Glastonbury Revisited' courtesy of Daniel Wylie; page 115 Levellers by permission of Universal Records. With thanks to copyright holders who have given their permission. All efforts have been made to trace other copyright holders; the publisher will be pleased to rectify any omissions in future editions.

The author and publisher would like to thank the organizers of the Glastonbury Festival for permission to reproduce their site map and UK Festival Awards for permission to reproduce their logo. In addition, the author would like to thank the following for help, assistance and contributions: Jon Brown, Vincent 'Junior Hepcat' Brown, Lee Osborne, Gail Thibert, Simon Partington, Dan Walsh, Roland Hyams, Clare Woodcock, Steve Jenner, Dave from The Archive, all the festival organizers and PRs who assisted me, everyone who gave me anecdotes. Also thanks to my parents John and Anne who took me to my first festival aged 13 and unknowingly set me on the festivalgoing path for life.

Written by Sharon Watson (pictured below); the author has asserted her moral rights.
Designed and edited by Bookwork Creative Associates Ltd.
Cover design by Liz Baldin of Bookwork.
Picture research by Jan Kean of Pitkin Publishing and Liz Baldin of Bookwork.

Pitkin Publishing is a trading division of
The History Press Ltd.
www.thehistorypress.co.uk.

All information correct at the time of going to press but may be subject to change.

Printed in Great Britain.
ISBN 978-0-7117-4979-5 1/08

NOTES

MANUFACTURE FRANÇAISE DES PNEUMATIQUES MICHELIN
Société en commandite par actions au capital de 875 000 000 de francs
Place des Carmes-Déchaux - 63 Clermont-Ferrand (France)
R.C.S. Clermont-Fd B 855 200 507

Dépôt légal 3e trim. 1989 - ISBN 2.06.000.111-0

Printed in France - 07-89-80
Photocomposition : IOTA-MIS, Nanterre - Impression : MAME Imprimeurs, Tours n° 13789.